GUANGFUWENHUA

第8辑

纪德君 曾大兴
主编

廣府文化

中国社会科学出版社

图书在版编目(CIP)数据

广府文化．第8辑/纪德君,曾大兴主编．—北京：中国社会科学出版社，2022.3

ISBN 978-7-5203-9678-3

Ⅰ.①广… Ⅱ.①纪…②曾… Ⅲ.①文化史—研究—广东 Ⅳ.①K296.5

中国版本图书馆CIP数据核字(2022)第019292号

出 版 人　赵剑英
责任编辑　郭晓鸿
特约编辑　杜若佳
责任校对　师敏革
责任印制　戴　宽

出　　版　中国社会科学出版社
社　　址　北京鼓楼西大街甲158号
邮　　编　100720
网　　址　http://www.csspw.cn
发 行 部　010-84083685
门 市 部　010-84029450
经　　销　新华书店及其他书店

印　　刷　北京明恒达印务有限公司
装　　订　廊坊市广阳区广增装订厂
版　　次　2022年3月第1版
印　　次　2022年3月第1次印刷

开　　本　710×1000　1/16
印　　张　27
插　　页　2
字　　数　338千字
定　　价　158.00元

凡购买中国社会科学出版社图书，如有质量问题请与本社营销中心联系调换
电话：010-84083683

目　录

两广古今交往研究

两广地区的民俗信仰研究

广府文学、艺术研究

广府文化的海外交流传播研究

两广历史文化研究

两广古今交往研究

无东不市：从近代广东商帮的移植看融江流域的开发与社会变迁*

何良俊　乔艳艳

对中国历史结构的研究，除了传统的国家史之外，或许还有一条地域社会史或可称为区域史的脉络。森正夫“地域社会”概念的核心是将之作为方法论的一种体现。在森正夫看来，“地域社会”是观点和方法的概念。“地域社会”是人们生活的基本的“场”，是广义上再生产的“场”。存在于地域社会的“场”，同时也包含意识范畴在内。自施坚雅打破王朝国家历史叙述的范式，提出从区域的脉络解释中国历史结构的理论起，区域史研究成为学者们试图加深理解国家历史的重要研究取向之一。刘志伟在谈到国家史与区域史研究的区别时强调，二者在某种程度上是相对的概念，在历史认识论和方法论上与国家史是有所区别的。国家史是以国家作为行为作为主体，而区域史要求以人为行为作为主体。他同时认为，作为一种方法的区域，每个人有自己划定的原则，绝不能画地为牢。① 由此，我们看到区域研究

* 基金项目：本文为教育部人文社会科学重点研究基地重大项目“山地、流域与族群社会：西南民族地区的生态、文化多样性与社会变迁研究”（项目批准号：17JJD850004）的阶段性成果。

① 刘志伟、孙歌：《在历史中寻找中国——关于区域史研究认识论的对话》，东方出版中心2016年版，第2—8页。

至少能够呈现两方面的特征，一是作为方法的区域，其并不是一个纯粹的地理空间，而更多地体现了在特定研究者的视野下地方社会建构的逻辑与联系；二是区域研究的切入点应该是区域中的“人”，虽则以“整体史”之名我们会考察区域中的环境、制度乃至事件等因素，但“人”及其流动与互动才是地方社会建构及区域特点形成的动因。

具体到市镇史的研究，由于商人流动性的特点，一般不太可能绕开对商业移民的考察。钟文典主编的《广西近代圩镇研究》主要论述近代广西圩镇的形成与发展，特别指出农产品对广西圩镇发展的推动，而广东商人的进入也被看成圩镇趋于成熟的重要原因。[①] 卜奇文认为广西圩镇经济的成熟是在明清时期，而粤商在这个过程发挥了重要的推力作用。[②] 黄滨关注的是粤港商人对近代广西经济市场形成的影响。在其论著中，作者亦重点提及粤港商人在柳江、融江一线的经贸活动，并将之与北来的湘商作对比以突出粤港商人的特点。[③] 从一些近代广西市镇史或市镇社会结构的研究成果，我们看到一个“无东不市”的广西市镇社会的历史图景。

一　要津与通路：市镇长安的水陆交通

水运交通的便利是造就长安商埠的最主要原因之一。宋人周去非对融江在水网体系中的重要性早有认识：“融江实自猺峒来。汉武帝平南越，发零陵，下漓水，盖沂湘而上，沿支渠而下，入融江而南

---

① 钟文典主编：《广西近代圩镇研究》，广西师范大学出版社 1998 年版，第 1—9 页。

② 卜奇文：《论明清粤商与广西圩镇经济的发展》，《华南理工大学学报》（社会科学版）2001 年第 1 期。

③ 黄滨：《近代粤港客商与广西城镇经济发育》，中国社会科学出版社 2005 年版，第 7 页。

也。融州之水，牂牁江是也。其源自西南夷中来，武帝发夜郎，下牂牁，即出此也。”①

从融县所处的地理位置上看，古代贵州与融州紧邻，由桂州入云贵高原，以走融州为便，汉代在岭南用兵频繁，融江是运输军饷的要道。融江由北至南穿县境而过。融江又称为潭江②，发源自贵州独山，流经榕江、从江两县，至三江老堡合浔、榕二江，经长安古镇东面，下融水镇，至柳城县凤山镇与龙江汇合后南下柳州，再出梧州可达广州。因此，融江是近代贵州、湖广及广西、广东等地商业贸易的黄金水道。

广西的桐油为出口贸易的大宗货物，以龙胜、榴江、融县、平乐、恭城、田东、三江等县为重要产地，各县桐油运赴梧州出口的运价相差颇巨，融县至梧州水程四百八十公里，每担运费约国币一元五角三分，永福至梧州四百六十公里，比前者短二十公里，而每公担运费国币二元一角六分。③ 由此可见民国时期水路运输之于广西商业体系建构的重要性。

近人陈晖用一幅简表以描述融江在区域水网中的地位：西江（桂江、柳江、红水河、郁江、贺江、绥江）—柳江（龙江、融江、洛清江、运江）—融江（溶江、浔江、寺门江）。④

由于各个历史时期江河水位会因自然条件或人为因素影响而可能产生较大的变化，故笔者希望引用民国时期的数据来呈现以长安为中心的水网状况，目的是要说明长安商埠地位确立的客观因素。

首先是长安上游和下游水域状况的对比：柳江，柳州至长安：242（塘汛里），最宽处160公尺，小水时130公尺。最窄处大水时宽

① （宋）周去非著：《岭外代答》，上海远东出版社1996年版，第3页。
② （清）刘斯誉：《广西融县志》（道光十一年），（卷一）。
③ 陈晖：《广西交通问题》，长沙商务印书馆民国29年版，第15页。
④ 陈晖：《广西交通问题》，长沙商务印书馆民国29年版，第15页。

40 公尺，小水时宽 25 公尺。河水深度，一般情形，大水时 14 公尺，小水时 4 公尺。最浅处，大水时 1.9 公尺，小水时 0.6 公尺。融江，长安至老堡：138（塘汛里），最宽处 150 公尺，小水时 100 公尺。最窄处大水时宽 39 公尺，小水时宽 20 公尺。河水深度，一般情形，大水时 12 公尺，小水时 3 公尺。最浅处，大水时 1.1 公尺，小水时 0.5 公尺。

其次是柳州到长安的船只的通航情况：有电船联合营业公司电船三艘，载货量 136 吨，载客 191 人。船名：广利、广丰、广升，均属航业联营社。有民船共 349 艘，载货量 1—30 吨不等。其中 1—10 吨的船有 250 多艘，30 吨的船只有两艘。而长安到古宜和富禄的船只有 5 吨以下的，长安到古宜有 547 艘，到富禄有 150 艘。柳州至长安航程 242 里，大水期间，最大吨位 56 吨，下航时速 40 里，上航时速 18 里，不可夜航。小水期间，不通航电船。所谓大水期，通常是指五月中旬至九月底，小水期是指十月初至五月初。小水期间，柳江通航的电船因重载而吃水深，不能通过浅滩，只能改为拖带民船形式。过险滩时，电船须完全停止机车，用缆索卷绞以过，过一滩常需数小时，有时一搁浅即需数日。

最后是长安上游和下游的水运条件对比：柳州至长安，最大载重量，大水时 18 吨，小水时 10 吨，每日航行里数，大水时下航 120 里，上航 30 里，小水时下航 75 里，上航 30 里。长安至老堡（138 里）：大水时 15 吨，小水时 8 吨，每日航行里数，大水时下航 120 里，上航 30 里，小水时下航 70 里，上航 25 里。老堡至丙妹（160 里）：大水时 3 吨，小水时 1 吨，每日航行里数，大水时下航 120 里，上航 30 里，小水时下航 70 里，上航 25 里。[①]

---

① 以上三项数据来源参见陈晖《广西交通问题》，长沙商务印书馆民国 29 年版，第 20—36、101 页。

通过以上三组数据的比较可以看出，以长安为中心，越往上游，河面越窄，河水越浅；而越往下游，河道水情则恰好相反。因此，从柳州往上游运货拉客的大船到了长安，水运条件即限制了其向上游航行；游弋于融江上游的小船固然可以继续往下游河宽水深的地方航行，但这又涉及运输成本的问题。可以说，融江流域的船运实际上在长安水域分界。世代跑船的吴榕很乐意对“船运分界”进行说明。

船主们习惯把柳州以上柳江、融江的河道称为“上河”，而把黔江、西江河道，甚至一直到广州都称为“下河”。上河、下河航运的船主在货运方面保持“各自为阵”的格局。上河的船主多是贵州、三江、融县人，他们比较熟悉融江及上游的河道；而下河的船主多来自桂平、梧州一带，对融江河道知之甚少，却对黔江、西江河道了如指掌。从经济利益计算，小船与大船同走一条线，成本太高，缺乏优势。如住在长安上面寨河边街的船民李桂芝家的船只走从长安到榕江一线，基本不到柳州及下游水域。因为他们的船小，载货量只有 18 吨，不能与在柳江上航行的大船竞争，故不划算。李桂芝打一个比方，别人的一条大船从柳州跑一次梧州装满货可收入 100 元，自己的小船走同样长的航线只获利 50 元，划不来。因此，十多二十吨的小船基本上在长安上水运输。

除了水路交通占尽优势外，民国时期的长安还是较早修通公路的市镇，甚至在作为当时融县县城的融乐镇还是“偏安一隅”的时候，柳（州）长（安）公路上已开通了柳州至长安的长途汽车。柳州为广西北部公路的枢纽，西北有柳六路经大塘、六寨入贵州省境直达贵阳，北部有柳长路与融江平行直达长安镇，东部有柳荔路直达荔浦。[①]

---

① 陈晖：《广西交通问题》，长沙商务印书馆民国 29 年版，第 44 页。

柳长公路于民国15年九月开始测量，十二月兴工，民国17年十月完成通车，全路驿程300里，合172公里。柳州到长安的客运交通相当之方便。早上7点钟从柳州鱼峰山下的柳州汽车站发车，8点30分到太平停二十分钟，11点可达长安。客车当天中午11点30分从长安返回，下午2点30分到达太平亦停二十分钟，4点30分可到达柳州。[①]

对于长安商业的兴盛，透过不同背景的报道人，我们能够找到不同的答案：曾在大商号广隆兴当过秤手的张志初（祖籍广东，曾在长安商号广隆兴任称手）解释：融乐镇一方面比较接近大苗山地区，外来商人不愿意“只身犯险”，而长安镇周边村落，多为汉人聚居，各地往来的商客可以放心经商营生。船民黄桂友的解释是：融水和长安作为商埠，扮演不同的角色。融水主要是地方上货物的输出和输入的商埠，而长安则是贵州和广西货物的中转站。这主要是因为长安是河道变化的一个转折点，由长安往上水走，滩多水险，只适宜行小船，而长安下水则能行较大的船，所以成就了长安中转站的商贸角色。地方文史工作者黄秀鹤则认为，长安之所以比融水更适合于商业，除了交通方面的原因外，还有就是长安地方设镇较早。黄秀鹤解释说，长安设镇后，一方面宁靖地方，使区域社会不发生重大的战事。另一方面，长安建镇后，街道得到整理，集市得到拓宽，河沿也建起了码头。这些措施都有利于商业的萌芽。

以水路运输为主的时代，人员与货物的流动多依水而行。地理环境上占据优势位置，掌控融江水道咽喉，是长安成为桂北、黔南区域重要商埠的重要自然条件。长安上游，滩多水浅，适行小船，放小排；而长安下游则滩少水深，宜行大船，放“广排”。关于“广排”

---

① 广西省统计局编：《广西年鉴》，文海出版有限公司民国24年版，第703页。

名称的来历，大致有两种说法，其一是木排大都运放到广东交易，故名；其二是木排越往下游则规模越大，以“广”名之，取“宽广”之意。由“小排”到“广排”的客观需求，在一定程度上使长安在区域市场网络中建立了自己货运中转的地位。也正是由于地处交通要道，中央王朝开发地方时才设兵置镇于长安，控制地方力量的加强，加之清乾隆以来官府在融江流域对粤盐推行“盐归商办”的政策，鼓励广东商民办盐，从客观上推动了长安市镇的人群流动和地方开发。

二　盐归商办与木材流动：粤省盐商与木商的“西进运动”

追溯“长安”名称的来由，笔者发现在当地流传的几个版本中，虽细节稍有相异，但大体上还是趋于一致。更重要的是，几个版本有一个共同点，即“长安”这一地名与商业贸易有关：听说两百多年前，笔者推测可能有三百多年的历史。有个叫“长安”的店，东圩那边的人过来买货，在塘码头那边。有些人讲在长安的东西便宜，久之，“长安”就成了地名。清朝前，长安街分为段：第一段：有个叫龚家寨；第二段：有个谢家寨（梁栋才家附近）。民国 23 年后才叫街。长安以前叫安全团，民国 23 年前，红头兵时，团总是覃光南，后是黄子书。民国 23 年后改为长安镇，分为十二村街。[①]

还有一说更为具体：长安镇的成立大约在四百多年前。迁来河西以前，圩市在河东，称东圩。那时候有一家人在河西的码头开了一家豆腐店，招牌叫“长安”。由于这家店的豆腐特别受欢迎，在地方上

① 据融安工商联提供：陈锦珊老人的访谈记录。事实上长安镇设“段”是在民国时期。

有了名声，故而人们渡河买豆腐都说是“去长安”，久而久之约定俗成，长安就因豆腐店而立名。[①] 在融安县县志办编的《融安县地名集》中，对长安的来由则显得更官方化：传说约于1400年前建立东圩，后被火烧，于是逐渐迁到河西建圩，因河西最早只有一长安酒店，故名长安。先是小圩，到了公元1700年前后逐步发展为镇。[②]

综合检视上述材料，可以归纳出两方面的统一性：一方面，对“长安”名称的来源，虽然在细节上各种说法有不一致的地方，但皆是因商业而得名。另一方面的一致性，与长安历来作为一个区域的商业中心是分不开的。

清以前各村寨所依赖的圩场位于白崖与望枧两寨之间的白云寺，名叫“灯盏圩”。由于四周为石山所环绕，圩场位于谷底，形似古时的油灯，故称“灯盏圩”。清康熙十九年（1680），王朝平定三藩之乱，吴三桂部将黄明率部逃入融县老黄山一带，后黄明率部不断作乱于湘桂黔边界，康熙着湖广总督李辉祖进剿。此期间，在融县境内设长安、思管、清流、鹅颈四镇，镇有镇长，属融县管辖。[③] 或许是由于区域行政中心的设置和传统市场网络力量的共同作用，圩场从灯盏圩迁移到了东圩。东圩在融江东岸，与长安镇隔江而望，是融江东岸各个村寨生产生活物资交流的集散地，以渡人为主要功能的东圩码头至今仍然保留。建设于乾隆年间的东圩码头是人渡码头，又叫“镇背码头”，因为码头位置高，与长安镇仅隔一江，有靠镇而立的姿态，故名。

清康熙以前的金鸡村和西柳村作为江边普通的村寨，可能与其他

① 据融安工商联提供：曾婆佬的访谈记录。

② 融安县县志办编：《融安县地名集》（未出版）。

③ （清）王锦：《柳州府志》（乾隆二十九年），柳州市博物馆翻印；（清）刘斯誉：《广西融县志》（道光十一年），（卷三　兵制）。

的村寨别无二样，大巷、河勒、大溪、北府等村与前者别无二致。随着清康熙年间朝廷在长安设镇以来，官府对地方形成了有效的控制，外省商人移民迁入或许也正是这个时候。清乾隆年间由于外省木材商从上游的古州、三江等地往柳州放排，多在长安镇停靠，处于河边的金鸡村和西柳村才逐渐地由草圩而成街市，由街市而成市镇。在田野过程中我们了解到，大巷村老人秦太馀曾见到村中有关“草圩”的记载，然具体内容他记不清了。

成立于清乾隆年间的宝善堂是最早在长安地方被记载的商业团体。① 据《融安县志》记载，清乾隆年间，长安商业始兴，渐而商贾云集，融江上游湖广、贵州以及广西怀远县（今三江县）各地农产品及木材，始入长安口岸，诸商获利，捐银创建“宝善堂”。② 从商人需要且能够建立商业团体可以推断，乾隆年间的长安商场已具有相当规模。

同时，都柳江流域也是粤省的食盐运入桂北、黔南以及湖南部分地区的主要孔道。有明一代，两广食盐运销之权归于官府：“粤西食盐，非地所产，皆取给于粤东。粤东饶而粤西瘠，商不乐至，不得已，官自为市。……官造船给值及往返工费。一岁二运，遣官统之，而商分任焉。又许私带十之一，谓之商盐，与官盐搭配出售，取其余息，以饷营兵。岁可得二万缗。但盐出于东，东人往往齮龁西商，商益重困，而奸伪百出。虽欲禁之，不可得已。”③

清前期，官府对盐务控制严厉，非官不能办。清康熙年间，怀远知县于成龙力陈开放两广盐务，改归商办之议。由于“粤东盐引壅

① 黄成勋：《融县志》，台北成文出版社有限公司 1975 年版，第 85 页。

② 融安县志编纂委员会编：《融安县志》，广西人民出版社 1996 年版，第 5 页。

③ （清）汪森编辑，黄振中、吴中任、梁超杰校注：《粤西丛载校注》，广西民族出版社 2007 年版，第 665 页。

滞，贻害粤西”，于官于商于民，三方不利：于官则“盐引决不能销，考成断不能完”。于商则“引目数多，无人敢予承应”。为完考成，官员一方面积极“立埠招商”，另一方面实行“户口食盐之法”。如此，考成虽完，而“民穷逾不可支”。故此，于成龙建议：一是禁革官运盐引，“官与民无沉沦于盐引之中矣”；二是禁革埠商，使“民无受挨门逐户遍索之苦”；三是支持流商进入盐引运销领域，即将盐引销售投入市场：“渠盐本几何，盐利几何？既不至涌贵数倍而民敢□而事之议之。况前商之盐贵，而后商继至，势不得不减价，以求速售。如是而随时贵贱非同官势强压，而盐可无一定之贵价，民亦得量其有无、因其缓急、任其多寡随便而多易之。而民可无不得不领之苦，民困稍苏。流商喜于疏销有利而来之必广。民一旦得食贱盐，而销之必多，则引额较前更逾有司，亦不至有考成之虑。”①

为了确保盐商的积极性，于成龙还进一步提议打破盐运的地方壁垒，以便利盐商运盐：尤宜为流商计，从粤东领盐，梧州交引换票，其查核已严矣，抵柳府交梧州之票，另换柳府之牌，任意于各属交易，州县不必划疆界，分彼此，以免烦损流商。②

从康熙二十一年粤西盐法再行改革来看，之前于成龙“盐归商办”的条陈已被采纳。在官府的支持下，广东盐商沿西江水网不断进入广西。然而雍正年间，广西食盐运销权又收归官府：“康熙二十一年，行销盐斤原系商贩水客。因商客无现银查佥殷实各商认领分运。三十二年革去水客，总归埠商办运。四十六年将总商禁革，令各州县自募土著殷商承充。雍正二年，将西省引盐改归官运官销。”③

---

① （清）刘斯誉：《广西融县志》（道光十一年）（卷九　艺文《粤西引盐利弊议》）。

② （清）刘斯誉：《广西融县志》（道光十一年）（卷九　艺文《粤西引盐利弊议》）。

③ （清）王锦：《柳州府志》，（乾隆二十九年）（盐法　二），柳州市博物馆翻印。

依上文所述，由于盐商拖欠盐税，官府逐渐收紧对盐务的管制，至雍正二年，盐务全面收归官办。然至乾隆年间，广西盐务又生转折：乾隆二十三年，户部侍郎吉庆、两广总督李侍尧以粤西商办之埠拖欠羡余银至五万八千余两，而官办之埠拖欠羡余银反至九万六千余两。夫商人行盐或有夹带行私重价病民等弊。地方官实力稽查，则商人尚有所顾忌而不敢肆行。唯至官办官销则虽恣意行私高抬价值谁复为之查察？且领引行盐本属商人之分，今分给官办，既欠帑银，复滋弊窦。莫若仍归商办，使颁引行盐纳课皆有专责更为妥协。部议亦如之。上可其奏。于是改归商办，自二十四年始。[①]

至乾隆年间，廷臣、疆臣均发现官办盐务反致更为严重的盐税亏空，且又无法监督夹带私盐之弊端，于是奏请将粤西盐务改归商办。清康乾时期，虽在盐务办理权的归属方面，朝廷有所反复，但从总体上看，“盐归商办”的政策还是主流。由此而引发的两广商民的持续流动，融江河面百舸争流的图景不难想象。

至清道光以前，长安有盐埠，有押当三四所，有银号，有钱店，有梧州帮。清道光年间，长安坐商有 100 余家，主要行业有食盐、杂货、布匹、陶瓷、中西药、纸张文具、屠宰、饮食、粮油、客栈及经纪业等。[②] 出入口大宗之商品：出口以杉木、桐油、茶油、柳安片糖、谷米、全料纸、东纸为大宗；入口以生盐、苏杭、洋杂、洋纱为大宗。关于具体商贾最早的记载是清咸丰五年（1855），广东商人开设的有顺昌隆、万兴祥、和兴昌、广兴昌等土产杂货店。[③]

---

① （清）王锦：《柳州府志》，（乾隆二十九年）（盐法　四），柳州市博物馆翻印。

② 融安县志编纂委员会编：《融安县志》，广西人民出版社 1996 年版，第 323 页。

③ 广西融安县商业局商志编辑室编：《融安县商业志》，1988 年，第 1 页。

广西的木材由地方官府招商砍伐运往下游的广东，而广东的食盐则逆流而上，供应广西，这是“两广”贸易长期以来的基本格局。这样的格局一方面形成了近代广西“无东不成市”的市场体系特征；另一方面，也为广东人迁入广西创造了先决条件。

三　留人洞与望夫山：粤省商人的移植与长安市镇的勃兴

明人王士性在其著《广志绎》中记载并论述了广西和广东的关系，短短百余言的叙述，即向读者展现了广西、广东之间的货物交易和人群交往情形：“广右山俱无人管辖，临江山官府召商伐之，村内山商旅募人伐之，皆任其自取。广东用广西之木，广西用广东之盐，广东民间资广西之米谷东下，广西兵饷则借助于广东。广东人性巧，善工商，故地称繁丽，广西坐食而已。”①

具体到都柳江下游地区的长安镇，清同治九年（1870），广东南海大木商罗廷芳来到长安开广生祥号，各行业的商号，如和兴昌、长安酒店等大户也相继开业，长安商业开始进入兴盛时期。②至咸丰离乱，长安商业遭到重创。清同光间商场恢复。长安布庄专以黄片糖易洪江布疋。油有红生油，产额与茶桐油等。杉木则河面常满，仅通航路一线。长安有苏杭店四家，倍之于县城。实业畅而商业旺。③

民国初年，在“发展实业，振兴商务”口号的推动下，长安商业又向前迈进了一步。民国 2 年（1913），长安大商号有 40 家，中小型

① （明）王士性撰，吕景琳点校：《广志绎》，中华书局 1981 年版，1997 年湖北第 2 次印刷，第 127 页。

② 广西融安县商业局商志编辑室编：《融安县商业志》，1988 年，第 1 页。

③ 黄成勋：《融县志》，台北成文出版社有限公司 1975 年版，第 166 页。

商号有600余家，主要行业达41个。民国7年（1918）至民国25年（1936）间长安商业经历了极盛时期。① 抗日战争之初，作为后方的融县，包括长安在内涌入了大量沦陷区的民众，市场需求激增，刺激了长安工商业的发展，成就了长安的战时繁荣。1944年11月至1945年4月，长安沦陷，各商号基本停业。民国34年（1945）日军投降后，不少商户就此关门，但也有新的商户开张营业。

据民国《融县志》载，“融县商场向无伟业务，苗山一带实物交换之风现仍存在。合邑除长安镇街商务较为繁盛外，余均不过日中为市交易而退，如易噬嗑所云云而已”。② 融县县治融乐镇的商业贸易比不上长安镇。长安商业繁荣之所以能在融县各镇异军突起，主要原因是交通方面，地处融水上游的长安镇一带，其性质亦与背江同可，为平原兼高原带，东至平北、浮石，南至石廓口均属平坦原野。唯西北部渐上渐高，其高度与中区之背江苗山相等，也多宜于造林，但于交通上却无所妨碍。而相对向来作为县治所在的融水镇，西北面接大苗山，无平地可言，虽宜于造林，但不便垦辟田上，交通路感崎岖，是为平原兼山地带。除了交通方面的优势外，长安更以接近山货产地而吸引广东商人驻足。

从民国元年到民国22年，广西对外贸易，除了民国11年、民国14年外，大致均呈增进的姿态，主要是因为出口增速不及进口。但是，这并不代表广西入超的确数，因为“（广西）省年中民船运输土货出口甚多，此种输出货量，关册并无登记，而年中进口货物，有转运云南、贵州销售者，此种复出口货量，关册亦无登记”。③ 云南、贵

① 广西融安县商业局商志编辑室编：《融安县商业志》，1988年，第1页。.

② 黄成勋：《融县志》，台北成文出版社有限公司1975年版，第165页。

③ 李宗仁：《广西之建设》，柳州市档案馆馆藏资料民国22年，第399页。

州跟广州的货物交易，由广西过境竟然会影响到广西的贸易统计，可见其量之巨。由梧州逆流而上至贵州，长安是过柳州以后的一个天然良港。在长安的江面上（具体而言，各类船只、木排主要停靠于大洲尾至鸭仔滩一段水域），视野开阔，水流平缓，没有旋流，适宜泊船和停靠木排，以致“（清同光间）长安镇杉木，河面常满，仅通航路一线”。①

“长安有个留人洞，广东有座望夫山。”此语在长安老一辈的广东籍商人中广为流传。广东籍商人拥有的店铺较多，绝大部分经营土产、杂货、木材和贩运烟土。长安的豪商巨贾大多为广东籍，如大木商广生祥和“四大天王”广隆兴、德记隆、裕生、建生商号的股东们。广东人平时在一起都用广府方言交流，只有在生意中或与外省人交往时才讲官话。

20世纪30年代，广东商人在广西的势力颇大。如柳州的商店，属于本省市商人经营的，计314家，占全市商店总数的50%；其他省商人投资的，计255家，占全市商店总数的41%，其中粤商占69%，湘商占22%，其他各省客商占9%；其籍贯未详的，计53家，占全市商店总数的9%。更重要的是，粤商几乎全部控制了广西的金融，广西的货币不得使用于广东，而粤币则可在广西全省通用。日常生活中，长安人常用的货币是银毫，包括银圆、广东毫、广西毫、香港毫、铜板（长安本地话习惯称“铜垒”）几种。其中银圆又称大洋，有“袁大头”（铸有袁世凯头像）和“孙大头”（铸有孙中山头像）两种，而以“袁大头”为主要的流通货币。广西毫的流通不及其他币种流通广泛，因为其只能在广西境内流通，而广东毫则至少可通

① 黄成勋：《融县志》，台北成文出版社有限公司1975年版，第166页。

行桂粤两省。相比较之，人们（特别是商人）自然更倾向于收广东毫。无论是广东毫还是广西毫，皆以“贰毫”面值为多，故人们习惯称之为“双毫”。

表1　长安流通的各币种日常兑换率

币种	广东双毫	广西双毫	香港毫	银元	铜板
兑换率	1	1	2	1/6	30—40

注：据老者秦太馀的回忆及参照广西省统计局编《广西年鉴》，文海出版有限公司印行民国24年版，第613页整理而成。

各币种之间的兑换率会随着时局之变而变，但是变化一般不大。兑换率波动最大的时候是抗战时期，长安即将沦陷，厚重而不值钱的铜板成了人们奔逃的负担，故当时60个铜板换不到1个双毫。

广东商人在长安多半初为客串，继为庄客。长安商埠开发的早期，商人确是携资本而来。如曾在长安商场上独占鳌头的广生祥老板罗廷芳，初到长安，其所持资本达一万元（银圆）之巨。① 从商业资本来源地看，民国时期长安商埠上的商人来自广东者资本较为崇厚，各省及本地商人资本较少，且大商多为广东人，次为本地人，又次为各省人。②

四　结语

作为方法的区域不是一个纯粹的地理空间，而更多地体现了在特定的研究者的视野下的地方社会建构的逻辑与联系，区域中的“人”及其流动与互动，正是地方社会建构及区域特点形成的动因。

清雍正年间，朝廷推行“开辟新疆”的举措，一方面在黔东南地

① 钟文典：《20世纪30年代的广西》，广西师范大学出版社1993年版，第385页。
② 黄成勋：《融县志》，台北成文出版社有限公司1975年版，第165页。

区设立“新疆六厅”，加强对“苗疆”的管理；另一方面疏浚河道，大力开发清水江、都柳江流域的水运能力。以上举措加强了粤、桂、黔三省的联系，人口日增、经济发达的粤省，特别是广府地区所需的大量木材，以放排的形式由都柳江顺江而下，经梧州出西江可直达广州。清乾隆以后，朝廷在两广的盐政方面推行“盐归商办”的政策，粤盐与木材形成反向流动，逆西江而上进入广西及黔东南地区。无论是盐的西进还是木材的东流，广东商人都担当了重要的角色，形成了广西市镇史上“无东不市”的历史图景。

从区域史研究的视角，通过对市镇长安的市场及社会变迁的考察，我们看到近代广东商人的移植对市镇社会发展的积极作用。而市镇社会的发展又加速了区域内的广东商人流动和移民过程，改变了社会结构和区域发展的脉络。在此意义上，或许我们可以说，广西的区域文化层积某种程度上融入了广府文化的成分。而试图揭开这一文化层的面纱，对粤商群体及其移植过程的考察则变成不可或缺的一环。

（何良俊：北部湾大学副教授、广西民族大学博士后研究人员；乔艳艳：北部湾大学讲师）

东粤士绅对西粤文化的影响

胡力平

古之岭南，分为两粤，东粤即广东，西粤即广西。古时粤人出行，远途主要依赖舟楫，溯珠江往北上韶关，往西通象郡，一衣带水，两粤同舟。岭南一地北汇中原物产，南通外埠商道，珠三角一带人烟稠密，农业以桑基鱼塘为主，粮食向来仰赖粤西补充，故而两省经济文化往来一直特别频繁。广西向广东多输出粮食、山货、药材等农副产品，而广东输向广西的更多是相对先进的文化与人才。本文从方志与相关历史文献着眼，从东粤人出仕到西粤的轨迹，试探求一下两粤文化交流的现象。

一个来自广东潮州府海阳籍的教官刘管，在成化八年（1472）到广西任横州学正。他“持身端谨，训诲有方，士皆督入号舍，每日授书讲解不怠，率五鼓，升堂背书，至夜锁舍，暗察其惰者而朴之，二鼓尽乃就寝，诸生有梗教者，系之明伦堂，以示惩”。[①] 这位老先生要求他管辖下的庠生，每天都要上学，他天天亲自给学生讲课，天还没亮，就要学生背书，到了晚上，他就锁上教室的门，在外头暗中察

① 康熙《广西通志》卷26《名宦》第23页，日本近卫本影印本。

看，见有偷懒不学习的，就用木条惩戒。到晚上二更将尽，才允许学生睡觉。也就是说，秀才们的睡觉时间，只有三更到五更天这六个小时。秀才中有固执任性不听教导的，就将他绑到学宫的正殿明伦堂里，以示惩罚。方志还记载了这样一件事："时州守何尧中，修学日亲至视工，诸生曰：'盍去迎之。'管曰：'修学有司职也，讲学吾职也，各尽其职而已，何迎焉。'坐讲不辍。"① 上级领导来学宫检查工程进度，他完全没打算带领秀才们去欢迎一下，可见那份读书人的清高与对教学的执着。正因为他管教的严苛，"一时文教大异，捷秋试者辈出"。② 传记中还提到"诸生贽礼，不苟受，亦不苟辞，积颇赢，则遣人赍至广州市铜锡祭器归，酬于学。在任八年归，学者咸称之"。③ 贽礼是指庠生拜师的礼金，这里是说学生送他的礼金，他该收的照收不误，不该收的绝不随便收。而收到的钱多了就派人返广州买回精美珍贵的祭器，放到学宫里作祭神之器用。

有意思的是，到了雍正朝重修广西通志，有些字眼改动了，如"暗察其惰者而朴之"的"朴之"改成"警之"④，从责打的动作改成口头批评了，绑到明伦堂的细节也没有了。"不苟受亦不苟辞"一句，则删了"不苟辞"⑤。一切都为了让这位教官先生的形象更高大正面。可知后任修史官尽管觉得刘管有些行为过当了，然而瑕不掩瑜，对这位教官的做法是充分肯定的。由此可知，古代一个勤勉称职的教官所应有的样子，也能大略知道古代教官职司的范围与方式：教官只管教

---

① 康熙《广西通志》卷 26《名宦》第 23 页，日本近卫本影印本。

② 康熙《广西通志》卷 26《名宦》第 23 页，日本近卫本影印本。

③ 康熙《广西通志》卷 26《名宦》第 23 页，日本近卫本影印本。

④ 雍正《广西通志》卷 66《名宦》第 42 页，《景印文渊阁四库全书》第 567 册，台湾商务印书馆 2008 年版，史部 324，第 567—101 页。

⑤ 雍正《广西通志》卷 66《名宦》第 42 页，《景印文渊阁四库全书》第 567 册，台湾商务印书馆 2008 年版，史部 324，第 567—101 页。

学，不管学宫的基建。学宫的基建是由州府正印官或知县负责的。还可以看出，教官的收入，有一部分是来自学生的贽金。

一 卓有政绩的教官

广西的方志，曾为不少广东籍的教官作传。其中不少像刘管那般教学责任心很强，特别敬业的，如记入广西方志“名宦传”的早期广东教官，有顺德举人吴凤翔，在宋朝任宾州学正，他“训诲有方，讲课不倦，严立规条，亲加程督，寒暑不少辍，及卒于官，诸生悲悼之”①。还有揭阳县的陈璇，嘉靖十年（1531）任灵川县教谕，“登堂课士无一日辍，夜则鸣钟讲说经义，鸡鸣振铎率士早作”②。他离任时，“诸士立生祠于学左”③。可见他深得学生们的肯定。海阳县监生林从茂，嘉靖年间出任武缘县训导，他对学生要求非常严格：“生徒督入号房肄业，背书作课，每夜亲出点视。设大锅煮粥，至三鼓分送各号，终始无怠，士皆悦焉。”④ 这样的学习强度按说学生很难接受，但因他不忘每晚配送温暖，遇上个喜欢送宵夜的老师，学生们自然心生感激。

也有乐于舍财栽培寒士的教官。如徐闻县拔贡何廷瓒，乾隆年间任钦州训导，他“常以俸余周恤诸生之贫乏者，父某尤好义，时重修文庙，捐重金以助工赀”⑤。从引文推想其父当时可能是随子到了钦州，这位襟怀宽大目光长远的父亲，将营造当地文化看作对儿子工作

① 万历《宾州志》卷6《宦绩志》，《日本藏中国罕见地方志丛刊》第3册，书目文献出版社1990年影印本，第63页。

② 光绪《广西通志辑要》卷3《桂林府》第52页，《中国方志丛书》第70号，成文出版社1967年影印本第1版，第77页。

③ 光绪《广西通志辑要》卷3《桂林府》第52页，《中国方志丛书》第70号，成文出版社1967年影印本第1版，第77页。

④ 嘉靖《南宁府志》卷6《秩官志·名宦》第53页，《日本藏中国罕见地方志丛刊》第3册，书目文献出版社1990年影印本。

⑤ 道光《钦州志》卷8《宦迹》第24页，国家图书馆特色资源影印本。

的支持，有这样的父亲的言传身教，可以想见这位训导官的情怀。博罗的甘秉伦，明嘉靖初任贺县教谕，“因才责成，士乐其教，或有从师讲学者，必津送而资助之”①。这位喜欢自掏腰包奖励上门求学者的教官，还曾“手植双桂于明伦堂前，皆合抱，盛开时香馥满城，人目之曰‘甘桂’。在东门旧学，至今述之，犹欣慕焉”②。为了纪念他，花木为之更名，这例子也属罕有了。

也有以学术见称于世的，如增城岁贡湛天润，是明代大儒湛若水之孙，在隆庆六年（1572）出任永安县训导，他“阐明乃祖之学，讲衍心性之说，手著《疑冰录》，中多意见，故一时有志之士翕然宗之”③。还有潮阳的吴子坚，明嘉靖十七年（1538）为宣化教谕，他论学自有一番见解：“每升堂论学，首严义利之辨，多正言格论，以启悟诸生，遇贫寒，公俸以周恤之，疾，则亲为馈药，尝植松于东西斋，旦夕自灌，以种树为种心，授学者以勿忘勿助之法。”④ 后来，他升任庆远教授，离任时，县里的读书人建植松亭，在上面刻石为碑来纪念他。

这些广东籍教官对当地文化的影响，自然也反映在方志里。如东莞的陈英弼，明永乐年间在兴业县任教谕，他“修学宫，立条约，克敦师范，训迪维勤，人文丕变”⑤。东莞的陈琏，明洪武年间任桂林府教授，他“以师道自任，严立教条，痛革旧习，日厉诸生进学修德，皆有成效，人材遂盛于一时”⑥。会同的贡生王启辅，康熙六年任灵山

---

① 光绪《贺县志》卷4《治绩》第38页，国家图书馆特色资源影印本。

② 光绪《贺县志》卷4《治绩》第38页，国家图书馆特色资源影印本。

③ 万历《永安县志》卷5《历宦志·名宦》第48页，《日本藏中国罕见地方志丛刊》第12册，书目文献出版社1990年影印本。

④ 道光《南宁府志》卷31，《职官志·名宦》第24页，国家图书馆特色资源影印本。

⑤ 乾隆《兴业县志》卷2《官师》第17页，故宫博物院编：《故宫珍本丛刊》第8册，海南出版社2001年影印本，广西府州县志，第291页。

⑥ 万历《广西通志》卷25，《名宦·皇明》第5页，《明代方志选》第6册，台湾学生书局1986年版，第497页。

训导，“时教职久缺，人文荒落，学宫初建，门庑未就，俱启辅成之，日进诸生讲经书，士子始知向学”①。自此民间开始重视教育，人才因此而兴盛，社会风气也变好了。

从前的学宫里，设有祭祀当地名人的乡贤祠和祭祀外地官员的名宦祠。这些官祭的名人，都是要报朝廷批准备案的。灵山县的纪通，弘治年间任陆川县训导，他因“循循善诱，士爱戴之，明祀名宦”②。饶平县举人岳嵩，明弘治间任永淳县教谕，也因政绩祀名宦。可惜的是，因为年代久远，修志者因只知名宦祠中先贤之名而不知其具体业绩，不得已记下“宦绩缺”③ 三字。

二　乐充“教官”的正印官

古代人信奉“万般皆下品，唯有读书高”。科举，是抡才大典，是社会阶层流动的主要途径。府有府学官，县有县学宫，县学的教官称教谕、训导，府学的教官称教授、府训导，州学的教官称学正。平时学宫里的事务，作为知府、知州、知县这三级地方正印官，是无须管理教学这一摊子的。讲课教学本是教官的事，可是，不少正印官却乐于充当教官的角色。下面所举的正印官，都是在各自的岗位上插手教官业务，且不亦乐乎。

高要进士梁炳汉，同治十一年（1872）任泗城知府，时为战乱之后，“人文凋敝，炳汉思复振之，增葺书院，移建黉宫，立考棚于鹅城，修宾兴以劝学，编订大小试帮费佽助诸生膏火，亲临讲席，殷勤

① 乾隆《廉州府志》卷13《宦迹》第52页，故宫博物院编:《故宫珍本丛刊》第10册，海南出版社2001年影印本，广西府州县志，第276页。

② 民国《陆川县志》卷7《宦迹录》第21页，《中国方志丛书》第22号，成文出版社1967年十二月台一版影印本，第128页。

③ 乾隆《南宁府志》卷31《职官·名宦》第6页，美国哈佛大学藏本扫描本。

指授”①。看方志所载传文，前半部分是他积极务正业，后半部分则是他积极务非正业了。乾隆年间，则有连平州的黄叔显出任归顺州知州，他“勤学爱士，暇日以文课诸生，手自点定，循循善诱，如老儒塾师，文教赖以日振”②。

作为科举最基础的童试首场的县试，主考就是知县。不过除了县试时充当主考官，平时学宫里的事务，并没有知县什么事，而下面几个知县却是以“多管闲事”载入史册的。新会县的萧嘉佑，永乐年间任恭城知县，“暇与诸生讲学，士风丕振”③。高明县的叚云鸿，嘉靖年间任贺县知县，“捐资修学，朔望集诸生讲书，分给纸笔，岁终资助贫士薪米，远近遍德焉，祀名宦”④。上述“修学”算是他的本职工作，每月初一、十五来学宫讲课，分发纸笔、薪米，就是“多管闲事”了。这种抢教官饭碗的事，也不仅仅是个别现象。乾隆年间，顺德进士何毅夫任昭平知县，他修好学舍请来名师主讲后，还会在晚上去书院看学生读书，曾在书院的南池斋与学生们“讲论至三鼓”⑤。同治年间顺德进士何寿增任贵县知县，也是于“政暇则亲校课艺，裁成寒酸”⑥。光绪年间，侨居佛山的顺德进士周颂声任武缘知县，他在任五年，不仅在政务上有杰出表现，“尤以振兴文教为己任，月朔诣书院讲解经说，又购书数千卷以饷学子，士风

① 民国《凌云县志》第7编《前事》无页码，《中国方志丛书》第14号，成文出版社1967年十二月台一版影印本，第408页。

② 光绪《镇安府志》卷22《循良》第3页，《中国方志丛书》，成文出版社1967年十二月台一版影印本，第367页。

③ 嘉庆《广西通志》卷246，《宦绩录六·明一》第9册，广西人民出版社1988年点校本，第6312页。

④ 民国《贺县志》卷7《宦绩》第6页，《中国方志丛书》，成文出版社1967年十二月台一版影印本，第313页。

⑤ 咸丰《顺德县志》卷25《列传五·国朝一》第57页，《中国方志丛书》第187号，成文出版有限公司印行1974年十二月台一版影印本，第2457页。

⑥ 同治《浔州府志》卷28《纪官·列传》，无页码，古籍影印本。

为之丕振"[①]。揭阳县拔贡周易，光绪年间署任雒容知县，在任上"观风试士，奖励殷殷，月课诸生，批阅课卷，详为删改，无异严师，士林欣佩。县试拔取精严，士无间言"[②]。香山秀才麦文震，同治年间来广西柳州县任知县，捐官出仕的他，对科举倾注了极大的热情，县志记载他"未几岁科试并行，凡考前列者必亲书对联勖勉之，童生吕乘云列第三，公赠联云'有志终当居第一，此身须自省其三'，诱掖之诚溢乎言表"[③]。

还有直接兼任地方书院山长的。如光绪年间，丽江书院有两任山长都是由知县充任。一是三水进士陈鸣谦，在光绪七年（1881）任崇善县知县，县志记载他"兼任丽江书院山长，济济文人，共沐春风之化。芸芸黎庶，潜消雀角之争，虽事过境迁，犹令人追慕焉"[④]。一是新兴县举人顾国诰，光绪八年（1882）任崇善县知县期间，兼任丽江书院山长，"非特士人沾其教泽，即农工商辈亦慕其德政"[⑤]。顺德进士周颂声，光绪年间任武鸣县知县，也是"每朔望亲诣院讲解，如严师之训子弟"[⑥]。

三　致力于文化建设的东粤良吏

从广西的方志看，东粤人在西粤为官，主要有以下几项政绩。

---

① 民国《佛山忠义乡志》卷14《宦迹・人物六》第14页，国家图书馆特色资源影印本。

② 民国《雒容县志》卷下《宦绩》第18页，《中国方志丛书》第129号，成文出版社1967年十二月台一版影印本，第88页。

③ 民国《柳城县志》卷4《宦绩》，《中国方志丛书》第127号，成文出版社1967年十二月台一版影印本，第46页。

④ 民国《崇善县志》第7编《宦迹》无页码，《中国方志丛书》第203号，成文出版有限公司印行1974年十二月台一版影印本，第354页。

⑤ 民国《崇善县志》第7编《宦迹》无页码，《中国方志丛书》第203号，成文出版有限公司印行1974年十二月台一版影印本，第354页。

⑥ 民国《武鸣县志》卷9《宦绩略》第19页，国家图书馆特色资源影印本。

（一）纂修志乘

琼山监生冯瑛，明成化年间任义宁县知县，其间“创修县志”①。合浦县监生符大宾，明嘉靖年间出任富川县知县，“创修邑志”②。顺德县黎献，明嘉靖年间出任灌阳县志，“创修邑志”③。琼山县举人缪宗道，嘉靖二十一年（1542）任博白县知县，“建名宦乡贤祠，通津桥，修辑县志”④。潮阳县举人周笃棐，明万历年间出任富川县知县，“重修邑志”⑤。东莞县袁璧，万历十四年（1586）任隆安县知县，“创修县志，由是文献赖之以传”⑥。电白县举人张文耀，明万历年间出任富川县知县，“又重修邑志”⑦。

（二）修葺学宫

学宫为儒学教官的衙署所在，内设明伦堂及用于教学的房舍东庑西庑，是地方教育的管理机构。顺德邓体静，嘉靖二十七年（1548）任左州知州，他“首重学校，重修学宫，爱恤士类”⑧。邓体静是正

---

① 道光《义宁县志》卷3《宦迹》无页码，《中国方志丛书》第205号，成文出版有限公司印行1974年十二月台一版影印本，第56页。

② 乾隆《富川县志》卷9《名宦》第3页，故宫博物院编：《故宫珍本丛刊》第8册，海南出版社2001年影印本，广西府州县志，第88页。

③ 民国《灌阳县志》卷7《名宦》第3页，国家图书馆特色资源影印本。

④ 道光《博白县志》卷7《秩官》第17页，国家图书馆特色资源影印本。

⑤ 道光《富川县志》卷9《宦绩》第2页，《中国方志丛书》第19号，据清光绪十六年刊本影印，成文出版社1967年版，故宫博物院编：《故宫珍本丛刊》第8册，海南出版社2001年影印本，广西府州县志，第83页。

⑥ 民国《隆安县志》卷6《宦绩传》第1页，《中国方志丛书》第206号，成文出版有限公司印行1974年十二月台一版影印本，第310页。

⑦ 道光《富川县志》卷9《宦绩》第3页，《中国方志丛书》第19号，据清光绪十六年刊本影印，成文出版社1967年版，故宫博物院编：《故宫珍本丛刊》第8册，海南出版社2001年影印本，广西府州县志，第84页。

⑧ 雍正《太平府志》卷32《名宦》第4页，故宫博物院编：《故宫珍本丛刊》第1册，海南出版社2001年影印本，广西府州县志，第199页。

印官，操心学宫的建筑工程也算是本职工作。而新会举人胡敦黄，康熙年间出任钦州学正，他“课士有方，任事竭力，学宫自陈都督重修，殿庑巍峨，而庙外规模未极壮观，敦黄焦心苦虑，破费不计，拮据不遑，与知府施世骥、守备刘维翰经营鼎新明伦堂，建儒学门及礼门义路二坊，筑东西围墙，学宫遂焕然改观”①。从上面引文可知，他操心的已是钦州府知府的工作。而海阳县曾源，在弘治九年（1496）任北流知县，“凡学校、城郭、桥梁、街道，类多捐俸修缮”②；澄海张志可，明万历年间任罗城知县，他“尊崇学校，凡廊庑、泮池，俱捐俸修葺”③。相比于前面提及的两名官吏，曾源、张志可两位知县是直接“捐俸”，掏自家腰包来造福地方教育事业。

（三）创立书院

南海县汤性方，在明景泰元年（1450）创“三元书院”④。海阳蔡邦玘，嘉靖十七年（1538）任义宁知县，“创南隅书院”⑤。大埔县进士杨缵绪，康熙年间任凌云知县时“建云峰书院”⑥。陆丰县举人黄德星，乾隆初年任雒容县知县，他“创立洛江书院，嘉惠士林”⑦。

---

① 道光《钦州志》卷8《宦迹》第23页，国家图书馆特色资源影印本。

② 光绪《北流县志》卷13《宦迹附》第1页，《中国方志丛书》第198号，成文出版有限公司印行1974年十二月台一版影印本，第552页。

③ 乾隆《柳州府志》卷24《名宦》第28页，故宫博物院编：《故宫珍本丛刊》第3册，海南出版社2001年影印本，广西府州县志，第212页。

④ 雍正《广西通志》卷37《学校》第41页，《景印文渊阁四库全书》第566册，台湾商务印书馆2008年版，史部324，第566—113页。

⑤ 嘉庆《广西通志》卷249，《宦绩录六·明四》第9册，广西人民出版社1988年点校本，第6367页。

⑥ 民国《凌云县志》第7编《前事》无页码，《中国方志丛书》第14号，成文出版社1967年十二月台一版影印本，第399页。

⑦ 民国《雒容县志》卷下《宦绩》第17页，《中国方志丛书》第129号，成文出版社1967年十二月台一版影印本，第87页。

曲江县拔贡高遴，嘉庆年间任西隆州知州，任上“建三台书院”①。连平州举人颜樾，嘉庆年间任博白知县，“修环玉书院”②。前面提到的香山秀才麦文震，同治年间任柳州县知县时，因前任知县被匪徒杀害，他智取贼巢后“创立龙江书院，聘请院长谢三聘主讲，学风丕振……后以卓异升知府，县民为立去思碑”③。南海陈嵩澧，在光绪年间任柳城知县，时科举式微，新学兴起，他在率领当地练勇剿匪平乱后，创立新式学堂“逊志学校”④。

最让人感慨的是鹤山源锡光，家世巨富，家人出资为他捐知县，又再加捐知府衔。光绪二年（1876），分发到广西来宾任知县，将自家的财产十多万两银子带到任上，凭着雄厚的经济实力，准备做一番事业：“访悉地方凋敝，民生积苦，慨然思所以培养之。拟辇十余万金来，凡慈善事业刻意举办，所尤急者，创设书院、义学、义渡、医院、育婴堂等，各置常产，为维持永远计，且欲平治城垣内外街衢，谋于举人谢嵩生先生，首举行观风试，筹办萃英书院，考选生员童生各若干人入院肄业；院址荒废，估工定期兴筑。故县署残破，自同治初元，历任侨寓民舍。前任段华舫明府始迁署南门内文昌庙，公以为非就故署重建不可，例得陈请拨币若干，然不敷率十之七八，公愿自任，绘图帖说，揭禀大府。事未经始，而公构疾，卧病半月竟卒，年未三十也。公既没，前议俱废。仅遗命捐助书院兴筑费若干两，诸生作屏障挽之，其文曰：‘英才失望’，盖其

① 光绪《曲江县志》卷 14《列传·宦绩》第 35 页，《中国方志丛书》第 59 号，成文出版社 1967 年十二月台一版影印本，第 312 页。

② 道光《博白县志》卷 8《宦迹》第 23 页，国家图书馆特色资源影印本。

③ 《民国柳城县志》卷 4《宦绩》，《中国方志丛书》第 127 号，成文出版社 1967 年十二月台一版影印本，第 46 页。

④ 《民国柳城县志》卷 4《宦绩》，《中国方志丛书》第 127 号，成文出版社 1967 年十二月台一版影印本，第 47 页。

一端矣。”① 书院虽未能建成，但这位年轻知县的志向与情怀，让来宾人感念不已。

（四）筹设社学义学

一县之内，除了中秀才后注籍入学的县学宫，让读书人深造的书院还有一些民间基础小学堂，分为义学与社学两种。义学也称“义塾”，是指靠官款、地方公款或地租设立的蒙学。社学创立于元朝。元制50家为一社，每社设学校一所，择通晓经书者为教师，施引教化，农闲时令子弟入学，有点类似现在的村级小学，是让童子接受启蒙的地方。为了发展地方教育事业，合浦县举人包志道，在明正统四年（1439）任灵川知县时，“立学舍东西斋，及社学二十五所”②。东莞县进士翟张极，在雍正年间任广西来宾县知县任上，“增义学十余所，使乡间贫民子弟读书识字，欲其言语交通，然后文化易开”③。长乐李日巽，万历年间任苍梧知县，因“减差役、免灾米、修书院、社学，邑人感之”④ 而祀之名宦祠。

（五）落实有关经费

书院、义学、社学，朝廷都是没有运作经费的，都要通过地方筹集。为了使这些好不容易设立起来的教育机构不至于废弛，有志扶持教育事业的官员都想方设法落实教育经费。

① 民国《来宾县志》不分卷《县之人物一·官府》第176页，《中国方志丛书》第201号，成文出版有限公司印行1974年十二月台一版影印本，第490页。

② 民国《灵川县志》卷8《宦绩》第31页，《中国方志丛书》第212号，成文出版有限公司印行1974年十二月台一版影印本，第819页。

③ 民国《来宾县志》《县之人物一·官府》第169页，《中国方志丛书》第201号，成文出版有限公司印行1974年十二月台一版影印本，第483页。

④ 同治《苍梧县志》卷14《宦绩传下》第39页，国家图书馆特色资源影印本。

始兴县附贡陈肇辂，乾隆年间分发广西县丞，后升任宾州知州，他“居心宽厚，爱恤士民，建复清湘书院，设立膏火至今赖之”[①]。“膏火”指的就是教学经费。揭阳县陈一定，在万历二年（1574）任怀集知县，“建学宫，捐俸金六十余两，买置学田”[②]。“学田”即旧时办学用的公田，以每年的田租收入作为学校运作的经费。顺德进士何寿增，同治年间任贵县知县时，邑有土豪占人田业，估计是原苦主已不在了，何寿增断令作充公田，招揽佃农耕种，将其租作为“大比年士人乡举费，胶庠中食德为多”[③]。归善李鹏举，嘉靖三十九年（1560）任梧州州判，他“暇进诸生，讲心性之学，四十年署容县，增置学田，造士养民，多善政”[④]。电白举人张文耀，明代任富川县知县时，不仅创修县志，还“捐资买学田、铺租，士民戴德不衰”[⑤]。揭阳举人郑天宪，嘉靖年间任来宾知县，来宾是僻陋的小县，一直未有学田，“公为筹募，创置之，其田在南一里思陇等村”[⑥]。顺德进士周颂声，光绪年间任武鸣县知县，这里的书院原有经费，但因日久弊生，周颂声力剔其弊，削去浮费，从此之后“凡山长脩脯，生童膏火，概从丰焉；又购各种书籍数百金置院中，俾嗜学者有所研究”[⑦]，以至于他去任以后，当地的读书人

① 嘉庆《全县志》卷5《秩官》第32页，国家图书馆特色资源影印本。

② 民国《怀集县志》卷4《秩官志·宦绩列传》第17页，《中国方志丛书》第210号，成文出版有限公司印行1974年十二月台一版影印本，第353页。

③ 民国《贵县志》卷15《宦绩》第415页，《中国方志丛书》第69号，成文出版社1967年十二月台一版影印本，第900页。

④ 光绪《容县志》卷15《职官志·宦绩》第7页，《中国方志丛书》第196号，成文出版有限公司印行1974年十二月台一版影印本，第610页。

⑤ 道光《富川县志》卷9《宦绩》第3页，《中国方志丛书》第19号，据清光绪十六年刊本影印，成文出版社1967年版，故宫博物院编：《故宫珍本丛刊》第8册，海南出版社2001年影印本，广西府州县志，第84页。

⑥ 民国《来宾县志》《县之人物一·官府》第166页，《中国方志丛书》第201号，成文出版有限公司印行1974年十二月台一版影印本，第480页。

⑦ 民国《武鸣县志》卷9《宦绩略》第19页，国家图书馆特色资源影印本。

为他树碑立传。潮阳县萧信，嘉靖年间任怀集教谕，“置学田以赡贫者”①，以至于后来这片学田的地名被当地人称为“萧学田”。大埔县进士杨缵绪，康熙年间任泗城知府时，增买学田，添加学子的灯油钱，提高优才生的奖励金，因此在当地形成良好的重教重学之风，“为开偏郡文化教育之始”②。鹤山举人吕鉴熙，光绪末年任贵县知县，“时创设贵县高等小学堂，经费未裕，粮科征赋岁有茶果银千余两，向入县官私囊，鉴熙不受，拨充学堂经费，着为例”③。

（六）操心文运

传说中掌管文运功名之神为文昌帝君，为了繁荣地方文化科名，古人在有经济条件的情况下，会致力于建文昌阁，祭祀文昌帝。而钦州文昌阁的建设，与两个广东人有关。

三水县岁贡陈俊，在万历三十三年（1605）任钦州学正，很有政绩，当时，有风水先生说，鳌鱼洲为学宫的关锁，宜建文昌阁，陈俊“临去捐俸三十金，议造文昌阁”④，然而他留下的这笔银子，被后任挪用了。转眼过了二十余年，德庆州岁贡陈联辉在天启七年（1627）任钦州学正，他“智识渊涵，襟期豁达，束脩不较，出金以贷贫士”⑤，当他知道前学正陈俊曾议建文昌阁，要在鳌鱼洲培风水却未能

---

① 乾隆《梧州府志》卷15《宦绩下》第3页，故宫博物院编：《故宫珍本丛刊》第7册，海南出版社2001年影印本，广西府州县志，第303页。

② 民国《凌云县志》第7编《前事》无页码，《中国方志丛书》第14号，成文出版社1967年十二月台一版影印本，第399页。

③ 民国《贵县志》卷15《宦绩》第416页，《中国方志丛书》第69号，成文出版社1967年十二月台一版影印本，第901页。

④ 雍正《钦州志》卷9《名宦志》第11页，故宫博物院编：《故宫珍本丛刊》第9册，海南出版社2001年影印本，广西府州县志，第246页。

⑤ 雍正《钦州志》卷9《名宦志》第11页，故宫博物院编：《故宫珍本丛刊》第9册，海南出版社2001年影印本，广西府州县志，第247页。

达成心愿时，陈联辉与州牧终于将文昌阁建成了，又“申捐学铺税五间，以供祭祀”[①]。

四 小结

本文主要选取了历代广西地方志“名宦传”中广东籍官员进行整理研究。两广同源，不少广西人是从广东移民过去的，尤其是广西南宁、梧州、钦州一带，多讲粤语。因语言共通，两粤人一直有着一种特别的亲近。其实看两地文化的交流，广西籍官员在广东政界为官，到广东书院出任山长的也为数不少。文化的影响是相互的。总的来说，东粤的文化，因为得地理交通之便，比西粤更具有活力。故透过东粤籍士子到西粤赴任的政绩，既可感受两粤人的鱼水之情，也可从中窥探西粤文化发展流播的一些特点。

（胡力平：自由撰稿人。广州市言哉文化艺术有限公司执行董事、广州市花都区政协文史专家委员会委员）

① 雍正《钦州志》卷9《名宦志》第11页，故宫博物院编：《故宫珍本丛刊》第9册，海南出版社2001年影印本，广西府州县志，第247页。

基于核心边缘理论及智能化的粤桂文旅模式创新研究

段金兰

旅游产业作为国家经济的重要组成部分，近年来发展十分迅猛，众多旅游项目以及旅游相关产业在国家的政策扶持和资金支持下，逐步显示出了其强大的生命力，其中不乏优秀的旅游产业已然成为行业中的知名项目。另外，在旅游产业发展的过程中，同样带动了许多衍生产业的发展，例如住宿行业、农业、手工业等，这在一定程度上带动了旅游地其他领域的经济发展。目前，随着人们的生活质量和生活水平的不断提高，民众在生活中的精神需求逐渐显现，这也使得旅游这种精神享受成为人们生活的重要组成部分①。

广西壮族自治区与广东省作为我国旅游行业发展的主要地区，两地的多个城市已经具备了一定的旅游行业发展基础，甚至有部分城市已然成为国际知名的旅游胜地。近年来，国家针对两地的发展政策也在不断出台，以期从多个领域促进两地的全面发展。随着国家经济与相关产业的不断发展，产业融合成为当前各行业发展的主要方式，旅

① 王彬：《高等院校旅游专业教学改革问题的研究》，《当代教育实践与教学研究》2017 年第 5 期。

游行业也同样如此。通过对相关领域的产业融合，可以将产业的主要力量进行整合，集中发展，进而构建起科学、全面、高效、快速的产业体系。所以，如何建立粤桂地区的文旅产业发展体系，整合粤桂两地的文旅资源以及未来如何推动两地的文旅产业发展，就成为当前粤桂两地面临的重要问题。

一　粤桂文旅发展现状

为进一步加强粤桂两地文化旅游产业的发展，双方政府依据国家的重大战略，出台了一系列发展政策，旨在推动两省文旅业更好、更快地发展。基于两地的文化同源性，双方的文旅融合发展具有得天独厚的优势。

（一）政策支撑

“一带一路”是近年来我国提出的重大国家战略。基于“一带一路”倡议的发展背景，2015年，国家发改委、商务部、外交部联合发布了《推动共建丝绸之路经济带和21世纪海上丝绸之路的愿景与行动》[①]，明确指出广东和广西在“一带一路”倡议中占据主要地位。其中，广西作为21世纪海上丝绸之路与丝绸之路经济带的交会处具有重要的衔接作用，而广东省与广西壮族自治区的各个沿海城市则是海上丝绸之路的排头兵与主力军。因此，积极促进广东、广西两地各领域发展是实现“一带一路”倡议发展规划的重要保障。2019年2月，中共中央、国务院印发《粤港澳大湾区发展规划纲要》[②]，再次

① 国家发展改革委、外交部、商务部：《推动共建丝绸之路经济带和21世纪海上丝绸之路的愿景与行动》，2015年3月，人民网，http：//ydyl. people. com. cn/n1/2017/0425/c411837－29235511. html。

② 中共中央、国务院：《粤港澳大湾区发展规划纲要》，2019年2月，中央政府门户网站，http：//www. gov. cn/zhengce/2019－02/18/content_ 5366593. htm#1。

提升广东省的重要地位，对加快推进大湾区建设及进一步深化泛珠三角区域合作具有重要的指导作用。而广西壮族自治区作为粤港澳大湾区的近邻，具有得天独厚的地理位置与相关资源。所以，加快促进粤桂两地的产业融合是促进两地发展的重要途径。基于上述国家发展规划与相关文件的出台，中共广西壮族自治区委员会、广西壮族自治区人民政府于2019年5月印发了《广西全面对接粤港澳大湾区建设总体规划（2018—2035年）》①，规划针对广西对接粤港澳大湾区的诸多领域作出了指导性的要求。其中，旅游行业的发展是两地发展的重要阵地。

结合上述国家文件与地区发展规划，我们可知，无论是地区性的文件还是国家战略层面的规划，广东与广西的发展都具有各自的特点与发展路径，两地各领域之间的融合也将成为促进两地发展的必由之路。特别是在文旅融合方面，粤桂两地既具有大致相同的文化背景以及产业布局，同时又包含各自的旅游特点与城市特性。大力发展粤桂文旅融合，能够使两地的发展更加具有联动性，也能帮助两地构建互联互通的长期发展模式。

（二）交通建设

《中国铁路中长期发展规划》（2008年调整）指出，到2020年我国高速铁路要建立联通省会城市及50万人口的大中城市间的快速客运通道，覆盖全国90%以上的人口，形成“四横四纵”的骨干铁路网络格局②。之后，中国的铁路发展规划针对我国铁路发展状况进行

① 中共广西壮族自治区委员会、广西壮族自治区人民政府：《广西全面对接粤港澳大湾区建设总体规划（2018—2035年）》，2019年5月，广西壮族自治区人民政府门户网站，http：//www.gxzf.gov.cn/sytt/20190629－754824.shtml。

② 张明：《高速铁路对我国旅游业的预期影响与对策思考》，《价值工程》2010年第11期。

了多次修编、调整。2016年，国家发展改革委、交通运输部、中国铁路总公司联合印发了《中长期铁路网规划》[①]，提出到2020年要覆盖80%以上的大城市，同时逐渐打造一体化的综合交通枢纽，形成“八横八纵”高速铁路主通道。因此，基于上述国家文件与地方发展规划，粤桂两地于2014年全面开通运营南广高铁与贵广高铁，其途经柳州、桂林、南宁、贵港、贺州、梧州、云浮、肇庆、佛山、广州等13个市（州）[②]，将东部发达地区、西部欠发达地区与内陆连为一体，同时还实现了长江经济带、珠江—西江经济带、珠三角经济圈、北部湾经济区等经济板块的互通互联[③]。另外，粤桂两地的航空发展和公路建设也在积极展开，两地依托各自的重点城市与既有的基础建设，逐步向周边省市地区延伸，以构建多维交错的交通网络。

综上所述，粤桂两地在国家和地方的支持下，已经逐步建立起了相对完善的交通网络，为两地的旅游业发展提供了最基本的交通保证与发展前提。

（三）旅游基础

广东省位于我国的南部，毗邻香港、澳门，拥有丰富的海洋资源，借助临海的优势，广东省在我国的发展进程中具有十分重要的地位，其优先性也不言而喻。基于国家发展规划与得天独厚的地理位置，广东省逐渐涌现出一批具有自身发展特色、发展迅速的现代化城市，例如广州、深圳等，使广东逐渐形成了以现代化大都市与深厚历

---

① 国家发展改革委等：《中长期铁路网规划》，2016年7月，中央政府门户网站，http://www.gov.cn/xinwen/2016-07/20/content_5093165.htm。

② 张艳梅：《高铁背景下的粤桂黔旅游合作路径》，《社会科学家》2018年第6期。

③ 马红梅等：《高铁建设、区域旅游与经济高质量发展研究——以粤桂黔高铁经济带为例》，《重庆社会科学》2020年第2期。

史文化相结合为特点的旅游产业特色。

广西壮族自治区位于我国南部，因其既沿海、沿江、沿边的特点而具有独特且多样的旅游发展模式；又因其丰富的多民族文化与自然景观，使广西拥有丰富的旅游发展资源。因此，广西的旅游发展也形成了一定的规模与行业基础。

但是，若将广东、广西的旅游发展特点相比较，我们不难发现，广东的旅游发展更加侧重都市文化与人造景观，注重让游客在热闹繁杂的城市生活中体验舒服放松的都市文化。而广西的旅游发展则更加注重地理自然风光与民族文化，利用多民族的文化特色与得天独厚的自然景观吸引游客，使游客能够欣赏大自然与民族文化的魅力①。广东与广西的旅游发展特点呈互补态势，相互为对方弥补了旅游发展的不足，这也为粤桂文旅发展和融合提供了前提。

（四）文化背景

追溯粤桂两地的文化发展历程，粤桂两地的原住民属于古百越民族的后裔，后经过数次大规模的迁徙才与汉族逐渐融合。而在语言和民族文化方面，诸多少数民族依然保持着传统的民族习俗与民族语言。因此在粤桂两地，粤语与客家话也逐渐成为两地的语言基础并为当地的文化发展奠定基础②。另外，岭南文化作为粤桂两地普遍认同的文化，对两地的发展影响深远，特别是对两地的产业融合发展起着十分重要的作用。甚至在某些领域，岭南文化已经成为产业发展的精神载体。

综上，由于粤桂两地具有极其相似的历史背景以及对岭南文化的

---

① 粟增林：《融合发展共同打造粤桂黔黄金旅游圈》，《中国政协》2019 年第 16 期。

② 陈学璞：《“一带一路”战略下粤桂琼旅游业联动发展研究》，《改革与战略》2015 年第 9 期。

共识，就使得两地在发展文旅产业的过程中具有极高的相似度和融合度，也为粤桂两地的文旅融合发展提供了可能。

二 理论基础

核心—边缘理论是一个在空间维度中分析趋于发展平衡的理论，其最初用于研究地区的经济发展，如今随着核心—边缘理论的不断完善和发展，其应用领域也逐渐丰富。核心—边缘理论所能解决的重点问题始终是使一个区域中相互不关联、独立发展的空间结构转变为相互联系、联合发展的整体空间结构。另外，在这个转变过程中，区域的发展则是由不平衡的发展逐渐转变为相对平衡的发展[①]。这也是核心—边缘理论的最小发展周期。粤桂两地经济发展，智能化程度、地理位置等因素非常适合运用该理论进行整体发展研究的基础。

（一）核心—边缘理论

1966年，美国学者约翰·弗里德曼在《区域发展政策》一书中提出了核心—边缘理论[②]。该理论指出，经济发展规律均是由经济发展水平较高的核心区域和经济发展较为落后的边缘区域组成，边缘区域又可以划分为资源前沿区域和过渡区域。其中，资源前沿区域拥有丰富的资源和较大的经济发展潜力，其有可能出现较为明显的经济增长，进而形成新一级的核心区域。在核心—边缘理论中，核心处于整个发展框架中的统治地位，核心地区的发展政策与发展方式将直接影响到边缘地区的发展。同样，边缘地区的发展也十分依靠核心地区，

① 汪宇明：《核心—边缘理论在区域旅游规划中的应用》，《经济地理》2002年第3期。

② 吴忠军等：《粤桂湘瑶族文化旅游圈构建研究》，《贺州学院学报》2009年第3期。

边缘地区只有通过核心地区才能将自身的优势充分发挥，进而提升边缘地区的自身实力。因此，基于核心—边缘理论的理论特点与研究对象，其对区域产业融合以及粤桂文旅融合的研究十分适用。在粤桂文旅发展与融合过程中，随着科技、人文、产业发展等多领域的进步，粤桂文旅产业的发展必然会经历由不平衡到相对平衡的过程。同时，也必然会出现部分地区发展十分迅速，进而带动配套的相关产业的快速崛起与发展，而有些地区却因其产业基础薄弱或是其他原因导致文旅产业发展缓慢。

（二）智能化

近年来，智能化为我国各个行业的发展带来新的发展路径与机遇，各类产业都在积极探索智能化背景下的产业发展与新的运行模式。随着智能化的融入，行业各因素之间的相关性也极大提高、联系越发紧密。但是，目前对于智能化的研究还没有一个较为准确的定义。通过对相关文献及研究的分析，可以将智能化总结为将人工智能、大数据、云计算、“互联网 +”等新兴技术与现代产业融合①，实现人机协同、深度学习等技术以此来辅助企业扩大生产、提高效率、改善管理的智能化②。

将智能化引入旅游行业中，“智慧旅游”也就应运而生。2011 年 7 月，国家旅游局开始实施“智慧旅游”战略，并要求在 10 年内把旅游业发展成高信息含量、知识密集的现代服务业③。基于该战略的

① 许昌斌等：《“互联网 +”背景下海南省乡村旅游交通智能化的对策》，《旅游纵览》（下半月）2020 年第 5 期。

② 刘亮等：《智能化与经济发展方式转变：理论机制与经验证据》，《经济评论》2020 年第 2 期。

③ 汪侠等：《基于游客视角的智慧景区评价体系及实证分析——以南京夫子庙秦淮风光带为例》，《地理科学进展》2015 年第 4 期。

发展与要求，旅游业的相关学者对智能化进行了深入的探讨与研究，但是对于“智慧旅游”的认识，不同学者均有不同的见解。总体来说，“智慧旅游”就是在新型技术的辅助下，通过整合旅游各方面的信息，以提升游客在旅游过程中体验感、幸福感、满足感为目的的现代旅游管理与服务的信息化、智慧化的变革①。对于粤桂文旅发展来说，充分利用智能化可以提升旅游行业的运行效率、改变其运行模式甚至是重塑其运行理念。所以，深入研究智能化在粤桂文旅产业融合中的定位、作用以及影响是当前产业发展的重点问题，也是亟待解决的问题。

三　核心—边缘理论及智能化背景下的粤桂文旅发展模式

根据上述对核心—边缘理论的介绍与了解，我们可知，核心—边缘理论的最终目的就是将多个互不相联、独立发展的个体利用该理论转变为相互联系、相互促进的整体，并使这个整体逐渐从不平衡转变为相对平衡的发展过程。因此对于粤桂两地的文旅产业发展，核心—边缘理论既可以运用于两地空间结构上的文旅产业发展，也可以针对两地文旅产业的各要素进行更深层次的研究。因此，要想将核心—边缘理论与粤桂文旅产业相融合，首先就要了解两地的产业布局与特点。

（一）粤桂文旅产业中的核心—边缘

目前，粤桂两地的文旅产业已经具有一定的发展基础，且不乏优秀、知名的旅游城市。但是两地的产业布局与特点却不尽相同。对于广东来说，该省的城市分布较为密集，相距较短，所以发展模式上逐

① 罗庆永等:《国内外智能旅游发展现状研究与启示》,《教育现代化》2018 年第 22 期。

渐形成了广佛肇、深莞惠、珠中江的联合发展区域，以此辐射带动周边城市发展。而对于广西来说，由于城市分布较为分散，所以在结合交通、经济等各方面因素后，逐渐形成了南宁与桂林两个重要城市。其中南宁主要辐射周边城市及沿海、沿边城市，而桂林则辐射广西北部城市及临省周边城市。另外，粤桂两地均是国际资源汇聚的主要阵地。广东每年通过举办广交会吸引国内外的资源，而广西则每年利用中国—东盟博览会增进中国与东盟各国之间的关系，以此提升国际地位。因此，对于粤桂两地，广州、深圳、南宁、桂林已然成为两地发展的核心地区，其既能带动周边城市的发展，也能够利用自身资源吸引更多国际目光。所以针对粤桂两地的文旅发展，广州、深圳、南宁、桂林是着重关注和发展的重点，也是资源汇集和辐射的核心区域。

对于粤桂文旅产业来说，核心—边缘理论依然适用。根据粤桂两地的旅游发展基础与现实情况，可以将两地的文旅产业细分为行业因素、人员因素与衍生因素三个方面。其中行业因素是以名胜古迹、自然景观、红色经典、宗教文化、民风民俗等为主要代表的景区景点，是行业的核心要素与中心环节，属于粤桂文旅产业的核心。而衍生因素则是在文旅产业发展过程中受到行业因素影响而产生的配套产业，如，民宿、酒店、文化体验产业、餐饮业、手工业、农家乐等。衍生因素由于受到行业因素的影响，其发展时间与规模均略小于和晚于行业因素，但也是促进行业因素发展不可或缺的一部分，故衍生因素属于粤桂文旅产业发展的边缘。另外，人员因素包含行业从业者与游客两方面，在粤桂文旅产业的核心—边缘中具有必然的连接与指向作用。只有精准分析人员因素的流向与走势，行业因素和衍生因素才能在发展中不断提升自身实力与影响力，故人员因素是粤桂文旅产业中的基础。图 1 为粤桂文旅产业三因素的单周期核心—边缘发展。

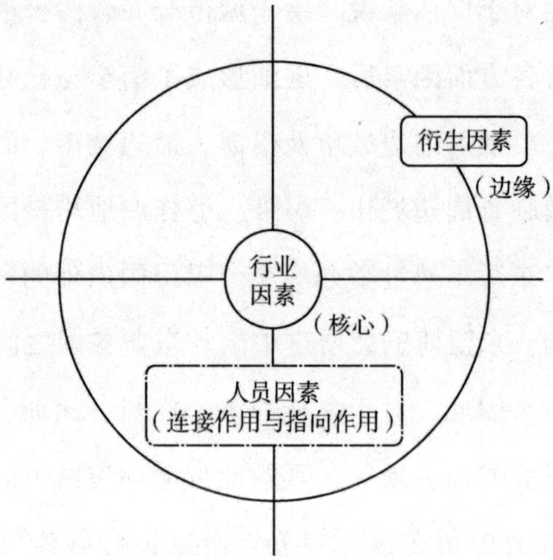

图 1　粤桂文旅产业三因素的单周期核心—边缘发展

根据核心—边缘理论以及粤桂产业三因素的构架，我们可知，在粤桂文旅产业发展的过程中，衍生因素的产生与发展大部分依靠于行业因素，因此其发展速率与规模也会滞后于行业因素。而在核心—边缘理论发展的一个周期中，供需关系与产业质量的对等关系逐渐从不平衡向平衡过渡，最终保持在相对平衡的状态中。但是由于粤桂文旅产业中还包含人员因素，使人员因素加快了衍生因素进入下一个核心—边缘发展周期的速率，也加快了衍生因素的发展，导致衍生因素逐渐转变为新的行业因素，形成多级衍生因素与行业因素共存的行业体系，以此吸引更多的游客。图 2 为粤桂文旅产业三因素的多周期核心—边缘发展。

（二）智能化背景下的行业因素：“智慧景区”的发展

智能化与文旅行业的融合正在逐渐改变文旅行业的发展模式、运

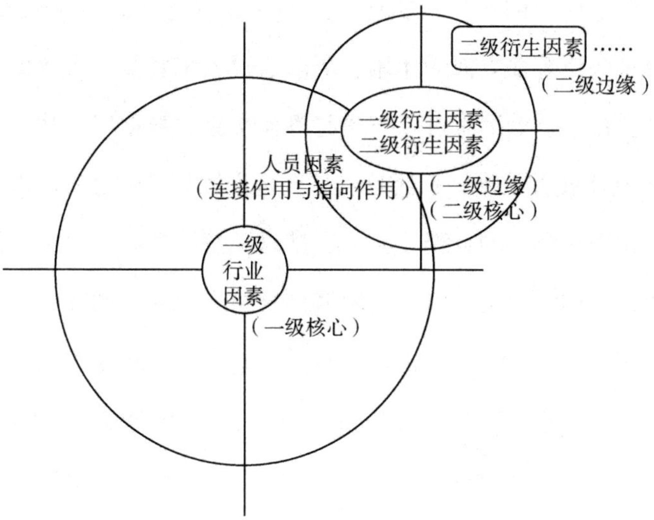

图2　粤桂文旅产业三因素的多周期核心—边缘发展

行理念甚至是整体构架，特别是对于粤桂文旅产业的发展，智能化的引入必然会带来更多变革。对于粤桂文旅发展中的行业因素，其作为文旅产业的核心要素，是智能化发展在该领域的主要阵地。因此，如何将智能化的科技手段运用于行业因素就成为当前粤桂文旅产业发展亟待解决的问题。近年来，“智能+”模式逐渐融入各个行业当中，旅游产业也不例外。2014年国家将旅游年活动的主题确定为“中国智慧旅游年”，还将“智慧旅游”写入“十二五旅游发展规划”之中①，以此凸显“智慧旅游”在旅游行业中的重要性。

基于上述背景，粤桂文旅产业在“智慧旅游”的带动下积极与新兴技术相结合，其中以景区景点为代表的行业因素与智能化结合的最直接产物就是“智慧景区”。通过对“智慧景区”的建立与完善，粤

① 邓辉：《“智慧旅游”认知重构》，《中南民族大学学报》（人文社会科学版）2015年第4期。

桂文旅产业的行业因素可以实现信息的快速传递、效率的极大提高、游客的合理分流等多方面的作用。所以通过人工智能、大数据、互联网等多种科技，行业因素可以搭建起粤桂文旅大数据库，其主要作用有：（1）利用相关数据，景区景点甚至是景区与景区之间可以突破信息壁垒，实现对游客的合理分流与安排以及基于核心—边缘理论的景区影响辐射。同时，也可以提高游客自身的出行安排的效率、保证景区景点的服务质量，甚至可以整合各景区景点之间相互关系，逐步建立起基于核心—边缘的行业联盟，以此提升区域的行业影响力。（2）基于粤桂文旅大数据库的建立，景区景点同样可以对周边的衍生产业提供更加丰富的机会。对于景区景点周边的衍生产业来说，可以根据景区景点的游客承载量以及人员流动率确定衍生产业的分布，进而保证衍生产业的供需平衡。（3）对于粤桂文旅产业的发展而言，随着智能化的泛在程度逐渐加大，景区景点对于行业从业人员的要求也随之提升。因此在人才培养方面，可以利用数据库的相关数据使从业人员能够更早了解行业发展现状，减少因科技代沟而导致的人才断层。

另外，随着移动终端的快速发展，景区景点可以提升信息交换手段并提升自身的科技感，可以广泛利用手机、平板、VR 等多种移动可视化的工具提升景区景点的信息传递方式，使产业文化逐步向可视化方向发展，进而扩大产业影响力。

（三）智能化背景下的人员因素：数据旅游时代到来

在粤桂文旅发展的过程中，人员因素作为行业发展的基础因素，起着十分重要的作用。在产业发展的过程中，诸多信息都是从人员因素中产生，并借助人员因素进行传递的。因此，智能化与产业中人员因素结合的产物就预示着数据旅游时代的到来。在文旅产业发展中，人员因素可以划分为两类，一是为游客提供相关服务的从业者，另一则是享受文旅服务的游客。在智能化的背景下，相关科学技术的广泛应用使行业对从业者的要求逐渐提升。目前，行业更加需要兼具智能化、旅游业、文学等多领域知识的复合型人才，以此满足智能化背景下的行业发展需要。而对于游客而言，移动终端的发展以及互联网的便利导致游客对于旅游的期望值与要求也逐渐提升，游客更希望在旅游过程中享受更加舒适的服务、个性化的旅游路线等。

因此，对于从业者来说，智能化数据能够为行业提供准确的行业侧重点；基于从业者的数据来说，行业可以及时有效调整自身侧重、弥补不足。而对于游客来说，智能化数据所能提供的消费数据、定位数据、路线数据等多类型的数据在保证个人信息安全的情况下均可以为行业提供极为丰富的发展思路与拓展领域。所以，综合从业者和游客二者的数据，在粤桂文旅产业发展的过程中，人员因素所组成的数据流便成为行业发展的基础，其所具有的指向性功能能够为行业因素及衍生因素创造丰富的发展空间与领域。

（四）智能化背景下的衍生因素：产业融合的后备军

对于衍生因素来说，在粤桂文旅发展的进程中，其定位是较为模糊的。在粤桂文旅发展的过程中，基于核心—边缘理论，其在一个发展周期中所扮演的是衍生因素的角色，但是在人员因素数据流的冲击以及智能化引入的背景下，衍生因素就很容易成为新的核心从而进入新的发展周期，基于此就会形成衍生产业与核心产业并存的情况出现。针对上述情况，我们可以理解为衍生因素与核心产业共存是在智能化背景下各方面数据的产业化反映，也就是说在粤桂文旅发展过程中，衍生因素的定位转变与结构转化的实质是数据导向的产业化体现。

因此，在智能化背景下的衍生因素，其可以通过产业结构的改变反映人员因素的数据变化，进而在衍生因素中形成数据导向，以此促进衍生因素的转型与发展。这也表明，在粤桂文旅发展进程中，产业的体系与构架并非一成不变的。恰恰相反，产业结构与布局会在人员因素数据流的反映下，可推动产业结构和布局的改变。所以智能化背景下的衍生因素在粤桂文旅发展的动态平衡中扮演着产业融合后备军的角色，也是行业因素与人员因素发展的重要推动力。

（五）基于核心—边缘理论及智能化的粤桂文旅发展模式

综合上述论证，我们可知，在核心—边缘理论与智能化背景下的粤桂文旅产业发展主要是由行业因素、人员因素以及衍生因素所构成，三者在动态平衡中不断发展，并在不同的周期表现出不同的结构。另外，在智能化技术的支持下，各方面数据的作用逐渐凸显，逐渐形成了“一心双环”的粤桂文旅产业发展模式（如图 3）。

在“一心双环”的粤桂文旅发展模式中，文旅产业需要以智能化为中心，积极将产业的各个部分与智能化科技相融合，以此帮助粤桂文旅产业提升产业实力、找出产业不足、完善产业结构，最终推动产业的良性发展。在粤桂文旅发展的三因素中，要重点关注行业因素的发展。作为文旅产业的核心体现与中心环节，行业因素具有十分重要的地位。而对于衍生因素，则需要对其进行合理分流与引导，逐步实现其在三因素中的推动作用，进而推动核心—边缘发展周期的运转。至于人员因素，其作为行业发展的基础，从行业工作者的角度而言，要提升质量，使行业拥有充足的后备力量；从游客的角度而言，其为行业提供的客观信息能够为行业发展提供丰富的思路与路径。因此，

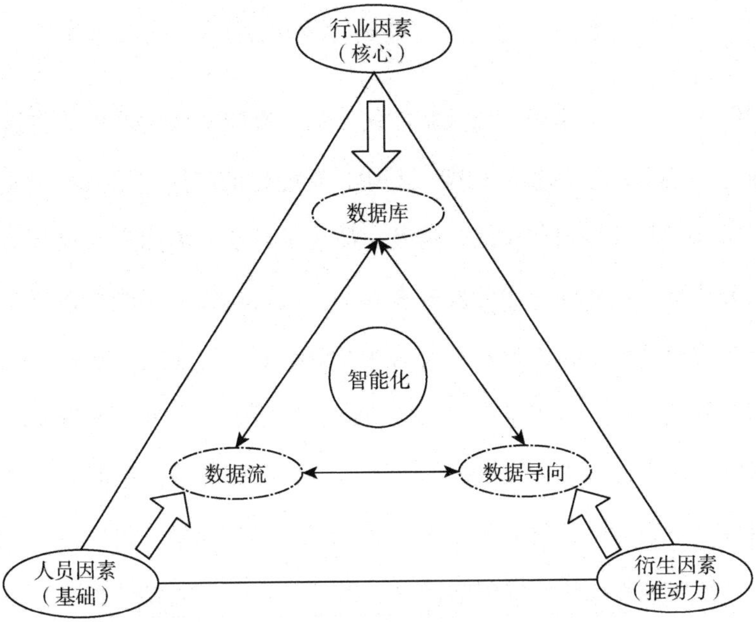

图3　“一心双环”粤桂文旅产业发展模式

对于行业发展的三因素而言，重点是要保证三者在动态发展过程中的平衡。另外，在行业发展的过程中，基于智能化的应用，数据库、数据流以及数据导向将成为智能化与三因素之间的流通手段，是产业实体化的先行者，也是产业发展的指向因素。所以基于“一心双环”的粤桂文旅发展模式，需要在智能化背景下合理推动核心—边缘发展周期，最终逐步带动各领域产业发展。

四　粤桂文旅所面临的机遇与挑战

在国家推行文旅融合的大背景下，除了政策的支持，科技和人才也为粤桂文旅融合发展提供了强劲的动力。随着科技的高速发展和文旅业对优质人才的大量需求，粤桂文旅正面临一系列的机遇和挑战。

（一）信息安全成为行业发展的重点阵地

基于核心—边缘理论以及智能化背景，粤桂文旅发展模式将逐步形成“一心双环”的发展构架。其中，智能化的广泛应用为粤桂文旅发展带来了新的机遇与挑战，也极大加快了行业发展速率、提升了行业服务质量，使粤桂文旅的发展进入了一个新的发展阶段。在智能化广泛应用的背景下，人员及行业信息安全则成为行业发展不得不关注的重点领域。在人员因素中，其作为信息数据的提供方、数据流的主要来源，其中包含着大量游客的个人信息、从业者的工作信息以及行业数据库中的关键数据。这些数据的安全将是行业发展的重点阵地。因此，在保证行业快速发展的同时，粤桂文旅产业也需要通过专业的技术人才对产业环节中的各类信息数据做好维护，保证产业中的各类信息在安全范围内使用。

（二）优质人才是产业发展的必要保障

随着智能化的引入，粤桂文旅发展已然进入了一个新的发展领域，对行业人才的要求也需要作出相应的改变，多领域的复合型人才将成为未来粤桂文旅产业发展的必要保障。另外，对于核心—边缘发展周期的分析与行业发展规划的研究也需要大量相关专业人才，以避免在核心—边缘发展周期过程中部分领域由于信息的不对等或是对信息的错误判断导致产业规模与实际情况不符等现象的出现。因此，对于行业发展来说，优质人才将成为不可或缺的一部分。所以，基于上述原因，行业、相关企业、人才培训的高校等多方面需要结合时代发展与行业的实际情况，制定合理的人才培养战略，促进产学研协同发展体系的构建，以此保证行业人才的质量与数量。

五　结语

随着我国各类信息技术的不断完善，智能化发展已然应用于各个产业当中。粤桂文旅产业已经具有了一定的产业基础，环北部湾旅游带、珠江—西江旅游带、海上丝绸之路跨国旅游带等多个整体性产业已经具有一定的规模，如何继续推动粤桂文旅产业的快速发展、整合产业构架、搭建更高层次的产业格局就成为当前两地产业发展的重要问题。本文期待通过对粤桂文旅产业中的行业因素、人员因素以及衍生因素的分析，并借助核心—边缘理论以及智能化的相关理论，以此探索粤桂产业发展的周期性与自身特点，最终构建起“一心双环”的粤桂产业发展模型。另外，针对当前产业发展的重点环节，核心—边缘理论也对行业人才以及行业安全提出了新的要求，以保证产业能够平稳高效地发展。

（段金兰：桂林旅游学院文化与传播学院讲师）

王阳明学群在两广的交游与风教*

潘玉爱

《明史》对明代理学总结为："时天下言学者，不归王守仁，则归湛若水，独守程、朱不变者，惟枏与罗钦顺云。"① 这指出明代主流的学术思想是心学。目前学界对明代心学的研究，主要在王阳明之学的传播社群讲会活动之考察，探讨地域多是吉安府、宁国府、浙中地区②，或南赣、贵州为主，却未论及王阳明晚年最后停驻的两广，故梳理两广王学可让我们更深入看见智慧圆熟的王阳明之学。黄宗羲《明儒学案》将两广王门后学列于《粤闽王门学案》，学界对此学案关注度不高；但论及王阳明的"心学"核心观点时总会提到："破山中贼易，破心中贼难。"（《与杨仕德薛尚谦书》）由此可知，王学的心学必须通过对王门"粤"地的学群理解，才能掌握"心学"的重要内涵与价值。而两广除受王学影响外，早先有心学先驱陈白沙创立江门学派；承继弟子湛甘泉成立"甘泉学派"，与王阳明是讲会学友，

* 《诗经》中三种诗歌类型的一种，即《国风》，十五国风是收集当地民俗歌谣。《论语·颜渊》："君子之德风，小人之德草，草上之风必偃。"《荀子·乐论》："移风易俗。"风教是感化、教化。

① 参见（清）张廷玉等撰《明史》，中华书局 1974 年版，第 7244 页。

② 吕妙芬：《阳明学士人社群历史、思想与实践》，北京师范大学出版社 2017 年版，第 17—19 页。

往来问学密切，时人称他们的学问为“王湛之学”。

学界对王阳明[①]的研究，多重视其哲学理论“心即理”“知行合一”“致良知”，或是吴震认为：“至少有四大问题是不可忽视，即无善无恶、良知现成、良知自明和万物一体。”等[②]，这些彰显出王阳明的立言，是侧重其思想层次，然王阳明生命最后的十个月不仅于论学，而是将其一生智慧致于经世，其号“封新建伯”“原任南兵部尚书新建伯王守仁，兼左都御史总制两广及江西湖广邻近地方军务督”[③]。他既有学问又身怀经略，使得我们可有检证其哲学理论与生命的契机。

一　两广王学学群的历寓与交游

王阳明晚年（1527—1528）受命为兼左都御史，率兵征广西思恩、田州，其临行前与门人钱德洪和王龙溪论学，史称“四句教”。它影响王学最后定论，亦成为“王门一大公案”，因着后学们各持其论。王阳明自二十六岁习兵法，戎马一生历经江西、福建、广东等地，亦广设教坛。广西是他最后所派驻之地，从他的家书中看其学，

① 当时称王学，在《明史·列传第一百七十·儒林一》：“宗守仁者曰姚江之学”，《明儒学案》亦是，而冯梦龙《皇明大儒王阳明先生出身靖乱录》是人物传记体裁，时今所称王守仁或“道学先生，姓王，双名守仁，字伯安；学者称为阳明先生”。参见（清）张廷玉等撰《明史》，中华书局1974年版，第7222页；（明）墨憨斋主人（冯梦龙）编《皇明大儒王阳明先生出身靖乱录》上卷，清弘毅馆刻本。

② 郭齐勇主编：《漫谈阳明学与阳明后学研究·阳明学研究》第二辑，中华书局2016年版，第8页。

③ 参见《明实录世宗实录》卷十五、七十六。“升提督南赣汀漳军务右副都御史为南京兵部尚书参赞军务”卷四、“巡抚江西右副都御史”卷五、“南京兵部尚书王守仁疏辞伯爵且让功于众”卷十三、“南京兵部尚书王守仁辞封爵”卷十九、卷四十三、卷四十五、“上方欲振新营务命廷臣举素有威望练达兵政者专督营务于是兵部尚书王时中等会举提督两广新建伯南京兵部尚书提督”卷八十三、八十六、“丙午提督两广尚书新建伯王守仁”卷八十九、“新建伯王守仁首擒逆壕进封伯爵嗣抚两广”卷一百三十三、“兵部尚书兼左都御史”卷三百七十七。

陈九川云：“此先师广西家书付正宪仲肃者也。中间无非戒谕家人谨守素训。致良知三字，乃先师平素教人不倦者。云‘诚爱恻怛之心即是致良知’，此晚年所以告门人者，仅见一二于全集中，至为紧要。乃于家书中及之，可见先师之所以叮咛告诫者，无异于得力之门人矣。仲肃宜世袭之。”① 王阳明一生在祖宅的时间短暂，他流寓各地，有门生相随左右，他们到属地即可讲学，而外地门人则与他书信往来交流。两广王学可见《明史》：“自是王氏学盛行于岭南。”② 岭南是陈白沙之学的发源处，同时也是后起王学波及之要地，黄宗羲对陈白沙、王阳明两人学术的看法是：“两先生之学，最为相近，不知阳明后来从不说起，其故何也。薛中离，阳明之高第弟子也，于正德十四年上疏请白沙从祀孔庙，是必有以知师门之学同矣。”③ 有陈白沙的研究者，认为阳明亦是陈白沙传人，以薛中离疏请白沙从祀孔庙作为依据。然而，此论还需再商榷。薛中离于1531—1545 年隐居讲学于中离山（潮州），从学者甚众，使王阳明学说在岭南广泛流传。

《明儒学案》未罗列粤西籍的王门后学，而冯梦龙（1574—1646）的记述提到：“先生大兴恩田学校，广西士民始知有理学。”④ 钱明认为：“唯独广西，阳明晚年虽在那里讲过学，但未形成桂中王门，更未使王学传播到越南，这是王学传播史上的一个例外。”⑤ 冯梦龙和钱明皆指出王学在广西的传播，其中有分歧是桂中王门的归属。今

---

① （明）王守仁撰，陈恕编校：《王阳明全集》（三），中州古籍出版社 2016 年版，第 88—89 页。

② （清）张廷玉等撰：《明史》，中华书局 1974 年版，第 5468 页。

③ （清）黄宗羲著，沈芝盈点校：《明儒学案》，中华书局 1985 年版，第 79 页。

④ （明）墨憨斋主人（冯梦龙）编：《皇明大儒王阳明先生出身靖乱录》卷下，清弘毅馆刻本，第 36 页。

⑤ 钱明：《王阳明及其学派论考》，人民出版社 2009 年版，第 279—280 页。

学者梳理王门学者时，指出《明儒学案》对于第一代门生、门人“大致按籍贯”[①] 的归属，若细察相同学案王门的主张，会发现他们的观点仍有不同。若据王学的传播地域与门人主张，两重条件同具，可能仍不能尽言其流派归属，其门人个别性多元复杂，有的一生各处游学或任官。《明儒学案》以静态思想特征的论述作为分列王门学案的模式，遮蔽了不同地域门生交游学友群的视域。实际上王阳明之学是在动态中开展，其面貌是王学社群的往来，部分门生认为他们原非“别立宗旨”，其后学冯奉初为广东薛中离集题词言：“自侍御来游门下，率先讲求，益畅明其旨以接引来学，阐明师训，辑其遗书，诚师门功臣哉。”[②] 又如周汝登辑《王门宗旨》序言：“王门者统于宗无二旨也。”邹元标指出“是亦长卿使君传宗旨也”；陈大绶认为“各言其所得，钱氏守绳墨，二王多超悟，然于以发明良知则一致无枝指也”。[③] 可知各王门之学非创立学派，而是传阳明之教。再从何良骏（1506—1573）对阳明学的论述看，阳明以讲学作为政事教化伦理的途径[④]。基此，展开两广王学社群探讨，一是两广的王阳明之学，是如何发展王学的，二是王阳明之学的发展形势有什么转变。

在两广，心学与王学的传播主要有湛甘泉、王阳明、薛侃、季本，他们皆经历流寓而非空言著述，更着力于经世致用。王阳明与湛甘泉在北京相识问学，湛甘泉出使安南、在滁州和王阳明相会论学

① 王传龙：《阳明心学流衍考》，厦门大学出版社 2015 年版，第 104 页。

② （明）薛侃撰，陈椰编校：《薛侃集》，上海古籍出版社 2014 年版，第 490 页。

③ （明）周汝登辑：《王门宗旨》，浙江巡抚采进本，第 3、24、33 页。

④ “唯阳明先生从游者最众。然阳明之学自足耸动人，况阳明不但无妨于职业，当桶冈横水用兵之时，敌人侦知其讲学，不甚设备，而我兵已深入其巢穴矣。盖用兵则因讲学而用计，行政则讲学兼施于政术。若阳明者真所谓天人，三代以后岂能多见？”见（明）何良俊《四友斋丛说》，中华书局 1959 年版，第 32 页。

儒、释之道，在龙江关论“格物”，两人交游、从学与共学。全祖望称两心学为广宗和浙学[①]。依此，粤东为广宗，而粤西为官学，两广学术的发展和基底不同；广宗和浙学所披及承业也不同。因此，本人下面的论述将从广东王学社群和广西王学社群分述之。

二　广东王学学群与交游

按《明儒学案》将王湛之学分列不同学案，两广王学归于《粤闽王门学案》，罗列顺序先列《粤闽王门学案》，接着在《止修学案》《泰州学案》之后论列《甘泉学案》；在《明儒讲学考》中将两广王学归于《楚粤》，这与《明儒学案》分属不同。基此，可再梳理粤地王学。以下从两个层面：一是陈白沙、湛甘泉和阳明两种学群的交游；二是阳明与广东王学门人社群的交游。

（一）阳明与甘泉之学群交游

明代王学在粤的传播主要在粤中、粤东和海南三个地区。粤东原有岭南学派，明中叶陈献章（1428—1500，字公甫，别号石斋，世称陈白沙）讲学于江门，《广东新语》载其弟子一百余六，以伍云（南川，缉熙）为首，而其学也授予湛甘泉，白沙之学又称广宗；全祖望记述：“门户益盛，受业著录四千余人，当时称为广宗，同时与阳明分讲席。”[②] 同时王阳明讲学于姚江，称为浙宗，其曰：“其中四百年

---

① 全祖望言：“明中叶天下称白沙、甘泉之学曰广宗，阳明之学曰浙宗，及阳明之学亦入粤，而二宗共流布于峤南，然又别有一宗：不附白沙甘泉，不附阳明，而以穷理格物教人者，曰泰泉黄文裕公之学，实与鼎足而立，予亦表而祀之，而及其高弟一人居，常谓讲学当去短集长，和同受益不应各持其门户，而后人正亦不可不知其门户，故合而祀之，仍分别而各志之，曰：若者白沙之学、若者泰泉之学、若者粤人私淑阳明之学，是粤中学派三大支也。”（明）全祖望：《鲒埼亭集外编》卷二十，钦定四库全书清抄本。

② （明）全祖望：《鲒埼亭集外编》卷五十，钦定四库全书清抄本。

间，天下学统，未有盛于二宗者。”① 可知白沙之学是广东本地原有的学术，其门人湛甘泉也受王阳明之学的影响。湛甘泉与王阳明共聚论学，只为阐明圣学，其交往无学宗之别，“湛若水为庶常，一见定交，相期倡明圣学，门人始进”。②

王阳明弟子陈九川言：“初见先生于龙江，先生与甘泉先生论格物之说，甘泉持旧说”③，从“甘泉持旧说”可知，王湛之学起初是各有所宗，但彼此多次相互论学，也多少受对方之学说的影响。王、湛两人都因个人官职到北京，因住在隔壁而结识，他们或游走或出任他域，虽身份、籍贯不同，但均因职务流寓他域，也因分别执教讲学所主学说不同而各有众多从游者。有时是湛甘泉与王门弟子共同讲学，如黄宗羲论述吕柟九的学经时，提到“九载南都，与湛甘泉邹东廓共主讲席”④。他们彼此论学交流，使得弟子后来改变师从，如周衡（号道通，字静庵）、蒋信两人初受业于阳明，继受业于若水；张节“初从湛甘泉游，继受学于泾野”。⑤ 可见湛王之学之融洽，故当时学者评陈白沙和王学：“本朝之学，惟白沙、阳明为透悟，阳明不及见白沙，而与其高弟张东所、湛甘泉相往复。”⑥ 这间接指出明代岭南学派与王学虽然所主之学不同，但两学互有兼容，且湛王关系相当融洽。阳明逝世，湛仍讲学执教达 12 年，两人对粤东的影响性不可言喻。

① 刘成禺：《世载堂杂忆》，辽宁教育出版社 1997 年版，第 229—230 页。

② （明）王守仁撰，陈恕编校：《王阳明全集》（四），中州古籍出版社 2016 年版，第 300 页。

③ （明）王守仁撰，陈恕编校：《王阳明全集》（一），中州古籍出版社 2016 年版，第 79 页。

④ （清）黄宗羲著，沈芝盈点校：《明儒学案》，中华书局 1985 年版，第 138 页。

⑤ （清）黄宗羲著，沈芝盈点校：《明儒学案》，中华书局 1985 年版，第 153 页。

⑥ （清）黄宗羲著，沈芝盈点校：《明儒学案》，中华书局 1985 年版，第 1376 页。

（二）广东王学门人学群的交游

黄宗羲评广东的王阳明学群："岭海之士，学于文成者，自方西樵始。及文成开府赣州，从学者甚众。"① 他将方献夫列于学群之首，而（清）程嗣章《明儒讲学考》列薛侃于首。方献夫于弘治十八年（1505）遇王阳明，薛侃正德十二年（1517）遇王阳明，可知黄宗羲与程嗣章论列的取舍处。两者所录门人不同，今学者研究广东王学门人共计 18 人②，邹建锋在《阳明夫子亲传弟子考》中视薛侃为王学知名的重要传人，论及因学界研究多集中于两浙附近地域的王学门人，及有许多书院及兴盛的讲会，而忽略了薛侃，另外，在周汝登《王门宗旨》内收录方献夫与阳明之相关著述与序，却未见薛侃之文。综上，可见广东王阳明之学的论述仍有许多可增进和补充之处。

今学者认为薛侃是重要传人，乃因其参与刻《传习录》③。清代程嗣章认为："自是王学之学盛行岭南，及侃斥归益力学，从游者百余人。"④《明儒讲学考》在方献夫载记为："时与守仁论，悦之遂请为弟子。"⑤ 黄宗羲对薛侃的绍述是更简于方献夫的，其曰："以学行著于乡，中离自虔归，述其所闻于阳明者。"同时也论列梁日孚、郑

---

① （清）黄宗羲撰，沈善洪主编：《黄宗羲全集》第七册，浙江古籍出版社 2005 年版，第 7 页。

② "除中离外，尚有郑一初（字朝朔）、陈洸（字世杰）、杨思元（名应本）、薛俊（字尚哲）、藤侨（字尚迁）、薛宗铠（字子修）、吴继乔（字世达）、陈瑰、林文（字载道）、杨骥（字仕德）、杨鸾（字仕鸣）、黄梦星、王一为、方献夫（字叔贤）、伦以训（字彦式）、梁焯（字日孚）、成子学（字怀远）。"参见邹建锋《阳明夫子亲传弟子考》，中国社会科学出版社 2017 年版，第 213 页。

③ 王宗沐《传习录序》亦可为《传习续录》三卷之佐证。序中所谓："合续本凡十一卷，刻置学宫"，即指薛侃则刻三卷，南大吉刻五卷，钱德洪续刻之三卷也。（明）王守仁撰，陈恕编校：《王阳明全集》（四），中州古籍出版社 2016 年版，第 172 页。

④ （清）程嗣章：《明儒讲学考》，清道光四年程氏裔孙重刊本，第 29 页。

⑤ （清）程嗣章：《明儒讲学考》，清道光四年程氏裔孙重刊本，第 29 页。

朝朔等人，这与《明儒讲学考》相同；而黄宗羲在后大篇幅摘录薛侃的学说，列其弟子周谦斋。

方献夫在《西樵遗稿》[①] 卷四中，记述其与湛甘泉共游樵南石泉的烟霞（在大科山之中），另外方献夫与阳明书信往来论学，柬中提及以“甘泉”称湛若水，他就与湛的往复书信使自己“中间亦见区区所得”告诉阳明，而阳明在回复湛若水的信中也不忘赞扬方献夫。王阳明认为湛若水、方献夫的讲学是“知二君议论既合。自此吾之学党廓然同途，无复疑异矣，喜幸不可言！”[②]。这种王、湛的学群关系，亦可从杨仕德受业上见到。杨仕德与弟杨骛同受学湛若水，后更从王阳明。

广东最先追随阳明学习的是方献夫。方献夫在吏部为官时，与同僚王阳明论学。后来，王阳明在江西赣州任职，有不少两广学子前来学习，优秀者有薛氏兄弟、杨氏兄弟和梁日孚，也至赣从阳明学，辩问居敬穷理，悚然有悟。郑朝朔知道王学是源于当时阳明任职吏部，他带病来求学，有人劝他可以等病好了再求学，郑朝朔曰：“夕死可矣。”其卒于浙。在广东王、湛之学的往来，门人的先后交错从师，王学门人从王阳明多至外地学习，之后退职，即将王阳明学说带回乡讲授。《世载堂杂忆》述略岭南学派时开头即指出粤地特殊地理位置：“岭南濒处海禺，与中原隔绝。”[③] 阐述明中叶因陈白沙讲学，岭学因之而著名，指出王学宗子是方、薛和周谦斋之外，尚有杨复所。特别值得注意的是，湛甘泉重要之弟子如蒋信、庞嵩弼唐，先从阳明，继随甘泉，庞嵩弼唐在甘泉逝世后代主

---

① （明）方献夫撰：《西樵遗稿》，广西师范大学出版社 2014 年版，第 297 页。

② （明）王守仁撰，陈恕编校：《王阳明全集》（三），中州古籍出版社 2016 年版，第 94 页。

③ 刘成禺：《世载堂杂忆》，辽宁教育出版社 1997 年版，第 229 页。

讲席，主张融合两家。

三　广西王学学群与风教

王阳明1527年11月先到肇庆，在梧州开府任两广巡抚。之后，他将行营搬至南宁府[1]，开始他在广西的经世致用，平乱、安治及管理等举措。王阳明在广西学群的关系，迥异于广东王学学群。

（一）王阳明与广西的安治

明代广东发生的巨寇为乱，而广西是土酋之乱。广西地区少数民族居多，与汉法和风俗迥然不同，故早期从事地域史迹研究的学者对王阳明的看法：一是“作为朝廷命官，他时常都备有两手，‘可抚则抚，可捕则捕’”[2]；二是南宁旅游业曾提议立王守仁像，曾引起人们激烈的反应[3]；三是从文化、古迹保存看待阳明在此的作为[4]。这些研究对王阳明与广西的关系，或多或少都会提及王阳明受命到广西，无法避开探讨田州府土官岑猛事件，从而可知此事件对王学在广西的影响甚大。

---

① 俞樟华：《王学编年》，吉林大学出版社2010年版，第176—177页。

② 彭匈：《王守仁在广西》，《人事天地》2014年第6期；杨世璐：《王守仁对广西少数民族的剿抚述评》，《广西民族研究》1985年第2期；谷口房男、覃彩銮：《王守仁与少数民族》，《广西民族研究》1992年第3期。

③ “持不同意见者认为王守仁奉明朝廷之令来南宁，是为平息当时田州、思恩府岑氏土司纷争和镇压广西壮、瑶人民起义，是屠杀广西少数民族的刽子手；所办书院、学馆，亦是从文化心理上配合武力镇压活动，不足称道。”见莫家仁《王守仁与广西少数民族》，《广西民族研究》1992年第2期。

④ “在广西留下了大量的遗迹，但对这些遗存及王守仁的研究微乎其微。”作者最后提出当代人评价王守仁：“其实，这种镇压行为，并不是王阳明的个人意愿，他代表的是中央王朝封建阶级，江西和广东等地都认识到这一点，因此在采取对王阳明的态度上也相对开放。”见周梅清《从“征抚思田功绩文”题刻探讨广西王守仁研究》，《教育文化论坛》2017年第6期。

据史官[①]载记，岑猛事件起因是[②]：朝廷改制将府改设流官，再加上治理人力分散，而卢苏、王受趁隙起乱。王阳明在《奏报田州思恩平复疏》中论述事件：是因岑氏土司纷争，土官岑猛与泗城州屡年相互仇杀，得罪上司之纠葛，造成壮、瑶人民“目民”卢苏逃命屯聚，他既受岑猛诈说派兵防守，另上司又挑拨王受杀卢苏。他为卢苏陈其因投降无路之苦情。王阳明为土官和目民求赦[③]，在文中两次提到：“今幸朝廷宽赦，钦命总制天星，体天行道，按临在此，神鬼信服。”[④] 这显现的是一位“仁”心仁道的儒将作为，自任仰不愧天，俯不怍于社稷；不以职为权，而诉于超越灵性。他根据思恩府头目陈情状的事实，原是设土官后改立流官，造成“开图立里，土俗不便，奈缘小人冥顽，不谙汉法，屡次攘乱不定。受等同辞恳乞上司仍立目甲，不意反致官府嗔怒”。[⑤] 王阳明陈述事况是理解头目的隐情和立场

① 明朝张廷玉站在维护明朝的立场看广东、广西平乱问题，他提及朝议发兵广东，但王阳明的态度是“上疏止之”，一贯不主战事。嘉靖六年，思恩、田州卢苏、王受反，王阳明“疏陈兵之非”，提出治理广西的问题“流官与士官双设”，他的理据是既设流官无法防戍，而田州邻交趾，其域深山绝谷，“悉瑶、僮盘据，必仍设土官，斯可藉其兵力为屏蔽”。他反对“改土为流”的举措，而尚书与皇上却要其更改建议，他只能受命率兵到思恩、田州解决当地土官的治理，从而引起抚臣失当和攘夷的无策，使得众头目连年抱苦、控诉无门。再从其上疏中可明白，他相当清楚身负之责：“查前项夷情，田州因何复叛，思恩因何失守，斟酌事势，调遣官军，决策治理制度——应设土官、流官，何者经久利便。”他须在两者之间做出有利朝廷与广西风土的举措。参见（明）王守仁撰，陈恕编校《王阳明全集》（一），中州古籍出版社 2016 年版，第 8 页。

② “初岑猛既诛，都御史姚镇已奏，将府改设流官，而留参议汪必东，佥事申惠，参将张经，以兵万人镇其地，知州王熊兆署府事，会必东、申惠，皆移疾他驻，独经、熊兆在府，而兵渐分散，防守稍懈，于是其党卢苏、王受等，乃为伪印诳言猛在，且借交趾兵十二万，以图兴复，夷民信之。”（明）张溶、徐阶等纂修：《明世宗实录》卷七十四，明瑞香楼抄本。

③ 其曰：“伏乞悯念生灵草命，赦死立功，以赎前罪。哀乞怜悯，岑猛原无反叛情罪，存其一脉，俯顺夷情，办纳粮差，实为万幸，等情。”（明）王守仁撰，陈恕编校：《王阳明全集》（二），中州古籍出版社 2016 年版，第 35 页。

④ （明）王守仁撰，陈恕编校：《王阳明全集》（二），中州古籍出版社 2016 年版，第 35 页。

⑤ （明）王守仁撰，陈恕编校：《王阳明全集》（二），中州古籍出版社 2016 年版，第 35 页。

的，希望能解决其族的风俗与汉法不容的问题，即使仍复目甲，使得可办理纳粮的差事。

另外，可从王阳明的疏陈看到，其心之所忧思更为关切的是广西地方。他上疏的内情，更大篇幅不是夸耀个人执政成效，而是站在地方需求；他提陈广西此时的事况，两年兵连祸结，所涉两省百姓、士兵和官吏。他就其触目所见陈情地方情况："破坏之舟，漂泊于颠风巨浪中，覆溺之患。"① 他深知广西连年的不安定，造成众人皆苦痛不已，无法置身事外。因此，他上疏不只是要调查乱起的缘由，更重要的是对朝廷提出后续治理的举措，建言不可"穷兵雪愤，以收前功"。他主仁道精神，提出一位儒者的睿见，认为对后续治理思恩、田州的问题是更具优先与重要性。其实，这显示出他的学问与行谊。心学与理学不同之处在于，其以良知证呈于各种不同的伦理关系，从应事上显现，及其常言"事上磨炼"。他正躬行儒家"先天下之忧而忧，后天下之乐而乐"的精神，这也是苦民所苦之胸怀。

（二）王阳明与官办讲、社学的举措

广东王学在民间是自行筹建书院、设讲会，执教职者皆是王阳明之后学。与广东王学相较，广西的王学无明显的师从和学群关系，我们借助地方志或地方文献的探寻可略知其传播状况。黄宗羲在《明儒学案》中发凡说道："是书搜罗颇广，然一人之闻见有限，尚容陆续访求。"② 他指出以书论学和个人见闻还有扩增的可能。由之，从《粤西文载》中查找记述王学的学者和著作，常是有其人而著作亡佚。广西王学单

① （明）王守仁撰，陈恕编校：《王阳明全集》（二），中州古籍出版社2016年版，第37页。

② （清）黄宗羲撰，沈善洪主编：《黄宗羲全集》第七册，浙江古籍出版社2005年版，第7页。

一、微弱，其踪迹分散在不同的地方志内，如《广西通志·儒林》，可见时年二十岁的张昌荫与金声刘之纶共同阐扬理学："倡明理学以王阳明良知为宗，所著《立志辩》，志诸篇尽发先儒秘钥。"[①] 陈大纶也被记载，知其受学于阳明[②]。冯梦龙也有记述："布政使王大用，亦先生门人。"（《王阳明靖乱录》卷十）王大用[③]非广西籍人，但其因职广西左布政应天府府尹，随职务调动而迁居广西。又如《广西通志》："四库全书提要就本题粤西舜山子，姓名所纪王守仁事，则嘉隆以后人也，其书以粤中……是编所陈方略"[④]；"梁汝阳，贵县副杨官知县，著《传习录辨疑》[⑤]、《新堂集语》、《诸生诗北游草》"。[⑥] 梁汝阳喜好理学，他分辨阳明《传习录》与朱子之不同处，提出有四十三则。[⑦] 以上的王学，他们非具官职，也未在讲会执教，其中特别值得注意的是《四库提要》四库馆臣疑为粤西舜山子撰，不知姓名，因其书中记有王守仁事迹，故其人为嘉靖、隆庆以后人，也是传播王学之人。又据孙先英提到在《南宁府志》中可看到："陈大纶、吕调阳、何世纶和甘思忠等。"[⑧] 乃王学本土心学人物。

---

① （清）金鉷等监修：《广西通志》卷八十四，钦定四库全书，第139页。

② （清）谢启昆修，胡虔纂：（嘉庆）《广西通志》卷10，地方志书目文献丛刊，广西人民出版社1988年版，第6647页。

③ 王大用，字时行，号檗谷（蘗谷），兴化人。见《明人传记资料索引》《国朝献征录》卷六十。

④ （清）谢启昆修，胡虔纂：（嘉庆）《广西通志》卷35，地方志书目文献丛刊，北京图书出版社2004年版，第18页。

⑤ （清）谢启昆修，胡虔纂：（嘉庆）《广西通志》艺文志上三，卷270，680册，《续修四库全书》，上海古籍出版社2002年版，第6页。

⑥ （清）谢启昆修，胡虔纂：（嘉庆）《广西通志》艺文志上三，卷270，680册，《续修四库全书》，上海古籍出版社2002年版，第24页。述其："常以新建伯公烈彪炳。"

⑦ 《浔州府（广西）志》，76卷，卷首：1卷，第9—16卷，第3页。

⑧ 孙先英、覃明：《敷文书院与王守仁的书院教育思想在广西的传播及影响》，《广西社会科学》2010年第3期。

于广西学术而言，王阳明之学是“理学不明，人心陷溺”。[①] 王阳明主官办讲学，与之前在广东阳明之学的民间自行举办讲会截然不同，之所以如此，外因如前所述，内因是生员可授业。于是他开始官办学校，准允地方布按司请建讲堂、立社学聘师耆老、提学道兴办学校，加之王阳明住南宁，便延请委任其弟子季本[②]为教席。王阳明官办兴学，由官方为民与儒生盖舍、供薪米、供柴火；另外，官方聘任当地士人执教，在社学以士人谭劼、苏彪和乡耆老黄永坚为教师。王阳明认为，因地制宜“教民成俗，莫先于学。然须诚爱恻怛，实有视民如子之心，乃能涵育熏陶，委曲开导，使之感发兴起；不然则是未信而劳其民，反以为厉己矣”[③]。他任用本地人教其风俗，回应之前他上疏时的“恻怛之心”；他以低位的立场特别强调“涵育熏陶，委曲开导，使之感发兴起”，而非威权立学；他甚至提醒负责社学的道守巡官要加以注意士人和耆老是否做好教民，否则要“匡直，开其不逮。备行该府查照施行”。在此可知，他待当地百姓并非轻薄，反而视为重中之重。今学者研究表明，王阳明之后的明代中期广西所成立书院较前时期多[④]，实得力于王阳明开启广西士人的学风。

四　结语

从心学与王学的视域，观照王阳明之学群对两广学术的活动与转

---

① （明）王守仁撰，陈恕编校：《王阳明全集》（二），中州古籍出版社 2016 年版，第 166 页。

② 季本（1485—1563，字明德，号彭山）在南宁设教，《明儒学案》列其为浙中王门三。

③ （明）王守仁撰，陈恕编校：《王阳明全集》（二），中州古籍出版社 2016 年版，第 160 页。

④ “根据统计，广西在嘉靖六年（1527）以后所新建的 44 所书院中，南宁、田州、宾阳和少数民族地区第一次建有书院，仅南宁地区就多了 19 所。参见李彦福、雷坚《试论宋元明清时期的广西书院》，《广西社会科学》1986 年第 4 期。

变及促成“道学”的社会风尚。两广“道学”是湛甘泉、王阳明与门人在共同经历流寓、交游与发展中得到传播与发展的。广东王学是民间自发性的交游从师及参与讲会，心学在粤的传播先是陈白沙，后继湛甘泉和王阳明门人的交错，其学说虽不同，但思想学术的底蕴相近，显示出两者学问的包容度高。粤西王学的风教始于王阳明官方兴举学校。王阳明将文化教育与资源益助广西，故建讲堂、立社学和府学、延师设教；除委任季本之外，王阳明还重视广西的“风教”，以培养当地百姓、儒生为主。虽然瑶、僮等少数民族与汉文化不同，但经人与人相互间的交游、学习，一定程度上做到了以“学”作为关系的联结，是传统儒家伦理“以德化人”的途径。

（潘玉爱：玉林师范学院政法学院、辅仁大学博士）

两广地区的民俗信仰研究

广府骆越文化视野下的西江龙母传说*

李俊康

龙母文化是西江—珠江流域最重要的民间信仰，包括历代传说、庙宇、雕刻、绘画、碑刻、诗词、文献及其文化遗存，是广府文化的重要组成部分。《赐额记》云："自秦迄今几二千载，康人德神之惠，愈久愈深，而庙食愈盛。"① 西江多民族文化交融对人们的思想行为产生了深刻影响，同样的道理，广府、骆越和中华龙文化的碰撞交融，也决定了西江龙母文化的多元谱系及流传变异。

一　广府、骆越文化及其龙母传说

据统计，西江流域有300多座龙母庙。不难看出，西江龙母文化与广府骆越族群民系相对应，呈现出分布相对集中的地域特色，它们是肇庆悦城龙母文化圈、梧州藤县龙母文化圈和南宁大明山武鸣骆越龙母文化圈。在同一个龙母文化圈内，龙母庙比较集中，有相同的龙母传说和习俗，它们在西江多元文化碰撞交融以及龙母文化源流变异

---

* 广西桂学研究基金项目"西江流域龙母文化源流考辨"（2017）。

① （宋）吴揆：《赐额记》清道光《广东通志》，卷二一〇《金石略》第十二、十三页。

中起着重要的作用。

（一）广府与骆越文化

广府文化特征以珠江三角洲最为突出，既与中原汉文化一脉相承，又深受百越文化的影响。龙母崇拜也是广府民俗之一。公元前106年起，苍梧广信（今梧州、封开）作为岭南政治、经济和文化的中心、交州首府，前后历经370多年，被誉为“岭南古都”，是岭南文化和粤语的最早发祥地。后来交广分治，然而语言并没有分家。广府文化是中华文明重要的一脉，与海洋文化碰撞交融，最终在亚洲东南方造就出最具活力的广府民系，乃至当今崛起了粤港澳大湾经济区。

骆越主要聚居在昔汉交趾郡所辖地区，即左右江流域和红河三角洲一带。郦道元《水经注·交州外域记》载：“交趾昔未有郡县之时，土地有雒田，其田随潮水上下，民垦食其田，因名为雒民。”①雒同骆，今壮人即骆越后裔。多元色彩的骆越文化，包括稻作文化、铜鼓文化、花山壁画文化、青铜文化等，成为大中华文明的重要的一环。

粤语是中原雅言与古越语相互碰撞融合的结果，是保留较多古汉语成分的一种方言。龙母文化与粤语有异曲同工之妙，也是汉文化与百越文化相互碰撞融合的结果。因此，把西江龙母文化放在广府、骆越文化视野下进行研究，就显得特别重要。王元林和陈玉霜指出：“龙母驯服蛟龙，对豢养蛟龙之母的崇拜，是早期古越人崇龙习俗的延续。直到今天，西江岸边的居民们仍亲切称龙母为‘阿嬷’，显然

---

① （北魏）郦道元：《水经注》卷三七《交州外域记》，杭州大学出版社1999年版，第618页。

仍把龙母当作祖先来崇拜。”①

（二）多元的西江龙母信仰

对于西江龙母文化的源流问题，长期以来，在汉、壮民族中分别流传着悦城广府“掘尾龙—龙母”传说和大明山骆越“特掘—娅蒲”传说。

1. 广府“掘尾龙—龙母”传说发端于悦城

南朝沈怀远《南越志》记载龙母传说：

> 昔有温氏媪者，端溪人也。居常涧中，捕鱼以资日给。忽于水侧遇一卵，其大如斗，乃将归，置器中。经十许日，有一物，如守宫，长尺许，穿卵而出。因任其去留。稍长二尺，便能入水捕鱼，日得十余头。稍长五尺许，得鱼渐多。常游波水，萦回媪侧。媪后治鱼，误断其尾，遂逡巡而去。数年乃还，媪见其辉色炳耀，谓曰：“龙子今复来也？”因盘旋游戏，亲驯如初。秦始皇闻之，曰：“此龙子也，朕德之所致。”乃使以元圭之礼聘媪。媪恋土，不以为乐，至始兴江，去端溪千余里，龙辄引船还，不逾夕，至本所，如此数四，使者惧而卒，止，不能召媪。媪殁，瘗于江阴，龙子常为大波至墓侧，萦浪转沙以成坟，人谓之掘尾龙。今人谓船为龙掘尾，即此也。②

德庆悦城是名副其实的龙母文化发源地和核心区。清卢崇兴《悦

---

① 王元林、陈玉霜：《论岭南龙母信仰的地域扩展》，《中国历史地理论丛》2009 年第 4 期。

② （南朝）沈怀远：《南越志》，骆伟、骆廷辑注：《岭南古代方志辑佚》，广东人民出版社 2002 年版，第 156—157 页。

城龙母庙碑记》云：“龙母之先，粤西藤县人也，本姓温，父天瑞，娶程溪县梁氏，遂家焉。”① 龙母显灵，历代朝廷对悦城龙母给予敕封。龙母的最终封典神符为：程溪永安永宁永济夫人灵济崇福圣妃护国通天惠济显德昭显溥佑广荫龙母娘娘水府元君。把龙母纳入国家祀典，这是悦城龙母信仰能够向四周辐射走向他乡的重要原因。蒋明智指出：“除此以外，自唐代以来还有历代记载重修悦城龙母祖庙的碑刻、楹联、诗文和庙志等。它们构成了悦城龙母祖庙完整、系统的历史文献记录，是龙母文化发源地的最有说服力的文字凭证。”②

清同治《藤县志》载：“龙母庙在水东街胜概坊。按：龙母，嬴秦祖龙时之神也。温姓，或曰蒲姓，藤县二十一都筋竹村人。豢龙潭犹存。或曰一都水东街孝通坊人，故其庙名孝通。”③为此，每年龙母诞期，悦城龙母庙便会邀请龙母故乡藤县良家女子为龙母沐浴更衣。悦城龙母庙为全国重点文物保护单位，是闻名遐迩的龙母朝圣中心。

2. 骆越“特掘—娅蒲”传说发端于大明山

大明山红水河畔是古骆越族的世代聚居地。如果说红水河是壮族的母亲河，大明山就是壮族的父亲山，是骆越先人的圣山。在大明山的武鸣、上林等地，一直流传着关于“特掘—娅蒲”的古老传说，故事概况如下：

> 大明山下，住着一个贫苦的“娅迈”（寡妇），有一天她救起了一条快被冻僵的小蛇。小蛇慢慢地长大，茅棚装不下，妇人

---

① （清）卢崇兴：《悦城龙母庙碑记》，收于（咸丰）《悦城龙母庙志》卷一《记序》，道光元年（1851）刻本。

② 蒋明智：《论龙母文化的发源地——兼谈非物质文化遗产保护要重视历史文献》，《民间文化论坛》2010 年第 5 期。

③ （清）同治《藤县志》卷六《建置志 · 坛庙》，光绪三十四年（1908）铅印重刻本。

只好用刀砍去小蛇的尾巴。于是，人们把小蛇称为“特掘”（秃尾巴男子）。“特掘”很孝敬自己的养母，时常从小山湖里打鱼回来赡养他“母亲”。养母也因此被称为“乜掘”（“特掘”母亲）。后来“乜掘”病逝了，只见天空电闪雷鸣，风雨大作，一条巨龙腾空而起，卷起狂风把“乜掘”装上红色棺材，抬上大明山的龙头峰安葬。这条小蛇就是“特掘”，后来成为西江的守护神。每年农历三月三，狂风大雨，“特掘”便从罗波潭底飞窜出来，飞上大明山顶给母亲扫墓。于是，人们把这座山称作“莫乜掘”（龙母坟）。

大明山在南宁北面70公里处，位于牂牁江（温水）与郁水之间。武鸣县罗波镇“庙佬蒲”，也称“罗波”庙，是环大明山最著名的龙母庙，附近有罗波潭，现存的主建筑建于清朝光绪十五年。古骆越地区，蛇崇拜有着非常久远的原始性，奉蛇为祖。梁庭望认为，断尾蛇在大明山是蛇部落的图腾，在这一带它并没有龙的身份。抚育特掘长大的龙母“温媪”或曰“蒲媪”“娅蒲”，民间又传为“娅王”，应是母系氏族时代的代码。[①]“娅蒲”是“乜掘”成仙后的尊称。“三月三”是古越人蛇图腾的节日。三月三的歌圩，以歌娱蛇神，是生殖崇拜的祭祀礼仪。

大明山是壮族文明的重要发源地。从武鸣元龙坡出土大量商周文物看，大明山龙母文化遗存非常丰富。如商周船型墓，墓穴做成船的形状，两头往上翘起来；蛇形图案，出土石范上有两蛇相背的图案，蛇的首尾蜷曲成椭圆形状；蛇形以玉雕饰，通体洁白有纹饰，似蛇蜷

① 梁庭望：《大明山龙母文化揭秘》，《当代广西》2006年第21期。

曲之像。在武鸣县马头镇大明山脚下，有唐代龙母庙遗存，又叫韦蕨庙，原庙已毁，后重建，庙内留有唐代的石础和布纹筒瓦。武鸣两江镇龙母村，有明代蛇图腾石雕，形象古朴，栩栩如生。考古学家郑超雄指出："大明山地区的考古发现，从商周开始，历唐、明、清，都有与龙母文化相对应的遗存、遗物……自成系统，有其发生发展的渊源脉络。"[①] 可惜，由于壮族没有文字等种种原因，骆越龙母传说只是在民众中口耳相传。因此，骆越龙母文化亟待抢救挖掘。

此外，大明山地区至今还保留许多蛇图腾崇拜的习俗，除了吃五色糯米饭是为了纪念"特掘"的五色花纹之外，壮人建房上横梁时有一个"安龙"的祭祀秃尾龙的仪式，即把家畜尾巴剪掉，认为这样才能去掉其野性，快快长大。大明山壮族百姓信奉蛇图腾，有不吃蛇的习俗，这与西江下游粤人喜蛇饮食形成了鲜明的对比。

（三）早期的西江—珠江龙母庙

西江中部所处的苍梧之渊，河流密布，水网发达，越人出于生存的需要，图腾崇拜、祖先崇拜祭祀风气盛行，文献中早有记载："江南之俗，火耕水耨……其俗信鬼神，好淫祀。"[②] 好鬼信神的传统，为西江流域龙母信仰的滋生孕育提供了肥沃的土壤。苍梧自古以来是越人与外来移民"杂处"融合之要地，同时也是龙母祭祀的富集地。据统计，宋朝是龙母文化蓬勃发展的高潮时期，两宋时期广南东西两路共有龙母庙19处，其中广南西路10处，广南东路9处。详见表1。

---

① 郑超雄：《武鸣考古发现与环大明山地区壮族龙母文化的关系》，载罗世敏、谢寿球主编《大明山龙母揭秘》，广西民族出版社2006年版，第41页。

② 《隋书》卷31《地理志》，中华书局1987年版，第886页。

表1　　宋元时期广南东路、西路龙母庙统计

所在地	数目	名称	庙址	修建敕封情况	资料出处
德庆州	4处	圣岭宫	在江村旁	宋修兼祀宋知军州江缪	光绪《德庆州志》卷5
		龙母祖庙	悦城江水口	秦代 宋元丰元年赐永济夫人 宋大观元年赐庙额孝通	
		永济行宫	城西五里白石泉	宋时为永济行宫	
		龙母庙	在废植墟	宋元建	
仁化县	1处	惠济庙又名南台庙	在扶溪	唐仪风元年 宋绍定四年 赐显德夫人	宋理宗《封龙母敕》 民国《仁化县志》卷七
高要县	1处	龙母庙	龙潭都 （今白沙龙母庙）	宋咸淳中建	《古今图书集成·方舆丛编·职方典》卷1350
新兴县	1处	龙母庙	在县城北门外一百余步登云坊	元延祐二年建	乾隆 《新兴县志》卷18
顺德县	1处	龙母庙	在龙潭	南宋建	咸丰 《顺德县志》卷16
龙川县	1处	龙母寺	在太和都	元大定中建， 僧脱尘创	乾隆 《龙川县志》卷5
梧州	2处	龙母庙	在城西北二里许桂江上	宋建	乾隆 《梧州府志》卷7
			在郭外北关外	不详	
兴业县	1处	博泉庙又名龙母祠	县南二十里 博泉有庙	至迟南汉建 南汉赐龙母夫人 宋熙宁中赐惠济夫人	《明一统志》12 清雍正 《广西通志》卷17
昭州	1处	龙母庙	无考	至迟宋建	《元丰九域志》卷9
岑溪县	1处	温媪祠	糯垌镇大竹村	宋建 宋崇宁三年赐 庙额“异应”	《宋会要辑稿》礼20
滕州	1处	龙母庙	州东杭容州江口	至迟宋建	《太平寰宇记》卷158
静江府	1处	龙母庙	灵川县	至迟宋建 宋淳熙十一年赐额 “灵润”	《宋会要辑稿》礼20
象州	1处	龙母庙	在阳寿县	至迟宋建	《舆地纪胜》卷105
宜州	1处	龙母庙	城南五里龙塘	至迟宋建	《舆地纪胜》卷105
贺州	1处	龙母庙	苍梧门外 南履江上	至迟宋建	《舆地纪胜》卷123

两宋时期，朝廷笃信“唯灵是信”，只要上奏有灵迹存在，就会给予封赐。西江—珠江流域不仅龙母庙修建多，敕封也多，而且集中在苍梧之渊河流处。其中受到皇上敕予封号的有悦城、兴业和仁化龙母庙，它们也是岭南最早的龙母庙。仁化龙母庙又名扶溪龙母庙、惠济庙、南台庙，建于唐仪凤元年（676），宋绍定四年由皇上敕封显德夫人[①]。仁化龙母庙是西江龙母传说北上传播的重要节点。另外，岑溪龙母庙，“温媪祠，在梧州岑溪县，崇宁三年八月赐庙额‘异应’”。[②] 灵川龙母庙，淳熙十一年二月赐庙额“灵润”[③]。兴业县南二十里，有一泉水名博泉，有博泉庙，南汉时封为龙母夫人。博泉庙最早见于《明一统志》博泉条目：“在兴业县南二十里。南汉封其神曰龙母夫人。宋熙宁中封惠济夫人，有庙。”清雍正《广西通志》引用了该词条。[④] 如今泉还在，庙已不见了踪影。兴业县位于蒲郁古道，即今贵港、玉林之间的交通要冲处，是古郁林州州治所在地，古越人重要的出海通道。兴业博泉庙二次得到朝廷敕封，彰显其地位的重要性，是汉越龙母文化交集的重要节点。又据清刘应麟《南汉春秋》载：“（悦城）庙旧名博泉神庙，在德庆州东一百里悦城之南……后主大宝九年，封为龙母夫人。”[⑤] 如今悦城庙还在，博泉却很少听说。《南汉春秋》成书于 1807 年，皆晚于《明一统志》和清雍正《广西通志》。对于两个博泉庙的情况，还有待进一步研究分析。

---

① 民国《仁化县志》卷八《勃·封龙母敕勃》，民国二十三年铅印本。

② 《宋会要辑稿》第 19 册，《礼二十》，中华书局 1957 年版，第 794 页。

③ 《宋会要辑稿》第 19 册，《礼二十》，中华书局 1957 年版，第 784 页。

④ 据《明一统志》卷八十四《庆远府·山川》及雍正《广西通志》卷十七《山川》（四库全书本）所得。

⑤ （清）刘应麟：《南汉春秋》十二卷，嘉庆十二年（1807）刻本，第 75 页。

二　西江龙母文化多元谱系的母题密码

谱系学是一种分析社会现象的系统方法，有助于理解事物的起源及其演变过程。运用谱系分析方法来分析梳理西江龙母文化的源头和流变过程，对于深入理解多元的龙母文化现象能够提供新的思路和方法。田兆元强调指出：“民俗学的谱系观念是强调民俗文化的整体性与联系性，强调互动性的一种研究思路。民俗的谱系是一种有关联的集体行为。民俗谱系关注人类的某些共性，但是更加关注民俗生活的现实联系与互动。没有互动就没有谱系，互动是谱系的存在形式。就像一个亲属谱系，没有联系，亲属谱系是没有意义的。”①

（一）西江龙母文化多元谱系的核心母题

西江龙母文化多元谱系是一个有选择的流传过程，在漫长的流传过程中，一方面有选择地把传说的有关重要信息作为核心母题代代相传保留下来，另一方面在到了新的环境后，又有选择地吸收新的历史人文等信息进行传播变异。

在大明山“特掘—娅蒲”和悦城“掘尾龙—龙母”传说中，拥有共同的核心母题：一是豢养龙子（龙母母题）。大明山“特掘—乜掘”传说是妇人抚养一条冻僵的小蛇。在《南越志》中变成悦城女子在江边捡得一大卵，后孵出一小蛇；二是断尾化龙（龙子母题）。大明山骆越传说是小蛇慢慢地长大，茅棚装不下，便断了其尾巴变成“特掘”。《南越志》记载：“媪后治鱼，误断其尾”，变成了“掘尾

① 田兆元：《民俗研究的谱系观念与研究实践——以东海海岛信仰为例》，《华东师范大学学报》（哲学社会科学版）2017 年第 3 期。

龙”；三是哭坟成仙（济世母题）。大明山传说是三月三，狂风大雨，“特掘”飞上大明山顶给母亲扫墓。《南越志》：“龙子常为大波至墓侧，萦浪转沙以成坟。”大明山和悦城的龙母传说都有断尾母题。弗洛伊德认为，神话故事的内容和形式只不过是人们用来表现无意识欲望的一种工具。在这个意义上，断尾母题反映出对儿童“恋母情结”的否定，是一种无意识欲望的了断，是人生旅途成长烦恼中一次不可或缺的成人礼，标志着岭南开始从母氏社会向父氏社会过渡，同时也是从野蛮走向文明的开始。

在西江流域，悦城龙母庙、梧州龙母庙和武鸣罗波庙既是龙母文化的谱系中心，也是龙母文化的朝圣中心。其他龙母庙是广大信众的朝圣点，不仅各大小龙母庙之间有联系，而且各谱系之间也是互相联系的。

（二）西江龙母文化多元谱系的基因密码

《布洛陀经诗·赎稻魂经》记载：“在三条河水汇合的地方，一定有神社。在三条路汇合的地方，也一定有神社。”① 古骆越人奉行对祖母王的祭祀，以祈求祖先的保佑，于是，便把在两条河流交叉处进行祖先崇拜的祭祀神灵称为“蒲”（博）。不难看出，西江龙母文化多元谱系有如下几个特点。

1. “蒲（博）”（龙母密码）是真善美的化身

由于西江流域是古越人聚居之地，奉行祭祀“蒲”（博）神，为此，西江流域各地都带有骆越祖母王文化符号“蒲”（博）的深刻印记。如邕宁“蒲庙”、贵港“罗泊庙”、岑溪“扶庙”以及悦城“博

① 谢寿球：《龙母文化发祥地探析》，载罗世敏、谢寿球主编《大明山龙母揭秘》，广西民族出版社 2006 年版，第 12 页。

泉庙”等。龙母被尊为神后，就从“乜掘”改称为“娅浦”“佬浦”。在罗波庙中，抚养“特掘”的母亲称为“佬蒲”（罗波），即祖母王的意思。明屈大均《广东新语》记载：“夫人姓蒲，误作温。然其墓当灵溪水口，灵溪一名温水，以夫人姓温，故名。或曰温者，媪之讹也。夫人故称蒲媪，又称媪龙。”① 记述的就是龙母文化的这一特征。在越（粤）人心中，“蒲”（博）是一位德高望重的高祖母、“阿嫲”，真善美的化身，故人们愿意向她倾诉、祈祷。

2. “掘”（龙子密码）代表自强不息的品格

“特掘”和“掘尾龙”传说保留有相同的古越语“掘”，这是西江龙母文化又一个重要的古越语密码。“掘”是秃尾巴，也有倔脾气的意思，读音和普通话明显不同，发出的是古越语的音节（gud），非常硬朗，有力量，代表男子汉的气概。壮族先民天生悍烈，骁勇善战，不屈服于暴力统治，“越人皆入丛薄中，与禽兽处，莫肯为人作虏……杀尉屠睢，伏尸流血数十万”②，越人顽强抗秦是“掘”，是百越民族自强不息品格的真实写照，反映出西江子民血液中拥有的一种难能可贵的尚武精神。历史上，广西俍兵闻名中外，威震八方。明朝巾帼英雄瓦氏夫人，亲率广西俍兵抗倭杀敌立功，被封为二品夫人，一度传为佳话。“掘”是西江龙母传说与其他龙母传说最重要的区别。联系到古越语“蒲”（博），因此，“蒲”（博）和“掘”就被视为西江龙母文化的基因密码。

3. “孝”（济世密码）是维持国泰民安的精神纽带

济世指救济世人。孝道，作为龙母传说的济世密码，贯穿于龙母传说的始终，突出母慈子孝的主题。在“特掘”和“掘尾龙”传说

① （清）屈大均：《广东新语》卷六《神语》，中华书局 1985 年版，第 212 页。
② （汉）高诱注：《淮南子》卷十八《人间训》，中华书局 1986 年版，第 322 页。

中，表现出至善至孝的品格。龙母表现出来慈悲大爱，于是人们把她视为自己的祖母、祖宗、“阿嫲”，通过举行盛大的祭祀活动，从而获得心灵的慰藉和祖先的庇佑。如果没有龙母的大慈，就没有龙子的行孝。母对子慈，子对母孝。引申到社会，则是国家对子民仁慈、大爱，子民对国家忠诚、尽责，是千百年来龙的传人关于家庭、和谐社会的愿望。《孝通庙旧志》云：“宋熙宁九年，安南招讨使郭逵奉命征交趾，甲兵粮馈之运舟，首尾相继，未尝有风波之虞。凯旋，表言龙母有功于朝，宜加救奖。越年封永济夫人，加封灵济崇福圣妃。”① 后又赐额“孝通”，因孝敬龙母而得到龙母恩荫，这便是历届朝廷给予龙母封号，以乞求龙图永固、国泰民安的个中缘由。显然，“孝”反映出来的济世品格是西江龙母文化的重要功能，是千百年来龙母传说能够流传至今的魅力所在。

西江龙母传说虽然各地稍有差异，但同源异流，它们共同构成龙母文化的多元一体谱系：多元是指不同的龙母文化圈及其民族传说，各成系统；一体是指同源，相同的母题和“蒲”（博）、“掘”和“孝”等密码，承载着尊祖敬宗的感恩行孝和祈福济世功能，这既是龙母文化共同的精神内核，也是两千多年以来岭南社会的道德基石。

三　从“特掘”到“掘尾龙”传说的流传变异

按照人类非洲起源说，我们的祖先经南亚从云贵高原峡谷迁徙进入华夏，然后分别到达黄河、长江和珠江流域。其中进入珠江流域的一支继续沿着海岸线往东北方向迁徙，形成桂粤闽浙等地的百越民族。王頠指出：“用基因研究的结果推测人类进化过程，结果是

① （清）程鸣：《孝通庙旧志》，（咸丰）《悦城龙母庙志》，清道光元年（1851）刻本。

间接的，而来自化石的证据却是直接的。柳江人化石年代的测定，直接证明了在7万—13万年前或更早，柳江人就已经在华南地区生活了，而不可能是在这之后才从非洲迁移来的。”① 按照“柳江人”起源说，先民是经柳江到达红水河，再沿西江往东迁徙。无论如何，两种起源说均指向在西江流域，古越人是自西向东沿着西江走廊方向迁徙的。

先秦时期，迁徙进入黄河、长江的两支祖先产生了灿烂的华夏文明，人口得以休养生息，不断发展壮大，也开始往岭南方向迁徙。因此，在西江中部，骆越文化与中原龙文化及湘楚文化不断地交会融合。

（一）母题密码揭示龙母传说源于古越人文化

比较大明山“特掘—娅蒲”和悦城“掘尾龙—龙母”传说可以看出，两个传说反映出共同的核心母题及渊源关系。古越人沿着河流迁徙，同时也把“蒲”（博）神带到了新的地方，久而久之，就有了西江流域有关“蒲”（博）等多处地名的印记，以及相同的“掘”（断尾蛇）的传说故事。从大明山“娅蒲”神、悦城博泉庙供奉的“博”神，到屈大均《广东新语》关于悦城龙母蒲姓的记载等，明显透露出有关西江龙母文化的“蒲”（博）密码，无疑为西江龙母传说沿江自上而下流传提供了佐证。

大明山“特倔—娅蒲”传说中壮语的“掘”，悦城“掘尾龙—龙母”传说中粤语的“掘”，两个地方的“掘”有着相同的读音及“断尾巴龙”传说母题，说明其中有必然的内在联系，是同源异流。谢寿

① 覃芳：《文明曙光：岭南人的祖先》，广西人民出版社2009年版，第11页。

球指出："事实上所有的龙母故事，即使流传在汉语地区的故事，都带有鲜明的壮族文化特色，'掘尾龙'的'掘'字就是壮语借词。"①"特掘"和"掘尾龙"传说皆保留相同的古越语"蒲"（博）和"掘"之遗传密码，这是西江龙母文化源于古越人文化的重要凭证。

（二）"漂流木偶、女婴"揭示龙母传说沿江而下传播

据《邕宁县志》记载：

> （蒲庙）圩名由来：一说相传有一年夏天，邕江水涨，河面漂来一尊木偶女菩萨，船家三次把它推出冲口仍漂回来，那些善男信女即叫船家捞起，搭棚奉祀，称"亚婆庙"；一说有一老太婆最早建屋于此，经营买卖，死后，有人立庙纪念之，名为"亚婆庙"，蒲庙圩因此得名。②

追溯这个邕江上游漂来的木偶女菩萨，乃是大明山骆越祖母王"娅蒲"（龙母）水神。为此，壮学家张声震指出："我的家乡邕宁蒲庙地名的来源原为当地壮人造庙供奉'娅蒲'（龙母），于是蒲庙从此得名。原先是'一圣'，后来广东经商的人来多了，把汉族的神祇也带来了，演绎成多神信仰，就从'一圣'变成'多圣'，蒲庙变成了五圣宫，这是文化的融合，也是和谐的象征。"③ 蒲庙五圣宫除了供奉龙母外，还有北帝、妈祖、伏波和三界等。

---

① 谢寿球：《大明山，龙母文化发源地》，《中国民族》2006年第6期。

② 广西壮族自治区邕宁县志编撰委员会编：《邕宁县志》，中国城市出版社1995年版，第57页。

③ 张声震：《大明山龙母揭秘（序）》，见罗世敏、谢寿球编《大明山龙母揭秘》，广西民族出版社2006年版，第1页。

民间传说龙母是西江上游漂来的女婴。在悦城龙母庙里，立有渔民梁三公的塑像，相传梁三公在西江边捕鱼时，拾起从西江上游漂来木盆载着的女婴回来抚养，她就是后来的龙母。女婴身上写道："辛未年五月初八日子时生。"这便是五月初八龙母诞的缘由。在梧州龙母庙，也有一个大木盘，传说是当年西江女婴漂流的木盆。陈摩人明确指出："龙母的身世，是西江上游漂来的女婴，暗示这支氏族来源于那里，是沿江漂流迁移的印证。西江上游是古骆越地，透露出龙母的族源与骆越有亲缘关系。"①

蒲庙"漂来木偶女菩萨"传说与悦城龙母庙"漂来女婴"传说，两者皆是西江龙母文化谱系的一种历史沉淀记忆。大明山供奉的骆越"娅蒲"神在广府民系中变成了蒲姓的女神，揭示出大明山祭祀的"娅蒲"神、蒲庙壮人祭祀的"蒲"神和广府人祭祀的"博"（龙母）神有亲缘关系，从而进一步印证了"龙母族源沿西江漂流迁移"的结论。

（三）传播规律揭示从"特掘"到"掘尾龙"传说流变

刘守华指出："一篇跨越神话的叙事形态，具备了后世民间幻想故事的特质，那就是神圣性的消褪与世俗性的增强。"② 这可视作神话传说传播所遵循的规律。大明山"特掘—娅蒲"传说，从"特掘""乜掘"到"娅蒲"，传说的人名地名皆是古越语。养母"乜掘"去世后，"特掘"把其灵柩抬到大明山顶洞穴中埋葬，出现"岩洞葬"等情节。这些都是自然性、原生态的特征。

---

① 陈摩人：《悦城龙母传说的民族学考察》，《华南师范大学学报》（社会科学版）1987年第1期。

② 刘守华：《关于"龙母"故事的演变及其文化内涵》，《荆州师院学报》1998年第3期。

梁庭望认为："从语言上看，环大明山的龙母传说中，没有'龙母'一词，也没有'龙'的说法。'龙'和'龙母'是在流传过程中受汉文化影响而产生的。"① "娅蒲"中的"蒲"，是"祖母"的意思，"娅"是懂巫术的人。"娅蒲"就是懂巫术的高祖母、祖母王。在邕宁，称之为"蒲"神。"娅蒲"传说沿西江流传下去，久而久之，在信众心中，"蒲"神慢慢变成了姓"蒲"的女神。随着后来操粤语的广府人的出现，带来了中原龙图腾信仰，最终"娅蒲"神变成了万人顶礼膜拜的龙母神。显然，"特掘""娅蒲"表现出更多的原生态、神圣性的特点。

"娅蒲"译成汉语是"阿婆神"的意思，广府人习俗称之为"阿嫲"，这便是西江子民把祭祀龙母称为探"阿嫲"的缘由。"龙母"称谓是骆越"娅蒲"神变异成广府"龙母"神的关键，也是龙母信仰能够走出西江、走向东盟各国，成为龙的传人寻根问祖朝圣龙庭的关键所在。语言是历史的活化石。"特掘"和"掘尾龙"是越人和广府人按照自己的母语习惯说出来的不同称谓，"掘"就是其同源的遗传密码。

综上所述，在悦城"掘尾龙—龙母"传说之前，越人"特掘—娅蒲"传说在西江民间已经流传很久了。大明山传说既没有龙母称谓也没有秦始皇邀龙母进宫等情节，而悦城传说却保留"蒲"（博）"掘"的遗传密码，这是龙母传说沿西江自上而下流传的重要佐证。

（四）西江龙母传说与楚地的渊源关系

据晋朝陶潜《搜神后记·蛟子》记载：

---

① 梁庭望：《大明山龙母文化揭秘》，《当代广西》2006年第21期。

> 长沙有人，忘其姓名，家住江边。有女子渚次浣衣，觉身中有异，后不以为患，遂妊身。生三物，皆如鳠鱼。女以己所生，甚怜异之。乃着澡盆水中养之。经三月，此物遂大，乃是蛟子。各有字：大者为“当洪”，次者为“破阻”，小者为“扑岸”。天暴雨水，三蛟一时俱去，遂失所在。后天欲雨，此物辄来。女亦知其当来，便出望之。蛟子亦举头望母，良久方去。经年后，女亡。三蛟子一时俱至墓所哭之，经日乃去。闻其哭声，状如狗嗥。①

楚地“蛟子”传说，其中“当洪”、“破阻”和“扑岸”为古越语，是大蛇、吹风蛇和小蛇的意思。在“蛟子”传说中，没有断尾情节。故事说的是有个女子到江中洗衣服，后怀了身孕，生下三条小龙。女子视为己生，对它们疼爱有加。小龙逐渐长大。女子去世了，三条小龙一起哭吊母亲，非常伤心悲哀。“蛟子”故事包含有感而孕及哭坟祭母的龙母型故事核心母题，与西江龙母传说母题相同。为此，刘守华指出：“他（笔者注：指容肇祖）断定宋人笔下的龙母故事已具有完整形态是中肯的，至于它的雏型则应追溯至唐前，特别是《搜神后记》中的《蛟子》。”② 楚地“蛟子”传说影响流传到西江的具体路线，是经柳江、红水河流传到大明山，再沿西江流传到下游去。此流传路线，与古人类柳江人经红水河迁徙到西江的路线相吻合。

西江龙母传说更早的溯源，则是由九龙神话移植而来。《后汉书·南蛮西南夷列传》记载，哀牢夷有妇人捕鱼水中，“触沉木若有

---

① （晋）陶潜：《搜神后记》卷十，文渊阁四库影印本，第1042册，第496页。

② 刘守华：《关于“龙母”故事的演变及其文化内涵》，《荆州师院学报》1998年第3期。

感”，后怀孕所生龙子，因有非凡本领，推以为王，称为九隆。故事发生在母系氏族社会后期，表现出尊崇龙母的强烈感情。①

四　龙母文化在广府文化浸润下发扬光大

西江龙母传说能够汉化成型于悦城，在广府文化中发扬光大，乃是天时、地利、人和的结果。天时是朝廷通过敕封把龙母信仰纳入国家正祀，用孝道来凝聚人心祈福国泰民安；地利是悦城乃“灵水洄澜”之风水宝地，“据岭西之上游，扼广右之门户，北连五岭，南控三江……固名胜之区而神仙之宅也”②；人和则是粤人兼收并蓄，祖先崇拜祭祀风盛，商品经济意识浓厚，多次重金修建龙母庙，龙母庙祠行宫遍地开花；使源于骆越“娅蒲”神在汉化成型龙母神后，又反过来随流官粤商、移民西江上游、华夏各地乃至东南亚而传播至各地、各国。

广东珠江文化研究会所编《梧州——岭南文化古都研究报告》强调指出：“苍梧部落在自北向南的千年大迁徙中，出现了两个明显的分支，一部分苍梧族群迁徙到广大的山区，继续与其他百越民族杂处，最终融合到各少数民族中去，发展成为如今的壮、瑶、苗、侗等少数民族；另一方面大部分族群继续沿着西江方向向东移动，接受海洋文化的熏陶，‘汉化定型’进一步得到巩固，早期粤语也进一步聚合并广为流传，最终造就了具有鲜明的汉文化印记和个性特色的广府民系。”③ 与粤语形成的机理一样，西江龙母传说流传与龙母族源迁徙

① 刘守华：《关于“龙母”故事的演变及其文化内涵》，《荆州师院学报》1998年第3期。

② （明）崇祯《肇庆府志》卷八《地理志》，转引自陈玉霜《岭南龙母文化地理研究》，硕士学位论文，暨南大学，2006年，第22页。

③ 广东省珠江文化研究会编：《梧州——岭南文化古都研究报告》，载《梧州岭南文化古都》，广东旅游出版社2016年版，第36页。

息息相关。

龙母文化源于古越人文化，是中原龙图腾崇拜与骆越蛇图腾崇拜相互碰撞交融的结果。在漫长的历史岁月中，发端于大明山的骆越“特掘—娅蒲”传说随族群迁徙，沿西江流传。灵渠开通后，大量汉人南迁“与越杂处”，于是，在中原龙图腾的影响下，在悦城“汉化成型”变异成“掘尾龙—龙母”传说，“蒲”（博）和“掘”乃是其遗传密码。与此同时，“娅蒲”神也从骆越女神、“蒲”姓女神，最终蜕变为美丽的白天鹅——亿万人顶礼膜拜的西江龙母女神，并从此远播他乡。这就是西江龙母传说的流传变异图。

历史上，骆越“特掘—娅蒲”传说出不了西江，唯有广府“掘尾龙—龙母”传说能够流传到神州各地乃至东盟各国，千年不衰，充分说明海纳百川的广府文化的博大精深及神奇魅力。综上所述，大明山是西江龙母传说的源头，悦城（藤县）是西江龙母文化的发祥地和核心区。悦城祖庙历史悠久，文脉不绝，也因此成为广大龙的传人寻根问祖、缅怀龙母厚德及弘扬中华民族精神的祈福圣地。

（李俊康：广西自治区委宣传部、广西桂学研究会研究员）

肇庆石峒古庙的历史与人文

——以历代石刻文献资料为研究线索

刘晓生

广东肇庆星湖风景名胜区仙女湖景区内石峒①古庙（图 1），是肇庆市区现存年代最早的古庙宇之一，于 2002 年被评为广东省文物保护单位。古庙与石峒融为一体，岩中有庙，庙在岩峒中。清人将石峒与七星岩并称为“岭南奇观”。石峒古庙中有较多的石刻遗存，其中宋、元、明、清各朝摩崖石刻 15 幅，明、清碑刻 19 通，这些石刻作品（尤其是碑刻遗存）不仅记载着石峒古庙的历史沿革，而且反映了肇庆地方历史文化的丰富内涵。

一　石峒古庙的创建年代

自南宋迄今，对石峒创庙时间的确认，有一个认识的历史过程。

南宋《石峒神祠记》未明确指出石峒始建祠的时间。

明洪武十九年（1386）《石峒庙传世碑记》载，“太宗皇帝继朝，改贞观元年。……是朝，邦人即其傍建祠，乃迎其神在石峒”，这里

---

① 文献资料中，“石峒”或作“石洞”，“峒”，同“洞”，本文引用时统一作“石峒”。

图1　石峒古庙一山门

似乎要确认石峒庙创建于唐贞观年间（627—649）；但该碑记后文却说“计其周氏来历，在庙壹千壹百八拾肆年”，按立石时间推算则石峒庙创建于东汉建安七年（202）。可知，该碑记前后文记述并不一致。①

明万历十三年（1585）《重建石峒庙记》认为石峒庙年代久远而不可考（“相传辽邈，莫考厥详”），但又说“俯仰一千二百余稔（笔者按，即1200多），水旱疫疠，有祈辄应”，按立石时间推算则周氏神信仰始于公元285年至385年之间。

明万历十六年（1588）《肇庆府志》“外志”载古庙十九座，首个即是石峒庙，但不载创建年代（其他古庙则多有著录创建年代）。②

① 刘伟铿指出该碑记“文句不通，所述历代皇帝徽号亦多误”（见刘伟铿校注《肇庆星湖石刻全录》，广东人民出版社1994年版，第280页）。

② 万历《肇庆府志》，载广东省地方史志办公室辑《广东历代方志集成·肇庆府部》，岭南美术出版社2009年版，第412页。

其后肇庆府志、高要县志著录石峒庙基本沿袭万历《肇庆府志》。

至明万历二十一年（1593）《石峒庙香灯田碑记》始明确记载石峒庙始建于唐贞观。清乾隆年间的《新建石峒头门碑记》和《新建戏台碑记》只是说石峒庙年代久远（“由来久矣”“其来旧矣”）。

清嘉庆《重修石峒祖庙碑记》载“立庙祈祷，数千年如一日”，用夸张的手法形容石峒庙历史悠久。

清道光《重修石峒庙大殿后楼碑记》载石峒庙“创自唐朝，由来久矣”。

现代志书和碑刻文献均采用明万历二十一年《石峒庙香灯田碑记》的说法，认为石峒古庙始建于唐初，故本文暂采此说。

二　石峒古庙的千年沿革

关于石峒古庙的历史沿革，《肇庆市文物志》①《七星岩志》②《肇庆市文物志》③《肇庆市志》④《肇庆市端州区志》⑤ 等文献及石峒古庙新立石碑文的论述，均较为片面。因此，下文据现存明清碑刻文献资料做一番梳理。

唐贞观年间（627—649），石峒庙创建，奉祀高要周氏神（即称石峒神）。历经三百多年沧桑，石峒庙岁久颓废。北宋大中祥符元年（1008），石峒庙主、承直郎梁谌（梁从道二世太祖）重新鼎建石峒庙并刻石为记，石碑今无存。此为石峒庙第一次重建（据明洪武《石

---

① 肇庆市文物志编辑委员会编：《肇庆市文物志》，内部资料，1987 年，第 212 页。

② 刘明安主编：《七星岩志》，广东省地图出版社 1989 年版，第 53 页。

③ 肇庆市文物志编辑委员会编：《肇庆市文物志》，内部资料，1987 年，第 71 页。

④ 肇庆市端州区地方志编纂委员会编：《肇庆市志》，广东人民出版社 1996 年版，第 911 页。

⑤ 肇庆市端州区地方志编纂委员会编：《肇庆市端州区志》，方志出版社 2012 年版，第 907 页。

峒庙传世碑记》)。

此后，梁氏“子孙接踵，递年起修神庙”[①]。又历经两百多年，迪功郎梁弥明（梁从道四世太祖）等人于南宋端平二年（1235）再次重建石峒庙并立石，石碑今亦无存。此为石峒庙第二次重建（据明洪武《石峒庙传世碑记》）。

至明洪武十九年（1386），“肇庆府儒学前训导梁从道接踵庙主，书丹传世述记”[②]。石峒庙主梁从道“颇观经史，蓬荜隐身”，且“切念家传籍纪”。在重修古庙立碑时（石碑今存），他郑重记录先祖梁谌、梁弥明等修石峒庙之事（据明洪武《石峒庙传世碑记》）。又历经两百年，至明万历十二年（1584）冬，大参朱东光与宪副王泮[③]观风考俗，认为古庙“累代修葺，殊觉湫隘”，于是“撤而新之”。王泮见山石玲珑，堂构爽垲，亲题“洞府钟灵”匾额。又在石峒之外旷地新建“太和洞天”牌坊（该坊屡次重建今仍沿用此名），一时“规制改观，景物增丽”。次年（1585）六月竣工，郡人利尧臣撰文为记，石碑今存。此为石峒庙第三次重建（据明万历十三年《重建石峒庙记》）。

清乾隆二十五年（1760）十一月，肇庆岩前四乡（石牌乡、仕贤乡、唐冈乡、青莲乡）合议新建石峒庙头门（即“山门”），“各绅士耆老欣然乐助”，次年（1761）二月竣工，“檐前焕彩，游观者登斯

---

① 刘伟铿句读为“子孙接踵递年，起修神庙”，不妥（见刘伟铿校注《肇庆星湖石刻全录》，广东人民出版社 1994 年版，第 229 页）。

② 刘伟铿句读为“肇庆府儒学前训导梁从道，接踵庙主书丹，传世述记”，不妥。（见刘伟铿校注《肇庆星湖石刻全录》，广东人民出版社 1994 年版，第 229 页）洪武十九年，时梁从道担任石峒庙庙主。

③ 王泮万历八年（1580）出任肇庆知府。朱东光、王泮二人重建石峒古庙始于万历十二年冬，其时王泮已升任岭西道副使（仍驻肇庆），故狄晓雨等言“时任广东副使朱东光与肇庆知府王泮重建古庙”，不确切（见狄晓雨等《肇庆狮头岩古代石刻说略》，载《肇庆学院学报》2015 年第 1 期）。

门也，心旷神怡，满目潇然[①]，其喜洋洋者矣”。肇庆府儒学生区必位撰文为记，石碑今存（据清乾隆二十六年《新建石峒头门碑记》）。乾隆三十八年（1773），岩前四乡又议新建戏台，“一时捐金，城市远乡之人，咸乐助焉[②]”，肇庆府学廪膳生员唐世洁撰文为记，石碑今存（据乾隆三十八年《新建戏台碑记》）。因戏台面前地台狭小，信众于次年（1774）“助银续砌广大”，碑记石刻今存（据乾隆三十九年《圣王台面前续砌地台碑》）。乾隆四十八年（1783），肇庆知府袁树[③]主持重建古庙大殿并撰文为记，石碑今存。此为石峒庙第四次重建（据清乾隆四十八年《重建大殿碑记》）。

清嘉庆二年（1797），高要县乡人目睹石峒庙“门堂内外，日就凋零，是以爰为会商，凡我居民，乐成美举。鸠工建造，不日而成”，古冈方则题“石峒古庙”花岗岩石匾。次年（1798）古庙重修竣工，作记立石，石碑今存（据清嘉庆三年《重修石峒祖庙碑记》）。道光二十二年（1842），乡人感叹石峒庙“奈历年久远，而峥嵘绛阙，渐就倾颓；耸叠层楼，半归朽蠹”，于是有重修大殿后楼之举，乡人随缘乐助，并发外缘，集腋成裘。竣工后，殿阁楼台，焕然一新。肇庆府学廪生周斌撰文为记（石碑今存），由于此次劝捐芳名甚多，故立两通石碑为记。第二通石碑碑额为“重修石峒祖庙碑记”，并将岩前四乡主缘、副缘、符头开列于第一通石碑之后。值得注意的是，这两通雕刻精美的石碑非一般工匠所为，而是由当地擅长书法的名匠区远祥书丹并镌刻的（据清道光《重修石峒庙大殿后楼碑记》和《重修

① 潇然，刘伟铿录为“萧然”（见刘伟铿校注《肇庆星湖石刻全录》，广东人民出版社1994年版，第227页）。

② 焉，刘伟铿录为“为（為）”字，这是繁体形近之讹（见刘伟铿校注《肇庆星湖石刻全录》，广东人民出版社1994年版，第224页）。

③ 袁树，袁枚之弟，字道村，号香亭，乾隆四十六年任肇庆知府。

石峒祖庙碑记》)。同治八年(1869)仲冬,肇庆本地官员、商铺及信众再次重修石峒古庙,立石仅列捐款芳名,石碑今存(据清同治八年《重修碑记》)。光绪二十五年(1899)孟夏,信士梁士稿等在石峒庙大殿前捐建拜亭一座。

以上梳理了石峒庙自唐初迄清末的历史沿革,千余年间古庙至少有四次重建和多次重修。《七星岩志》载:"前殿……拜亭……后殿在民国时期已拆毁,结构与型式不详,现为空地。"① 这里所谓"前殿",其实是供奉周氏神像的大殿(主殿)。"后殿",大概就是清代石碑所言的"大殿后楼",楼今无存,但在大殿之背面新设坛供奉弥勒佛。据《肇庆市文物志》,1983 年重修石峒庙,部分建筑改为钢筋混凝土梁架。② 2016 年,修缮石峒庙大殿。石峒庙中原周氏神像已毁③,1988 年重塑周氏神像。④

三　石峒云封:"星岩二十景"之一

唐代,石峒中不见有题名石刻或碑刻遗存。至北宋熙宁八年(1075),始有"太极洞"摩崖题刻,这是石峒最早的石刻文物,虽然其题书者人物未详。元代仅有一处隶书摩崖题刻:"广东廉访佥事周壤,宣尉副使剌思八朵儿只,都事孙恒,宪史木八剌彭翰,帅史陈良贵,至正九年十一月十有五日同至此。"其中的官职名与题名人物,可补史志之缺漏。该题刻末有一行小字"端庠诸生李明书丹"(楷

① 刘明安主编:《七星岩志》,广东省地图出版社 1989 年版,第 53 页。
② 肇庆市文物志编辑委员会编:《肇庆市文物志》,内部资料,1987 年,第 212 页。
③ 《七星岩志》言周氏旧神像毁于"文化大革命"时期(见刘明安主编《七星岩志》,广东省地图出版社 1989 年版,第 30 页),又言周氏旧神像民国时期已毁(见刘明安主编《七星岩志》,广东省地图出版社 1989 年版,第 53 页),前后不一致。
④ 刘明安主编:《七星岩志》,广东省地图出版社 1989 年版,第 30 页。

书），保存元代肇庆名不见经传的书法家李明的手迹，值得珍视。

明代来游石峒的士大夫文人渐多，这与七星岩在明末的景胜开发有很大关联。万历年间，肇庆知府王泮首次点题并赋诗“星岩二十景”，石峒古庙以“石峒云封”列为“星岩二十景”之一。当时士大夫文人黎民表、郭棐、梁景先、陈朝锭、陈堂、刘克治等多有唱和，这在一定程度上丰富了石峒古庙的人文内涵。明郭棐编，清陈兰芝增辑《增补岭海名胜志》卷十四“七星岩”收录了这些诗歌，兹举例如下：

天开奇窟有崆峒，瑶草金花石室中。
一自广成仙子去，洞门无钥倩云封。

——王泮题《石峒云封》

人间日月易飞奔，源水桃花自一村。
怕有渔樵来往路，白云长倩掩柴门。

——黎民表题《石峒云封》

九峰奇胜崆峒上，太守雄题石室中。
从此名山多令主，不须更倩白云封。

——光禄寺卿、番禺郭棐题《石峒云封》

千寻怪石自崆峒，钟梵时闻烟霭中。
欲向丛祠访神女，洞门回首白云封。

——郡人、肇庆府学教授梁景先题《石峒云封》

玲珑岩穴即崆峒，石笋森森乳窦中。
无数骚人题咏在，春深大半藓苔封。

——陈朝锭题《石峒云封》

石洞谁开新禹穴，穹隆四壁七峰中。

不知曾有丹砂否，只见云深尽日封。

——陈堂题《石峒云封》（和郭笃周韵）

山迥天悬石室高，烟霞洞古锁蓬蒿。

问津或恐渔郎入，故遣云封不种桃。

——刘克治题《石峒云封》

对比以上七首同题《石峒云封》七绝诗，可见王泮诗（韵脚、意象）对时人的影响。而区必位《新建石峒头门碑记》言："昔韩诗云'洞门无锁钥，俗客不曾来'，欧阳公云'洞门常自起烟霞，洞穴傍穿透溪谷'。"可知王泮诗句"洞门无钥倩云封"用典的由来。

再如石峒中所见明代摩崖题刻：万历庚子（1600）秋，晋江周良寅偕山人张恩、江日烺、梅庵僧自聪游石峒，并题名刻石。万历辛丑（1601）佚名摩崖题刻："定山石室。"七星岩古时也称"定山"或"石室"（"石室"今单指石室岩），在七星岩东北不远处的石峒中题写"定山石室"，可见石峒与七星岩两者在地理上的相近，而明人游七星岩之后常至石峒游览，这就不难理解石峒（"石峒云封"）何以被列为"星岩二十景"之一。万历戊午（1618）七月十五日，福州倪范（字柯古）与何用晦同游石峒并赋诗题刻："岩壑殊幽寂，晨曦一罅流。洞中峰列戟，壁底树盘虬。残溜疑珠落，平池似镜浮。里人传雨粟，石土已无秋。"这是石峒唯一的一首诗歌题刻，描绘了石峒内的自然景物以及游览者的见闻与观感。

清代石峒古庙屡经重修，其中文人的参与与游览日益频繁。嘉庆庚辰（1820），平阳仪克中参与修纂《广东通志》，四月至肇庆七星岩采访古刻，在李北海《端州石室记》摩崖题刻旁留下一首《齐天乐》词并题刻；二十一日来游石峒，有题名石刻；二十八日与高要县人周斌同登玉屏岩绝顶（待月台），有题名石刻。道光己丑（1829）小春（十月），广州罗家政、黄培芳、郡人周永镐、汤盘、程达才、张其维同游玉屏岩待月台。诸人与周斌、周璲、梁佐中三人又同游石峒并题名刻石。道光壬辰（1832）四月初八浴佛日，南海叶梦鲲（字叔鱼[①]）、龚兆锜（字葆峰）、叶梦草（字春塘）同游石峒；四月十日，三人又同登玉屏岩绝顶。

四　石峒古庙的民间信仰与传说

石峒古庙的民间信仰，可以从古庙现存的明清碑刻资料（尤其是芳名录）中得到最直接的反映。这也是以往学者所易忽视的。从现存年代最早的碑刻《石峒庙传世碑记》来看，唐初建祠奉祀高要籍周氏神，是端州本郡乡人（民间）所为。据此可以判断，端郡民间关于周氏神的信仰，当比古庙始建时间（唐贞观元年，627）更早。

自北宋大中祥符元年（1008）至明洪武十九年（1386）的三四百年间，由邦人梁从道家族充当石峒庙主，主持石峒古庙的事务。梁氏历任庙主既为文官，又是乡绅，他们对信仰周氏神的岩前四乡应当有很高的威信和领导力，故可推测当地民众（包括经商者）对石峒古庙周氏神的信仰较为牢固。譬如："至于岩前都各乡香灯，其间乡人集福建醮，保境平安，例送神船，径出羚山大河。……石峒灵神戴天履地之功，用阴阳式气，良能致有灵而不息，阴佑邦乡。士庶往来祈祷，事有感应。"（明洪武《石峒庙传世碑记》）

明清时期，石峒古庙周氏神的民间信仰更为显然。高要乡人对石

---

① 叶叔鱼，刘伟铿误录为"叶为鱼"（见刘伟铿校注《肇庆星湖石刻全录》，广东人民出版社1994年版，第221页）。

峒周氏神信仰，“数千年如一日”，且其“威灵感应，如响斯随”，非但石峒附近居民信奉，连远乡城市民众也尊崇信奉周氏神。崇祯《肇庆府志》卷三十五，艺文十载陆鏊《四游星岩记》：“时居民具龙舟伐鼓喧□不避宫舫，而俗习然也。”① 清乾隆《新建戏台碑记》云：“今夫人心有所尊崇也，力之所能为者，无不思竭其力以奉之。人之于人且然，而况尊崇在神明乎？出米洞秉政圣王，其来旧矣。人之尊崇，匪朝伊夕，故有事必祷，有祷必诚。每当神诞之期，不但近乡士庶，烹羊炰羔，奔走祠下，而远乡城市之人，亦莫不具鸡豚酒醴，恭祝神前。此人心之尊崇，有不约而同者也。”

又如清道光二十二年（1842）冬月，高要梁以时撰并书石峒古庙正门石柱楹联：“福地天开，郡中名胜；奇峰人立，神所凭依。道光壬寅冬月，梁以时题并书。”沐恩弟子、莲塘谢茂赞敬奉石柱一对：“功奠南荒雄禹服；祥升西土绍尧封。”咸丰三年（1853）冬月，重修石峒古庙神殿，沐恩弟子伦如、岳崧同敬奉神殿石柱对联：“骏德光晤崧岭月，鸿恩浩荡沥湖风。”众信同立石柱对联：“晋恩施百族，咸沾利济。勤对越千秋，永荐馨香。”光绪二十五年（1899）孟夏，沐恩弟子梁士稿、蔡桓、梁安俭堂、巨盛店、巨发店、公盛店、福寿店同敬送，石峒古庙神殿石柱一对：“天造奇观开户牖，人叨恺泽辟堂阶。”

与石峒古庙相关的传说，主要有歇龙池、出米洞②等。

关于“歇龙池”的传说，前文据南宋《石峒神祠记》已有引述。明崇祯肇庆知府陆鏊《四游星岩记》载：“入石峒门，……僧云：‘前有歇龙池，相传风涛起为祠神归，则歇龙于此，岁乃大有。’其然

---

① 崇祯《肇庆府志》，《广东历代方志集成·肇庆府部》，岭南美术出版社 2009 年版，第 898 页。

② 关于出米洞的传说，其他地方也有流传，如广东仁化县有“丹霞山出米洞”传说（见《中国民间故事集成·广东卷》，中国 ISBN 中心 2006 年版，第 397—400 页）。

耶、否耶?”[①] 可见，至明末石峒庙主持僧仍流传着歇龙池的传说。肇庆民间流传的“石峒古庙周氏神”故事，也提到了“歇龙池”。而今石峒前崖壁间的“龙潭井水”题刻（年代不详），应与歇龙池的传说有关联。

明崇祯《肇庆府志》卷八“地理志一”载：“石峒。在石室东。洞门高十余丈，前后二门，后门为土人所窒，顶开中口，巨石覆其上，若坠不坠，洞中石森立如戟。中置神祠，或曰高要周氏也。有石窍，深不可底。相传窍中日出米供守者仅一升，守者冀其多，稍劚大之，米遂绝。”[②] 可见，明末肇庆当地已流传着“石峒出米”的传说。而稍早明万历年间福州倪范在石峒的题刻诗句“里人传雨粟”，应暗指“出米洞”这一传说。清乾隆《新建戏台碑记》载“出米洞秉政圣王，其来旧矣”，则石峒俗称“出米洞”，早在清乾隆已如此。

此外，道光《肇庆府志》卷二“舆地”载：“石峒。在县北十五里，岩穴幽邃，南北二门，上虚通天，与星岩相去不远。西水泛涨，岩没数丈，惟洞屹立水中。世传此洞能浮（《舆地纪胜》）。”[③]“石峒能浮”这一传说，不大为人熟知，但却为千年石峒古庙增添了一份神奇的色彩。

（刘晓生：肇庆学院博物馆文博馆员、肇庆名城与旅游发展研究会副会长）

① 崇祯《肇庆府志》，广东省地方史志办公室辑：《广东历代方志集成·肇庆府部》，岭南美术出版社 2009 年版，第 898 页。

② 崇祯《肇庆府志》，广东省地方史志办公室辑：《广东历代方志集成·肇庆府部》，岭南美术出版社 2009 年版，第 238 页。

③ 道光《肇庆府志》，广东省地方史志办公室辑：《广东历代方志集成·肇庆府部》，岭南美术出版社 2009 年版，第 59 页。

粤、桂、闽三省矿神七宝信仰源流考析

赵丽云

历史上，曾经流行于广东韶关、广西贺州、福建龙岩地区的矿神七宝（亦称七宝大王）信仰，属于矿业行业神信仰。关于矿神，学界关注较少，只偶有涉及，如李乔在其专著《行业神崇拜——中国民众造神史研究》下编第三章《煤炭金属类》第九节“淘金业”仅用两段文字记述了东北淘金业所奉之神：山神爷、孙继高、马文良、火神，其中叙及马文良时，则简单记其“被称为‘矿神’，是死在井底成神的”①。又如王定兴、李社教所撰《黄石地区矿石崇拜的美学思考》一文也提及湖北黄石地区采矿工人以矿石为神，并在矿井外设置矿神方位，下井前朝拜求平安。② 因此，笔者拟以近年在广西贺州水岩坝矿区实地调查所获资料及相关文献资料，对源于广东韶关岑水场、传播至广西贺州以及福建龙岩地区的矿神七宝信仰进行考析，以期丰富矿神以及粤北、桂东、闽西三地民间文化相互关系的研究。

---

① 李乔：《行业神崇拜——中国民众造神史研究》，北京出版社2013年版，第181页。

② 王定兴、李社教：《黄石地区矿石崇拜的美学思考》，《湖北理工学院学报》（人文社会科学版）2018年第2期。

一　贺州水岩坝、龙岩内山背上的七宝大王信仰

广西东部贺州水岩坝矿区以及福建西部龙岩内山背上都存在矿神七宝大王信仰的痕迹，只不过前者较为明显，后者则晦暗难明。

（一）贺州水岩坝矿区的七宝大王信仰

贺州市平桂管理区黄田镇水岩坝大庙山上有一座七宝大王庙，庙里供奉的主要神灵就是七宝大王。七宝大王及其庙宇在当地及周边地区乡民的社会生活中占有一席之地，人们信奉七宝大王，定期或不定期地举行祭祀、祈福活动。七宝大王庙内有数块记载大庙山及七宝大王历史的石碑，其中，一块名为《大庙山略史》的石碑记述了七宝大王及大庙山之名的由来：

> 相传，明朝永乐年间，湖南宝庆翁氏，乔居大坑口万家村，其长子拓矿冶炼，家业大振，堪称豪富。所生七子，幼子昵称“七宝”，医术高超，每愈顽疾，声名誉溢。乡邦无不尊仰。然天有不测风云，人有旦夕祸福。不年，奈因爆发罕世山洪，庄园毁于一顷，家人无一幸免，世人无不垂泪、恸恤。众思受恩无缘以报，乃集资筑庙宇设祭台塑神像，名曰“七宝大王”。土人四时祭祀香火缭绕，晨钟暮鼓悠扬遐迩。是时建筑之雄伟，堪称四方之冠，故称大庙山矣。

据此，七宝大王即为原籍湖南、明永乐年间移居大坑口万家村（今贺州市平桂管理区下排村坪岭寨）的翁家第七子翁七宝，因医术高超、治病救人受到乡人的尊重。在其一家人不幸去世后，由乡人自

发为之筑庙、塑像、祭祀，大庙山也因此得名。但据大庙山管委会主任官考时介绍说，当地人把锡、铜、铁、砷、钨、铅、大理石称为“七宝”。历史上，水岩坝就是矿区，属于富钟贺矿区。富钟贺矿区，分布在钟山县、贺县（今贺州市八步区）、富川县境内，矿产资源丰富，有金、银、锡、钨、铅、锌、铜、铁、锰、煤、硫、砷、大理石等。其中，锡、钨的储量最为丰富，砂锡矿分布尤其广阔，开采历史悠久。汉武帝元鼎六年（前111），当地设临贺县（今贺州市），临贺之名即来自此地盛产优质锡，如《实用大字典》释“贺”字，其意一为：“锡也。方术家谓锡为贺，盖锡以临贺出者为美也。”① 唐代李吉甫所著《元和郡县图志》也载临贺县：“北四十里有大山，山有东游、龙中二冶，百姓采沙烧锡，以取利焉。”② 东游、龙中即指水岩坝和烂头山等地。《宋史》也载贺州产锡③。清代，广西民间开矿之风盛行。光绪三十三年（1907），广西巡抚在西湾设官矿局，办煤业，兼办锡业，这是富钟贺矿区首次开设的官方矿政机构。之后，在包括水岩坝在内的各矿区，“当地农民及一部分商人，常以土法开采砂矿，或开水庄，由高山开圳架涧引水冲洗，或开窿口，深入山洞淘取，盛极一时”④。1928年，水岩坝模范矿场设立；1944年，水岩坝锡矿场建成投产。水岩坝大庙山就是矿窿遗址，大庙山门口处设置了一座《大庙山矿窿遗址》石碑，碑文介绍说：“大庙山矿窿遗址是一处汉以来的采矿遗址，北面的油茶山有汉代遗物出土。清以来开始设庙纪念治病救人的翁家父子，清道光年间平乐知府、富川县知县和民国的沈

① 《实用大字典》，中华书局1983年版，第817页。

② （唐）李吉甫：《元和郡县图志》，中华书局1983年标点本，第922页。

③ （元）脱脱等：《宋史》，中华书局1977年标点本，第4523页。

④ 罗伟钧：《解放前富川、贺县、钟山三县锡、钨矿产的开采概况》，政协广西区委员会文史资料研究委员会编：《广西文史资料》（第14辑），南宁地区印刷厂1982年版，第244页。

鸿英等在此摹崖、刻碑。”

由此可以初步推断，在水岩坝这样一个矿产开采历史悠久的地区，当地人曾以采矿为生，遂奉七宝大王为矿神，作为矿工的保护神。矿工及其家属祭拜七宝大王，祈求生产顺利、生活安康。近年来，人们又把这个七宝大王与原籍湖南的郎中翁七宝联系起来，并将这一新的传说刻写在《大庙山略史》的碑文上，七宝大王也变成了类似医药神的地方保护神。而且，七宝大王庙中记载大庙山历史的第一块石碑为《大庙山简历》，系当地民众于 20 世纪 80 年代重建“文革”中被毁的七宝大王庙后所刻，只说“土人筑庙祭祀七宝”，并没提及郎中翁七宝。

由上亦可知，大庙山七宝大王庙的始建时间应该在广西开矿之风盛行的清代。《贺州市志》也载大庙山“山上有清代道光年间建的庙宇和戏台”①，此庙即七宝大王庙。当地矿工对七宝大王的信奉应比七宝大王庙的兴建更早一些。而清代康雍年间矿业政策有一个鼓励开矿到禁矿的演变。平定三藩之乱后，清廷采取了鼓励开矿的政策。铜、锡、铁、铅等矿的开采，相继在云南、广东、广西、四川等省份发展起来。但从康熙四十三年（1704）起，清廷采取了一系列禁矿措施，广西就在重点禁矿的省份之列。雍正年间继续禁矿，直至乾隆八年（1743），才开放矿禁。② 可见，水岩坝矿区七宝大王信仰现象最早可能出现在未禁矿的康熙或乾隆年间。

（二）龙岩内山背上的七宝大王信仰

无独有偶，福建龙岩地区也有一个“七宝大王”。2014 年 6 月 9

① 贺州市地方志编纂委员会编：《贺州市志》，广西人民出版社 2001 年版，第 870 页。
② 杨余练：《康雍时期矿业政策的演变》，《社会科学辑刊》1983 年第 2 期。

日《闽西日报》刊发《内山背上的“七宝大王”》一文，提及龙岩内山背路口山腰的小山包上建有一座“宝镇坛”，供奉“七宝大王”：

> 该“宝镇坛”，选址极佳，远处有香炉峰矗立面前，两侧为盘旋逶迤的双龙山拱卫，左侧是一泓清水山间小溪。“七宝大王”神龛，约6平方米，前为平台，供人朝拜，后则为脊背山包，作为倚靠。平台中为石雕神龛，类似土地公庵。高约80厘米，宽约65厘米，体积不大，两侧为花岗岩屏墙造就，右边板面上写有“嘉庆十二年卯岁一阳月修”，“林赍万公、荣海公各充银元”；左边版面上有密密麻麻小字，可惜因岁月久远、漫漶不清，无法读懂，诚为憾矣。前为长方形小门，门顶有大理石刻“宝镇坛”公正楷书，字迹清楚。龛内背上石板上写有“七宝大王神位”字样。上为单檐攒尖顶帽覆盖，构成小巧玲珑的小庵堂、小神坛。①

但与贺州水岩坝大庙山上的七宝大王不同的是，龙岩内山背上的七宝大王更为落寞，当地已很少有人知道其来历了。如上文作者邱荣洲就揣摩前人在此处修建七宝大王神坛的用意：“龙岩小池到大池古道上，从何家陂，途经内山背、到大东坑，这里山高林深、涧深水急，地势险要，常人由此经过，总觉得忐忑不安，况乎古时，更有野兽出没，强人当道，处境十分惊人。为了慰藉行人，特在进入内山背路口，古道山腰处小山包上，建一‘宝镇坛’，供奉‘七宝大王神位’，以保一方平安。”② 并感叹：“‘七宝大王’与‘土地公庵’，相

① 邱荣洲：《内山背上的“七宝大王”》，《闽西日报》2014年6月10日第7版。
② 邱荣洲：《内山背上的“七宝大王”》，《闽西日报》2014年6月10日第7版。

同的处境，‘土地土地、住在石头屋里’，‘石室无光月当灯，荒野无人风扫地’，虔诚的古人却将它视为路神、财神、医神顶礼膜拜，希冀旅途平安、财源广进、福至人康。”[①] 可见，闽西龙岩内山背上的“七宝大王”已被人们当成历史上存在过的类似土地公的地方保护神，如今在当地人的社会生活中并没有什么实际影响，最多只作为古迹遗存供人游览。文中，作者邱荣洲还感慨道：“在龙岩大地上，尚存‘七宝大王’神龛，应是寥寥无几。”[②] 由此可知，内山背上的“七宝大王”恐是仅存的硕果，在龙岩其他地区则难觅踪迹了。

从龙岩地区的矿业发展史来看，内山背上的七宝大王起初应该也是被当作矿神奉祀的。唐代，汀州已出产铜、铁、银等矿产。[③] 北宋时期，汀州冶炼业已比较发达，有金、银、铜、铁矿场二十余所。[④] 明代闽西冶铁业也颇具规模，原刊于明弘治年间（1488—1505）的《八闽通志》载汀州府“国朝铁课九万九千七百九十三斤”[⑤]。汀州府上杭县、武平县、清流县、永定县均有铁冶，当时属于漳州府的龙岩县（今龙岩市新罗区）也出产银、铁等矿产，“银坑在县铁石洋东宝山。宝兴铅锡场在县西南一百五十三步。宋时废。铁场在龙门、兴善、节惠、永福、感化、万安六里”[⑥]。而嘉靖年间（1522—1566）修撰的《龙岩县志》亦载龙岩县有银矿、铁冶，其中银矿“一曰‘东宝山’。在县东铁石洋铺后，成化（1465—1487）以前无禁，人争采之，或杀人坑陷死者又数百人，是后以老人、乡兵守之。一曰‘颜畲山’。在县南上坪上社，初产铅，贩铅者利之。后觉至争采，杀人

① 邱荣洲：《内山背上的“七宝大王”》，《闽西日报》2014 年 6 月 10 日第 7 版。
② 邱荣洲：《内山背上的“七宝大王”》，《闽西日报》2014 年 6 月 10 日第 7 版。
③ （宋）欧阳修、宋祁：《新唐书》，中华书局 1975 年标点本，第 1065 页。
④ 刘琳等校点：《宋会要辑稿》，上海古籍出版社 2014 年标点本，第 6717—6719 页。
⑤ （明）黄仲昭：《八闽通志》，福建人民出版社 1989 年标点本，第 422 页。
⑥ （明）黄仲昭：《八闽通志》，福建人民出版社 1989 年标点本，第 508 页。

论死刑者又数人。今输□官军守把”。[①] 铁冶于“万安、集贤、龙门、表政、节惠，在在有之，迁移无定处。每炉岁征课银五钱”[②]。民国9年（1920）编纂的《龙岩县志》也载龙岩县出产铁、银、铅等矿物，且云“岩中矿产金属以铁为多”；在叙及“银”时则云“旧传银场坂有银矿，于明季开采”；叙及“铅”时则云“岩人多有拾得者”。[③] 由此可知，龙岩地区的矿业生产也是源远流长，比较发达。在这一背景之下，当地出现矿神信仰也是情理之中的事情。而内山背上的七宝大王神龛修筑于嘉庆十二年（1807），可见龙岩地区的七宝大王信仰至少在清代中期就已出现了。事实上，无论是广西贺州水岩坝矿区的七宝大王信仰，还是福建龙岩内山背上的七宝大王信仰都应有同一来源，那就是北宋时期产生于广东韶州（今韶关）曲江县岑水场的矿神七宝信仰。

二　韶州岑水场与矿神七宝信仰的兴起

历史上，矿神信仰盛行之地，也必定是矿业兴盛之所，广东韶关就是我国古代著名矿冶业产地。其中，曲江县岑水场盛产铜、铅、矾、银等多种矿产，尤以铜的产量最为丰富，在北宋时期盛极一时，是当时铸钱业的重要原料基地。

（一）两宋时期韶州岑水场矿业的发展

岑水场“宋初置场采铜”[④]，到宋真宗时期（998—1022）已具相

---

① 嘉靖《龙岩县志》卷上《银坑》，《原国立北平图书馆甲库善本丛书》，国家图书馆出版社2013年影印本，第386册，第1045页上栏。

② 嘉靖《龙岩县志》卷上《银坑》，《原国立北平图书馆甲库善本丛书》，国家图书馆出版社2013年影印本，第386册，第1045页下栏。

③ 民国《龙岩县志》卷10《物产志》，成文出版社1967年影印本，第122页下栏。

④ 光绪《曲江县志》卷4《水》，成文出版社1967年影印本，第73页上栏。

当规模，在经济上处于重要地位，因此曲江县署从韶州城被迁到岑水场善政坊。仁宗庆历（1041—1048）末，“韶州天兴铜大发，岁采二十五万斤，诏即其州置永通监”①。之后，韶州岑水场铜矿兴发，“在熙宁元丰间，岁收铜无虑六百万斤”②。神宗元丰元年（1078）之后，岑水场铜矿业一度衰落，但哲宗绍圣年间（1094—1098），胆铜法在全国铜场推行，岑水场铜业因拥有两条富含胆水的河流（岑水、胆矾水）以及周边惠州等地盛产铁而迎来转机。徽宗崇宁三年（1104），岑水场铜课额大大增加，“岑水一场去年收铜，比祖额增三万九千一百斤，较之常年亦增六十六万一千斤”③。此后，韶州永通监成为全国最大的铸钱监，《宋会要辑稿》载其“自国朝以来年额铸钱四十五万贯”④。铜矿业的大发展，也进一步提高了岑水场在宋代铸造业中的地位和重要性，“宣和三年（1121）以涔水场析曲江及翁源地置建福县”⑤。两宋之际，时局动荡，岑水场矿业进入低谷期，建福县也在南宋初被废除。但南宋政府极力再度振兴岑水场矿业，尤其是铜矿业。这一努力在孝宗时期取得了比较明显的成果，乾道二年（1166），岑水场课额量已由六十二万斤增为七十七万斤。⑥ 南宋一朝，岑水场基本保持稳定发展。此后，元、明、清三代都在岑水场开过矿，但规模已远逊于宋代。⑦

① （元）脱脱等：《宋史》，中华书局 1977 年标点本，第 4382 页。

② （宋）章如愚编：《群书考索后集》卷 60《财用门·铜钱类》，《群书考索》（第 2 册），《四库类书丛刊》，上海古籍出版社 1992 年影印本，第 837 页下栏。

③ （元）脱脱等：《宋史》，中华书局 1977 年标点本，第 4527 页。

④ 刘琳等校点：《宋会要辑稿》，上海古籍出版社 2014 年标点本，第 4183 页。

⑤ 光绪《曲江县志》卷 1《历代沿革》，成文出版社 1967 年影印本，第 12 页下栏。

⑥ （宋）王应麟：《玉海》卷 180《食货·钱币》，广陵书社 2003 年影印本，第 3315 页上栏。

⑦ 刘业程：《韶关大宝山多金属共生矿古代开发概况》，《韶关师专学报》1985 年第 4 期；黄志辉：《粤北古代的矿业》，《广东史志》1994 年第 2 期。

（二）矿神七宝信仰的兴起

正是在宋代岑水场多种金属矿业，特别是铜矿业不断发展乃至繁盛一时的背景下，当地出现了“七宝神祠”，兴起了对矿神“七宝”的信仰，两宋朝廷对这一神灵也予以认可。

《宋会要辑稿》记载：“七宝神祠，在韶州曲江县岑水场。哲宗元符二年（1099）赐额。徽宗崇宁五年（1106）八月封丰应侯。孝宗乾道八年（1172）二月加封通利丰应侯。”① 矿产是大地蕴藏的宝物，七宝之名既言矿产资源种类之多，也可能受到佛教七宝概念的影响。七宝即为矿神，岑水场矿工将之当作掌管矿产的神灵加以崇奉，以求庇佑，这是源于自然信仰的行业神。两宋朝廷对矿神七宝的封赐则与岑水场矿业的发展紧密联系在一起。宋哲宗“赐额”发生在胆铜法推行后岑水场铜矿业大发展的背景之下，而当地对矿神七宝的信奉及七宝神祠在此之前应该就已经存在了。之后，如上所及，崇宁三年（1104）岑水场铜课额大为增加，两年之后宋徽宗就封矿神七宝为“丰应侯”；南宋孝宗在岑水场铜矿业有所复兴的背景下又加封其为“通利丰应侯”。由此两封号亦可知两宋朝廷对岑水场矿业，尤其铜矿业发展的肯定与期许。

宋人王象之《舆地纪胜》也载：“宝贶庙，在曲江县岑水场，人立七宝庙一所，坑炉人户祈福。”② 《舆地纪胜》成书于南宋嘉定（1208—1224）、宝庆（1225—1227）年间。可见，至南宋中期，岑水场从事矿业生产的人家对矿神七宝的信仰仍是方兴未艾。而且，不仅

① 刘琳等校点：《宋会要辑稿》，上海古籍出版社2014年标点本，第1064页。

② （宋）王象之：《舆地纪胜》卷90《广南东路·韶州》，《中国古代总志地理丛刊》，中华书局1992年影印本，第2901页。

岑水场的“坑炉人户”奉祀矿神七宝，连当地相关官员也要向这一神灵祈祷，以期其保佑当地矿业生产顺利进行。如南宋刘克庄曾为宗室赵汝禀写过传记，记其在分管曲江铜课任内，为提高铜矿开采量，不仅割除陋习，按月支付场丁足额工钱，还曾在矿产资源枯竭时向神灵祈祷：“三调冶司检踏官，分司曲江铜课。旧额岁二十一万，仕者率减削场丁月给，多逃去者。君始按月支给，铜额增羡。岁余，泉枯矿缺，若地爱宝者。君祷于神，忽呈现。未再岁，课累增五十六万。”①赵汝禀所祈祷之神应该就是矿神七宝。祈祷之地，文中虽未明言，但以赵汝禀所任官职以及岑水场铜课在宋代的重要性来说，应在岑水场。祈祷时间，当在赵汝禀三四十岁左右，这点由他在任职曲江前先后“补将仕郎。铨中，授迪功郎，监广州清远县税”“庆寿恩，循从事郎。秩满，注惠州推官”② 的仕途经历可以推知。赵汝禀最终“以微疾终于正寝，享年七十有五，咸淳丁卯十月十六日也”③。咸淳丁卯年，即宋度宗咸淳三年（1267）。可见，赵汝禀任职曲江期间约在南宋理宗宝庆（1225—1227）、绍定（1228—1233）年间，与王象之完成《舆地纪胜》的时间比较接近，或者略晚一些。关于矿神七宝的形象，这一资料与《宋会要辑稿》《舆地纪胜》相关记载都未提及。不过，据上引“君祷于神，忽呈现”句来看，这位矿神应该已经是拟人形态的人格神了，而此前宋徽宗、宋孝宗封其为“侯”的举措也说明了这一点。

宋代之后，岑水场矿业已不复当年盛况，矿神七宝信仰应还在当

① （宋）刘克荘：《后村先生大全集》，向以鲜、王蓉贵校点，刁忠民审订，四川大学出版社 2008 年标点本，第 4226 页。

② （宋）刘克荘：《后村先生大全集》，向以鲜、王蓉贵校点，刁忠民审订，四川大学出版社 2008 年标点本，第 4226 页。

③ （宋）刘克荘：《后村先生大全集》，向以鲜、王蓉贵校点，刁忠民审订，四川大学出版社 2008 年标点本，第 4227 页。

地持续，虽然可能有所降温。此后，随着客家人的足迹，矿神七宝信仰又被传播到与广东毗邻的矿产资源比较丰富的广西贺州与福建龙岩地区。

三　客家迁徙与矿神七宝信仰的传播

（一）客家在闽、粤、桂三省之间的迁徙

两晋南北朝时期、安史之乱后以及两宋之交，北方汉人为避战乱不断南迁，其中大量人口涌入赣、闽、粤三省交界处，逐渐形成客家民系，福建汀州府也成为客家的发祥地及聚居地之一。明初，福建客家人开始大批移入广东梅州、翁源、韶关等地；清代，随着人口的繁衍，梅州等地又成为客家外迁之地，其中大量人口西迁至惠州、韶关以及贺州等地，而韶关、惠州同时也是客家向广西等地继续迁徙的中转站。

清代初年，大量客家人开始迁移至广西贺州。康熙至道光的一百七十多年之间，是客家人进入贺州的高峰期，也是客家人迁入广西的高潮时期。在这一背景之下，广西人口激增，乾隆十八年（1753），广西全省人口为1976000人，再到乾隆五十一年（1786），全省人口为6274000人，三十余年间净增加人口4298000人。① “从清代迁桂客家人所属的省份，以及他们迁桂后定居的州县考察，广西东部的贺县、昭平、钟山、富川与平乐等县的客家人，80%以上来自广东，其中尤以嘉应州（今梅州）、惠州、潮州、韶州各属县为多。”② 贺县、昭平、钟山、富川、平乐都在今贺州市。据大庙山管委会会计周志

① 韦祖庆、杨保雄主编：《贺州客家》，广西师范大学出版社2010年版，第18页。
② 韦祖庆、杨保雄主编：《贺州客家》，广西师范大学出版社2010年版，第114页。

说，他的先祖就是在乾隆十五年（1750）从惠州河源县（今广东河源市）迁移到水岩坝的。此外，还有部分湖南、福建、江西等地的客家迁至贺州。

来自广东、福建等地的贺州客家，迁徙路线主要有四条。其中，陆路两条：一是从粤东、赣南、闽西经粤北连县、连山鹰扬关一带古道进入贺州；二是从粤西经怀集、封开进入铺门信都，再由信都贺街古道进入贺州腹地。水路也有两条："一是经由西江、贺江进入贺州八步盆地；另一条水路是由西江沿桂江进入昭平，再由昭平古道进入沙田公会古道，随即进入贺州腹地。"① 在往返迁徙中，闽西、粤东、粤北、桂东的客家形成了千丝万缕的联系。如贺州富川刁氏，"祖居福建汀州宁化县石壁村葛藤坪。元代，始迁广东潮州揭阳县蓝田村第八图小迳屯。明洪武三年十一月十六日，再迁海阳县丰政大椹村。越二世，刁朝鲜由海阳迁惠州府兴宁县南厢刁坊堡洋岭侧。由朝鲜数传至宗颜，由干员优行出身，为广西平乐府富川县知县，留居广西，为广西刁氏之祖"②。这是贺州富川刁氏数代在几百年间由福建宁化到广东潮州、惠州再到广西贺州的迁移历程。此外，闽西、粤北、粤东、桂东等地的客家还有更为密切的联系，如贺州汤氏，据其 2006 年重修的《汤氏族谱》记载："十二世彦公游学闽临汀，迁福建宁化，是闽粤始祖。至宋末，二十二世庆可公（字伯诞），迁汀州长汀县。""传云：元明之际，祖公四十七郎公与祖妣何氏八娘，在世乱中逃难失散了，祖公携五二、五三儿在福建武平、上杭定居，何氏八娘携五八、五九辗转来到广东梅州镇平县（今蕉岭县）高思乡定居，为高思

① 韦祖庆、杨保雄主编：《贺州客家》，广西师范大学出版社 2010 年版，第 28—29 页。

② 韦祖庆、杨保雄主编：《贺州客家》，广西师范大学出版社 2010 年版，第 28—29 页。

开基始祖。"[①] 此为一家之人在元末明初因战乱分居闽西、粤东两地，其后裔又有迁居桂东贺州者。

闽西迁往粤东、粤北的客家还有回迁者，"明清时期，由于福建沿海各地人口膨胀，已渐有'人满为患'之势，容不下更多的外籍移民。但也有部分广东客家迁入，……同时更多移民已经开始向闽西、闽北、闽东山区迁移，那里山高林密，交通不便，早先入闽的汉人较少涉足，虽然自然条件较差，也还有一些荒地可以开垦。如位于闽西山区龙岩县的何氏，系明末清初从广东大埔、梅县及本省漳州镇海迁来"[②]。这也与清代闽、粤客家大批倒迁入赣的潮流相呼应。

（二）客家矿工与矿神七宝信仰的传播

从宋代开始，尤其在清代，迁至矿产资源较为丰富的桂东、闽西等地的客家人，大多也以采矿为生。

清代康熙年间，广东惠州、潮州等地的客家人就已经到贺县大量开采矿产，连官府也无法禁止。[③] 清代末年，富川、贺县一带的砂民已达 2 万人以上。[④] 而"从近年在富川、贺县、钟山以及南丹等地对矿区居民迁徙历史的调查得知，他们的先辈多是因为开矿而从省内各地以及广东、江西、湖南等省迁徙并定居下来的"[⑤]。

到达闽西龙岩地区的广东矿工及客家人亦是如此。据记载，嘉靖三十六年（1557），"秋，广东矿工骆宗万等千余人，到颜畲山（今

---

① 韦祖庆、杨保雄主编：《贺州客家》，广西师范大学出版社 2010 年版，第 31 页。

② 温宪元、邓开颂、丘杉主编：《广东客家》，广西师范大学出版社 2011 年版，第 141 页。

③ 钟文典：《广西客家》，广西师范大学出版社 2005 年版，第 147 页。

④ 罗伟钧：《解放前富川、贺县、钟山三县锡、钨矿产的开采概况》，政协广西区委员会文史资料研究委员会编：《广西文史资料》（第 14 辑），南宁地区印刷厂 1982 年版，第 244 页。

⑤ 钟文典：《广西客家》，广西师范大学出版社 2005 年版，第 147—148 页。

龙岩市新罗区适中颜祠）强采铅矿，被县衙驱逐”[①]。明代广东矿工在龙岩强采铅矿被逐，但龙岩地区大池、江山等乡镇山村本就杂居着客家人，包括明末清初粤东、粤北的回迁者，可见这一地区的矿工应有不少客家人，上文所提内山背就在小池镇至大池镇的古道上。

贺州水岩坝矿区和龙岩内山背上的七宝大王信仰可能是从粤北粤东韶关、惠州、梅州等地直接传播过去的。宋代以来，梅州、惠州、韶州等地的来往已经比较频繁，形成了区域性市场。其中，惠州与韶州在冶铸业方面的联系尤为密切，岑水场及其附近铜矿的产量大，除能充分满足韶州永通监铸钱外，还可调往其他地区，因此宋英宗治平四年（1067）惠州设立阜民监，就近铸钱。如此，除了韶关当地人外，惠州、梅州等地从事矿业劳动的人家了解、信奉矿神七宝，乃至传播这一信仰也不足为奇。

如上所述，客家先民在闽、粤、桂三省之间辗转迁徙，在其中矿产资源比较丰富的地区，如桂东贺州、闽西龙岩，他们又多从事采矿业。那么，为求平安、福佑，起源于韶关岑水场的矿神七宝信仰势必会被客家矿工移植到那里。

四　结语

1993 年，贺州水岩坝的锡钨生产全部停止，开始了调整产业结构、分流人员等改革。随着水岩坝矿业的衰落，矿神七宝，或曰七宝大王的身份也发生了变化，变成了医术高超的郎中翁七宝，成为当地的医药神乃至地方保护神。而源于广东韶关的矿神七宝之所以变为原籍湖南的郎中翁七宝，应与民国年间水岩坝矿区湖南客家矿工较多有

---

① 龙岩市地方志编纂委员会编：《龙岩市志》，中国科学技术出版社 1993 年版，第 11 页。

关。龙岩地区的七宝大王信仰也经历了与贺州水岩坝七宝大王信仰类似的演变，但更为寂寥，其职能被土地公彻底取代了：在当代龙岩，“挖煤采矿，摆设土地公神坛，点灯烧香。农历初二、十六祭拜，祈求平安，祭品加餐（俗称‘做牙祭’）”①。如此，龙岩地区的矿神七宝大王信仰自然就被湮没在流逝的岁月中了。至于韶关岑水场矿神七宝信仰的现状，笔者未找到相关资料，应与贺州水岩坝大庙山、龙岩内山背上的七宝大王信仰类似。总之，起源于北宋时期广东韶州曲江县岑水场的矿神七宝信仰，是随着当地矿业的兴盛而出现的，至迟在清代中期随着客家的迁徙传播至广西贺州、福建龙岩等矿业生产较为发达的地区。起初，七宝被三地矿工当作矿神信奉，但后来都随着当地社会生产生活的变化，或逐渐转变为地方保护神，或湮没无闻。而在矿神七宝诞生、传播、演变的漫长历史过程中，展现出来的不仅是粤北、桂东、闽西地区兴衰起落的矿业发展史，也是客家人千折百回的迁徙史、落地生根的生产生活史，更是粤北、桂东、闽西三地以矿业行业神信仰为内容的民间文化的传承与交融史。

（赵丽云：贺州学院政治与历史学院副教授）

① 龙岩市地方志编纂委员会编：《龙岩市志》，中国科学技术出版社 1993 年版，第 788 页。

广府地区古成之仙话的构建与传播*

蒋艳萍

古成之（947—1007），字亚奭，人称紫虚先生，原籍广东河源县回龙古岭人，后迁居增城县，年轻时曾在罗浮山结庐隐居，读书不倦，少有诗名。宋太宗雍熙元年（984），被推荐上京考试，获得第二名，在宋太宗召见唱名赐第前夕，被人暗中用哑药陷害，导致第二天无法开口应试而惨遭落第。宋太宗端拱元年（988），他再次赴考登第，成为北宋岭南第一位进士，为同科二十八人之一，时称二十八宿，阮元誉之“以文章为南越首倡，尤工于诗”①。古成之考中进士后，初任真定府（今河北省正定县）元氏县尉。在任职期间，以勤勉恤民著称，不久便被提任为青州益都（今山东青州市）县令，为政以惠爱为本。宋太宗淳化三年（992），他进一步通过选拔考试，被任命为秘书省校书郎，深得秘书省秘书丞张咏器重。不久，王小波、李顺在蜀地率众起义，战乱中民不聊生。宋太宗命张咏出任益州知州。宋太宗至道元年（995），古

---

* 此文为教育部一般项目“罗浮山文学空间书写研究”（项目号：19YJA751018）、广州大典重点项目“新加坡早期广府籍华文碑铭资料整理及移民史研究”（项目号：2018GZZ03）阶段性成果。

① （清）阮元总修：《广东通志》，《广州大典》第三十五辑“史部·方志类”，广州出版社 2015 年影印本，第十八册，第 721 页。

成之在张咏的举荐下，以朝官身份出任四川绵州魏城县令，赈饥疗疫，使数千人得以生存，并且设立学堂，劝课农桑，勤政爱民，使魏城纷乱渐渐平息。秩满回京，仍任校书郎。宋真宗咸平五年（1002），朝廷以其“长于抚恤”，再次委派他以校书郎身份任四川汉州绵竹县令，惠政不衰，深受老百姓爱戴。宋真宗景德四年（1007）卒于绵竹任上，终年60岁，葬长宁（今广东新丰县）君子嶂下。

虽然正史上对古成之所记寥寥，但后代却给予他无上的荣耀，一方面以祠祀的方式将其列于学宫、书院，在广州建有古氏书院（今中山四路），书院里悬挂着清同治十年（1871）状元梁耀枢（广东顺德人）所撰“岭南首第”匾额。广州、河源、惠州等地也建有倡南书院以纪念他。另一方面通过文人书写、地方志书、子孙传颂、民间传说等多种方式把他塑造成古仙的形象，流传于广府大地，成为至今为广府人所敬仰的地方诗神。作为岭南历史上知名的“学而优则仕”的读书人跻身仙位，其为人、为学、为官之道无不得到后世人的追崇，其文化影响尤其值得我们当代人再挖掘、再弘扬。

一　古仙诗碑与其道意诗

从现存古成之诗而言，其诗即其人，从其诗可见出其刚正不阿、雅好山水，不追求功名利禄的情怀。

古成之传颂最广的是《咏贪泉》诗：“贤良知足辱，为尔戎贪名。一酌不能惑，千年依旧清。深涵秋汉色，冷浸古松声。珍重芳碑在，何人曾泪倾。”① 此处用了晋代良吏吴隐之“酌贪泉而不改其清廉本

---

① 古小彬、古军喜编著：《北宋岭南第一进士古成之》之《古成之作品选》，香港新闻出版社2006年版，第61页。

质”的典故。贪泉位于广州石门，是古代一眼著名的泉水，其泉水明亮如镜，清冽爽口，相传饮此水者即使廉士亦怀贪婪之心，而吴隐之来广州任官特意取贪泉饮，以自身节操破此传言。《晋书第六十·良吏·吴隐之传》言：“广州包带山海，珍异所出，一箧之宝，可资数世，然多瘴疫，人情惮焉。唯贫窭不能自立者，求补长史，故前后刺史皆多黩货。朝廷欲革岭南之弊，隆安中，以隐之为龙骧将军、广州刺史、假节，领平越中郎将。未至州二十里，地名石门，有水曰贪泉，饮者怀无厌之欲。隐之既至，酌而饮之，因赋诗曰：‘古人云此水，一歃怀千金；试使夷齐饮，终当不易心。’及在州，清操愈厉，常食不过菜及干鱼而已，帷帐器服皆付外库，时人颇谓其矫，然亦终始不易。”① 古成之《咏贪泉》借典抒怀，表达自己为官当学习吴隐之廉洁自律的优良品格。

古成之隐居罗浮十年，中进士时四十二岁，终年六十岁，隐居罗浮仙山的经历对他人生旨趣造成非常大的影响。成之先生留下来的作品很少，但大多秉承了这种超脱凡俗的风格。他多次借对昔日隐居的洞天福地——罗浮山的怀念，表达自己的隐逸情怀。在绵竹县令任上，写下《思罗浮》：“忆昔罗浮最上峰，当年曾此寄仙踪。凭阑月色生沧海，欹枕秋声入古松。采药静寻幽涧洗，修书闲向白云封。红尘一下拘名利，不听山间午夜钟。”② 此诗深情回忆自己曾像仙人般隐居在罗浮山三百二十峰间悠游度日，夜晚凭栏眺望挂在湛蓝天空的月亮，斜倚靠枕听闻风吹松树的凉爽渐入梦境，白天入山采药可以在山间清泉里洗净，悠闲地寄封书信总有白云在身后跟随，最后回到现

① （唐）房玄龄等撰：《晋书》卷九十，《简体字本二十四史》，中华书局2000年简体字本，第1562—1563页。

② 古小彬、古军喜编著：《北宋岭南第一进士古成之》之《古成之作品选》，第63—64页。

实，说自己自从坠入趋名逐利的世俗凡尘，就再也没听到罗浮山间静谧半夜传来的悠长的道院钟声了。全诗诗意连贯，语言平实，对仗工整，形象生动，情理交融，让人觉得作者遗世高蹈的情怀，心灵如清水洗尘般纯净。

再如《怀石楼》："相思天一边，知在石楼间。高卧人稀到，数峰客共闲。仙方新始试，易疏旧曾删。好探鳌头信，时应有鹤还。"① 诗中回忆自己往昔住在罗浮山石楼边，一边经常尝试新的炼丹仙方，一边钻研《易经》六十四卦揭示世间万事万物变化的道理，爱好探讨道教阴阳太极图表示的那种循环往复的境界，身边时时有仙鹤往还。鹤是成仙的标志，白鹤仙化，与仙人道士有不解之缘，罗浮山旧有白鹤观。白鹤善飞，遨游太空，悠然来去，正合神仙追求逍遥自在的境界；白鹤长寿，而长生不死又是道教神仙追求的终极目标。凡得道成仙者，大多骑乘白鹤遨游，道士安坐而死被称为"骑鹤仙化"。此诗可以说是古成之于绵竹任上萌生退隐之意的心情流露。另有《失题》诗："天地一磨盘，轮回万万年。田园身外物，儿女眼前缘。华屋藏人店，娇妻渡客船。浮生如麦子，跳出是神仙。"② 临死前留下《七绝一首》："物外乾坤谁得到，壶中日月我曾游。留今留古争留得？一笑浮生万事休。"③ 等等。从尚存的诗中可以看出，古成之具有浓厚的求仙思想，故后人评价其寡欲、具有隐逸之风，并给他设想一个成仙的最后结局。其诗歌暗示的指向，皆为后世人将其事迹仙化提供了很好的铺垫。陈梿《罗浮志》将其编入卷四"神仙"："在绵竹一年，忽索告身，题其末云……掷笔而逝。后人亲见与汉州郡守相辞。其门

---

① 古小彬、古军喜编著：《北宋岭南第一进士古成之》之《古成之作品选》，第63页。
② 古小彬、古军喜编著：《北宋岭南第一进士古成之》之《古成之作品选》，第63页。
③ 古小彬、古军喜编著：《北宋岭南第一进士古成之》之《古成之作品选》，第64页。

人他方出干，在路迎见成之手携只履，云‘归罗浮’，回家开棺，有只履存焉。后雷霹武夷山幔亭峰石，题曰‘河源古成之于此上升’，世传尸解得仙去。”① 并与郑安期、朱灵芝、葛洪、鲍靓等罗浮著名道士或仙人同列为罗浮著名神仙，可见已将其从历史上的文人官员转换为仙人的角色。

而至今保留在广州五仙古观的古仙诗碑，可以说是构筑其仙话故事的一个重要的实体证据。古成之的亲笔诗词书法《古仙诗碑》石刻至今仍镶嵌在位于今广州市惠福西路的五仙古观内正厅的左墙壁上，该石碑是广州现存较早的宋碑，高 1.16 米，宽 0.7 米，稍损。上端署“古仙旧题”（隶书），中间二段落为古成之诗文书法（草体），末端为跋语（正体）。两首诗，一首为七律：“拨破浮尘入紫烟，五羊坛上访神仙。人间自觉无闲地，城里谁知有洞天。竹叶影繁笼药圃，桃花香暖暎芝田。吟余池畔聊欹枕，风雨潇潇吹白莲。”一首为五古：“元元分古观，南镇越王城。五石空留瑞，群仙不记名。丹砂虽久炼，鸡犬自长生。槛簇鳌头景，门通鹤颈程。烟霞沿砌起，花木逐时荣。古井涵虚碧，深钟入竹清。芳芜延野色，寒溜引秋声。药灶封苔老，芝田积雨平。风光齐岳麓，音信接朱明。愿得身从此，乘云到玉京。”② 跋语曰：“右唐律五十六字、古风五言，紫虚真仙雍熙间所题也。真仙姓古，名成之，号亚奭，国初岁所贡（阖一）路会试，州止荐一人。古君贯（广州增）城县，雍熙元年被荐，洎到（南宫考）中第二，张贺、刘师道恶其（南人名居）其上，遂于唱名前一夕召古（君夜饮），潜置喑哑药于杯中。黎明，赴（唱名），语不出。太宗皇帝宣谕之（曰：‘明年）再来，必不淹卿。’雍熙四年，（又取州）

① 陈梿：《罗浮志》卷四《古成之》，商务印书馆 1936 年版，第 35 页。
② 黎志添、李静编著：《广州府道教庙宇碑刻集释》，中华书局 2013 年版，第 207 页。

解。次年改元端拱，在程宿（榜及第）。淳化二年，召试馆职，除秘书省校书郎。闻汉州萃聚神仙之地，授绵竹令。淳化四年到任，遇至人韩泳遗书，启缄披诵，移寝东庑，自此绝食，日惟饮酒。忽一日取诰身，于后题诗云：'物外乾坤谁得到，壶中日月我曾游。留今留古争留得，一笑浮生万事休。'写毕，掷笔于地而卒。县佐方申其化去，而古君已先至汉州，谒太守。后有人见之，尝往来成都市药，或涉仙都观，或游眉山，或入九陇。熙宁中，雷霹武夷山石，有字一行云：'古成之于此上升。'旧绵竹邑东门外有古仙亭，张忠定公刻石以纪其事。今广州之西城有紫虚古真仙祠，乃经略安抚刘尚书重建。比因五仙祠宇复新，谨以真仙所题本观之遗什，再勒翠珉，广传不朽云。施工石群龙、社进士黄宗石、李□□，知观事蹇应祥拜手谨题。进士李□□书、林□刻。"[①] 此碑不书年月，据阮元《广东通志·金石略》考证，此碑跋文中"国初""太宗皇帝"等字前均空一字看来，当在宋德祐间，为宋刻本无疑。[②]

此诗碑上面，直接将古成之称为"紫虚真仙"，不仅留有其诗作，而且对其成仙经过给予了清楚的交代，"遇至人遗书—移寝别居—绝食—饮酒—题身后诗—化去—仙游"，可谓一气呵成，而且在描述其成仙经过之后，又辅以张忠定刻石的古仙亭与刘尚书重建的紫虚古真仙祠，刻有"古成之于此上升"的武夷山石为证，让后人对其成仙故事更增添几分信服。文中简略交代了其一生主要事迹，对其仙去却做了较多描述，得韩泳书信后开始绝食，每天只是饮酒，忽一天于任上题诗后掷笔而卒，其时已分身至汉州拜别太守，往后有人见他经常往

① 黎志添、李静编著：《广州府道教庙宇碑刻集释》，中华书局2013年版，第207—208页。

② （清）阮元总修：《广东通志》，《广州大典》第三十五辑"史部·方志类"，第十七册，第250页。

来成都，这也是道教尸解飞升的常见写法。

二　同代文人与同乡士子的追慕

同时代或稍晚时代的宋代文人对古仙充满景仰之情，在其仙化道路上起到较大的推动作用。如与古成之为同科进士的陈尧佐，字希元。少聪悟，肄业锦屏山，历魏县、中牟二尉，授秘书郎，佐朝邑，为河南开封府推官，坐言事忤旨，降广东潮州通判。后历官广东惠州知府、平章事、集贤殿大学士。任职潮州府通判，其间经过河源，听说成之仙去，乃追感旧事，题诗于云泉寺石壁，诗曰："欲见故人面，仙凫去未还。旁人应笑我，两月任游山。"[①] 表达对古成之的仰慕。

北宋著名文学家苏轼蛰居惠州期间，因钦慕古成之，曾到古成之出生地，"饱吃惠州饭，细和渊明诗"，他在《和陶杂诗》第八首中说："南荣晚闻道，未肯化庚桑。陶顽铸强犷，枉费尘与糠。越子古成之，韩生教休粮。参同得灵钥，九锁启伯阳。鹅城见诸孙，贫苦我为伤。空余焦先室，不传元化方。遗像似李白，一奠临江觞。"[②] 对古成之与韩泳往事皆有耳闻的苏东坡，认为古成之有李白遗风。

南宋名臣李昴英，广东番禺人，南宋宝庆二年（1226）探花，历官吏部侍郎、龙图阁待制。为官清正，刚直不阿，死后谥封"忠简公"，曾游五仙观，见古成之诗文与书法双绝妙，乃作《游五仙观怀古成之先生》诗一首："翁来灵笔舞龙蛇，翁去瑶坛锁暮霞。旧事欲谈三百载，五云阁上望仙槎。"[③] 此诗又名《古成之仙箕》，古成之不

---

① 明《永乐大典残卷·卷一万八百八十九》"古成之"条，国学导航，http：//www.guoxue123.cn/other/yldd/yldd2/042.htm。

② （宋）苏轼著，冯应榴注，黄任轲、朱怀春校：《苏轼诗集合注》，上海古籍出版社2001年版，第2195—2196页。

③ （宋）李昴英撰，杨芷华点校：《文溪存稿》，暨南大学出版社1994年版，第190页。

仅被刻画为古仙，而且还可以通过扶乩的方式将仙示传给后人，可见其影响力之大。

由上可知，张咏立古仙亭刻石纪事，紫虚古仙祠、诗碑纪古仙事，陈尧佐题诗追慕其仙去，再到北宋中后期苏轼被贬岭南，遍访其仙迹，再到南宋李昴英访五仙观，获古成之乩示，古仙传说应该在有宋一代就已经传播。

作为北宋岭南第一进士，古成之也为广府人树立了一个读书仕进功成身退的标杆，其尸解仙化的人生归宿也成为同乡士子们追慕的对象，为其仙化故事的进一步传播奠定了深厚的心理基础。

如归善（今惠州）人吴高《怀慕古成之》："三策当年动冕旒，先生钟秀出罗浮。文章天上联星象，忠孝人间迈等俦。白骨一函今在否？清诗千首永芳流。功成欲效留侯去，未必翻然物外游。"① 此诗对古成之进行了全面的赞美，从文章到事功到忠孝两全再到仙化物外之游，在追忆古成之人生的同时，也寄托了自己的向往之情。

受古成之影响至深的还有赵希璜。赵希璜字子璞，长宁（今广东新丰）人。乾隆四十四年举人（1779），官河南安阳县知县，清中叶著名的粤籍作家、学者、画家，著有《四百三十二峰草堂诗钞》与《研栰斋文集》。乾隆三十六年（1771），赵希璜在罗浮山置四百三十二峰草堂，效仿古成之入山刻苦读书，嘘吸云烟，所作诗文绝少尘俗之气。乾隆四十六年（1781），出山后的希璜作《忆罗浮》诗云："老人峰倚碧云间，笑尔终应物外闲。十载离山犹故我，待完诗债便归山。"② 此时希璜尚未入仕，就已经想着归山了，可见其深受罗浮道

① 古小彬、古军喜编著：《北宋岭南第一进士古成之》之《古成之作品选》，第100—101页。

② （清）赵希璜撰：《四百三十二峰草堂诗钞》，《续修四库全书》第一四七一册，上海古籍出版社2002年影印本，第610页。

隐以及古成之隐逸思想的影响。乾隆四十八年（1783），赵希璜在长宁老家建房居住，作《营方山新居》诗云："亚奭风流在，遗踪总可寻。窗昽真福地，缥缈出崇岑。有酒无陶令，无弦弹素琴。三椽茅屋里，一径碧云深。"① 亚奭即古成之之字，此诗表达了赵希璜欲以古成之为同乡，以先贤为榜样潜心读书的决心。嘉庆六年（1801）《罗浮藤杖歌》序称，乾隆三十六年（1771）赵希璜在罗浮山读书时，有百岁老道孙道士以藤杖为赠，赵希璜视之为"执友"，每次游山的时候都会拄杖以往。31 年后，家里人来安阳，幼子赵忻以此杖寄父，赵希璜睹物思人，作歌记之："梅花村中执我手，谓我梦境何翩翩？""罗山浮山自离合，葛翁鲍老何拘牵？""徜徉仙去跨暗虎，嗤笑宦迹张空拳。"② 这一年恰逢颜检任河南巡抚，赵希璜因回避而遭解职，心情沉郁，罗浮山之情之景更让他怀念过往的隐山读书的生涯，他在《送归善张焕阶孝廉回粤》中倾吐了自己对罗浮读书的深切怀想和被官职拘束、欲还而不得的痛苦："君住宝积寺，我居白鹤观。相聚五里遥，书声闻夜半。占毕鬼神惊，徜徉山水畔。时作促膝谈，风外幽禽唤。明月美人来，梅花魂梦断。""京华握君手，俯仰十六年。一官羁我身，两手张空拳。往时同学人，云散飞各天。此别期再会，犹以后望前；此会计再别，长结未了缘。"③ 但他也和古成之一样，最终也没能再回罗浮山，而是魂客异乡，罗浮梦境也成为他一生萦绕的乡愁。

古氏风采对其后人更是一个最好的楷模。古氏后人人才辈出，清

① （清）赵希璜撰：《四百三十二峰草堂诗钞》，《续修四库全书》第一四七一册，上海古籍出版社 2002 年影印本，第 623 页。

② （清）赵希璜撰：《四百三十二峰草堂诗钞》，《续修四库全书》第一四七一册，上海古籍出版社 2002 年影印本，第 725 页。

③ （清）赵希璜撰：《四百三十二峰草堂诗钞》，《续修四库全书》第一四七一册，上海古籍出版社 2002 年影印本，第 726 页。

代咸丰六年（1856）岁次丙辰，广东镇平县（今蕉岭县）城西黄土村36世古铭炎（1833—1916，字德洪，世袭云骑尉，即补守府，分发江西巡检），仰慕古成之遗书，亲赴羊城（今广州市）五仙观，向道人捶搨而归。到了光绪二十五年（1899）岁次己亥，古铭炎又精心木刻重刊，并有跋志。跋志如下："紫虚公为炎八世祖考也，世但慕其为诗仙，不知其草法超妙，亦追踪永禅师张长史之间，顾世罕有传者。炎于（咸丰）丙辰岁至羊城，闻五仙观有公遗迹斋祓，往观，有石碑嵌于堂壁间，欲遣工捶搨，道人云：有司示禁，不可得也。炎为言其始末，恳之再四，乃允，因携归故里。今不觉廿余年（编者注：自丙辰年至己亥年，应为四十余）矣，拟重刊以垂久远。是书也，他人得之，固视为吉光片羽，而炎则什袭珍护，将贻诸孙子，不啻如范氏之故砚文贞之遗笏云。"[①] 直到当代，古氏后人还在努力将古仙的精神传承下去。

古成之诗文书法俱佳，又加上忠孝两全，治理地方颇有政绩，且不贪慕权贵、清虚自守的品性，再兼有受道士点化而成仙的故事，后世文人不断地书写仰慕之情也就不足为奇了。

三　地方志书与民间传说的强化

对于古成之的事迹除了仕进道路的描述，在其身后，人们为了纪念这一俊逸人物，为他增加了羽化登仙的美好想象，"古成之。端拱元年。绵竹令。人以为仙"。[②] 附会出很多优美动人的传说。而不同的

① 古小彬、古军喜编著：《北宋岭南第一进士古成之》之《古成之作品选》，第82—83页。

② （元）广州市地方志编纂委员会办公室编：《元大德南海志残本》卷第九"旧志进士题名"，广东人民出版社1991年版，第67页。

记载对其身世传说表示出不同的立场。大多地方志书认为其仙去是美谈，也有士大夫认为其仙去乃是荒谬之说。下面拟以《永乐大典》《广东通志》《羊城古钞》中三段对古成之的记载为例稍做比较。

明《永乐大典残卷·卷一万八百八十九》“古成之”条辑录“惠州府惠阳志”对其故事有详尽的记载：

> （古）成之，字亚奭，河源人也。宋初，岭峤文风未振。雍熙三年，成之以寄产在增城，冲广州乡荐。督府劝驾诗云：“寰中有道逢千岁，岭外观光抵一人。”赴省道由潭州，旅邸，遇异人韩泳，与饮于市。韩谓之曰：“公骨气轩然，深负道气，非尘埃中人，可罢此行，愿献所闻。”成之答曰：“家贫亲老，期得禄以养亲。”韩笑曰：“子志诚可尚，第恐转溺尘土耳。”游数日，韩遂仙去。是岁成之省试报罢。越三年，宋端拱改元，成之再举至京师，于阊阖门外见一人长揖而来，乃韩泳也。握成之手云：“公此行成名矣。”因赠以诗云：“德行文章已出群，的将仙道付于君。浮名若也争休得，占取闲闲一片云。”成之果以第十九名过省。时第进士者二十八人，状头程宿，陈文惠公尧佐预焉。闻喜宴罢，韩泳不期而至。文惠谓成之曰：“同榜二十八人，皇上以象二十八宿，子南人也，得预兹选，可谓荣矣。”韩曰：“天地生材，何间南北？公异时未必不由成之之乡。”既登第，初调真定府元氏尉，继授青州益都县宰。宋淳化三年，召试馆职，除校书郎。后蜀乱，上命张忠定公咏出知成都，忠定辟成之知绵州魏城县。既至，运米以济饥民，发药以疗疾疫，立乡校，课农桑，逆乱之俗一变。宋咸平五年，蜀汉又有警，上复命忠定公复知益州成都，忠定以成之长于抚恤，再辟知汉州绵竹县，其政如宰魏

> 城时。常叹曰："吾窃禄欲荣亲，今亲已殁，吾何以仕为哉?"慨然有归欤之兴，有《思罗浮诗》。是年，汉州有衙吏自青州来，韩泳致书于成之。览之，乃酣饮累日不临政，遽索诰大书题于后曰："物外乾坤谁得到，壶中日月我曾游。留今留古争留得？一醉浮生万事休!"书已，掷笔而逝。是夕遂不起，县方申于州。而公先至汉州谒太守，人皆谓其尸解而去。家人发棺视之，则尸已解，但遗靴一双。……《旧志》云，按古公始到省时，韩泳以仙道邀之，公辞以苟禄养亲。其后凡两应，张忠定公辟抚定蜀乱，赞画多矣。亲殁后方叹曰"吾何以仕为哉!"遂翩然为物外之游。由此观之，公忠孝人也。其以三才并立之身，卓然自立如此，岂与遗世绝物之仙同日而语哉？其论当矣。①

这条记载，浓缩了古成之求学—初次应试被奸人所害落榜—二次如愿中进士，成为岭南首第一辗转仕途、多地留勤政美声—仙化的传奇一生，可以看出道士韩泳在古成之仙话中的重要地位。首先，两次赴考都在途中遇韩泳，并对其结果做出精准预测。第一次遇之于潭州客栈，相见投契，相约于酒肆喝酒，韩泳试探成之心意，说他骨气轩然，很有道气，不是这凡尘中俗人，若肯中断此行，愿将所闻所知告知。无奈古成之以家穷须出仕做官，以俸禄侍养双亲答之，韩泳只好告诉他这次不能成功。这一年古成之笔试第二，却因小人残害，没能达成心愿。过了三年，古成之再度前往京师应试，在阊阖门（皇宫正门）第二次遇到韩泳，韩泳告诉他这次可以成功，并以诗相送，成之果然登第。其次，在父母离世之后，古成之心生退隐之心，这时韩泳

---

① 明《永乐大典残卷·卷一万八百八十九》"古成之"条，国学导航，http：//www.guoxue123. cn/other/yldd/yldd2/042. htm。

致书成之，成之看完后，“乃酣饮累日不临政”，后手书一诗，尸解而去。韩泳先以仙道邀之，但并未强迫其立即跟自己修道，而是等到其成就功名、侍奉完双亲之后，再引领其仙去，可以看出韩泳在古成之的成仙故事中是一个核心人物，起着开示、引领的作用。而文中将古成之刻画成一个“三才并立”“卓然自立”之忠孝两全之人，既做到尽忠尽孝，又完成自己超逸绝俗的物外之游，堪称读书人人生追求的最佳规划。

清代仇巨川《羊城古钞》言其“性简静好学，尝结庐罗浮，博览群籍，文誉殷殷动四方”①，记其事，突出的是其任上的理政之功：“端拱初，再举，登第。初，调元氏尉，改知益都，俱以惠爱着。咸平三年，除校书郎，特为张咏所器。及李顺乱蜀，辟成之知绵之魏城。自内竖王继恩讨贼，居民避兵者多溺死，积骴如垒；孑遗者皆疮痍流徙。成之劳来而煦育之；米饥者，药病者，所治数千人。又立学校，课农桑，俗为一改。五年，蜀又有警，复以咏知益州，再辟成之知绵竹，一以理魏者理之，绵竹大治。卒于官。成之以文章为南徼首倡，尤工于诗，雅意林壑。尝为麟州鸾谷之游，或传为遇异人仙去，立祠祀之。”特别是对李顺之乱后，古成之任魏城县令所面临的尸横遍野、民不聊生的残酷景象做了生动刻画，古成之到任后“米饥者、药病者、立学校、课农桑”，三言两语就把古成之干练沉着的理政才能凸显出来，给人极其深刻的印象，而对于其仙化则只是稍加提及：“或传为遇异人仙去，立祠祀之。”②

清代阮元《广东通志》言其“性简静，寡嗜欲，尝结庐罗浮山，

---

①（清）仇巨川纂，陈宪猷校注：《羊城古钞》卷六，广东人民出版社2011年版，第400页。

②（清）仇巨川纂，陈宪猷校注：《羊城古钞》卷六，广东人民出版社2011年版，第401页。

力学不怠，淹贯群籍，时或吟咏以自适，出语惊人，文誉动四方”①。阮元认为“人见其闲淡类此，遂诬以为仙”，对其去世只是说“未几，卒于官。人皆以其抱经世才，惜其不至大用也”，为其英年早逝表示惋惜，并认为旧志皆将古成之与廖冲列入“仙释”是一种“误置”，因此为其辨正，将古成之列入“列传”：“古成之与廖冲，旧志皆误置‘诸仙释’，今为辨正。诚然戴璟亦承其谬，故作通志不列正传，乃书曰：古成之得异书而化身，且注言其宰绵竹时，忽得异人韩泳书，顿悟，乃屏事辟谷而逝，家人以归葬维艰，欲焚之，启棺，惟存巾履而已。后河源吏梁弥山忽于程乡（今广东梅县）见之，遂从学焉。《齐东野语》唐突名贤实甚，今考《罗浮山志》，犹据旧志详载其事，并及索诰所题之诗云：‘洞里乾坤谁得到，壶中日月我曾游；留今留古争留得，一笑浮生万事休。’掷笔而逝。后人见汉州郡守相辞，又见手携只履、云归罗浮等语鄙野，可谓重诬古人矣。”② 认为后人传说的古成之尸解成仙的说法实乃鄙陋粗俗的乡野闲谈之说，是对古人的唐突和诋毁。

由此可知，不同身份的编著者对古成之“仙化”这一段故事有不同立场。正统儒家或官修志书更突出其理政能力，认为成仙乃无稽之谈，故在作传的时候不再提及，或用“诬以为仙”“目以为仙”“人以为仙”等说法模糊之。而道家或地方志书更突出其恬淡寡欲、雅意丘壑的闲淡情怀，更突出其功成身退、尸解成仙的神奇经历。

如果说，志书记载对古成之成仙故事尚存在一定的克制，民间传说则对其仙化形象进行进一步渲染。至今罗浮山仍有古成之当年结庐

① （清）阮元总修：《广东通志》，《广州大典》第三十五辑“史部·方志类”第十八册，第721页。

② （清）阮元总修：《广东通志》，《广州大典》第三十五辑“史部·方志类”第十八册，第722页。

读书处，当地百姓建有“成之庙”，称古成之为“紫虚仙人”。在君子嶂流传着古仙往来罗浮与君子嶂、最后骑白鲸升天的故事，故事大致如下：古成之至老，看透世事，回到家乡君子嶂下。此时的古成之，草履布衣，长须白发，经常上下君子嶂，交友游玩，或诵读于花下，或采药于林间，或洗濯于清泉。一天，古成之的一位同年好友在路上遇到了他。问他去哪，他回答说到罗浮山去，并请同年把自己的钥匙带给家人。同年去到他家，却发现古成之已经去世七天，家里正办丧事。他把钥匙交给夫人，并请求开棺一见，棺木开启，只见一团白气升起，慢慢变成古成之的影像。夫人急忙向前扑去，却只抓住了古成之的一只鞋，古成之冉冉升上空中，一招手，云海中的一条大白鲸游了过来，只见古成之跨上白鲸，慢慢消失在天际。人们正在惊疑中，却见半空飘下一帖，中有一首绝句：“洞里乾坤谁得到，壶中日月我曾游。留今留古争留得，一笑浮生万事休。”家眷将古成之所遗留的一只鞋子安葬于墓穴，这就是坐落在君子嶂下的古成之墓。

广州帽峰山有座古庙，当地乡民也说是为祭祀古成之而建。乡民说古成之小时候在山中念过书，中举后回到这里，亲自采药为民治病；他又精通书法，经常为求字的乡民免费题书，一些有钱人送来润笔费，他一律用以兴办村学，因而附近八乡甚至城里都知道古圣人。人们传说，古成之去世后，官帽化作山峰，古成之也成为帽峰山神。另有传说，南宋进士古成之，官场失意被贬，南游至帽峰山，见雨雾茫茫，松涛阵阵，山坳幽幽，心想此地定会有仙气。他留了下来，修身养性，为黎民百姓采药治病，深得百姓爱戴。消息传到朝廷，官府嘉奖，赐官帽，复原职。古成之不忘帽峰百姓，告老还乡时，携官帽深居帽峰。帽峰人民为纪念他的恩德，建庙拜祭，称“成之庙”，后改称“帽峰古庙”。可见，民间对古成之的喜爱之情。民间传说中对古成之仙化故事不断强化，促成历史人物到仙化人物的转化。

综上所述，古成之由岭南第一进士到驾鲸飞升的古仙的身份转换，正是在后人的不断书写与形构中完成的，其本人的文学创作、地方志书记载、后代文人诗词追慕、地方传说神化构成合力，共同推动了古仙故事的成型与传播。

（蒋艳萍：广州大学人文学院副教授、广州大学广府文化研究中心研究员）

龙舟歌传承困境的考察与思考

——以顺德杏坛镇为中心

吕珍珍　郭嘉颖

龙舟歌，又名龙舟说唱，主要流行于珠江三角洲地区，与木鱼歌、南音、粤讴并称粤曲四大曲种。其表演形式多为说唱者手执龙舟杖，胸挂小锣、小鼓，在街头边走边演唱七字句歌曲。其内容以纳吉送福的祝颂词为主，风格欢快明丽，通俗易懂。

龙舟歌曾经广受粤方言地区民众欢迎。20世纪40年代，龙舟艺人甚至曾经漂洋过海到美国旧金山演出。据称，“文革”前龙舟说唱活动依然相当兴盛，仅杏坛就有20多个龙舟公，顺德全境则有上百位。“文革”之后，龙舟艺人的踪迹就很难寻觅了，他们偶尔在顺德、广州、东莞等地零星出现，日渐远离人们的生活。直到21世纪非物质文化遗产申报活动开始，龙舟歌再度进入人们的视野，其衰落的状况才引起人们的关注。虽然龙舟歌2006年就入选了第一批国家级非物质文化遗产，但经过十多年的恢复，其现状依旧萧条。艺人群体萎缩，能够熟练、完整地演唱龙舟歌的艺人不断减少，且呈高度老龄化的趋势。艺人零星分布在顺德杏坛和勒流、东莞石碣、南海西樵等地，以佛山市顺德区杏坛镇最为集中。

作为曾经广泛流传在珠三角地区的传统艺术，龙舟歌当前的传承困境不能不引发我们的深思。本文拟深入剖析龙舟歌的艺术特征，以及艺人的学艺和传艺过程，将其置于社会转型的大背景中，揭示龙舟歌走向式微的深层原因，思考龙舟歌保护和研究的可能路径。

龙舟歌诞生在顺德，故以顺德腔为正宗。顺德也是目前龙舟歌传承活动相对活跃的地区，尤以杏坛镇为最。龙舟歌唯一的国家级传承人陈振球先生也生活在杏坛。因此，本文对龙舟歌的调查和研究以此地为中心，兼及珠三角其他地区。

一

龙舟歌在当代的传承状况，与其艺术形式密切相关。

龙舟歌的显著特点是“有韵无谱”，其音乐性主要体现在用韵而非旋律上。龙舟歌唱词一般为上下结构，句句押韵，平仄通押，可以中途换韵。句式以七言为主，可加衬词、虚词，不受字数和顿（节拍）数的限制，因而长短不一。“龙舟的唱词基本上仍是七字句，但除了分句一如木鱼之外，根本不受字数（顿①内）和顿数（句内）的限制。唱者可以把一句拖到长达五六顿的二三十个字，临末才遵循着分句的规格回到句尾的乐音来结束这一句。”② 陈振球先生介绍，唱龙舟没有曲谱，句尾押韵即可，因此其词集也只包含唱词，难以用规范的曲谱将其旋律固定下来③。当前可见的各种龙舟歌集，包括《俗文学丛刊》收录的清末及民国时期的龙舟歌，以及后人创作的各种龙舟

---

① 指节拍。

② 陈卓莹：《粤曲写唱常识》（修订本），花城出版社1985年版；转引自李计筹编著《粤韵风华》，暨南大学出版社2011年版，第133页。

③ 陈振球访谈，2019年9月15日，杏坛文化站。下文所引陈振球的谈话，皆出于此次访谈。

歌底本，均只有曲词，绝无曲谱。据陈振球先生讲述，20 世纪 60 年代曾有人试图将简谱引入龙舟歌的表演和创作中，但终告失败。

这种有韵无谱的状况，一方面使龙舟歌的创作和表演极其自由，可以充分发挥艺人的创造才能，为龙舟歌提供了多元发展的可能性；另一方面也因缺乏必要的规范，而失去学习和传承的必要依据，增加了学习的难度和传承效果的不确定性。没有固定曲谱，容易导致艺人对说唱旋律的不同理解，常常因为艺人各执一词、不肯相让，造成同一首曲子的唱法各不相同。这难免使学习者无所适从，也增加了艺人之间交流的难度。这种状况也隔绝了外界对学唱龙舟歌的兴趣，使其传承局限于为数极少的特定传承人，即已被指定的各级非物质文化遗产传承人及由他们物色的弟子，从而失去了广泛传唱的群众基础。

方言对龙舟歌的传承和传播也有不可忽视的影响。龙舟说唱源于顺德，故业界以顺德音为正宗，这使其传播地域局限于粤方言区尤其是顺德地区。顺德方言虽然属于广东话中的粤语方言，但“在长期的历史底蕴沉积和习俗演变中，或提炼，或变异，或更新，或创造，逐步形成了本地区独特而鲜明的方言流派，从而使‘顺德话’比‘广州话’具有浓郁的水乡风格：更粗犷、更平实、更直观、更简明，也更趋于口语化”。[①] 以龙舟歌的代表性祝颂词《新年祝愿》为例，该歌有句“只喺（是）寥寥无几，个个都已经上咗（了）七八十勾（岁）”，此句运用了“喺”“咗”“勾”三个俚语，以“勾”字最为特别。在顺德杏坛的语言惯习中，“勾”兼具动词和名词属性，意为“岁”，代表年龄。同时“勾”属于俚语中较为粗俗的部分，非土生土长的本地人难以意会其中的诙谐意味，达到预期的娱乐效果。

---

① 陈胜洪：《广东顺德方言录》，花城出版社 2006 年版，第 6 页。

表演形式也对龙舟歌的传承形成制约。龙舟说唱多由单人完成，其基本形式是：艺人颈挂锣、鼓，悬于胸前，一手持槌敲击，另一手持木雕龙舟，于站立或行走中演唱（见图1）。当代则略有改进。如陈振球先生的龙舟杖为不锈钢管，下方安装支架，无须手持。一条红绳连接锣与鼓的反面，轻便易携。演唱时将龙舟置于身旁，一手持锣鼓，另一手敲击（见图2）。

图1　《18—19世纪羊城风物　英国维多利亚阿伯特博物院藏广州外销画》所载“唱龙舟”

从图中可以看出，龙舟说唱的伴奏乐器相对简单，表演形式简易便捷，完全可以由一个人胜任，在进村挨家挨户演唱时，配备助手（即徒弟）的必要性几近于零。陈振球先生所用的龙舟杖，实际高度1.4米左右，十分轻便。龙船可以从杖上拆卸下来，与铜锣、小鼓一起装进一个狭长的木箱，便于携带（见图3）。

逢年过节时走街串巷的龙舟佬经常两人一起出现，但他们之间并

图2　陈振球先生在演唱龙舟歌

图3　装好龙舟的匣子

非艺术上的合作关系。其基本情况有二：（一）两个龙舟公搭伙一起出发，但到了村落里各自分散沿街说唱，各唱各的、各讨各利市；（二）具有父子、夫妻等亲密关系的两人搭档，但演唱者始终只有一人，另一人充当副手，提拿杂物、乐器等。无论在上述哪种情况中，

图 4　连接在一起的锣、鼓和槌

实际上的龙舟说唱表演都是由一个人完成的。

由于龙舟公的表演活动由个人分散进行，基本上无缘看到其他同行的演出，与戏曲等需要多人同台合作的艺术相比，同行之间互相观摩和交流的机会匮乏，只能在个人实践中揣摩领悟，积累表演经验。这难免会影响技艺精进的速度和最终的艺术水平。龙舟歌单人表演的活动形式，也间接形成艺人零散分布、无稳定演出组织的局面，各地往往仅有一两名技艺成熟的老艺人，使规模化演出和制度化传承难以实现。

二

在长期的流传过程中，受自身艺术形式和经济、民俗等环境因素的影响，龙舟歌形成了特殊的传承模式。在当今的社会环境中，这种传承模式中的一些不利因素被凸显出来，危及龙舟歌的生存和发展。

首先是传承行为较为随意。龙舟说唱者多为非职业艺人，说唱龙舟仅仅是一种临时性的谋生手段，而非终生与共的事业。以陈振球为例，他在少年时代就接触龙舟歌并对其发生兴趣，但直到十四五岁之后才因家庭经济压力学唱，学成之后，仍然继续从事各种生产活动，至今仍经营着一家杂货店。说唱龙舟既未独立为一种职业，也就无从形成行业，故而缺乏严格的行规制度。艺人普遍缺乏职业归属感和认同感，传承艺术的使命感更是无从谈起。一般情况下，行规为艺人的从业行为提供外在的约束，职业认同感和使命感则提供内在动力。在龙舟说唱中，这二者的同时缺席，难免使艺人的传承行为走向随意化。

传承行为的随意性，集中表现于“偷师”之中。龙舟说唱的经济收益使艺人之间的竞争在所难免。龙舟艺人普遍信奉“教会了徒弟，饿死了师傅”的信条。为了减少竞争，宁可不收徒弟，以免生意被抢。如果不是出身于龙舟世家，想要学习就必须“偷师”。陈振球早年也曾偷师龙舟宁。起初，龙舟宁在龙潭村的茶楼唱龙舟时，陈振球就在说唱的间隙主动帮忙收钱。龙舟宁因此能够抽出空喝口茶休息一下，对陈振球产生了好感，二人逐渐熟悉。陈振球平时还会买些菜和烧酒去看望龙舟宁，和他拉关系，做朋友。而老练的龙舟宁一眼就看穿了这个年轻人的心思，但始终都不曾收他为徒正式传艺。陈振球的学习，主要是通过观摩龙舟宁等人的演唱，自己暗自揣摩、多次实践练出来的。

在这种偷师式的传承中，偷者与被偷者之间没有任何权利和义务关系，传承行为缺乏必要的约束，传承效果的不确定性大大增加。学艺者四处偷师，缺乏前辈艺人的必要指导，全靠自我摸索，必然使技艺的学习随意有余、规范不足，难以准确、系统、深入地掌握前辈艺人演唱艺术的精髓，使传承的效果大受影响。艺术的进化是在前代艺人经验的基础上不断继承、提升、改进的结果，完整地继承这些经验至关重要。龙舟歌的前后辈艺人之间没有严格、扎实、系统的传授活动，积累的技艺很难完整、准确地传递给下一代艺人，从长远来看，也限制了龙舟歌说唱艺术水平的提高。

龙舟歌的传承方法也亟待改进。龙舟歌向来只在口头传唱，罕见文本流传。龙舟公们在面对后辈的求教时，往往推说自己文化水平低，不识字，无法把唱词用文字记录下来，全靠着记忆演唱。这并非全是托词。陈振球学艺时，尽管他已经和龙舟宁、龙舟振、龙舟会等人非常熟悉，但对方拒不收徒，陈振球只能借着喝酒的机会，趁他们在兴头上时请他们唱上几首，这时候就要赶紧在心里记下来唱词、腔调，回去后再揣摩、练习。经过长期的偷师和自学，陈振球才正式开始了说唱龙舟。

偷师式的传承，对学习者的先天条件要求极高。除了嗓门清亮、记忆力强之外，还要有极强的领悟力，能够当场记住唱词、腔调、节奏、韵味等，并在脑中不断重现以习得其中关窍。由于得不到对方的口授，往往学其表面而难得精髓。那些有成就的艺人，其表演中更多地凝聚着个人的聪明才智和心血，往往也有更多人所难知的诀窍，这是偷师者仅凭观察很难掌握的，也是龙舟歌传承模式中难以弥补的先天不足。

口传心授的主观性、随意性强，未形成系统的、可操作的教学体系，重模仿而轻启发，传承效果较多地受制于学生的资质。在龙舟歌中，由于缺乏传授者积极主动的参与，上述弊端更加明显。口传心授也导致了技艺的大量失传、讹传。艺人刘仕泉的父亲龙舟万曾在临终前传授“三点五环”技艺给他，但由于这种技法过于复杂，刘仕泉未能完全领会，这一技艺因此失传。[①] 在这种情况下，龙舟歌的整体艺

---

① 谢中元：《佛山“龙舟说唱”的活态传承与保护研究》，《文化遗产》2014 年第 2 期。

术水平长期难以获得质的改进，也就不难理解了。

三

龙舟歌艺人的文化水平普遍较低，这直接影响了他们的表演和创作，也使龙舟歌艺术的精进受到限制。据陈振球说，以往老练的龙舟公们如伍于筹、尤镇发，可以脱离稿本即景生情，根据不同的时间、场合、受众等即兴演唱，且唱腔圆润、吐字流畅，与事先演练好的表演差别不大。但随着老龙舟公们逐渐离世，能够自主创作龙舟歌的人越来越少，遑论即兴创作。作为国家级传承人的陈振球，也不能临场编创，仅能根据给定主题，提前撰好唱词并背诵，再现场表演。在这种创作模式中，唱词自身的优劣是检验艺人创作能力和龙舟歌艺术水平的重要标尺。

当前的龙舟歌创作表现出类型单一、思想平庸、文字粗糙等特征，艺术上缺乏创造性。陈振球所提供的自撰龙舟歌作品，大致可分为节日庆贺、时政宣传、行业祝颂、生活颂歌、故事讲唱等五种类型，共117篇。各种类型的数量及所占比例如表1、图1。

表1　陈振球自撰作品一览

题材	第一集	第二集	第三集	合计
时政宣传	8	7	3	18
节日庆贺	11	16	14	41
行业祝颂	20	1	2	23
生活颂歌	8	3	7	18
故事讲唱	2	2	1	5
其他	5	3	4	12
合计	54	32	31	117

可以看到，前四种类型占据主流，取材均源于现实，如《贺新

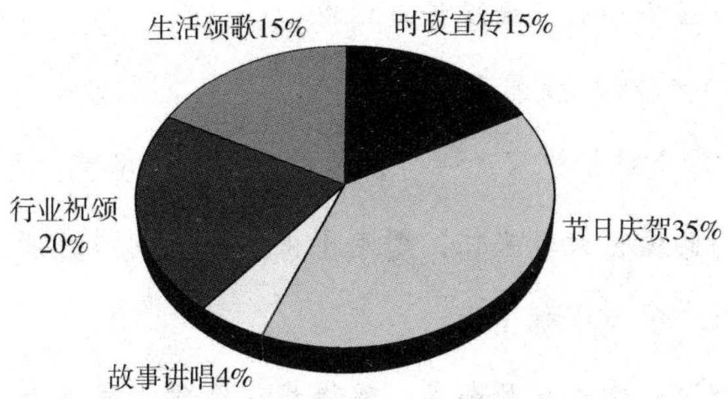

图5　陈振球自撰作品题材类型分布

春》《澳门经济在腾飞》《国庆欢歌》《种瓜致富》《贺车衣店》等。这类作品大多篇幅短小，内容不外乎歌唱盛世、劝善止恶，句式多为散文，句中无顿（节拍），除句末押韵外，与普通书面语没有明显差别。

这种作品，表现出对现实的关注和积极参与的热情，但由于对政治的过度依附，成为押韵的口号，削弱了其作为艺术的审美特质。

第五种类型为故事讲唱，其题材多源自民间传说或通俗小说，如《武松打虎》《聊斋故事》等。这类具有虚构性质的作品数量较少，即使在这类最能体现创作者个性的作品中，艺术创造力的薄弱也显而易见。试以《鹬蚌相争，渔翁得利》为例：

退潮后的海滩，一直向远方伸展，

有一只大蚌来不及跟水退入大海，只好藏在沙滩里边，太阳出来，把大蚌晒得像被烈火烤炼，

只得张开双壳望天快些下雨，以解困于目前。

这时，有一只鹬鸟到处觅食，在空中游荡把翅膀展，看见下面大蚌张开双壳露出肥美的蚌肉，口水早已流出嘴边，他对着大

蚌的开口猛啄下去，速度快如闪电，

（白）哎呀！痛死我了！

（唱）大蚌忙把双壳一合，他被啄得痛不堪言。

鹬鸟的嘴被大蚌夹住，想走不得，像是被网络捆，两个人更对骂起来，吵得闹翻了天，

大蚌说：你这只死鹬鸟，啄得我这么疼，我不会放过你，让你饿死在这里也没有人见；

鹬鸟说：你这只臭河蚌，如果你不放我走，我便叫个天不下雨，让干旱永远伴着你长眠。

当两个吵得正凶的时候，被一个在沙滩上捉鱼虾的渔翁看见，“哗！这么容易就捉到一只大鹬鸟！哈哈！”老渔翁高兴得喜地欢天，

鹬鸟和大蚌都很后悔，两个沮丧着脸，

他俩无奈地说：“我们争来争去，最后益了个老渔翁，还丢了性命，也得不到别人的可怜！唉！”

同样是虚构的动物故事，《俗文学丛刊》所录《老鼠告状》则呈现出迥然不同的面貌。该曲的主要内容为一老鼠到开封府诉冤，言子孙数十皆为猫所咬死，包公乃拘票审猫，猫自陈因老鼠夜夜骚扰其主张员外，员外不胜其苦，猫儿为报主恩，咬死老鼠。包公闻言称是，赏其鱼肉，复令衙役杖责老鼠。试选录部分唱词：

仓前有只老鼠三斤半，走在墙吼过日辰。

自怨番猫无道理，咬死我儿孙数十人。

细想起来心不分，等我想条良计共佢相嗔。

请个军师来做状，此时无奈写成文。

老鼠出吼辞别去，开封府内把冤伸。

口担状纸系咁吱啐叫，唔想包爷堂上喝声频。

你个老鼠为着因何事，珠泪盈盈滴满襟。

处系隔邻人害你，马前称你食归心。

抑或天罗和地网，千秋架内入唔曾。

莫不是非伤无道理，好把情由讲过我知闻。

……①

将以上两篇时代不同、题材相近的作品对照，可发现今昔龙舟歌的诸多不同之处。

1. 选材与构思。鹬蚌相争是个大众耳熟能详的故事，当被吸纳进龙舟歌时，其情节和角色形象的设置，均以忠实地重现故事原貌为主，未能体现出撰者的独创性。这样的曲目，除了一些较低龄的儿童之外，对大部分听众缺乏吸引力。《老鼠告状》则新颖得多。猫和老鼠虽然都是极为常见的动物，但这部作品以丰富的想象力，用拟人化的手法生动地描绘了猫鼠打官司的场面。这种无所依傍、自出机杼的“平中之奇”，既未完全脱离听众的日常生活经验，使观众易于理解，又颇为新奇、有趣，符合一般听众喜欢奇异事物的心理，能够引起听众的兴趣。

2. 艺术手法。传统的龙舟歌唱词具有较强的音乐性和文学性。赋比兴手法被普遍地运用，修辞手法极为多样，比喻、巧连、夸张、谐音顺手拈来，平仄也很讲究，具有明显的韵文性质。上举《鹬蚌相

① 刘晓明主编：《龙舟歌集初编》（上），世界图书出版有限公司2016年版，第235页。

争，渔翁得利》虽然能够将故事较为生动地叙述下来，但通篇采用散文句式，语言平实，与普通的故事讲述相差无几。《老鼠告状》则使用多种表现手法，铺排渲染，描绘出一幅活灵活现的公堂对峙图画，老鼠和猫的形象刻画入木三分。在语言组织上，依韵行文，节奏鲜明，朗朗上口，韵律性很强。

不难发现，当代的龙舟歌创作无论是整体构思，还是艺术手法的具体运用，均与早期作品呈现出较大的差距。这种差距从表面上看是音乐性、文学性以及与之相应的艺术感染力的丧失，本质上则是创作者创造力的萎弱。这些作品或直接呼应当下的政治需求，成为政策宣传、形势讲解和表彰先进、歌功颂德的工具，或因艺术创造力的贫乏而成为已有文学资源的简单再现。思想内容的平庸与艺术形式的粗糙，实用功能的畸形发达和审美功能的几近消亡，使当前的龙舟歌越来越难吸引听众，而成为创作者的自娱自乐。

但这种现状在短时间内又是很难改变的。影响龙舟歌创作水平的重要因素是艺人。陈振球读过卜卜斋（私塾），又在学校里读到初中，能够自己撰写唱词。这样的程度在龙舟艺人中已经是少之又少，其他的龙舟公只能照现成的词演唱，自己不会创作。解决这一问题的方法只能是提升新生代传承人的文化水平，挑选兼具音乐基础与文学造诣的继承者。但在龙舟歌本身已后继乏人的窘境中，似乎难以对继承者的资质提出更高的要求。

四

当下，龙舟歌传承的社会环境也不容乐观。这至少体现在以下几个方面。

其一，是世俗的偏见。旧时龙舟公在茶楼、街头、桥底的演唱属于“走江湖”的卖艺行为，带有行乞性质，被戏称为“斯文乞丐”。但龙舟公不菲的收入以及祝颂行为的吉祥寓意，暂时掩盖了说唱者被贱视的身份，仍有不少人愿意投身其中。一旦龙舟艺人的经济状况得到改善，生存压力减轻，尤其是当子女有了正当职业和稳定收入时，龙舟说唱的收入便显得微不足道，其原有的“贱业”性质就会被重新考虑。甚至一些老艺人想要再唱龙舟歌，也会因“行乞”这一负面标签产生顾虑。

其二，相关信仰的消失。20 世纪 50 年代之前，人们普遍认为请艺人唱龙舟能够带来福运与吉祥。龙舟杖上端装着精巧的木制小龙舟，艺人演唱龙舟歌时，将龙头朝向门口，龙舟上的“扒仔”（划龙舟的小人偶）会在机关牵引下划水，将寓意着霉运的水全都划出家里，因此龙舟歌在当时极受欢迎。中华人民共和国成立后，随着科学的普及和各种政治运动的开展，民俗信仰日益淡薄。“文革”中，龙舟说唱被列为旧社会产物，原有的曲目因涉嫌“封建迷信”被禁止传唱，艺人们有些被打成“黑五类”，道具被砸毁，不少龙舟歌本子也被烧掉。龙舟说唱活动一度中断，其后各方虽有恢复之举，无奈已是舟行浅滩，举步维艰。

其三，与年轻受众的文化隔膜。即使在龙舟歌起源地顺德，多数年轻人对龙舟歌也一无所知。在一项线上调查问卷中，面对“您对龙舟歌的了解程度是”这一单选题，对龙舟歌完全陌生的被调查者比例达到了压倒性的 66.76%，即 2/3。而在回答“稍微了解，有点印象”的受访人群中，进一步的抽样访谈显示，多数人将龙舟歌与端午节赛龙舟时的号子混为一谈。

在多元文化碰撞、娱乐方式日益多元化的年代，龙舟歌越发显得唱词陈旧、旋律单调，难以进入新媒体时代成长起来的年轻人的视野。据中国非物质文化遗产网介绍，在龙舟歌的核心流传地顺德，目前会唱者仅四五人，且未发现有主动拜师学艺的青年人①。为打破当前龙舟歌的传承困境，当地政府也曾建成民俗民间艺术培训基地、成立龙舟说唱协会，以求改善传承状况，但收效甚微。当前唯一的国家级传承人陈振球已年近八旬，却无一个正式传人。吸引年青一代接受龙舟歌、学唱龙舟歌，并建立起长期有效的传承人培养机制，依然是一个极为严峻的挑战。

虽然社会各界已经在龙舟歌的传承和保护上做出了多种探索，但收效甚微。龙舟歌的现状堪称濒危。在影响龙舟歌生存的各种内外因素都难以改变的情况下，我们不能不对其未来做出比较保守的预测，即活态的龙舟歌很有可能在现有传承人逐渐离世之后真正消亡，成为一种博物馆艺术。这种“向死而生”迫使我们思考：在龙舟歌消亡之前有哪些工作是亟须完成的。

首先是相关资料的搜集和整理，使龙舟歌的形态得以更为全面、清晰的留存。一是文本资料。虽有《俗文学丛刊》影印本和据此整理的《龙舟歌集初编》，但仍有诸多曲目包括当代艺人自创的作品散落民间，若不加以收集整理，若干年后也会消失殆尽。二是音像资料。龙舟歌是一种表演艺术，要保存其全貌，须将老艺人的表演现场录音、录影，建立龙舟歌资料数据库，以便后人认识和研究。

其次是相关研究的推进，最大程度地发挥这种濒危艺术的学术价值。要对尚且健在的老艺人进行访谈，记录其生活经历、从艺经历、艺术经验等，开展龙舟歌艺人口述史研究。同时，对龙舟歌艺术及其起源、发展史进行研究。目前已有一些研究成果，但在深度和广度均

① 中国非物质文化遗产网，http：//www.ihchina.cn/project#target1。

有进一步提升的空间，有些问题如龙舟歌的起源等，尚未展开真正的学术探讨。

对一种濒危的民间艺术而言，其活态生命或有定数，在努力探索其生存之路的同时，读懂它的文化密码，知悉它的前世今生、来龙去脉，探究艺术和社会、历史的发展规律，应当是同样有价值的学术课题。

（吕珍珍：广州大学人文学院、文学思想研究中心副教授；郭嘉颖：广州大学人文学院2018级本科生）

广府文学、艺术研究

粤讴的价值及其研究

曾大兴

粤讴是用粤语演唱的一种通俗文学，流行于广东、香港等粤语地区。据赖学海《雪庐诗话》记载，文人开始写作粤讴，大约在清嘉庆末年（1820）前后。当时写作粤讴的文人有冯询、招子庸、邱梦旗等“六七人”。清道光八年（1828），广州西关澄天阁刊刻招子庸撰《粤讴》一册，收录作品97题，凡121首。清光绪二十七年（1901），广州状元坊以文堂又刊刻了“戏月山房香迷子”辑录的《再粤讴》，共57题67首，是为《粤讴》之续集。这是选辑粤讴的两本专书，但晚清文人所创作的粤讴其实远不止这两种，还有不少粤讴散见于当时的各种报刊或收辑在如《岭南即事》（何惠民编撰）等书中。

一　粤讴的价值

粤讴在当时是非常流行的。朱自清先生在《中国歌谣》中介绍说：“当时《粤讴》极流行，李传论之云：‘……虽巴人下里之曲，而饶有情韵。拟之乐府，子夜读曲之遗；俪以诗余，残月晓风之裔。而粤东方言别字亦得所考证，不苦佶屈聱牙。一时平康百里，谱入笙歌，虽“羌笛春风”，“渭城朝雨”，未能或先也。’招子庸之后，粤讴的作家很多；如缪莲仙的作品也是数一数二的。……现在粤讴似乎又流行了。许地山先生文中说他在广东住得最久；他说广州所属各县，‘无论是谁，少有不会唱一二枝粤讴的’。”① 郑振铎先生也在《中国俗文学史》一书中介绍说：“《粤讴》为招子庸所作，只有一卷，而好语如珠，即不懂粤语者读之，也为之神移。拟《粤讴》而作的诗篇，在广东各日报上竟时时有之。几乎没有一个广东人不会哼几句粤讴的，其势力是那末的大！”②

粤讴不但在粤语地区流行，还一度流行到英语地区。1904 年，由英国金文泰爵士翻译的《粤讴》（英文名为《广州情歌》）在英国出版。金氏在《粤讴》的英译本序言中说：“《粤讴》似希伯来诗多于似希腊诗。……《粤讴》以宗教影响及环境影响，其感情多幽沉郁闷，无极快乐相联系之爱情。故以比希腊诗，无其活泼之气象。以比希伯来诗，无其放荡荒佚之叙述。”③

粤讴为什么那么流行？广东著名学者冼玉清先生在《粤讴与晚清政治》（1966）一文中做了介绍：招子庸“所创作的粤讴，运用‘南音’的唱法，在用字遣词上，尽量参用方言谚语，加以文学的词藻；而题材内容，多半诉说男女的爱情，以及一些沦落青楼被侮辱与被损害者的可怜身世。作者以委婉的笔调，写出被压迫者的凄楚心情，声调悠扬，语意悲婉；佐以琵琶伴奏的幽咽之音，珠江画舫，水上闻之，怎不引起人们的激越之情？以故招子庸每创作一讴，马上不胫而走，成为雅俗共赏的粤曲形式之一”④。

---

① 朱自清：《中国歌谣》，作家出版社 1957 年版；引自（清）招子庸等撰，陈寂、陈方评注《粤讴》，中山大学出版社 2017 年版，第 252 页。

② 郑振铎：《中国俗文学史》下册，上海书店 1984 年影印本，第 453 页。

③ 引自冼玉清《招子庸研究》，《岭南学报》1947 年第 1 期。

④ 冼玉清：《粤讴与晚清政治》，《岭南文史》1983 年第 1 期。

粤讴的创作和流行是在晚清民国时期，从创作时间和作品内容上看，可以分为“旧粤讴”和“新粤讴”。“旧粤讴”以招子庸所作《粤讴》为代表，“多半诉说男女的爱情，以及一些沦落青楼被侮辱与被损害者的可怜身世”①。“新粤讴”则以廖恩焘所作《新粤讴解心》（收廖氏所作110首，民国12年刻本）为代表，其内容比“旧粤讴”要丰富得多，所谓“大之而军国平章，小之而闾巷猥琐，靡不指事类情，穷形尽态”（李家驹序）。梁启超对廖恩焘的《新粤讴解心》是非常推崇的，他说：《新粤讴解心》“芳馨悱恻，有《离骚》之意，吾绝爱诵之。其《新解心》有《自由钟》《自由车》《呆佬祝寿》《中秋饼》《学界风潮》《唔好守旧》《天有眼》《地无皮》《趁早乘机》等篇，皆绝世妙文，视子庸原作有过之无不及，实文界革命一骁将也”②。

“新粤讴”的作品很多，除了《新粤讴》（1910年刊，不题撰名）、廖恩焘的《新粤讴解心》（1924），还有燕喜堂的《新解心》，何惠群的《岭南即事》，等等。而据冼玉清先生《粤讴与晚清政治》一文介绍，在当时广东和香港的许多报刊上，例如在梁启超创办的《新小说》月刊、兴中会创办的《中国日报》、郑贯公创办的《世界公益报》《广东报》《有所谓报》以及广州创办的《时事画报》上，也发表了许多“新粤讴”。冼玉清先生说：“根据我目前所接触到的很不全面的材料，单以反美拒约运动为题材的粤讴，就有六七十首，而且仅限于四五种当时省港比较进步的报刊。”她又说：“在1905年的反美爱国运动中，开始以粤讴作为宣传工具。当时在《广东日报》与《有所谓报》附刊

① 梁启超：《论文学上小说之位置》，《新小说》1903年第7号。
② 梁启超：《饮冰室诗话》，引自（清）招子庸等撰，陈寂、陈方评注《粤讴》，中山大学出版社2017年版，第246页。

发表的戏曲谐文，就有156篇，其中粤讴占了54首。”冼先生指出：“新粤讴”在题材方面“一变风花雪月的情调，在近代中国民族民主革命的过程中，配合了政治，灌输了新的血液，成为革命人民斗争的武器，在各个历史时期中，起了宣传鼓动的伟大作用。在鸦片战争后不久，有些作者更广泛地运用粤讴反映现实的政治生活”①。

当然，“新粤讴”的内容，远远不只是反映1905年的反美拒约，还包括宣传戊戌维新和辛亥革命，反对帝国主义瓜分中国，反对赌博、嫖娼、吸食鸦片等陋习，呼吁废除八股与科举制度，反对压迫和剥削，揭露官吏腐败与社会黑暗，倡导文明、法制、科学、民主、自由等，冼玉清先生总结说：“粤讴的社会价值，即在于它能反映当时现实的生活和斗争，成为时代的史诗。而它的艺术价值，即在于它以生动活泼的语言，浅显形象的比喻，跌宕悠扬的声响，表达了人们的生活和斗争。题材的范围是广泛的，表现的情景是丰富多彩的。这与招子庸时代的粤讴相比，可以说是天壤之别。主要区别在于它已走出狭隘的爱情圈子，而成为反映时代的声音。”②

许地山先生讲：“在广州或香港底日报上，时常也有好的粤讴发表出来，不过作者署名的方法太随便，有时竟不署名，所以我不知道现在的作家都是哪位。我盼望广东人能够把这种地方文学保存起来，发扬起来，使他能在文学史上占更重要的位置。”③

《粤讴》是晚清民国时期在粤语地区盛行的一种说唱文学，但它不同于一般的民间说唱文学，它的作者是文化人，它的思想和艺术价值是很高的。广东传统的诗、词、文、赋，尤其是唐宋以来的诗、

① 冼玉清：《粤讴与晚清政治》，《岭南文史》1983年第1、2、3期连载。
② 冼玉清：《粤讴与晚清政治》，《岭南文史》1983年第1、2、3期连载。
③ 许地山：《粤讴在文学上底地位》，《民铎杂志》1922年第3卷第3号。

词、文、赋，虽然造诣较高，但是多少都有一些模仿中原的诗、词、文、赋的痕迹；广东近代的小说在题材、语言方面有创新，但是到后来，又与中原的小说相差无几了。在广东文学中，真正最富有地域特色的是地方戏剧和地方说唱文学。

就粤语说唱文学而言，木鱼歌和龙舟歌都是民间艺人的创作，它们的地域色彩很浓厚，但是文学价值不能算高。广府南音有文人创作的作品，但比较雅，而且保存下来的作品并不多。而粤讴则是诗人创作的作品，数量既多，文学价值也高，地域色彩也很浓厚。诗人们在写诗的时候，态度是比较矜持的，往往放不开，但是在写粤讴的时候就完全放开了，招子庸、廖恩焘就是典型的例子。这就像宋代许多诗人、词人的写作一样，写诗时往往矜持得很，放不开，因为诗是可以博取功名的。写词就完全放开了，因为词不可能博取功名。古人讲："夷然不屑，所以尤高。"因此宋人的词就比宋人的诗写得好，至少是更有特色，成了一代之文学。广东诗人写粤讴也是这个道理。粤讴是说唱文学，不可能用它去博取功名（许多作者在发表作品时连真名都不署），可以放开写，因此就产生了许多好作品。前人讲："诗之后有词，词之后有曲，曲之后有粤讴"①，不能说没有一定道理。因此可以说，广东晚清民国时期最有地域色彩、文学价值和创新意义的文学样式，不是传统的诗、词、文、赋，也不是小说，而是粤讴。

二 粤讴研究的现状

但是，学术界对《粤讴》的研究却很薄弱。主要表现在两个方面。

一是文献整理工作基本没有做。凡是读过《粤讴》的人都说《粤

① 参见冼玉清《招子庸研究》，《岭南学报》1947 年第 1 期。

讴》好，可是人们并不知道世上曾经有过多少《粤讴》，因为迄今为止，并无一部类似《粤讴全编校注》的书问世。广州出版社 2019 年 10 月出版的《广州大典·曲类》第一辑第二册收录粤讴 25 种（含同一部书的不同版本，例如招子庸《粤讴》有道光刻本和光绪刻本二种；《十思起解心》有富贵堂刻本、香山石岐刻本、以文堂刻本、成文堂刻本四种；《摘锦解心吊秋喜》有五桂堂刻本、以文堂刻本二种），这是迄今收录粤讴最多的一册书，但是，所收录的作品并不全，例如燕喜堂的《新解心》、何惠群的《岭南即事》就没有收录，许多发表在《新小说》《中国报》《一噱报》《歌台帜》《中国旬报》《有所谓报》《广东日报》《拒约报》《时事画报》《东方报》《国事报》《新少年报》《南越报》《广州共和报》《现象报》等报刊上的粤讴也没有收录。事实上，晚清民国时期省港两地的报刊是很多的，据广西师大梁冬丽教授统计，仅晚清时期，省港两地的报纸就多达 145 种（其中香港 58 种，广东 87 种），而在广西、澳门以及海外华人社区，还有许多粤语报刊。可以肯定地说，更多的粤讴是发表在当时的各种报刊上的，而这些报刊上的粤讴，在当时虽流行一时，到后来就尘封了。因此，晚清民国时期究竟有多少粤讴问世，迄今还是一个未知数。更重要的是，《广州大典》只是对这少量的粤讴予以影印出版，并没有予以整理。笔者所讲的整理，是指“一网打尽”的搜集、辑佚、校勘、辨伪、发凡起例、编目、注释等，这些《广州大典·曲类》都没有做。

笔者认为，研究粤讴，必须先整理出版一部《粤讴全编校注》，包括全面的搜集、辑佚、校勘、辨伪、发凡起例、编目、注释。只有这样，才能让人们看到粤讴的全貌。只有看到它的全貌，才能对它进行全面而深入的研究。

二是对作家作品的研究不深入。据笔者所知，国内外关于《粤讴》的研究专著，只有美籍华裔学者梁培炽的《南音与粤讴之研究》一本（旧金山州立大学亚美研究学系 1988 年初版，广东人民出版社 2012 年再版）。此书共三篇，第一篇（共九章）为“南音之研究”，第二篇（共六章）为“粤讴之研究”，第三篇（共五章）为“南音与粤讴之拓展”。梁先生对粤讴的研究是很专业的，但是他所涉及的问题比较少，只讲了招子庸的《粤讴》、香迷子的《再粤讴》和廖恩焘的《新粤讴解心》。[①] 其他涉及粤讴的学术著作只有朱自清的《中国歌谣》（1933 年铅印本，商务印书馆 1957 年初版）和郑振铎的《中国俗文学史》（商务印书馆 1938 年初版），[②] 此二书对粤讴的评价都很高，但篇幅都不长。研究粤讴的论文，据金琼教授统计，截至 2014 年，只有 22 篇。2014 年 12 月，广州大学广府文化研究中心在招子庸的故乡广州市白云区横沙主持召开“第二届广府文化论坛暨招子庸先生诞辰 225 周年学术研讨会”，收到研究招子庸及其《粤讴》的论文 14 篇（后来刊入由纪德君、曾大兴主编的《广府文化》第 2 辑，中山大学出版社 2016 年 2 月版）。这 36 篇论文，涉及“《粤讴》的思想文化价值”、“《粤讴》的美学风格”、“《粤讴》的语言特征”、“《粤讴》与其他民间艺术形式之间的渊源关系”、“《粤讴》的广府地域文化特色”、“《粤讴》的译介、传播与接受研究”以及“招子庸的生卒年问题”、“招子庸是否为《粤讴》创始者”、“招子庸《粤讴》与《新粤讴》之比较”等问题[③]，应该说，所涉及的话题还是比较多的，

① 梁培炽：《南音与粤讴之研究》，广东人民出版社 2012 年版。

② 朱自清：《中国歌谣》，1933 年铅印本，商务印书馆 1957 年初版；郑振铎：《中国俗文学史》，商务印书馆 1938 年版，上海书店 1984 年影印本。

③ 金琼：《招子庸〈粤讴〉研究文献综述》，纪德君、曾大兴主编：《广府文化》第 2 辑，中山大学出版社 2016 年版。

但是都不深入，绝大多数的文章都流入一般性的介绍，缺乏必要的考证和论证。而关于《粤讴》的文献整理，迄今并无一篇论文问世；关于“新粤讴”的研究，迄今只有冼玉清先生的《粤讴与晚清政治》和陈方的《论“新粤讴”》等两篇①；关于粤讴作者的生平考证，除了冼玉清先生的《招子庸研究》②，迄今并无涉及其他作者的论文问世。事实上，许多作者在刊刻或发表粤讴作品时，并没有署真名，他们究竟姓甚名谁，这是需要考证的。

关于粤讴的文献整理和粤讴作者的生平考证，都属于基础研究。如果基础研究做得不够乃至阙如，那么对于文本的研究就不可能深入。迄今为止的粤讴研究之所以不深入，这是一个重要原因。

当然，还有一个更重要的原因，就是学术界忽略了对粤讴及其作者的研究。虽然民国时期的一些有识之士如梁启超、许地山、胡怀琛、朱自清、容肇祖、郑振铎、冼玉清等都很重视粤讴，给予很高的评价，许地山先生甚至讲：“我盼望广东人能够把这种地方文学保存起来，发扬起来，使他能在文学史上占更重要的位置。”③ 但是，除了冼玉清先生，他们这些人于粤讴，也都缺乏深入的研究，都是浅尝辄止。因此，粤讴的文献整理和研究，一直以来就是学术领域的一个冷门。

三　粤讴研究的价值

粤讴研究存在的问题主要有三。

---

① 冼玉清：《粤讴与晚清政治》，《岭南文史》1983年第1、2、3期连载；陈方：《论“新粤讴”》，见陈寂、陈方评注《粤讴》，中山大学出版社2017年版。

② 冼玉清：《招子庸研究》，《岭南学报》1947年第1期。

③ 许地山：《粤讴在文学上底地位》，《民铎杂志》1922年第3卷第3号。

一是没有一部完整的、经过严格校勘和注释的《粤讴全编校注》，这使得阅读粤讴的人不能看到粤讴的全貌，不能真正读懂和了解粤讴；也使得研究粤讴的学者没有一部完整的、可信度较高的文本可依据。

二是由于对粤讴的文献整理和研究、对粤讴作者的姓名与生平的研究等基础性研究的缺乏，因此，关于它的内容研究、形式研究等，就很难深入。

三是由于对粤讴的基础性研究的缺乏，对它的内容和形式研究的不深入，因此对它的传承与活化研究等就难以进行。

在这种情况下，对全部粤讴进行搜集、辑佚、校勘、辨伪、发凡起例、编目和注释，最后编纂一部《粤讴全编校注》，就显得很有必要了。这是一项填补空白的工作。在这项工作的基础上，再对粤讴进行研究，包括文献研究、作者生平研究、粤讴的题材、思想与情感研究、粤讴的形式、格律与音乐研究、粤讴与粤语方言研究、粤讴与其他粤语说唱文学的比较研究、粤讴的文学地理学研究、粤讴的传承与活化研究等，就具有多方面的意义和价值。

（1）可以为学术界和一切爱好粤讴的读者提供一部搜集全面、校勘严谨、体例合理、注释准确的《粤讴全编校注》。

（2）在充分占有史料的基础上，对众多粤讴作者的真实姓名和生平事迹进行考证，形成系列粤讴作者小传，再按其时代先后排列，便于读者和研究者“知人论世”。

（3）在全面掌握粤讴作品、作者基本史料的基础上，对新、旧粤讴的题材、内容、思想、情感进行专门的研究，借此可以了解时代的变迁、社会的进步、国人思想境界的拓展与情感的延续及丰富。

（4）对新、旧粤讴的形式、格律、音乐进行比较研究，借此可以了解粤讴这种文体的传承与变异的情形，了解它的转换机制，了解粤讴的作者们是如何推陈出新的，这项研究还可以为诗、词、曲、赋、古文、骈文、楹联、文言小说、其他粤语说唱文学等传统的文学样式如何表现新的时代、新的思想和新的情感提供有益的借鉴。

（5）粤讴是用粤语方言写作的，对粤讴与粤语方言的专门研究，可以借此了解粤语丰富的文化内涵、生生不息的生命力和别具一格的表现力，从而更好地认识粤语、保护粤语、传承粤语、丰富和创新粤语，进而为认识、保护、传承、丰富和创新中国境内的众多方言如吴语、赣语、湘语、闽语、客家话、北方官话等提供有益的借鉴。

（6）对粤讴与其他粤语说唱文学如木鱼书、龙舟歌、广府南音等的比较研究，可以看出这几种文学样式各自的优点和局限。一般来讲，木鱼较长，龙舟较俗，广府南音较雅，粤讴则长短适中，雅俗共赏，这是粤讴的优势，是它为不同身份、不同文化水平的人们所赏爱的重要原因。“新粤讴”的实践，表明粤讴在反映和表现新时代、新生活、新思想方面是成功的，那么在今天，在今后，粤讴还能不能反映和表现新的时代、新的生活、新的思想，这是很值得研究的一个问题；进而言之，木鱼书、龙舟歌、广府南音如何向新粤讴借鉴？如何提高各自的表现力？使其不至于因表现力的衰退而成为绝唱，这也是一个很值得研究的问题。总之，粤讴与其他粤语说唱文学如木鱼书、龙舟歌、广府南音等的比较研究，不仅可以为粤语说唱文学的研究提供一个新的增长点，也可以为别的方言说唱文学的研究提供一个新的增长点。更重要的是，这种研究，可以为中国传统的民间文学如何推陈出新提供借鉴。

（7）粤讴是一种地域文学，对地域文学的研究，可以运用文学地理学的理论和方法。通过对粤讴的文学地理学研究，不仅可以了解粤讴所赖以产生和流行的地理环境，了解作者生活与创作的地理环境，包括自然环境和人文环境；还可以了解作品内部的地理要素、地理景观、地理空间、人地关系、时空结构，进而了解作品中人物的生活、行为、思想、情感、语言、习惯、信仰等的地域特征。更重要的是，通过这种研究，可以增进读者的家乡感、家园感、归属感。尤其是在全球化、城市化的进程日益加快的今天，如何重温、感受、了解、认知自己的本土文化，进而更好地传承和弘扬优秀的本土文化，提升本土文化的影响力，避免文化的同质化，阅读粤讴和研究粤讴的成果，乃是一个很好的途径。

（8）粤讴作为一种用粤语演唱的文学样式，本是一种活态的文化，大凡讲粤语的人，都能哼唱几句粤讴，但是后来却鲜为人知，成了图书馆的一种尘封已久的藏品，粤讴的演唱方式、演唱技巧，也成了一种非物质文化遗产。在今天，在世界各国都非常重视非物质文化遗产的保护、传承与活化的时代，我们整理和研究粤讴，最终的目的，就是要让这种优美的文学样式再次焕发生命力，再次有人写，有人唱，有人听，而不仅仅是把它整理得好好地放进图书馆。如何让这种优美的文学样式再次焕发生命力，再次活过来，火起来，再次发挥感染人、影响人、教化人的功能，就需要从非遗保护的角度，研究粤讴的传承与活化问题。也就是说，不仅要把它当作粤语说唱文学来研究，还要把它当作非物质文化遗产来研究。从新粤讴的创作和传播实践来看，粤讴的生命力是很强大的，是可以再次焕发生命力的。对粤讴的传承与活化研究，意义不仅在粤讴本身，也可以为其他的“人类口头与非物质文化遗产”的传承和活化提供有益的借鉴。

总之，对粤讴的整理和综合研究，既有多方面的学术意义和学术价值，也有多方面的现实意义和现实价值。

四 粤讴研究的方法

粤讴是一种粤语说唱文学，也是一种典型的地域文学，因此对粤讴的研究，要运用适当的理论和方法，这就是文学地理学的理论和方法。要把粤讴作为文学地理学的一个典型个案来研究，通过对粤讴的文学地理学研究，揭示粤讴所赖以产生与流行的地理环境（包括自然环境和人文环境），揭示地理环境如何影响到作家、影响到文本、影响到读者，最后寻找到在自然环境并无明显改变、人文环境也无大的改变的前提下，粤讴如何传承、如何活化的路径或者办法。这是问题的一面。

文学地理学的研究在中国由来已久，但是作为一种自觉的理论和方法，则是近 20 年才盛行的。然而以往的文学地理学研究，多关注传统的诗、词、文、赋和小说，很少关注地方戏剧和说唱文学。事实上，地方戏剧和说唱文学的地域色彩是最浓厚的，最适宜用文学地理学的理论和方法进行研究。因此，用文学地理学的理论和方法研究粤讴，具有某种实验性质。希望通过这项研究来检验文学地理学的理论和方法，来积累经验。这对于用同样的理论和方法研究地方戏剧和更多的地方说唱文学，无疑是一种有益的实践。这是问题的另一面。

当然，对粤讴的研究，除了文学地理学的方法，还可以有其他的方法，大概有以下几种：

社会学的方法。用社会学的理论和方法，对粤讴的题材、主题、思想、情感进行研究，揭示粤讴是如何反映社会现实，如何反映人们的喜怒哀乐的。

音乐文学的方法。通过对新、旧粤讴的内部音乐（格律）和外部音乐（配乐、演唱、伴奏）的研究，揭示粤讴作为音乐文学的特点及其新、旧粤讴之间的承传机制。

汉语方言学的方法。通过对粤讴中的粤语方言的注释、考证和研究，考察粤讴运用粤语方言的范围、条件、尺度、特点和规律，从而揭示粤语方言在粤语说唱文学写作方面的优势，总结方言写作的经验。

比较文学的方法。通过对粤讴与木鱼书、龙舟歌、广府南音等粤语说唱文学的比较研究，揭示这几种文学样式在题材、语言、音乐、演唱、传播等各方面的优点和局限。

非物质文化遗产的研究方法。通过对“旧粤讴”的产生、流行、衰落过程以及“新粤讴”的复兴、繁荣和式微过程的研究，揭示粤讴作为一种非物质文化遗产所赖以生存、发展的时空条件，找出其产生、流行、衰落与复兴、繁荣、式微的原因，从而为粤讴的保护、传承与活化提供具有现实价值的参考。

（曾大兴：广州大学人文学院教授、广府文化研究中心研究员）

屈大均对岭南文化传统的梳理和重构

王富鹏

明末清初，当清军的铁蹄踏过江南之际，在普通百姓的意识当中，这也许只是又一次的改朝换代，但在当时士人意识之中，这并不是一次普通的王朝更替，而是“以夷变华”的天下之亡。汉人退至岭南，已经退到了“天的尽头”，事实上也已经无处可退。宋末元初的崖门大战，宋人的顽强可谓惊天地、泣鬼神。这不但是最后一线生存空间的争夺，也是华夏文化存亡的关键一战。明末清初，陈邦彦、陈子壮、张家玉等岭南士人发起的丁亥抗清之役，其意义不在宋末崖门大战之下。

屈大均（字翁山）认为宋亡之后，汉人的治统虽然不在，但因为有遗民对华夏文化的刻意传承，而使汉人治统没有真正丧失。翁山说：“南昌王猷定有言，古帝王相传之天下至宋而亡。存宋者，逸民也……今之天下，视有宋有以异乎？一二士大夫其不与之俱亡者，舍逸民不为，其亦何所可为乎？”[①] 与宋末一样，朱明已亡，华夏治统已失，“以夷变华”的文化危机再一次迫在眉睫。尽管治统不在，他认

① （清）屈大均：《书逸民传后》，见《屈大均全集》第4册，人民文学出版社1996年版，第394页。

为只要华夏道统文脉不断，即可免于天下之亡。为了保存华夏道统文脉，他从早年即开始了有关文献的整理和编撰，特别是晚年息游之后，更是无心辞赋，几乎把全部精力都用在了文献和文化的整理和编撰上。

翁山认为“述天下”，当从“述吾乡”开始，“述吾乡”实质上也是“述天下”。翁山有着丰富的编纂思想，其所有编撰都是在明确的编纂思想指导下完成的。十来部与岭南文献文化有关的编撰不仅保存了前贤著作和丰富多彩的岭南文化，同时也重构了岭南的文化传统和岭南文化与中原华夏道统学统的源流关系。岭南文化是岭南人的文化，梳理其源流、重构其传统，首先要从岭南之地和岭南之人开始。

一　岭南和岭南人

中国古人描述某地的地理位置，习惯于用星野这一概念。韩愈说“百粤之地，其次星纪，其星牵牛”；《后汉书》云“粤在牵牛、婺女之分野”；司马迁云“凡濒海泽国，当系南斗”；《宋书》云“牛宿六星，三星主南越”。这是翁山《广东新语》中所引述的前人的说法。翁山细考历史上星占之事后云：“牛、女之间，皆可以占南越也。”“粤之平陆，上游则系牛、女，然以度数考之，得牛、女为多，以灾祥考之，则独系于南斗。”“南斗之于越，古今皆有占验如此。南斗固越之司命也。”[①] “日月星起于斗宿，古之言天者，由斗、牛以纪星，故曰星纪。星纪为十二次之首，而斗、牛又二十八宿之首，故斗、牛与中星明，则其地儒道大兴，中星在正南，又吾粤之所宜候者。洪

① （清）屈大均：《广东新语》，《屈大均全集》第4册，人民文学出版社1996年版，第5—6页。以下引用《广东新语》之处，不作特别说明，皆引自这一版本，只随文标出页码，且简称《新语》。

武、永乐间，五星两聚牛、斗，占者谓‘黄云紫水间当有异人’，已而白沙先生出。其后成化丙戌，中星明于越之分野，而甘泉以是岁生。自此粤士多以理学兴起，肩摩躧接，彬彬乎有邹鲁之风。”（《新语》，第7页）这是翁山对广东所在星野等所做的描述。体会翁山对广东所在星野的描述，显然其视角立足于中原而向南观察。其视野是以中原为中心的天下。

立足中原南望广东，“地当日月所交会，故陶唐曰南交，言乎日月之相交也。日在南则月在北，月在南则日在北，上下相望以为交……汉曰日南，举日而月在其中矣。天之阳在南，故曰日南”。[①]“南交者，粤也，陶唐之南裔也，故举南交而可以概粤矣。然史称周武王巡狩，陈诗南海……汉称粤为交州，盖本于唐，秦分粤地为南海郡，盖本于周……举交州而南海在其中矣，举交州亦可以概粤矣。其称曰交趾，交州之趾也。粤趾于中原，而交趾趾于粤也。交趾自高阳时已砥属，而尧名为南交，故论地名以南交为古，论事以宅南交为古。”（《新语》，第27页）翁山所据当是《史记》。《史记》卷一《五帝本纪》云：“帝颛顼高阳者，黄帝之孙而昌意之子也……北至于幽陵，南至于交趾……日月所照，莫不砥属。”裴骃集解引王肃曰：“砥，平也。四远皆平而来服属。”[②]“吾广于舆图为极南，值离位丙午之间。”（《新语》，第255页）“广东居天下之南，故曰南中，亦曰南裔。”[③]翁山《广东新语》明确说三皇五帝之时，岭南就已经成为华夏的一部分，为华夏之“南裔”。不同时代对粤地还有不同的称呼，

① （清）屈大均：《广东文集序》，见《广东文集》卷首，《广州大典》第489册，广州出版社2015年版，第467页。

② （汉）司马迁撰，（南朝宋）裴骃集解：《史记》，中华书局1982年版，第11—12页。

③ （清）屈大均：《广东文集序》，见《广东文集》卷首，《广州大典》第489册，广州出版社2015年版，第467页。

尧时称南交，周初称南海，汉时称日南和交州。

岭南距华夏中心地区确实遥远。古代以王畿为中心，按远近将统治区域分为“五服”。《国语·周语上》：“夫先王之制：邦内甸服，邦外侯服。侯、卫宾服，蛮夷要服，戎、狄荒服。”① 《礼记·王制》云：“南方曰蛮，雕题交趾，有不火食者矣。”② 古时称粤为蛮夷，以“五服”之说，其区域当为“要服”，但文献记载，岭南则为“荒服”。虽然两者有所龃龉，但并不影响人们对这些说法的接受。翁山说：“古言疆域皆曰服，越为荒服，汉文帝赐尉佗书曰：‘服领以南，王自治之。’……其边海之地，则曰裳也。”（《新语》，第27页）古代限于交通工具，岭南距离中原确实遥远。在古人的空间感中，所谓的“荒服”“日南”已经是最为遥远的地方了。对于大多数人来说，岭南虽然遥远得只能靠想象填充辽阔的空间，但在三皇五帝时代这里就已经是中原华夏文明的沾溉之地。

翁山对历史上岭南所隶属之区域有详细的梳理。“《元命苞》云：‘牵牛流为扬，分为越国。’故越号扬越，谓扬州之末土，扬之越也……曰于越者，始夏少康时；曰扬越者，始周武王时；曰荆越者，以在蛮荆之南，与长沙接壤，又当周惠王时，归附于楚也。若蛮扬则始于汤也。曰南越者，吴王夫差灭越，筑南越宫，故佗因其旧名，称番禺为南越也。”（《新语》，第28页）不同时期岭南隶属不同的区域，其名称也有不同。始皇之后中央政权对岭南实行了直接有效的行政管辖，其称谓也有变化，秦汉称南越、称日南，唐称岭南，宋称广南。总之，翁山详细考述岭南在各个时代的不同称谓和隶属关系，其意思非常明显，岭南虽为天下极南之地，但在历史上向来都是中原华

① 徐元诰撰：《国语集解》，中华书局2002年版，第6—7页。
② 杨天宇译注：《礼记译注》，上海古籍出版社1997年版，第212页。

夏政权的一部分，是得华夏文化沐化的衣冠礼乐之地。尤其秦汉之后，中原华夏政权与岭南的关系更为密切，中原文化在这里的传播更为直接和广泛。

无论其隶属如何变化，但可以肯定岭南向属华夏。地属华夏，今粤人亦属华夏族裔。夏后姒太康失国，其侄孙姒少康复国，重建夏朝。少康封庶子姒无余于越（今浙江绍兴），以祀先祖大禹之墓，是为越开国之始，故翁山云“曰于越者，始夏少康时”。岭南原属越国，又称百越之地，“其曰百越者，以周显王时，楚子熊商大败越，越散处江南海上，各为君长也……曰大越者，勾践自称其国也。曰于越者，始夏少康时”。（《新语》，第 28 页。）越失国之后，夏后少康、越王勾践的后裔部分散处岭南。助汉灭秦的梅销，即是散处岭南的越王勾践后裔。翁山《梅销》，其一云：“庾岭惟秦塞，台侯是越人。重瞳封万户，句践有孤臣。涢水乡闾旧，鄱阳俎豆新。千秋交广客，欲继入关尘。”“台侯”指梅销。[①] 谓梅销等从梅里吴越之地，迁至五岭之南，继续奉祀夏后少康。“越人……以武事知名自梅销始……且是时，销之王在涢水上，固勾践之本支也，销即奉其王，以继禹、少康宗祀，亦孝子慈孙之所有事焉者。”（《新语》，第 201 页）从这些记载可知，春秋战国之前，中原已有大批人士散处岭南各地了。

秦统一天下，来到岭南的中原人更多。《晋书·地理下》：“秦始皇既略定扬越，以谪戍卒五十万人守五岭。”[②] “自秦始皇发诸尝逋亡人、赘婿、贾人略取扬越，以谪徙民与越杂处。又适治狱吏不直者，筑南方越地。又以一军处番禺之都，一军戍台山之塞，而任嚣、尉佗所将

---

① （清）屈大均：《梅销》，见《屈大均全集》第 1 册，人民文学出版 1996 年版，第 552 页。

② （唐）房玄龄等撰：《晋书》，中华书局 1974 年版，第 464 页。

率楼船士十余万，其后皆家于越，生长子孙，故嚣谓佗曰：‘颇有中国人相辅。’今粤人大抵皆中国种，自秦、汉以来，日滋月盛，不失中州清淑之气，其真劗发文身越人，则今之徭、僮、平鬃、佷、黎、岐、蛋诸族是也。夫以中国之人实方外，变其蛮俗，此始皇之大功也……盖越至始皇而一变，至汉武而再变，中国之人得蒙富教于兹土，以至今日，其可以不知所自乎哉。”（《新语》，第211页）秦灭楚，岭南为秦所有，于五岭之南设桂林、象郡和南海三郡。汉武帝平南越，随着大批中原人士的到来，极大程度地改变了岭南的人种结构。三国孙吴经营岭南，西晋、两宋衣冠南渡，更多的中原汉人南下岭峤，彻底改变了岭南人的种族结构。“吾广故家望族，其先多从南雄珠玑巷而来。盖祥符有珠玑巷，宋南渡时，诸朝臣从驾入岭，至止南雄，不忘枌榆所自，亦号其地为珠玑巷，如汉之新丰，以志故乡之思也。”（《新语》，第44页）翁山强调粤人来自中原，其实有政治和文化的双重意义。

总之，岭南与中原其种族源出为一，正如翁山所言“今粤人大抵皆中国种”。地为王化之地，人为华夏文明教化之民。翁山引经据典，详述粤人源流，非止于叙述历史，其真正的目的在于通过历史的叙述重构岭南的历史和文化传统。

二　上古华夏文明与岭南文化之渊源

轩辕黄帝为华夏文明始祖之一。自黄帝时起，岭南即已沾溉华夏文明。广州古名番禺。“番禺之名最古，《山海经》云：‘黄帝生禺阳、禺号，禺号处南海，生徭梁，徭梁生番禺，番禺者，贲隅也。禺阳、禺号者，黄帝之庶子也。’番禺，黄帝之曾孙也。则番禺之名，以黄帝之曾孙也。若中宿之山曰二禺，亦曰禺阳，则以二庶子也。”（《新语》，第69页）“二禺在中宿峡，相传轩辕二庶子，长太禺，次仲阳，降居南海，与其臣曰初、曰武者隐此。太禺居峡南，仲阳居峡北，故山名曰二禺，在南者曰南禺，北曰北禺……逾涧，有轩辕二帝子别业，祠二禺君。二禺君者，太禺、仲阳也。右为山晖堂，祠二禺臣，则初与武也。其下复有二帝子读书台。”（《新语》，第 64 页）“《山海经》云：‘番禺始为舟。番禺者，黄帝之曾孙也，其名番禺，而处于南海。’故今广州有番禺之山，其始为舟，故越人习舟。古时吴楚之舟，皆使越人操之。”（《新语》，第 432 页）古地名是历史和文化的符号。《山海经》记载番禺为黄帝曾孙，而广州古名番禺，仅此一地名即把岭南与华夏上古文化联系在了一起。以古贤命名的还有“尧山”：“会城中故有三山，其在番禺治东南一里者曰番山，迤逦而北一里曰禺山，其北曰粤秀。昔人尝以尧山及番禺为三山，与五岭并称，今尧山莫知其处，疑即粤秀也。三山之脉，自白云蜿蜒而来，为岭者数十，乍开乍合，至城北耸起为粤秀，落为禺，又落为番，禺北番南，相引如长城，势至珠江而止。”（《新语》，第69—70 页）以上几条记载，说明在曙光初露之时华夏文明就已经远播岭南了。

“南交者，粤也，陶唐之南裔也，故举南交而可以概粤矣……交趾自高阳时已祇属，而尧名为南交，故论地名以南交为古，论事以宅南交为古。”（《新语》，第 27 页）这里说的是高阳、唐尧时代岭南与中原发生的文化交流。文明初期，中原华夏文化远播岭南也见载于司马迁的《史记》。《史记·五帝本纪》云：“方五千里，至于荒服。南抚交趾、北发……四海之内咸戴帝舜之功。”① 尽管三皇五帝时代岭南是否已经纳入王土难以实物证之，但可以相信《史记》所载舜帝南抚

① （汉）司马迁撰，（南朝宋）裴骃集解：《史记》，中华书局 1982 年版，第 43 页。按：“交趾”，又作“交阯”，为尊重所引原文，在引文附近，笔者则随原文书写，或用“交趾”，或用“交阯”。

交趾等岭南荒服之地这类传说并非子虚乌有。因为至今五岭一带，还有很多关于虞舜的传说和与其活动相关的遗址，如韶石山等。有关黄帝、高阳、唐尧、虞舜与岭南的记载，至少说明上古时期中原华夏文明已经传播到了岭南。

“史称周武王巡狩，陈诗南海，又诗曰：‘于疆于理，至于南海。’”（《新语》，第27页）“南海介荆、扬裔土，周初始通中国，《王会》以翟贡称蛮扬焉，尚力而已，迄附于楚。”（《新语》，第200页）这些记载透露出西周初年岭南与中原已经发生了政治和文化上的联系。时至东周，这种政治和文化的交流更多。岭南原属越，“周显王时，楚子熊商大败越……周惠王时，归附于楚”（《新语》，第28页）。越失国后，夏后少康和越王勾践后裔部分散处岭南。后岭南称“粤”，以与“越”别。粤，亦越也。“地为楚有，故筑庭以朝楚，尉佗仿之，亦为台以朝汉。”（《新语》，第417页）秦汉距东周未远，南越王赵佗仿东周故实筑朝汉台。这些记载比较确凿地证明了东周时期岭南与中原在政治和文化上的联系已经非常密切。“翁源县东百里有翁山，相传周王以翁山封庶子，子孙因以山为氏，故曰翁山。”（《新语》，第92页）屈大均，字翁山。按照他自己的说法，其字即取自粤北翁山。其八个子女亦以翁山八泉命名。笔者曾亲探翁山，亲睹八泉之源。以上这些记载说明，春秋之前已有不少中原人士散处岭南各地，把中原华夏文化带到了岭南。

春秋战国时期，“地为楚有，故筑庭以朝楚”。秦灭楚，岭南亦为秦有，于五岭之南设桂林、象郡和南海三郡。西汉武帝削藩，平南越设九郡，于是大批中原人士来到岭南。随着大批中原人士的到来和政治力量的介入，中原华夏文化在岭南的传播更为迅速，相对于土著文化，逐渐占据了优势。“以中国之人实方外，变其蛮俗，此始皇之大功也……盖越至始皇而一变，至汉武而再变，中国之人得蒙富教于兹土，以至今日。”（《新语》，第 211 页）秦皇一变、汉武再变，岭南已成礼乐衣冠之邦。

“古言疆域皆曰服，越为荒服……其边海之地，则曰裳也。越故剪发文身，非中华冠带之室，汉高帝尝遗尉佗蒲桃宫锦，而文帝赐上、中、下褚衣，其欲以衣裳袭彼鳞介也。春秋重衣裳之会，盖以黄帝、尧、舜垂衣裳而天下治，天下而皆有其衣裳，而天下治矣。衣裳取诸乾坤，无衣裳，斯无乾坤矣。越西有瓯骆，其众半裸，南面称王。越裳之地而有衣裳，是犹知夫礼义，非同裸国之民也。古者衣与裳相连，犹干与坤不相离也。越裳而欲通于中国，盖欲以其裳连乎中国之衣也。”（《新语》，第 27—28 页）在翁山看来“汉高帝尝遗尉佗蒲桃宫锦，而文帝赐上、中、下褚衣”是有着特别用意的。这不只是行政上的管辖，而意在以中原华夏文化教化炎荒之地，使之在文化上与中原融为一体。秦汉之后中原政权在岭南正式设郡置官，在行政力量的主导之下，华夏文化在岭南的传播和渗透更为强劲和深入。

翁山撰述强调“言不雅驯者勿道……言而荒诞者勿道”[①]。“崇正学、辟异端为要，凡佛老家言于吾儒似是而非者，在所必黜……有伤典雅者，亦皆删削勿存。”[②] 但其《广东新语》却没有完全做到这一点。其原因在于岭南神明信仰非常普遍，各地皆有名目繁多的神仙鬼怪。如果完全忽略这一文化现象，不但与事实相悖，而且于所谓的“广东百科全书”则成缺陷。尽管翁山亦欲如孔子不语神怪，但出于纪实的需要，还是不得不在《广东新语》中专设《神语》和《怪语》

① （清）屈大均：《广东文选自序》，载（清）屈大均辑，陈广恩点校《广东文选》，广东人民出版社 2008 年版，卷首第 1 页。

② （清）屈大均：《广东文选自序》，载（清）屈大均辑，陈广恩点校《广东文选》，广东人民出版社 2008 年版，卷首第 1 页。

两卷。为此，翁山在序文中自我忏悔道："中间未尽雅驯，则嗜奇尚异之失，予之过也。"（《广东新语自序》）《神语》一卷所记神明虽有地方神灵，但更多的却与中原文化的神明信仰有关，如雷神、海神、五帝、真武等。从这也可以看出翁山对岭南文化源于华夏上古文化的强调，此不赘述。

三　华夏道统学统之正传

如前所述，岭南尽管处岭海之间，居天下之极南，上古华夏文明之光初露之时，即已照耀至此。秦汉之后与中原交通日渐密切，越来越多的岭南人服习中原华夏文化。"粤处炎荒，去古帝王都会最远，固声教所不能先及者也。乃其士君子向学之初，即知诵法孔子，服习《春秋》。"（《新语》，第291页）翁山强调岭南人所服习的中原华夏文化，从一开始即是中原上古帝王和儒家的道统学统。

翁山对岭南人所接受的儒家学统有清晰的叙述：

汉议郎陈元，以《春秋》、《易》名家。其后有士燮者，生封川，与元同里，撰有《春秋左氏注》，陈国袁徽尝称其简练精微有师说。燮后有番禺董正，年十五通《毛诗》、《三传春秋》，知名公府。有南海王范搜罗典故，为《交广春秋》，史称其事赡词密，谓交广之有纪载，自范始。有黄恭亦南海人，以王氏《交广春秋》多所遗漏，乃为王氏《交广春秋补遗》，其论尹牙、丁茂、朱厓令女，皆以《左氏春秋》为断，后复广为《十三州记》，世以其书与杨孚《南裔异物志》、《临海水土记》并传。其族子整，博洽工文词，有集十卷。此吾广著述之源流也。而元父钦，得黎阳贾护之传，直接虞卿、荀况、张苍、贾谊、贯公、贯长卿、张禹、尹更始、尹咸、翟方进、胡常之一脉，源远流长，尝撰为《陈氏春秋》以自别。而《通志》谓陈元有《左氏训诂》及集若干卷，不言陈钦，岂元之所著多其父未竟之业耶？嗟夫！《春秋》者，圣人心志之所存，其微言奥指，通之者自丘明、公、谷而外，鲜有其人。粤处炎荒，去古帝王都会最远，固声教所不能先及者也。乃其士君子向学之初，即知诵法孔子，服习《春秋》，始则高固发其源，继则元父子疏其委。其家法教授，流风余泽之所遗，犹能使乡闾后进，若王范、黄恭诸人，笃好著书，属辞比事，多以《春秋》为名，此其继往开来之功，诚吾粤人文之大宗，所宜俎豆之勿衰者也。元所撰，自《请立左氏学官》与《请勿督察三公》二疏外，有《承诏与范升辩难书》十余道。其子坚卿，亦有文章名，能传祖父之业。噫嘻！陈氏盖三世为儒林之英也哉。（《新语》，第291—292页）

从翁山对“粤人著述源流”的叙述可以看出岭南人学习儒家文化有着悠久的传统，虽处炎荒，起始却得华夏道统学统之正传。

翁山认为岭南迈入文明虽然起步较晚，但崇尚正学，可称“海滨邹鲁”。“其人足文而多智，学得圣人之精华，辞有圣人之典则，以无忝乎海滨邹鲁。盖自秦、汉以前为蛮裔，自唐、宋以后为神州。”（《新语》，第26页）《广东文集序》亦云：“广东居天下之南，故曰南中，亦曰南裔。火之所房，祝融之墟在焉，天下之文明至斯而极。极故其发之也迟，始然于汉，炽于唐于宋，至有明乃照于四方焉，故今天下言文者必称广东。”① 岭南文化虽然起步晚，但“学得圣人之精华，

① （清）屈大均：《广东文集序》，见《广东文集》卷首，《广州大典》第489册，广州出版社2015年版，第467页。

辞有圣人之典则”，至唐宋就已取得了令天下注目的成就。

自汉代开始粤地即有人以《易》和《春秋》成一家之言，唐宋时期卓有成就者更多。

> 自韩昌黎入粤，粤之人士与之游，而因以知名于世者，在海阳则有赵德，在南海则有区册、区弘。于时昌黎于德有牒，又有诗以别之，于册有序，于弘亦有诗送之，至今粤人以为荣。若曲江刘君轲者，其在匡庐，梦书生遗二鸡子，事甚奇，昌黎过韶时，尝欲为文以传之，不果。君故能文，当时与韩、柳齐名……所著若《翼孟》，若《豢龙子》，若杂文，于圣人之旨，作者之风，皆往往而得。于是君名动一时。人谓曲江公之后，岭南复有君接武其人云……先是时，君事黄老求轻举，继又参学浮图，习《南山疏钞》、《百法论》诸书，得其指归，已而尽吐弃之，专心儒述，直求三代圣王之道于《春秋》，得《春秋》之精微于三《传》。(《新语》，第294页)

赵进士德，海阳人。唐元和间，韩愈刺潮州……愈尝以平生所为文授德，德饥餐渴饮其中，沛然满足，因为《文录序》一篇，愈见而称善。比愈改官袁州，欲与俱行，谢不往，愈益高其风操。作诗相别。(《新语》，第293页)

唐代大儒韩愈晚年因弘扬华夏道统儒学，谏迎佛骨而遭贬潮州。刺潮八月，江山为之改姓，此亦可见粤人对华夏道统儒学近乎天然的认同。粤人崇韩当与粤人自一开始即服习儒道的文化基因有关。韩愈三度入粤，与当地贤士交游，更强化了岭南人服习儒学的风气。

翁山认为“粤人书之精奥者”以宋代黄畿的著作为最。

> 黄宗大先生，香山人，名畿。尝谓："《中庸》，《易》之疏义也。《太极通书》、《定性西铭》，犹《中庸》也。"其读邵子《皇极》，叹曰："自箕子以来，合术于道，其为尧夫乎。"因作《皇极管窥》十三篇以通之。论学则曰："前之三代，由夏历殷而文成于周；后之三代，由汉历唐而文成于宋。名理醰粹，周、宋其齐轨乎？是故周至玄矣，道同乎伏羲；程至大矣，见卓于颜子；朱至博矣，功亚乎仲尼。再辟浑沦，不亦玄乎？心溥万物，不亦大乎？功在六籍，不亦博乎？"先生所著，又有《皇极经世书传》、《三五玄书》及《易说》。盖粤人书之精奥者，以先生为最。（《新语》，第206页）

其"前之三代，由夏历殷而文成于周；后之三代，由汉历唐而文成于宋"之说亦是周览古今，深究浅出之语。

岭南文化"始然于汉，炽于唐宋，至有明乃照于四方焉"。这是翁山博闻闳览之后的总结。不但整体的文化发展如此，就儒学而言也是如此。阳明心学是中国哲学的一次突破性的发展，而陈献章创立的岭南理学则是其先声。《广东新语》卷十云："吾乡理学，自唐赵德先生始，昌黎称其能知先王之道，论说亟排异端而宗孔氏者也。宋则梁先生观国，有《归正》[①] 书……明兴，白沙氏起，以濂、雒之学为宗，于是东粤理学大昌。说者谓孔门以孟氏为见知，周先生则闻而知之者，程伯子周之见知，白沙则周之闻而知之者。孔孟之学在濂溪，而濂溪之学在白沙，非仅一邦之幸。其言是也。"（《新语》，第278页）明代岭南理学大昌，非成于一时，而是由来有自，与岭南"士

① 按：此处"《归正》"原作"《妇正》"，据康熙三十九年木天阁刻本改。

君子向学之初，即知诵法孔子，服习《春秋》”有关。自汉代“陈元，以《春秋》、《易》名家”之后，即代有其人，封川士燮、番禺董正、南海王范、黄恭等皆是，可谓源远流长，得华夏道统儒学之正传。湛若水得白沙真传，广开书院讲授白沙心学，使岭南理学得以完善。湛若水之后，岭南学派仍有传人，文敏公霍韬、文襄公方献夫等皆有古道儒风，不同流俗。一些人虽不以道学闻名，却也不乏此类著作。翁山《广东文集序》云：“其文明，君子当之，而以文章为富有之业，以大车载而享于天子。此文献《金鉴》之录……文襄《皇极》之畴之所以与皋谟伊训相彪炳也……若丘文庄之《大学衍义补》，湛文简之《格物通》、《周易测》、《二礼经传测》、《非老》、《非杨》，黄宗大之《皇极经世传》，黄文裕之《乐典》，王光禄之《正学观水记》诸书，虽为体博大，为理精微，可以羽翼圣经贤传。”[①] 张九龄和黄佐以诗闻名，但其《金鉴》《乐典》等却是发扬儒道之作，亦为世所重。

文化不仅存诸典册，更在人们的言行和心中。孔子云“礼失而求诸野”[②]，近古以来，中原、江南等地世风日渐浇薄，而僻处岭海之间的岭南，却相对较好地保存了一些古道儒风。王士禛说岭南“正以僻在岭海，不为中原、江左习气熏染，故尚存古风耳”[③]。“白沙先生之没，甘泉翁曰：‘道义之师，成我者与生我者等。’为之制斩衰之服，庐墓三年，不入室，如丧父然……昔者孔子没，门人有三年之丧。大抵礼缘情行，例以义起，亦天地之大经，古今之通义云。”（《新语》，第265页）湛若水仿孔门弟子为其师白沙“制斩衰之服，庐墓三年”。

① （清）屈大均：《广东文集序》，见《广东文集》卷首，《广州大典》第489册，广州出版社2015年版，第467—469页。

② （汉）班固撰，（唐）颜师古注：《汉书》卷三十，中华书局1962年版，第1746页。

③ （清）钱林：《文献徵存录》卷10，《清代传记丛刊》，台北明文书局1985年版。

《广东新语》卷九“辞署县”条又云：“叶公春及为福清教谕，台使者委署连江县。辞曰：‘洪武十四年，禁有司差遣学官，则学官教诸生外不当与矣。齐景公以旌招虞人，杀之不往，守道即守官也。学之于县，岂特旌与皮冠哉！职实欲附于虞人之义。’”（《新语》，第 261 页）“学官教诸生外不当与”“守道即守官”，此为有道之言。叶春及“辞署县”亦有古人之风。“霍文敏登第，谒座主不修门生礼，其后主南宫试，所得士三百人，亦不许称门生，其言曰：‘是进士者，天子不敢用为私臣，我岂敢曰士由我进，而以之为我家桃李乎！’里居，于台使者若监司郡县书帖，皆不称‘治’字，曰：‘士既通籍，朝廷治之，尊无二上也。’其子勉斋知慈溪，称上官不曰‘大人’，而曰‘先生’。关白上官，不用手本，而用素简。某盐院檄营相府，先生不答，因被劾归。父子皆以古道自处，不肯同于流俗者也。”（《新语》，第 257 页）岭南有道之士，不仅“以古道自处”，亦以此教人。《广东新语》卷九记载：“顺德何公淡，知滨州，取《吕氏乡约》教民榜行之。每乡慎选老人，亲为演说大义，使训闾里，按季稽考，民以恶闻，则召其乡老，泣谓之曰：‘吾不能化若，与若不能化乡，其罪一也。然吾则罪首也，民苟三犯，吾当自劾求退，于若何如？’各惭谢而去，讼为之稀……东莞林公培，知新化，仿古敛散法，置义仓一十五所，均口赋，以粮为差；建社学，率二十一里一区，选行谊为师，与诸生言：‘朔望父老言，约法皆首明伦。’使还相告教。作《四诫诗》，令童子诵之。修古乡射礼于学宫。”（《新语》，第 262 页）以上诸例所记皆为上层士夫文人的有道之行。类此者多，不赘。

古风儒行，不但存诸上层士夫文人，乡间闾里亦能常见。《广东新语》卷九“合食”条云：“博罗周谦山，常仿花树韦家礼，同祖兄弟合食于四孟朔，同父兄弟合食于每月朔望，费咸己出，罄俸余置谷百余石，与兄弟均之，周族之不能给者。”（《新语》，第267页）《广东新语》卷九“唐氏乡约”条云：“明初南海平步有六逸，其一曰唐豫，学者称为乐澹先生，尝立乡约，与乡人行之……有曰：‘《礼》云：“父在，子虽老犹立。”今后为子者不许坐，违者叱以辱之。’”（《新语》，第263页）在岭南地区与乡约有关的牌坊，至今还很多见。笔者年轻时以中原、西北和岭南之有限的阅历，发现文化的传播有如石子投水。涟漪从中心向外慢慢播散，中心平静之后，波纹还在边缘荡漾。原生于中原的儒学道统，于中原和江南等地的生活和风俗中日渐稀薄之时，而在岭海之间尚存古道儒风。今天再验之多年的观察，仍以此为是。

在现代人看来，岭南文化是一种复杂多元的文化。既有岩谷山地的文化特征，又有江河海洋的文化特点；既有土著的文化成分，也有中原华夏文化的传统。即就所接受的中原传统文化而言，也有正统的儒家文化，也有道家和道教文化。另外，岭南背山面海，自古以来对海外文化的接受就非常方便。岭南佛教从一开始，即从海上而来。近现代以来，西方文化更是从这里最早登陆。总之，岭南文化是一种典型的多元复合型文化。

不过，明末清初岭南士人与现代人的理解不同。在翁山等人的叙述当中，岭南是“海滨邹鲁”，传承的是典型的中原华夏正统文化。翁山等岭南士人如此叙述岭南的文化传统与他们所处的特殊的时代背景有关。汉人治统已失，“以夷变华”“亡天下”的危机迫在眉睫。他们唯一能做的即是悉心保存华夏道统文脉。“道存则天下与存”①，他相信道统文脉不断，治统还会失而复得。“大宋不以有疆土而存，

① （清）屈大均：《书逸民传后》，见《屈大均全集》第3册，人民文学出版社1996年版，第394页。

不以无疆土而亡。”[①]“存宋者，逸民也……其道之博厚高明，与天地同其体用，与日月同其周流，自存其道，乃所以存古帝王相传之天下于无穷也哉。”[②]

清初遗民面临多方面的生存压力，既糊口无资，又有文字之忌。翁山云：“予也少遭变乱，屏绝宦情，盖隐于山中者十年，游于天下者二十余年，所见所闻，思以诗文一一载而传之。诗法少陵，文法所南，以寓其褒贬予夺之意，而于所居草堂名曰‘二史’。盖谓少陵以诗为史，所南以心为史云。”翁山云：“慷慨干戈里，文章任杀身。尊周存信史，讨贼作词人。”[③] 但冷静后又说：“奚必褒忠诛逆，义正词严，尽见于声诗之间，以犯世之忌讳为乎?”清政府以纪愤述哀诗文为忌，更严禁私史，严禁纪录国变之事。“诗法少陵”意即以诗存史。仿少陵“以诗为史”已不可能，唯有仿所南“以心为史”。“所南以心为史……是不幸而不得笔之于书，而以纪之于心者也。笔于书，乱臣贼子惧焉；纪于心，忠臣孝子喜焉。夫使天下之人，尽纪忠臣孝子之事于心，而圣人之道行矣。又安用书为……君子处乱世，所患者无心耳。心存则天下存，天下存则春秋亦因而存。不得见于今，必将见于后世。”[④]

不可以自作诗文存史、存道，但前人之作有道存焉。编述前人之文以存道、存华夏道统、学统和文脉，则“圣人之道行矣”。翁山晚年几乎倾注全部精力从事编述，梳理建构岭南文化传统，即是“以心

① （清）屈大均：《书逸民传后》，见《屈大均全集》第3册，人民文学出版社1996年版，第320页。

② （清）屈大均：《书逸民传后》，见《屈大均全集》第3册，人民文学出版社1996年版，第394页。

③ （清）屈大均：《春山草堂感怀》，见《屈大均全集》第1册，人民文学出版社1996年版，第286页。

④ （清）屈大均：《二史草堂记》，见《屈大均全集》第3册，人民文学出版社1996年版，第320页。

为史”、以心存道、以华夏学统存续“古帝王相传之天下”。“心存则天下存。”翁山“以诗为史”，所著诗文是那个变乱时代的记录，可谓“诗史”；其晚年以存续华夏道统、学统和文脉的遗民之心，从事文献文化之编撰，所存乃华夏道统学统薪火相传之史，可谓之“心史”。其毕生编纂和著述，皆“寓其褒贬予夺之意”，既为“心史”又为“诗史”，故翁山名其所居曰“二史草堂”。

翁山常自称是屈原后人，在一些作品中详细地追溯了沙亭屈氏的迁徙历史，且编成屈氏族谱《闾史》。其相关的作品详细考述了屈氏源流和历史上的屈氏名人，同时也论述了其家风族训与屈骚精神、家族文化与荆楚文化的关系。这是对其家族文化传统的建构，也是对其家族之根、家族文化传统的追寻。翁山所编撰的《广东文集》《广东文选》《广东丛书》《广东新语》等，不但是为了保护岭南文献和文化，也是为了重构岭南的文化传统、追寻岭南的文化之根。屈氏家族之根在荆楚，屈氏文化之根在屈骚。在翁山看来，屈骚为中原华夏正统文化的一部分，因此，屈氏文化和岭南文化之根皆在中原华夏文化、华夏道统和学统。翁山等人对岭南文化之根的追寻、对岭南文化传统的重构，主要是基于天下将亡的现实，出于存续华夏道统文脉、存续“古帝王相传之天下”的强烈愿望。翁山对岭南文化传统的梳理和重构，对其后数百年间粤人的自我认知产生了重要影响。

（王富鹏：广州大典研究中心教授、广州大学广府文化研究中心研究员）

马君武的矿物旅行诗与近代中国矿业

方 隽

马君武，原名道凝，字厚山，十七岁改名同，再改名和，号君武。以君武行。祖籍湖北蒲圻。1881年7月生于广西桂林恭城县。

康有为1894年、1897年两次来桂林宣讲，马君武接触维新思想，要求加入康门，因年龄不足被拒。从康门弟子况晴皋、龙伯纯问学，知新旧之别。1899年，广西巡抚黄槐森受维新思想影响建立桂林体用学堂。其名源于“中学为体，西学为用”，课程以史学、经学为主，亦有英文、算学、格致等西学课，为广西新学之始。1902年，《钦定学堂章程》颁布后，广西巡抚丁振铎将其改为广西大学堂，是为广西最早的大学。马君武经唐景崧介绍，考入体用学堂，学习自然科学知识，接触到一些西方文明成果，世界观开始变化。1900年，因“妄评时政”被迫离校。后赴南洋谒康有为，拜入门下，寻求救国之道。

1903年秋，由孙中山推荐，马君武入读东京帝大，主修制造化学，两年后同盟会成立，被选为秘书长，与黄兴等人起草章程。1905年，清政府委托日本当局发布《取缔清韩学生规则》，为表抗议，马君武与大批留日学生一同归国。1906年，留日学生在沪创办中国公学，马君武任教务长，讲授理科课程。其间仍热心反清，遭清廷通缉，于次年以留学为名远赴德国。民国创立后，任实业部次长。

1914年，好友朱子屏收集马君武当时所有诗歌，定名《马君武诗稿》，由上海文明书局出版。书前自序称："此寥寥短篇，断无文学存在之价值，惟十年以前，君武于鼓吹新学思潮，标榜爱国主义，固有微力焉。"① 他对诗歌实用性的强调与清末经世之学密不可分，"不必泥乎经史"，而要"通乎当世之务"。

2008年10月，《广西大学学报》有黄壮丽等《浅论马君武科学诗》，列其诗中"鼓吹新思潮"处，如介绍西方科学知识，表达对伟大科学家的崇敬之情，抨击各种宗教迷信思想。限于主题和体例，属介绍性质，深度略欠。广西大学科学技术哲学专业曾盛2016年硕士学位论文《马君武的科技思想研究》，论述马君武科学知识体系，马君武的科学方法论、科技教育思想等，凸显其"科技救国论"的影响，因学科关注不同，对文学几无着墨。西北师范大学2014年李晶晶硕士学位论文《马君武文学研究》，亦提及其"崇尚科技，鼓吹新学"，属纵向研究，限于篇幅，在相关方面开掘尚少。广西师范大学2019年余意梦婷博士学位论文《马君武诗歌研究》有专章涉及其"传播新学诗"与"异域游历诗"，为目前较为完备的马君武诗歌专论。诸家于马君武海外纪游诗中所述矿物旅行，其因缘所自，及折射出民国矿业及科普教育等情况，尚未述及，故略伸一得之愚，以就正于方家。

一　马君武纪游诗中的传统典故与西学要素

"纪游"是中国古典诗中的重要类别，《楚辞》有《涉江》篇，

---

① 马君武著，熊柱、李高南校注：《马君武诗稿自序》，《马君武诗稿校注》，广西师范大学出版社2016年版。

刘勰赞屈原“得江山之助”。宋刘克庄、方岳、王十朋等都曾以“纪游”为诗题。明清至民国，由于交通远较前代发达，便于文人游历，纪游诗大量出现。晚清民国的海外纪游诗如王以宣《法京纪事诗》、潘飞声《柏林竹枝词》、蒋观云《居东集》等，开拓时人眼界，激发了更多有识之士走出国门，探求真知。纪游诗是种很有包容性的诗体，既可登高怀古，亦多感时抚事，熔记叙、议论、抒情于一炉。

1903 年，马君武再度赴日前夕，写了五首律诗《去国行》，刊于《大陆报》1904 年第 10 号。有极为强烈的汉族中心主义和排满革命色彩。诗中所用典故，大多是传统的。

如其一：

九天蒙气郁层层，无数沉冤厉鬼魂。
暗翳愁看天子气，蹉跎未报国民恩。
屡闻朝市兴文祸，痛哭新亭对酒樽。
行矣临流复一叹，冷冷哀瑟奏雍门。①

王气黯然，即清廷衰败之征。痛恨自身蹉跎岁月，身受国民养育之恩而不能拯救。康雍以来，文祸之甚，自不待言。新亭涕泪之中，怀克服神州之志。临流之叹，子曰：“逝者如斯夫，不舍昼夜”，光阴匆匆，人事变换，天地倾覆。最后以“雍门鼓琴”的典故作结，刘向《说苑》载雍门子周善鼓琴，孟尝君闻之流涕。马君武在诗中区分清政府与中国，对清政府倒台，发于歌诗，乐见其成。

组诗其四“黑龙王气黯然销”类此。黑龙江流域为清王朝发祥

① 马君武著，熊柱、李高南校注：《马君武诗稿校注》，广西师范大学出版社 2016 年版，第 26 页。

地，而今气运将终。尾联“行矣高丘更无女，频年吴市倦吹箫”，前用《离骚》“哀高丘之无女”，谓无志同道合之人，后用《史记》中伍子胥自楚逃吴，于吴市吹箫乞食事，指自己海外流亡。但组诗第五首，却使用部分当时语境下浅近的今典，首联“廿纪风云诸种战，凌欧驾美是何年?”“廿纪”即20世纪。时人诗多有，如吕碧城《写怀三首 其三》：“待看廿纪争存日，便是娥眉独立时。”连横《冬夜读史有感二十首 其十七》：“廿纪岂余专制地，五洲将入大同天。”而在“诸种战”中“凌欧驾美”，反映当时部分中国知识人对“物竞天择，适者生存”的天演论影响下社会达尔文主义思潮的认可，若不积极加入国与国的生存竞争，就有亡国灭种的危险。该诗尾联更为显豁：“男儿生不兴黄祸，宁死沧浪作鬼还。”“黄祸论”最早源于13—14世纪欧洲人对蒙古大军的恐怖记忆。甲午战争之后，德皇威廉二世重提“黄祸”，1900年义和团事件平息，许多西方报刊对此大肆炒作。① 马君武这里反用其意，一“兴”字，显然是要振兴中华民族，将欧美逐出东亚，进一步争夺世界霸权。若事竟不成，投海殉国，亦为鬼雄。这种由民族主义发展而来的泛亚洲主义在近代中国有相当市场。樽井藤吉用汉语写了一部《大东合邦论》，1893年出版，呼吁日本与朝鲜合邦，进一步与中国结盟，共同与西方白种人进行“人种竞争”，梁启超一度对此相当赞同，曾撰文介绍，并为大同译书局翻刻的《大东合邦新义》作序。章太炎倡言排满，还有鲜明的“黄白种族”对抗意识。

马君武在日本留学期间的组诗《伊豆杂感》也能反映这种思想轨迹。其六云：

① 方旭红：《论“黄祸论”的形成根源及影响》，《安徽大学学报》2005年第1期。

朝读布家人杰传，夕翻达氏种源书。

男儿年少早投笔，莫向书橱作蠹鱼。[①]

布氏，即主张哥白尼日心说被宗教裁判所烧死在罗马鲜花广场的科学家布鲁诺。“种源书”自是达尔文《物种起源》，马君武将其译成中文，1904年出版。此等诗句不甚工而以气胜，亦可见其经过西学一番荡涤，早蓄科学救国之志。

同时所作《地球》，有“世界一微粒，躯壳一纤尘。纤尘千万亿，一一争生存”[②]，用意亦同。而《壁他利亚》，则由广大而致精微。壁他利亚乃bacteria音译，即细菌。前两联云：“雌雄牡牝万千族，都似壁他利亚生。簇簇石层知地寿，荒荒物竞值天行。”[③]“簇簇石层”是地质时代形成的层状岩石，现称地层，因生物进化之不可逆，历史地质学借由研究古生物低级到高级的进化，以确定岩层的时代顺序。“蛮荒物竞”谓自太古起，生物生存竞争就是自然规律之常——“天行有常”。马君武留日期间，不但深入学习科技，还与同人办中文刊物，宣扬西方科技思想，由此诗可知，当时他对地质学已有相当了解。正如戈公振《周游世界之简程》所言：“旅行不但可以改换环境，增益人生行为而已，且于游览外，兼寓考察之意思，行踪所至，笔之于书，其嘉惠一国事业之进展者，何可胜道，我国内乱频仍，凡百事业，罔不落后，欲图改良，非取资异域，不足以图竞存。”[④] 他认为那

① 马君武著，熊柱、李高南校注：《马君武诗稿校注》，广西师范大学出版社2016年版，第34页。

② 马君武著，熊柱、李高南校注：《马君武诗稿校注》，广西师范大学出版社2016年版，第45页。

③ 马君武著，熊柱、李高南校注：《马君武诗稿校注》，广西师范大学出版社2016年版，第49页。

④ 中国旅行社编：《旅行杂志》，1930年第4卷第8号。

一代知识人的域外旅行，并非单纯游山玩水，而是在认知世界之余，取他人之长，以图他日争雄。

1905年8月，同盟会成立，马君武加入并任秘书长。年底归国，任上海公学总教习。发表《社会主义与进化论比较》《唯物论二巨子之学说》，以西方科学思想鼓吹革命，为清廷所忌。1907年，清政府准备缉拿，马君武前往德国柏林工业大学学习，专业为矿物冶金，希望学有所成，发展中国工业。后获工学学士学位。

马君武海外纪游诗中的矿物旅行诗就创作于留德期间。

二　矿物旅行的由来、诗体科普与民族主义

矿物旅行，顾名思义，以探查矿物为目的，它伴随着人类的勘矿史。

采矿业的经验与技术，反映了人类对地球的认识。1637年，德国学者基歇尔考察意大利西西里岛的埃特纳火山后，认为地球内部存在某种“基质”，后期可以长出金属和矿石。这类观点尽管朴素可笑，仍反映人类了解矿物成因的尝试。18、19世纪工业革命中，采矿学的实际知识大量增长，快速进步。18世纪，法国人首次组织了科学的国家地形测量，为军事和商业服务。作为18世纪法国制图运动的一部分，博物学家盖塔尔（Jean-Etienne Guettard，1715—1786）获法国政府资助，承担了绘制国家矿物地图的大量工作，并得到了年轻的拉瓦锡的协助。[①] 美国威尔·杜兰特所著《世界文明史·伏尔泰时代》称：“他（拉瓦锡）跟随让·盖塔尔做探求矿物的旅行，完成了法国

① 详见［澳］奥尔德罗伊德《地球探赜索隐录：地质学思想史》，杨静一译，上海世纪出版集团2006年版，第410页。

的地图。1768 年，他获选加入包括布丰、奎奈、杜尔哥及孔多塞在内的科学院。”① 1768—1774 年间，供职于圣彼得堡帝国科学院的博物学教授德国人帕拉斯，奉叶卡捷琳娜二世之命，领导西伯利亚大型探险考察，他考察了乌拉尔山脉和阿尔泰山地区，并绘制了乌拉尔山脉地区矿物图。② 俄国在 1915 年成立了一个附属于科学院的研究俄罗斯生产力的委员会，由费尔斯曼主持。沙皇时期，费尔斯曼拿出了自己的薪金，组织了几次大规模调查有用矿物的旅行，去过克里木、阿尔泰、蒙古北部、外贝加尔地区和乌拉尔。十月革命后，又带队前往科拉半岛、中亚、克里米亚等地区，发现了磷灰石、镍矿、天然硫矿床等。③

马君武在德居留，有系列纪游诗，如《劳登谷寄柳人权》（按：即柳亚子）三、四句云“鲁酒难消渴，吴歌最断肠”，两者都是故典，“鲁酒薄”（《庄子》）、“鲁酒无忘忧之用”（《哀江南赋》），“吴歌令客愁”（常建《江行》）、“春生绿野吴歌怨”（罗隐《送舒州宿松县傅少府》）。在科隆时，“当炉黄发女，笑语最温存”，面对着外国女招待，马君武的笔下却出现《史记》中的文君当垆。在海姆巴赫游艾弗尔山，以地名带出异国色彩“群山连爱佛，众流归莱茵”。句后自注：“Eifel，为莱茵西群山总名。”《特里尔纪游》亦有：“曲折莫差水，荒颓罗马宫。”莫差河，即 Mosel，今译摩泽尔河，是仅次于莱茵河的第二大航运河流，被称为“德意志之母”。罗马宫即君士坦丁大帝王宫，为当地著名景点。这类诗不甚雕琢，较为质朴，加之在外年

---

① ［美］威尔·杜兰特：《世界文明史：伏尔泰时代》，台湾幼狮文化译，华夏出版社 2010 年版，第 492 页。

② 参［苏］约·彼·马吉多维奇《世界探险史》，屈瑞、云海译，海南出版社 2006 年版，第 461—463 页。

③ 参［苏］巴列金、别斯柯夫编著《卓越的俄罗斯化学家》，张蓝田译，人民教育出版社 1955 年版，第 233—237 页。

久，眼界已开，又曾译大量外国科技书籍，所以他的这类诗包含不少海外译词和科学知识。但相较于晚清最早一批“开眼看世界”士人所作，那种触目皆新的冲击感，已减弱不少。

中国近代第一位旅美商务口译员，厦门人林鍼于1847年春经潮州赴美，1849年归国，有《西海纪游草》记录见闻，主体是五言排律《西海纪游诗》及诗前可视为独立游记的骈体《自序》，对西方科技文明从惊羡到述奇。他记录电线和电报：“巧驿传千里，公私刻共知。”在《自序》中进一步说：“巧驿传秘事急邮，支联脉络。暗用廿六文字，隔省俄通。”虑读者难解，还要加注“每百步树两木，木上横架，以胆矾、磁石、水银等物，兼用活轨，将廿六字母为暗号，首尾各有人以任其职”。避雷针：“百丈之楼台重叠，铁石参差”，自注：“以石为瓦，各家兼树铁支。自地至屋顶，以防电患。”但由于自身知识结构的缺陷，林鍼只能调动熟知的中华本土文化资源，最后体现在诗中：“玉堂铺锦绣，琼宇衬玻璃”，写西方现代建筑；“才追谢道韫、慧媲蔡文姬”以形容西方女子之聪敏。① 这类大量使用典故描写欧西事物的手法同样出现在马君武诗中，但他跟林鍼存在明显的学科背景、知识体系差异，纪游诗创作更相隔数十年，马君武诗中传统文化类典故，更大程度上属于排满革命者一种中华文化本位的自我认同与强化，是民族主义的体现。

马君武的《劳登谷独居》七律，进一步显示出作者的自然科学教育背景：

海枯生物化新土，石烂流金结幻晶。

① 详见林鍼等《西海纪游草·乘槎笔记·诗二种·初使泰西记·航海述奇·欧美环游记》，钟书河编《走向世界丛书》第一辑，岳麓书社2008年版，第35—51页。

几处青山息喷火，百年赤道有流冰。

不须终日忧人事，且值阳春听鸟声。

如使气船竟成就，孓身辟地适金星。①

劳登谷是个温泉小镇，有许多特殊地质景观，首句讲生物由水登陆进化及化石形成。第二句“石烂流金结幻晶”，指岩浆岩形成的过程。当地下炽热岩浆上升，入侵地壳或喷出地面后，温度降低，冷却凝固而成，如花岗岩之类。结尾想飞天外，设想乘坐宇宙飞船前往金星旅行。

同题诗尚有五律三首，用意略同，如“动物始自蛤，植物始青苔”（其一），“河流赴沧海，地球依太阳”（其二），“宇宙无终始，他乡过半生”（其三），诗味略欠，更像以诗体科普。诗歌不是论文，由于篇幅所限，无法详细阐述。但这类科技名词的输入，科学知识的传递，与马君武引入西学，开启民智的主张密不可分。因此，某些时候他对诗歌文学性不太重视。他在《微分方程式》序言中说：“时论之一派，谓救国在拓殖学术，鄙人亦赞和斯论者之一分子，故孜孜然以输入新学术为务。”② 而他所谓“新学术”即包含西方民主思想与自然科学。

1911年，马君武作《辛亥六月至 Riesengebirge 为地质旅行》。Riesengebirge 今译苏台德，属捷克共和国。其一云：

雪峰出地五千尺，金石搜求到此来。

① 马君武著，熊柱、李高南校注：《马君武诗稿校注》，广西师范大学出版社2016年版，第99页。

② 马君武著，李高南等编：《马君武教育文集》，广西师范大学出版社2016年版，第225页。

玫瑰红灯娇照夜，葡萄美酒勉添杯。
争悬重赏征歌曲，粗饰茅斋作舞台。
我是天涯倦游客，每逢嘉会发深哀。①

雪峰出地五千尺，苏台德山脉主峰海拔1600余米，约合五千尺，写法较为精确，不同于李白《蜀道难》“连峰去天不盈尺”之类夸饰。再借助古器物学“金石学”的名目点出马君武到苏台德山区的原因，“金石搜求”——采集矿物标本。中间两联讲本该听歌观舞，欢乐宴饮之际，心绪不宁。尾联揭示羁旅倦游，久客不归，眷怀家国。“嘉会”“深哀”句自曹植《送应氏》“清时难屡得，嘉会不可常。天地无终极，人命若朝霜”脱化，却不同于曹植对人生苦短、朝不虑夕的慨叹。此类意绪，当时旧式文人中常有，如郑文焯同一年致夏敬观信：“昨与强村叙言，感叹余生，虽作南朝旷达，能无悲从中来?”②马君武此处多了一层对辛亥革命爆发前国内形势风云变幻的敏感。同题第二首有“太息吴门悬鬼目，仓皇楚市起狐鸣”，前用伍员，后用陈胜典，其意至显。

武昌起义后，马君武归国，参与起草《中华民国临时约法》，任南京临时政府实业部次长。辛亥革命后，任教务总长等职。1913年，入柏林农科大学学习，后入波鸿化学工厂任工程师，次年毕业，是中国第一位获德国工学博士学位者，冀实现其实业救国理念。1924年后，他逐渐退出政坛，投身教育，1928年创立广西大学，任校长。在《科学知识的来源和改进广西的路向——元旦纪念会及广西大学第二

① 马君武著，熊柱、李高南校注：《马君武诗稿校注》，广西师范大学出版社2016年版，第107页。
② 陈谊著：《夏敬观年谱》，黄山书社2007年版，第62页。

届运动会开幕式上的演讲》中，马君武谈达尔文重要发现“天择”“物竞”，由生物学引申到地质学，珊瑚虫死亡堆积，形成“珊瑚岛”，再用时事激起学生报国之心：“最近法人占领我国海南的九个小岛”“就是珊瑚岛”。继言达尔文不过学了一学期地质，已有此成绩，何况诸生在广西大学，地质学要上足足两个学期。关键是“融会贯通”，“所学一切科学”要消化，自然就会“有新贡献”，如此，“为国家”“最少为广西和乡土，做一点实际的改革工作”。[①] 在面对异质文化和外族入侵时，民族意识的激发往往特别强烈。

三　矿物旅行诗背后的近代中国矿业风云

马君武诗中的矿物旅行及在教学中对地质学的重视，可以看出由矿物学到矿业延伸的轨迹，在现实观照中贯彻了那一代学者实业救国的理想。

近代中国的矿业维系着工业与国家利益。甲午战争之后，中国内外形势发生极大转变，清廷一直以来拒绝外资进入矿业的政策无法持续。重要原因在于财政困难空前，战时军费，战后对日赔款均数额巨大，政府只得大举借外债。因此开辟新的财源，实为当时要务。开矿可得厚利，故开明官绅予以极大关注。

监察御史王鹏运上书，提出招商开矿：“中国五金各矿，藏地下者，不可胜数，徒以封禁，大利不开。比年西士考察，及中国士人所知者，如川藏之金矿铜矿，江西、湖南之铜矿，金矿、煤矿，云南、两广之五金各矿……皆以官吏贪图省事，不愿开采，小民本小

① 马君武著，李高南等编：《马君武教育文集》，广西师范大学出版社 2016 年版，第 87 页。

力微，无由上达。应请特谕天下，凡有矿之地，一律准民招商招股呈请开采，地方官认真保护，不得阻挠……期以十年，矿利全开，民生自富。”① 御史曾宗彦更奏请在北洋、南洋设矿务学堂，培养技术人才。光绪二十二年（1896）上谕饬令各省开办矿务。各省督抚亦积极支持，总体有盈有亏。但甲午之后，官方与民间财力均告困窘，难以开展，因此不得不输入外国资本。王之春是官员中较早提出借重外资的，他在奏疏中说：“中国各矿，随在皆是，而煤铁尤无省不饶，徒以承办不实，没尽股资，令人望而裹足。”② 因此，他提议招募洋商，在沿海各省择地开矿，若有成效，“准照西国条例抽税，以充国用，余者变卖，而应先尽本国购买”③，试图尽量保持清政府主动权。但自德国强占胶州湾后，列强在华经济侵略更加激化，各省矿权便是他们竞逐目标之一。因应形势，湖广总督张之洞倡议借用外人之力营办路矿。维持各国在华势力均衡，并从中取得铁路运输等实利，光绪二十三年（1897），他上奏请求批准英国承办山西、陕西路矿。“中国各矿，若无洋人合股代开，既无精矿学之良师，又无数百万之巨本，断不能开出佳矿。煤铁畅行，亦我之利。”④

山西煤炭储存量居中国之首，是传统产煤炼铁之地。1890 年，汉阳铁厂成立前，山西是全国主要铁制品产地。《山西通志》载，1870 年，各种生铁、熟铁、铸铁产量在 12 万至 13 万吨之间。煤铁是近代工业发展重要标志，它们的高产是工业快速发展的保障。李希霍芬在河南、山西两省报告中，详载两地特产，称山西煤炭可供世界使用千

① 王鹏运：《请通饬开办矿务鼓铸银圆折》，见丁守和等主编《中国历代奏议大典》，哈尔滨出版社 1994 年版，第 739 页。

② 王之春：《王之春集》，岳麓书社 2010 年版，第 840 页。

③ 王之春：《王之春集》，岳麓书社 2010 年版，第 840 页。

④ 张之洞：《张文襄公全集》，中国书店 1990 年版，第 350 页。

年，引起西方各国极大兴趣。1897 年，英国福公司在伦敦成立，迅速通过清政府总理各国事务衙门取得在河南、山西开采煤铁的特权，同时获准修铁路，方便矿产运输。福公司雇专业人士实地勘探。肖克利在 1897 年初到山西勘查后，认为李希霍芬夸大了山西煤储量，但承认当地煤产量确实相当丰富。福公司在谋夺山西、河南两地矿权时，自身资本实仅二万英镑，折时银不过十四万两左右，却对两地承诺各借款一千万两。《老残游记》作者刘鹗成立两家空壳公司“晋丰”和“豫丰”，由其亲自出马或委托友人代持，声称向福公司借款经营本省矿业，取得承办权后，立刻转手英方。英方遂借此虚假的“中外合资办矿”愚弄清廷，攫取中国矿业之利。

中国丰富的矿产及自然资源，引来外国探险家、科学工作者及其身后殖民霸权的好奇与觊觎，在马君武留德进行矿物旅行之前，1868—1872 年，德国著名地质地理学家李希霍芬对中国进行七次地质考察，走访当时十八行省中的十三个，成果最后汇集成两巨册《李希霍芬中国旅行报告书》。翁文灏曾评价“（李希霍芬）对于中国主要地质构造及地文之观念，其伟大之贡献，实无其他地质学家足以伦比”①。他对中国造山运动引起的构造变形研究是开创性的，还在江西景德镇东北部高岭山一带勘探陶瓷原料，以“高岭”的拉丁译名“kaolin”命名“高岭土”，这是第一种以中国原产地作为通用名称的矿物。

清代处于早期全球化的重要时间段。尤其在鸦片战争之后，大批西方学者进入中国，以考古或采集物种、勘矿等目的旅行，主观虽在科学研究，但客观上却对中国构成潜在安全威胁，引起有识之士的担

① 翁文灏：《李希霍芬与中国之地质工作》，载《第四世纪研究》2005 年第 4 期。

忧与愤怒。丘逢甲在庚子年（1900）作《南汉敬州修慧寺千佛铁塔歌》慨叹“铁不得用铁之辱”。诗中倡言：“谓佛不灵佛傥灵，睡狮一吼狞而醒。破敌神兵退六甲，开山力士驱五丁。五岭雄奇积煤铁，矿政未修民曷殖！地不爱宝资中兴，会须富国兼强国。”① 借助列强欺凌中国睡狮猛醒的意象，主张在岭南自主开矿，使国家富强。1903年，曾就读矿物铁路学堂的鲁迅，在《浙江潮》发表《中国地质略论》，这是中国近代地质学启蒙作之一。他指出李希霍芬调查矿产蕴藏的侵略野心：“一文弱之地质家，而眼光足迹间，实涵有无量刚劲善战之军队。盖自利氏游历以来，胶州早非我有矣。”② 并大声疾呼：“中国者，中国人之中国。可容外族之研究，不容外族之探险；可容外族之赞叹，不容外族之觊觎者也。”③

1910年，许地山之父许南英作《日言》倾吐不满：

日言开五矿，尽力辟地利。
金银铜铁煤，遍地惜弃置！
重币聘工师，多金购机器。
或荐美利坚，或荐德意志。
翳彼异国人，终非我族类。
无论无此才，有之亦终秘。
留以待他年，蚕食吾土地。

① （清）丘逢甲：《岭云海日楼诗钞》，上海古籍出版社1982年版，第177—178页。

② 李新宇、周海婴主编：《鲁迅大全集》（1901—1911），长江文艺出版社2011年版，第15页。

③ 李新宇、周海婴主编：《鲁迅大全集》（1901—1911），长江文艺出版社2011年版，第14页。

太息资本家，钱了人无事！[①]

如用一句话概括，就是：中国的矿，要牢牢掌握在中国人自己的手上。日俄战争之后，许多官员目睹邻国日本战胜强大的俄国，有奋发之意。外人把持矿业，喧宾夺主，妨碍中国经济正常发展，晚清各省官绅，有见及此，作出种种交涉，发起收回矿权运动，其中最突出的成果，即为山西官绅士民收回福公司的矿权。

与当时引进的诸种西学类似，东西方的文化碰撞带来知识交流，矿物学也有从“舶来”到发展并逐步“中国化”的过程，随晚清收回矿权的斗争而得到重视。

民国肇造，百废待兴。1912年，南京临时政府在实业部矿物司下设地质科，其后，地质科改为地质研究所。丁文江、章鸿钊、翁文灏在此任教，培养人才，并进行矿业调查与开发。丁文江素重实地考察，亲赴山西调查煤铁资源：“我民国二年（1913）到山西调查铁矿，抱了极大的希望。因为不但山西自古以出铁著名，而且德国人李希荷芬四十年前曾在山西旅行，极力宣传山西铁矿的丰富。”[②] 等他到了阳原，却极为失望，认为矿床厚薄不均，并没有什么规则的层次。再向南调查地质，才知道阳原所见已是平定、昔阳铁矿最好的一部分。这一带铁矿，在“新式矿冶业上，不能占任何的位置”[③]。当时丁文江与梭尔格、王锡宾共同考察正太铁路及其沿线的地质和矿物，并绘制地质图。这是中国地质工作者首次出版区域地质图，在中国地质学发展史上有极重要的意义。1914年，丁文江独自对、云、贵川三省进行

① （清）许南英：《窥园诗草》，转引自方宝璋、方宝川等编《闽台文化志》，上海人民出版社1998年版，第328页。

② 丁文江：《丁文江自述》，安徽文艺出版社2014年版，第136—137页。

③ 丁文江：《丁文江自述》，安徽文艺出版社2014年版，第136—137页。

了详细的地质和矿产调查。

夏荆峰《山西旅行记》有关山西矿物之观点与丁文江类似，文中称："平定境内，铁路以北，共有炼铁之炉九百七十二座……铁路南，共有百二十七座……炼铁用土法，无西式炉。因铁矿散在各处，一处不足其炼……故不用之。"① 而煤矿反而最丰富。于是建言增加机器，提高产能，设矿务局，多修铁路，减少运费，发地下无尽之宝，省运载之劳。

由于地下蕴藏的矿产资源与民国政府当时科技水平之间存在较大落差，增强矿业教育，提高民众的科学素养，便成了下一步要努力的目标。

基于欧洲中心主义和当时中国技术方面落后的客观现实，李希霍芬曾批评中国民众对先进技艺普遍缺乏好奇心，对中国当时的科技水平甚为鄙夷，他在日记里写道："虽然中国人很早就发明了印刷技术，但远不如古登堡发明的金属活字印刷术先进；再比如中国人发明了火药，但他们的枪炮当前却极其落后；虽然中国的教育史可以追溯到德国人还在茹毛饮血的时代，但中国人对当代自然科学文化一无所知；他们的天文学历史何其悠久，却远超不过托勒密所达到的高度；中国人在马可·波罗时代就开始开采煤矿，但至今找不到一丝矿物学、采矿学和地理学的痕迹。"②

意识到种种差距，倡导风气、发扬民智、求索新知的希望便寄托在了下一代身上。民国教育部于 1912 年颁布《中学校令》及《中学校令施行规则》，规定无论普通中学或女子中学，修业年限为四年，

① 夏荆峰：《山西旅行记》，见苏华、何远编《民国山西读本　旅行集》，三晋出版社 2013 年版，第 40—54 页。

② ［德］李希霍芬：《李希霍芬中国旅行日记》，李岩、王彦会译，商务印书馆 2016 年版，第 222—223 页。

前三个学年都要学习博物学，第一、二学年每周课时为 3 小时，第三学年每周课时为 2 小时，“内容上，‘博物要旨在习得天然物之知识，领悟其中相互关系及对于人生之关系，兼课实验’”，“在 1913 年公布的《中学校课程标准》之博物学部分，对于教学内容作了进一步说明，第一学年为植物、动物部分，第二学年延续第一学年授课内容之余兼教生理卫生，第三学年为矿物部分”。①

提高公众对地质、矿物学的兴趣，开设博物馆无疑是个很好的途径。19 世纪末 20 世纪初，在西方博物馆思潮影响下，1905 年，张謇在南通建立博物苑，中国有了第一座现代博物馆。民国元年（1912）7 月召开的国务会议即准备在文庙与国子监旧址建设国立历史博物馆。侯绍裘《旅行上海记》写道：“民国二年（1913）5 月 5 日，吾校旅行上海……别徐汇公学至天主堂……旋至博物院，院中禽兽鱼介昆虫之属……靡不毕具。惟植物、矿物则陈列甚鲜。”② 午后参观物产会，“物过多而行又速”，只能略观，不复记忆，但仍感叹：“我中国物产之富，亦可见一斑矣。乃患贫若斯，其故当别有在。”③

侯文提到的徐家汇博物院，由英国人和法国人 19 世纪六七十年代创办于上海租界，为当时较早的博物馆。从他的观感可知，该馆植物、矿物的相关陈列甚少，不能令观者满足。1913 年，经章鸿钊、丁文江、翁文灏等努力，在北京西城兵马司胡同成立农商部地质调查所，同时开始筹备陈列馆，1916 年 7 月 14 日，在丰盛胡同 3 号，举行汇集地质研究所学员三年学习生涯采集的数千地质及矿物标本的毕业会展。以此为基础，我国有了第一个矿产类专门博物馆的雏形。丁

① 见罗桂环等编《中国生物学史》（近现代卷），广西教育出版社 2018 年版，第 103 页。

② 雨花台烈士陵园管理局编：《雨花英烈文集》，南京出版社 2016 年版，第 5—6 页。

③ 雨花台烈士陵园管理局编：《雨花英烈文集》，南京出版社 2016 年版，第 5—6 页。

文江为首任馆长，其后安特生曾任顾问。馆藏标本数从最初数百件发展到六、七万件。作为载体的地质博物馆，不但引进西方地质学理论，规范了学术标准，更在与社会的长期互动中，最终推动了学术普及，提升了中国民众的科学素养。①

在广西大学五卅纪念周演讲中，马君武亦提到，广西大学第一年要设理科、工科和农科，"此外还想筹设一间科学馆……到第三年……颇欲开办矿科"。② 后于三十年代增设矿冶专修科。

马君武及同时代的中国学者，在内忧外患之际，身体力行，通过创作、翻译和教育等手段，启迪民智，奋发图强，努力不懈，长令后人感佩。

参考文献：

李恩涵：《晚清的收回矿权运动》，台湾"中研院"近史所专刊 1963 年版。

张治：《异域与新学：晚清海外旅行写作研究》，北京大学出版社 2014 年版。

（方隽：岭南师范学院 文学与传媒学院讲师）

---

① 参见杨勤业、杨文衡主编，杨勤业著《中国地学史》（近现代卷），广西教育出版社 2015 年版，第 99—101 页。

② 马君武著，李高南等编：《马君武教育文集》，广西师范大学出版社 2016 年版，第 45 页。

《粤讴》的“红楼”情缘

——论《红楼梦》和红楼说唱对《粤讴》的影响

温裕华

学界关于《粤讴》研究的文章不多，且大多围绕作为曲艺形式的“粤讴”开展，集中表现为：（1）与《粤讴》最紧密的是对招子庸和其编辑《粤讴》的介绍；（2）对粤讴与其他民间说唱尤其是如南音、龙舟歌间相互影响，民歌也有所涉及；（3）《粤讴》的文学意义、特色，以及粤讴与诗歌等文体相互影响；（4）近代以来“新粤讴”的繁荣，由此产生的在政治、文学、文化上的影响；（5）粤讴和粤剧的相互影响。其中，与《红楼梦》相关文章只有2020年初佟静发表的《写伊孤绪：嘉道年间的粤讴珠江花舫与〈红楼梦〉》[①]一篇，分析了《粤讴》中关于《红楼梦》意象、语汇、互文写法，从《红楼梦》接受和再创视角，列举六首粤讴进行对比，多侧重小说本体，《粤讴》则处于参照位置，对《红楼梦》如何进一步影响粤讴发展关注较少。以此为基础，本文将结合《粤讴》中更多红楼情缘例子，以曲艺为论述主体，探索《红楼梦》的小说传播和曲艺再创对《粤讴》的影响。

---

① 佟静：《写伊孤绪：嘉道年间的粤讴珠江花舫与〈红楼梦〉》，《红楼梦学刊》2020年第2期。

一 《粤讴》中的红楼影

《粤讴》[①] 中的红楼影通过对《红楼梦》[②] 的直接引用和间接衍生两种方式展现出来。

（一）直接引用

直接引用指在《粤讴》中直接出现《红楼梦》相关人物和关键名词，听众和读者能直接明白引用的语境所在、语意何指，艺人或受众对《红楼梦》文本了解程度未必很高，或只通过其他说唱中的红楼故事，即可掌握基本情节。

1. 人物：痴男怨女

《粤讴》以直接出现《红楼梦》中人物姓名和相关情节为主，有单纯出现人名或情节，更多是人物和情节相结合。人物基本是《红楼梦》中最重要主人公贾宝玉和林黛玉，情节是宝黛二人重要的爱情线索，如黛玉还泪、水月镜花、同心同病、黛玉悲死等，再加上同样痴情悲烈的尤三姐和湘莲，印证《红楼梦》第五回中警幻仙子所言，皆是怨女痴男。《粤讴》中选取宝黛爱情悲剧衬托浮沉女子对客人的痴情，暗示她们同样无奈的悲剧命运。“你睇”的多次自然运用，可见当时艺人和听众对红楼故事非常熟悉，才能做到抒情与欣赏的最大共染力。

2. 关键词：情种花魂

《粤讴》直接引用中关键词是情种和花魂，二者与人物塑造、情

---

① （清）招子庸等撰，陈寂、陈方评注：《粤讴》，中山大学出版社 2017 年版。
② （清）曹雪芹著，（清）无名氏续：《红楼梦》，人民文学出版社 2008 年版。

节发展联系紧密。

①情种/情根

> 你睇枝头花落，点得再上枝来。大抵种得情根，花就可爱。
>
> ——《粤讴·花易落》
>
> 若生于富贵公侯之家，则为情痴情种；若生于诗书清贫之族，则为逸士高人；纵然偶生于薄祚寒门，断不能为走卒健仆，甘遭庸人驱制驾驭，必为奇优名娼。
>
> ——《红楼梦》第二回

《红楼梦》是“情种”，《粤讴》是“情根”，“情种”即为“种”下“情根”。《粤讴》中情种多为男性所致，花魂更多形容女性；《红楼梦》中，情根多指宝玉，花魂则指黛玉为多。《红楼梦》第二回言，“情种”处正邪之间，杂灵秀与乖僻之气，即使是生于花街柳巷，亦不失为“奇优名娼”。由此可见，《粤讴》较多运用“情根”一词来形容女子对真爱的渴望与追求，以及对某些重利轻义男子的讽刺，表明了《粤讴》中女子虽流落风尘，但并非胭脂俗粉，而是有自我追求的名花，这也能看出《粤讴》演唱者对《红楼梦》的熟悉程度。

②花魂

> 唉，心不忍，试把婵娟问。问你广寒宫有几阔咯，点葬得咁多冇主花魂。
>
> ——《粤讴·花有泪》
>
> 半日，猛然笑道：“你不必捞嘴，我也有了。你听听。”因对

道：“冷月葬花魂。”

——《红楼梦》第七十六回

花魂，在《红楼梦》中和林黛玉相伴出现，无论是黛玉日常花冢葬花，还是著名的葬花吟，抑或是和史湘云一句，集中表明了黛玉的高雅，同时以落花自比，叹生之飘零短暂、无依无靠。《粤讴》中，女子以花自喻篇数达42首，突出花的短暂开放和快速凋谢，在人生有限、年华易逝感叹中，暗含着对负心客人的质问。同时，《粤讴》中女子再次明志，虽沦风尘心却高就，玉碎宁向香土埋。此外，花亦有相葬之人，《葬花吟》中，黛玉忧虑将来葬自己的是谁，到之后确有月葬花魂的谶句，《花有泪》中广寒宫点葬下那么多无主花魂，和黛玉此句实乃同出一意，唯有清寂的月亮才能葬得下她们洁雅的灵魂，此和“情种”相应。《粤讴》中，无主葬花、雪泥葬花，也有女子对自身凄苦命运的哀伤与无奈，即使花开正盛，亦是被男性“作为欣赏对象”①，所以这些女子以花自比，已成自觉，也衬其不幸命运。

（二）间接衍生

间接衍生是指《粤讴》参考《红楼梦》思想、主旨，对其进行转移，使其脱离原先语境，在一定程度上生发新意。虽不能说《粤讴》在编辑或创作时必定参照了《红楼梦》相关主旨，但从“痴”和“还债”的角度看，仍能探得一些意味。

1. 痴

说“痴”是《红楼梦》点明主旨的关键一字，绝非虚言。经统

① （清）招子庸等撰，陈寂、陈方评注：《粤讴》，中山大学出版社2017年版，第24页。

计，包括各回题目，《红楼梦》共有 79 处带“痴”字描述。《红楼梦》的“痴”盖有五解：其一为本义，即指人智力不高，有呆痴状，惯做傻事被人笑；其二为因某事而停住不行或摇晃不定的行为和精神状态；其三为难以看穿事物本相，浮于浅层理解；其四为对事物沉迷，心中除此物别无他物；其五为情痴，指对情如醉如狂，然此痴不为单纯巫山云雨之欲，而是痴为一人、痴为真情，痴为情意相通、心心相印，同时亦有对自身信仰的专一和执着，二者与所谓正道相悖。《粤讴》中，亦有不少“痴”字出现，具体如下：

> 大抵生长红颜多半是薄命，何况我地青楼花粉更累在痴情。
>
> ——《粤讴·嗟怨薄命》其一
>
> 莫个逢人就热，热得咁痴缠。
>
> ——《粤讴·扇》
>
> 魂魄唔全，只剩一点痴。
>
> ——《粤讴·吹不断》

《粤讴》中“痴”字用词形式相对统一：专指爱得深迷的“痴情”和“痴梦”，带有粤方言特色，进一步突出爱情沉迷程度的“咁痴”“痴缠”“痴迷”；也有形容因等待产生的“痴呆”状态；还有直接用一个“痴”字来融合以上所有的意思。可看出，《粤讴》的“痴”围绕“情痴”展开，塑造了一个个追求真情而不得的女子形象，为情痴她们生病，甚至将情提高到了生命意义层面，而那些人客为风流，也是痴。《粤讴》将《红楼梦》的“情痴”加以进一步铺衍，浓缩为精练的“痴”字，展现了珠江花船上多姿多样的孽海情天，尤其是人客前后不一的负心造成女子的悲剧命运，更是扣人心弦。

2. 还恩与还债

《红楼梦》中，有偿还意味的是贯穿宝黛关系的前生缘分：绛珠仙草曾受神瑛侍者甘露灌溉之恩，逢神瑛侍者下凡历缘，其亦转世为人，用一生眼泪得以偿还。这一段仙界缘分奠定宝黛二人在整部小说中的爱情走向和发展，正如僧人所说，“因此一事，就勾出多少风流冤家来”①。在《红楼梦》小说和说唱再创时，绝不可能丢弃这一条宝黛主线。第五回中，宝玉听“红楼梦”原稿第三支曲子“枉凝眉”时，也提到这段前缘，即“想眼中能有多少泪珠儿，怎经得秋流到冬尽，春流到夏”②，再一次印证黛玉将一生流泪，一生都在偿还恩情。第一百一十六回交代了绛珠仙草的去向，伴随着黛玉离世，她也还清了前生神瑛侍者的灌溉之恩，最终返归真境。前生之缘、今生还恩，二者全程相伴，是《红楼梦》宝黛发展的重点。

前世今生、偿还恩情的模式在《粤讴》中也得到体现：

> 仙种子，休为凡心死。我为偶还花债，故此暂别吓瑶池。
>
> ——《粤讴·烟花地》其一
>
> 花敢样，重还不了风流账，点得我早日还完花债，共你从良。
>
> ——《粤讴·花本一样》其一

《粤讴》以女子口吻抒发对风尘命运的无法选择。前世今生模式在《粤讴》中不再是仙界情缘设定，而是女子认为自己在前世造了冤孽或修为不够，今世才沦落风尘，她们甚至认为今世要以遭受情殇相

① （清）曹雪芹著，（清）无名氏续：《红楼梦》，人民文学出版社2008年版，第8页。
② （清）曹雪芹著，（清）无名氏续：《红楼梦》，人民文学出版社2008年版，第82页。

思之苦来偿还前世欠下的债务，有着强烈前因后果的报应思想。不同于黛玉一生流泪的形式，《粤讴》中女子将希望寄托在人客身上，相信只有男子带她们上岸从良，今生的花债才算还清，而这在现实中很困难，只能作为一种愿景和安慰。此外，用还债一词来描述女子无奈的命运，一定程度上反映了当时娼妓们卑微的社会地位，这也深深地融入了她们的精神世界中，才会将前世的报应都归结在自己身上，只能寄托于薄情的男子身上，令人唏嘘不已。

无论是直接引用，还是间接衍生，《粤讴》中的红楼影绝非无中生有，有受当时《红楼梦》小说传播和说唱再创的影响。

二 《粤讴》受《红楼梦》的影响

追溯《红楼梦》对《粤讴》的影响，必须回到《粤讴》出版时的大背景，即乾嘉时期。陈寂先生在《粤讴》前言中提到，招子庸“平时爱好研究民间的曲艺和民歌”，当时“在广州亦颇流行北方的民间说唱文学南词和子弟书”[①]。梳理《红楼梦》在广州甚至整个岭南地区的传播情况，以及当时流行在此的红楼说唱大况很有必要。

（一）乾嘉时《红楼梦》在岭南的传播：文人间为主

自曹雪芹逝世后三十年来，《红楼梦》都以抄本形式在亲友和其他小众间流行，影响范围并没有太大，主要在北京城内。乾隆五十六年辛亥（1791），程伟元和高鹗用活字印刷刊印程甲本一百二十回《红楼梦》，许多书商才纷纷以程甲本为底本进行刊刻，影响

① （清）招子庸等撰，陈寂、陈方评注：《粤讴》，中山大学出版社 2017 年版，前言第 1 页。

迅速扩展到大江南北，《红楼梦》的传播走出京城。周春《阅红楼梦随笔》[①]弁首中载，乾隆庚戌年（1790），《红楼梦》抄本已流传至福建。岭南在地理上虽仍相对僻远，但在乾隆末嘉庆初，可推测《红楼梦》或以抄本形式进入了广东并在文人间有一定流传。这点从《粤讴·点算好》其一也可探得，写黛玉死时的情节因素来自程甲本第九十七回，可见程甲本在乾嘉时或已到岭南地区。郑晓宇在《清代〈红楼梦〉在岭南地区的传播和接受》[②]中，通过列举嘉庆四年（1799）广东肇庆陈少海续《红楼复梦》出现，以及嘉庆九年（1804）虞岭劳人《蜃楼志》本衙藏版本刊印的两个例子，证实嘉庆早年《红楼梦》在岭南地区文人间确有不小影响。

乾隆末嘉庆间，岭南地区《红楼梦》的传播形成了以手抄本为主的传播媒介和以文人间为主的传播途径，其中手抄本受文人影响也很大。除去本地书商传抄引进外，手抄本可能也通过北上入京参加科考或游历的文人带回，尤其是一部分科举失利文人，更容易被《红楼梦》荣辱盛衰的命意吸引，招子庸即是其中一位。招子庸生于乾隆五十八年（1793），于嘉庆二十一年（1816）中丙子科举人，之后顺理成章即入京会考。在《粤讴·点算好》其二中，有一段逸事透露了招子庸在京情况：“当时子庸羁滞北京，那天正值元旦，一群落第举人举行团拜。团拜完，大家请子庸唱粤讴，子庸就唱了这支《点算好》，在座的人听了都为之垂泪。”[③]可见其在京城且名落孙山。《点算好》共两首，其一有直接引用宝黛人名及黛玉临死情

① 一粟编：《红楼梦资料汇编》，中华书局1964年版，第66页。

② 郑晓宇：《清代〈红楼梦〉在岭南地区的传播与接受》，硕士学位论文，暨南大学，2013年，第29—45页。

③ （清）招子庸等撰，陈寂、陈方评注：《粤讴》，中山大学出版社2017年版，第79页。

节，如下：

你为和尚，我做斋姑，唔信你睇《红楼梦》上有段鸳鸯谱。个个宝玉，共佢无缘，所以黛玉得咁孤。佢临死哭叫，四个字一声，唉，“宝玉你好”。真正无路可诉，离恨天难补。

——《粤讴·点算好》其一

可见作者对《红楼梦》很熟悉，《点算好》最终被招子庸收录到《粤讴》，由此可见，这两首很大可能是招子庸亲创作品。进京赴考的招子庸在京城待的时间不可算短，从《点算好》其二对故乡的思念可看出。时北京《红楼梦》早已进入以印刷本为主的传播阶段，各种说唱形式也频繁改编《红楼梦》，子弟书无疑最明显，招子庸对子弟书熟悉程度亦不会低。在北京浓厚的“红楼梦”氛围熏陶下，招子庸对《红楼梦》以及红楼故事有了一定了解，为《粤讴》编辑奠定了基础。

《红楼梦》以文本形态的对外传播，尤其是岭南地区的传播，为《粤讴》的红楼情缘表达培育了创作元素和一定受众。

（二）乾嘉时红楼说唱在岭南发展：花艇夜月

招子庸所编《粤讴》，并非全部为其所创，有相当一部分来自当时民间的传唱，经招氏记录而成。乾嘉时的岭南曲艺不仅包括本地木鱼歌，还有北下的子弟书和弹词等，这些曲艺中蕴含的红楼故事，为岭南地区尤其是广州的红楼故事传播营造了广大的受众环境。

首先，是子弟书和弹词的红楼故事情况。

“清初广商的活动范围则北到江西、江苏、浙江一带，西到湖南长沙、湖北汉口一带”，“清嘉庆时的《龙山乡志》也说，广府龙江乡的商人‘或奔走燕齐，或来往吴越，或入楚蜀，或客黔滇，凡天下省郡市镇，无不货殖其中’”①。乾嘉时期，凭借十三行机会，许多国内商人在此进行出口贸易，广州的商业发展高度繁荣，于此际，北方子弟书和江浙弹词或也曾随商人到过广州一带。

子弟书是清代满族民间曲艺，乾隆至光绪年间流行于北京和东北地区，只唱不说。刘文斌在《〈红楼梦〉子弟书初探》一文中，界定子弟书最早出现红楼故事应在嘉庆十三年（1808）前，最迟在嘉庆十九年（1814）。此时间与招子庸年代相近。招子庸进京会试当在嘉庆二十一年（1816）后，子弟书红楼说唱在北京已有一定发展时间。在改编《红楼梦》时，子弟书有以下两种特点：一是人物故事选取，以宝黛悲凄爱情为主线。《红楼梦》宝黛爱情在浅深两层贯穿小说发展，因其现时现地演唱的表演特性，子弟书不可能将与之有关线索全部拿来演唱。子弟书艺人会对宝黛爱情进行精华处理，敷唱观众爱听的关键情节，体裁上多是短篇。如韩小窗代表作《霜泪缘》共十三回，取材《红楼梦》第九十七至九十八回，即黛玉焚稿、宝钗成婚、黛玉归天、宝玉哭祭等情节，是宝黛爱情发展最高潮，最令人印象深刻。二是主旨思想上，着重突出因果报应、盛衰幻灭观念。子弟书艺人多为八旗落魄子弟，乾嘉时生活已大不如前，许多甚至被迫卖艺，身份的巨大失落感极大地影响了他们对《红楼梦》的改编，会着重选取有幻灭、因果的情节。

弹词又称南词，是明清时流行于江浙吴语地区的一种说唱兼有的曲艺形式。乾嘉时期，以苏州弹词为盛。梁拱辰《北东园笔录四

---

① 何诗莹：《明清以来广府中的文学图景》，硕士学位论文，广州大学，2010年，第6页。

编》卷四曾载："《红楼梦》一书，诲淫之甚者也。乾隆五十年以后，其书始出。……甚至串成戏出，演作弹词，观者为之感叹唏嘘，声泪俱下。"[①] 可见，《红楼梦》成书不久，即有改为弹词相唱者。在改编《红楼梦》时，弹词表现出了和子弟书类似的模式："弹词开篇中有大量依据《红楼梦》原著改写的抒情、咏叹作品，这些篇章大多以'情'为中心，以宝黛爱情悲剧为主题。"[②] 宝黛二人的爱情线，在弹词选唱时同样得到重视，这种情况，与苏州弹词重视抒情有很大关系，如：

> 浙人多用唱本，有《芭蕉扇》、《三笑姻缘》之类，谓之南词，皆言儿女之情，杂以市井俗谚。……园亭销夏，闺阁开尊，间亦召之。
>
> ——（清）郭麐《樗园消夏录》
>
> 若弹词唱本，亦犹是言情也，但供流俗人之耳，不顾伦纪，适启人之荡心，深为可鄙。
>
> ——《新编玉鸳鸯全传·序》

这些乾嘉时的记录，都表明了弹词在闺阁中的流行，以及弹词描写细腻、注重抒情的特点。在当时，弹词文词《天雨花》常与《红楼梦》并称为"南花北梦"，即南有《天雨花》，北有《红楼梦》。将二者并举绝非偶然，侧面反映出二者在内容和影响上的相似性。流行于闺阁的弹词演唱，多为女弹词艺人，她们大多是盲女，身世凄凉，由

---

① 周良：《苏州评弹旧闻钞》，古吴轩出版社 2006 年版，第 75 页。

② 刘祎如、张灵：《〈红楼梦〉说唱的典故使用和宝黛爱情的民间接受——基于弹词开篇、木鱼书、子弟书的研究视角》，《红楼梦学刊》2019 年第 2 期。

其演唱的弹词更带有凄婉风格，在改编《红楼梦》时，同样重情如命、凄婉悲伤的宝黛爱情线，更容易吸引她们。女弹词艺人中，有不少青楼名妓，如：

> 独可恨者，浪游子弟，以游览为名，借观妇女，山僧园主，设局敛钱。每至花时，又有狡猾棍徒，租赁园亭，刷印小票，招集青楼妓女为群芳会，吹弹杂耍，悉聚园中，良贱不分，男女混杂。少年子女，耳闻目见，荡志倾心，因而画舫灯船，龙舟赛会，四时八节，各自追踪。
>
> ——（清）余治《得一录》卷十五[①]

嘉庆时珠江花艇的女子也有相似的弹唱。“清末政论家王韬（1828—1897）的《淞滨琐话》，其中《珠江花舫记》备记广州的烟花风月，妓女除卖身之外，还兼卖艺、卖唱，……可知当时青楼风气不徒以色相事人，还须具备娱人的技艺，方能于市场竞争中取胜。”[②]《粤讴》编写的整体大环境即是乾嘉时期热闹的珠江花舫，可知当时的妓女习有一定娱乐技能是必须的，演唱是最常见的一项。弹词女艺人中的名妓弹唱与珠江花舫的表演也有潜在交流的可能性。弹词在创作、表演、欣赏中拥有大批的女性参与，为弹词《红楼梦》的改编和接受培养了坚实的作者和受众群。

其次，是广州本地曲艺木鱼书的影响。木鱼歌，又名摸鱼歌、沐浴歌，用粤方言演奏，是粤语地区影响力最大的曲种。它与弹词发展

---

① 以上三则皆出自周良《苏州评弹旧闻钞》，古吴轩出版社 2006 年版，第 25、203、84 页。

② 欧安年：《旧广州娼妓问题之历史回顾》，《岭南文史》1995 年第 1 期。

一脉而来，属于弹词在岭南的分支。叶德均先生认为，弹词和木鱼书除方言不同外，实际上是同样的东西，表明弹词与木鱼歌有密切关系。和弹词不太一样的是，木鱼书的发展与船很紧密，这与珠江水网密布有一定关系。木鱼书的早期经历了船户间男女劳作相互对唱的阶段，受此影响发展而来的木鱼书两大种类，即龙舟歌和南音，带有珠江的悠韵。乾嘉时期，受岭南当地《红楼梦》传播氛围以及外来曲艺尤其是弹词影响，木鱼书也有一些《红楼梦》改编曲目存在，同样以宝黛爱情的展示为主。与子弟书和弹词不同的是，木鱼书更“更偏重于故事的叙述，更关注情节的完整性和连贯性”①，注重对宝黛爱情命运整个过程的展示。《红楼梦》相关情节是木鱼歌最为重要的取材来源，更多是直接移植情节要素，较少进一步创作，这与乾嘉时期岭南地区在《红楼梦》的传播面也有关系。以宝玉为中心，木鱼书在黛玉葬花、黛玉焚稿、黛玉归天等关键情节中“演绎了宝黛爱情中复杂纠葛的一面，刻画了黛玉的矛盾和痛苦，也传达了同情痴情女、谴责负心男这一朴素的民间价值观”②，“痴”字再一次得到突出。木鱼书与《粤讴》中痴情女负心男的抒发主题最为相近，这与同是珠江水面人们的审美接受有很大关系。

无论是受曲艺表演形式的影响，还是受各地受众审美倾向的影响，“对宝玉与黛玉之爱情的咏唱成为红楼说唱的主旋律”③。《粤讴》中招子庸自创的部分，反映了其作为文人对《红楼梦》小说文本的看法；其他来自民间的作品，则带有艺人和大众对红楼故事的道德选择

① 刘祎如、张灵：《〈红楼梦〉说唱的典故使用和宝黛爱情的民间接受——基于弹词开篇、木鱼书、子弟书的研究视角》，《红楼梦学刊》2019 年第 2 期。

② 刘祎如、张灵：《〈红楼梦〉说唱的典故使用和宝黛爱情的民间接受——基于弹词开篇、木鱼书、子弟书的研究视角》，《红楼梦学刊》2019 年第 2 期。

③ 李根亮：《〈红楼梦〉的说唱传播与民间接受》，《番禺职业技术学院学报》2006 年第 1 期。

和审美趋向。虽如此，《粤讴》最后呈现的红楼情缘表达是相对统一的，即都以宝黛二人及其爱情悲剧的表达敷唱为主，这与红楼说唱在大方向上是一致的。由此可见红楼说唱对《粤讴》的影响脉络：南来的子弟书和一脉的弹词在故事改编的多样性方面推动了木鱼书的发展，而同样是用粤方言演唱的木鱼书在故事取材和主旨命意方面对《粤讴》产生了直接性影响。

三　曲艺和《粤讴》的内在相通性

子弟书、弹词和木鱼书对《粤讴》的影响，除去艺人、受众和大环境之间的培养和营造，还有它们作为曲艺内部的关联性和相通性。

（一）都属于叙唱类曲艺

根据说唱艺术的话语形态，《中国曲艺概论》将曲艺划分为四大类，分别是散说、叙唱、滑稽和韵诵。叙唱的形式包括又说又唱和只唱不说，其中歌唱性是叙唱类曲艺最核心的要义。

子弟书，又叫清音子弟书，只唱不说，通常采用一人独自操弄三弦的坐唱形式。子弟书极其讲究唱腔的变化，拥有丰富多变的板腔音乐结构，唱词很少，音乐节奏缓慢、低回流传，如此演唱体制奠定了子弟书以抒情为主的表演风格。弹词，又说又唱，然其早期表演以唱为主，以三弦、琵琶、月琴等乐器伴奏，表演形式上也是坐唱，或一人自唱，或三人说唱。弹词又说又唱，多用韵文写就的唱词着重描摹环境，进一步渲染感情，在抒发情感方面非常细腻婉转。木鱼书，也是有说有唱，表演乐器以琵琶、三弦的挑拨和木鱼的敲击为主，与弹词同属弹词音乐类型，但在腔调的演唱上则另有特点，因其用粤方言演唱的特性，木鱼书的腔调多适应粤方言本地区的民歌民谣，带有珠江渔户日常劳作生活的喜怒哀乐，在情感表达上也是丰富多样。龙舟歌和南音的表演形式比较不同，龙舟歌多走街串巷，多用土话，而南音则在固定场所用官话进行演唱，二者都有较多歌唱存在。粤讴，属小曲一类，以唱为主，有单独的演唱曲调，与固定曲牌的联系较小，和弹词、木鱼歌一样，也是以琵琶、三弦为主要表演乐器，《粤讴》中也有几处女妓使用琵琶的描写：

> 累得我多愁多病，抱住琵琶叹。
>
> ——《粤讴·同心草》
>
> 手抱琵琶百感悲，做乜老来情事总不相宜。
>
> ——《粤讴·容乜易》其一
>
> 四条弦涩难成响，总系弹到清深怕惹恨长。
> 唉！低自唱，还了风流账。亏我手抱琵琶，闷对夕阳。
>
> ——《粤讴·容乜易》其六
>
> 怀人偷抱琵琶弄，多少凄凉，尽在指中。
>
> ——《粤讴·唔好发梦》

可见，琵琶是《粤讴》中女妓常怀之物，且多是抒发孤寂思念、哀叹命运之情。

话语形态上，子弟书、弹词、木鱼书和粤讴都突出了很多的歌唱性；表演乐器上，都涉及琵琶、三弦等弹拨乐器；表演形式上，都有单人坐唱且不是多人搭档的表演。以上相通点，赋予这些曲艺的曲调以悠回缓转、细腻宁静的风格，其抒情表达亦有娓娓道来之感，很适合敷演缠绵悱恻的爱情故事，这些都为红楼故事的说唱改编提供了条件，也为子弟书、弹词、木鱼书和粤讴间表演机制上的内在相关和联动增加了可能，有利于提高粤讴的音乐性。

（二）都有诗赞系文学特征

诗赞系是叶德均先生根据曲艺文本，即韵文部分的唱词特点和表演情况作出的划分，与其相对的是乐曲类，都属曲艺文学体裁范围。诗赞系唱词“用韵较宽，平仄不严，接近口语”①，叶德均先生的定义表明诗赞系唱词在句尾韵律、句中音节、用语风格特点，都直接指向句式运用一块。句式运用包括句数多少和字数多少，这能影响到表演时曲调、腔调的选择和演唱的快慢。“诗赞系唱词句式以七字句为基础，后来由七字句加三字头衍生出十字句和十字句体。一个七字句添字断句就成为两个五字句，可穿插在七字句或十字句体中使用。……在行文中还可加衬字、嵌字”②，可看出，七字句是最为基础的句式，可灵活地与三字句、五字句和十字句进行转换，尤其是三字句的活跃程度，可根据演唱曲调和风格随时调整。子弟书唱词中，多用衬字进行句式变化，尤其是三字句，和七字句组成十字体，但因唱词总体不多所以句式不会太长，适合其节奏缓慢的细细演唱。与子弟书不同，弹词的句式字数变化较多，但仍是以七字句为主，运用衬字方法增加甚至超过十字，这与其又说又唱的话语形态有一定关系，需要在抒情的同时观照一些叙事性。在早期发展中，木鱼书唱词多是以五言、七言为主的小短歌，发展至南音时曲词是规整的七字句，句式比较正切，龙舟歌则是句式灵活，没有固定结构。《粤讴》中句式长短高度灵活，按具体抒情语境进行语言搭配。开头处多是两句成行，句式以三言、四言为多，既有整齐的两句对偶，也有相错的杂句搭

① 叶德均：《戏曲小说丛考》，中华书局2004年版，第627页。

② 姜昆、戴宏森主编：《中国曲艺概论》，人民文学出版社2005年版，第142页。

配。正文处也多是两句成行，如是叙事则多用八字、九字甚至十几字唱句，若是抒情写景亦多用七字句。因粤方言特点，二字语气词多穿插在一句中的句首、句中，句尾较少，都为增强抒情效果。

子弟书、弹词和木鱼书在句式上都以七字句为基本骨架，在脚本创作和实际演唱中会按抒情和叙事的具体情况进行衬字增减，句式上不像诗歌创作般固守规则，而是灵活多变，为句尾押韵和句式风格提高了自由选择的机会。《粤讴》没有大量、固定使用七字句，而是更加灵活地调用了多种句式的搭配，其押韵通常在句尾押且一押到底，句式风格更加散文化，抒情效果顺畅无阻，充满粤方言区的特色，既细腻又直接。子弟书、弹词中七字句式所包含的相对典雅的词汇也为招子庸所吸收，在《粤讴》编辑中的雅化奠定一定基础。

四　结语

《粤讴》的“红楼”情缘设定，招子庸无疑起到很大作用，其知识结构既受《红楼梦》小说影响，又受当时岭南地区整个红楼说唱氛围的濡润。招子庸扎根粤方言土壤，在对粤讴作品进行整理的同时，也将乾嘉时期珠江花舫极富感染力的情感表达记忆下来，在《红楼梦》家喻户晓的当下，与《粤讴》相对照而读，更能体味出其中另样的韵味：各样痴男怨女，孽海情天。

（温裕华：广州大学人文学院硕士研究生）

梧州下俚歌溯源

苏文龙

泗化洲是浔江东段、梧州市西郊的一个小岛，此岛 3000 年前已有人类定居，他们及其后裔世代相传击壤歌、康衢谣、“下里巴人”、越人歌等古代歌谣，以及东光歌、喻猛歌、陈临歌等本土歌谣，明代发展为下俚歌。下俚歌是古楚文化的遗存，是“下里巴人”的活化石，2014 年被列入广西壮族自治区第五批非物质文化遗产项目名录。

一　古楚歌谣“下里巴人”几乎失传

汉代刘向《新序·宋玉对楚威王问》说，客有歌于郢中者，“下里巴人”其和者众，“阳春白雪”曲高和寡。书中注释：“里”作“俚”；“下里巴人”，自是鄙俗之曲①。

本文考察“下里巴人”是否失传。这里所说的“下里巴人”，是指“客有歌于郢中者”的古楚歌谣，并非后世成语“下里巴人”泛指的通俗文艺作品②。

---

①（西汉）刘向著，石光瑛校释，陈新整理：《新序校释》卷一“杂事一”，中华书局 2017 年版，第 126—140 页。

② 中国社会科学院语言研究所词典编辑室：《现代汉语词典（修订本）》，商务印书馆 1996 年版，第 1358 页。

明代方孝孺《答王仲缙》说："数年来士大夫不察其实，口耳相承，猥有所称引，愈久愈讹，遂以滋甚。"① 这里说"口耳相承"不可靠。周天一《从敬重文字开始》说：

> 中华民族历史悠久如滔滔长河，若没有语言文字的记载和留存，无论是汉唐盛世，还是唐诗宋词，都将在后人的世界里湮灭无迹。因此，在所有的伟大发明中，最应当敬重的当属文字。②

由此可知，古楚歌谣能够穿越时空而流传后世的，要兼具两大要件，即古籍记载、口耳相承。据此即可定义"失传"与"几乎失传"：古籍记载、口耳相承两者皆无的，称为失传；仅有口耳相承，但无古籍记载，或者古籍记载鲜为人知的，称为几乎失传。既然"最应当敬重的当属文字"，那么我们首先考察一下现存古籍是否有"下里巴人"歌词的记载。由于我国现存古籍汗牛充栋，这里只能略述其大概。东汉班固《汉书》说：

> 武帝定郊祀之礼，祠太一于甘泉，就乾位也；祭后土于汾阴，泽中方丘也。乃立乐府，采诗夜诵，有赵、代、秦、楚之讴。以李延年为协律都尉，多举司马相如等数十人造为诗赋，略论律吕，以合八音之调，作十九章之歌。③

这里说汉武帝始建"乐府"，后世便有乐府官员采集各地歌谣。

① （明）方孝孺：《逊志斋集》，上海商务印书馆缩印明刊本 1929 年版，第 239 页。
② 周天一：《从敬重文字开始》，《人民日报》2012 年 3 月 27 日第 24 版。
③ （东汉）班固：《汉书》卷二十二"礼乐志第二"，中州古籍出版社 2018 年版，第 416 页。

北宋郭茂倩《乐府诗集》共一百卷，收录了宋代以前的乐府诗歌共5389首。《四库全书总目提要》说："是集总括历代乐府，上起陶唐，下迄五代……其解题征引浩博，援据精审，宋以来考乐府者无能出其范围……诚乐府中第一善本。"[①] 郭茂倩《乐府诗集》中有如下史料：

> 梁元帝《纂要》曰："齐歌曰讴，吴歌曰歈，楚歌曰艳……"故歌曲有《阳陵》、《白露》、《朝日》、《鱼丽》、《白水》、《白雪》、《江南》、《阳春》、《淮南》、《驾辩》、《渌水》、《阳阿》、《采菱》、《下里巴人》，又有长歌、短歌、雅歌、缓歌、浩歌、放歌、怨歌、劳歌等行。汉世有相和歌，本出于街陌讴谣。而吴歌杂曲，始亦徒歌，复有但歌四曲，亦出自汉世，无弦节作伎，最先一人唱，三人和，魏武帝尤好之。时有宋容华者，清彻好声，善唱此曲，当时特妙。自晋已后不复传，遂绝。[②]

梁元帝萧绎既是皇帝，也是著名的藏书家和著作家，他说有许多流传于汉世的古代歌谣自晋以后不复传，"遂绝"，这是可信的。晋代以后天下大乱，古楚地区是兵家必争之地，发生过多次人口大迁移，"下里巴人"不能世代相传，古籍记载就"遂绝"了。

《乐府诗集》没有记载"下里巴人"的歌词，却有"白雪"的歌词：

> 《乐府诗集》卷五十七·琴曲歌辞【白雪歌】齐·徐孝嗣。

---

① （清）永瑢等：《四库全书总目提要》，上海商务印书馆1937年版，第4616页。

② （宋）郭茂倩：《乐府诗集》，《钦定四库全书荟要·集部·乐府诗集·卷五十七》，吉林出版集团2005年版，第2、3页。

谢希逸《琴论》曰："刘涓子善鼓琴，制《阳春》、《白雪》曲。琴集曰：《白雪》，师旷所作商调曲也。"《唐书·乐志》曰："《白雪》，周曲也。"张华《博物志》曰："《白雪》者，太帝使素女鼓五十弦瑟曲名也。"高宗显庆二年，太常言："《白雪》，琴曲，本宜合歌。"今依琴中旧曲，以御制《雪诗》为《白雪》歌辞：

风闺晚翻霭，月殿夜凝明。

愿君早留眄，无令春草生。①

再考察现存古籍是否有"下里巴人"曲谱的记载。《新唐书》与《宋史》说：

周、隋管弦杂曲数百，皆西凉乐也。鼓舞曲，皆龟兹乐也。唯琴工犹传楚、汉旧声及《清调》，蔡邕五弄、楚调四弄，谓之九弄。隋亡，清乐散缺，存者才六十三曲。其后传者：《平调》、《清调》，周《房中乐》遗声也；《白雪》，楚曲也；《公莫舞》，汉舞也；《巴渝》，汉高帝命工人作也……又有《吴声四时歌》、《雅歌》、《上林》、《凤雏》、《平折》、《命啸》等曲，其声与其辞皆讹失，十不传其一二。②

乐器中有叉手笛，乐工考验，皆与雅音相应。按唐吕才歌《白雪》之琴，马滔进《太一》之乐，当时得与宫县之籍。③

① （宋）郭茂倩：《乐府诗集》，《钦定四库全书荟要·集部·乐府诗集·卷五十七》，吉林出版集团2005年版，第4、5页。

② （宋）欧阳修等：《新唐书》卷二十二"志第十二·礼乐十二"，中华书局1999年版，第313页。

③ （元）脱脱等：《宋史》卷一百二十六"志第七十九·乐一"，中华书局2010年版，第1983页。

《新唐书》与《宋史》记载唐宋两代尚有楚曲《白雪》传世，但没有楚曲“下里巴人”的记载。

北宋陈旸《乐书》是中国第一部音乐百科全书，共200卷100多万字，其中卷1至卷95为“训义”，考证古代乐制，阐述儒家的音乐思想。《乐书》卷96至卷200为“乐图论”，内容渊博宏广，包括乐律理论、乐器、声乐、舞蹈、杂技、魔术及宫廷典礼音乐。郑祖襄《中国古代音乐史学概论》评论陈旸的《乐书》说：

> 《乐书》虽然是一部音乐百科全书，但书中作者对历朝的音乐史实（尤其是唐代时期的音乐）均予以记录下来，并逐一进行考证，而且，对那些不为封建士大夫们所重视的民间音乐，《乐书》多有留载，反映出作者的音乐文化观念比较宽大，所以，这本著作也就具有重要的音乐史学价值。[①]

郑长玲博士说，《乐书》所附录的宋时乐府曲调328首具有很高的文献价值[②]。查阅陈旸《乐书》，没有记载“下里巴人”的曲谱[③]。

琴居于文人四技“琴、棋、书、画”之首，因此说到曲谱，首推琴曲。刘硕《从朱权〈神奇秘谱〉看明代古琴谱的传承和发展》说，朱权所编纂的《神奇秘谱》是我国历史上第一部古琴琴曲专集，在古琴史上起着承前启后的作用[④]。朱权《臞仙神奇秘谱序》说：“然琴

---

① 郑祖襄：《中国古代音乐史学概论》，人民音乐出版社1998年版，第69页。

② 郑长玲：《陈旸及其〈乐书〉研究》，博士学位论文，福建师范大学，2004年，第120页。

③ （宋）陈旸著：《乐书》，张国强点校，中州古籍出版社2019年版，第1—1119页。

④ 刘硕：《从朱权〈神奇秘谱〉看明代古琴谱的传承和发展》，硕士学位论文，南京师范大学，2014年，第4页。

谱，数家所载者千有余曲，而传于世者，不过数十曲耳。”① 这里说，古琴史上流传到明代的琴谱不过数十首，许多古代琴曲失传了。朱权自序之后是“臞仙神奇秘谱目录”②。目录分为上、中、下三卷，“太古神品上卷”记录了 15 首琴谱，其中第 7 首为《阳春》；“霞外神品中卷”记录了 26 首琴谱，其中第 14 首为《白雪》；“霞外神品下卷”记录了“神品无射意”等 20 首琴谱。直到“目录终”，都没有记载“下里巴人”的曲谱。

综上所述，“阳春白雪”的歌词、曲谱有书籍记载，能够穿越时空而流传后世；“下里巴人”全凭口耳相承，没有古籍记载其歌词与曲谱，或者有古籍记载而鲜为人知。

根据定义即可断言，古楚歌谣“下里巴人”如今几乎失传了。

二　泗化洲是“下里巴人”的最后家园

《梁书》说：“玉徽金铣，反为拙目所嗤。《巴人下里》，更合郢中之听。”③ 这里说“郢中”的听众不喜欢高雅的琴曲，喜欢低俗的歌谣，后世便有成语“下里巴人”与“巴人下里”，泛指通俗的文艺作品。本文所说的“下里巴人”特指古楚歌谣的一个歌曲，“巴人下里”则泛指流传于巴楚地区的众多乡歌俚调。

赫赫有名的“下里巴人”失传了，但其近亲“巴人下里”却沾了光。众多巴楚民歌成为国家级或省级非物质文化遗产，例如赫赫有名的喊歌、扬歌、竹枝歌、鸡鸣歌、傩愿歌、哭嫁歌、跳丧歌等，虽

---

① （明）朱权：《神奇秘谱》，中国书店 2005 年版，第 1 页。
② （明）朱权：《神奇秘谱》，中国书店 2005 年版，第 1 页。
③ （唐）姚思廉：《梁书》卷四十九“列传第四十三 · 文学上”，中华书局 2020 年版，第 767 页。

然并没有古籍记载这些歌谣就是“巴人下里”①②③。

然而，广西泗化洲“下里巴人”的活化石却默默无闻。泗化洲是位于广西浔江东段、梧州市西郊的一个小岛，这里四面环水，旧时交通基本靠舟，通讯基本靠吼，外地学者不便到此采风，难免会“沧海遗珠”。《赤雅》④《广东新语》⑤《岭南文化百科全书》⑥《广西西江文化》⑦ 等著作说到各地的乡歌俚俗，都没有提及泗化洲下俚歌。

近年来，笔者发现了鲜为人知的明清史料，证明泗化洲下俚歌就是“下里巴人”之歌。如下史料1是明代乡贤李法现、罗清（李罗二夫子）所作的下俚歌词：

神游唱赞意如何，俚～俚；
自古相传下俚歌。下～俚。
俗句那堪来士听，俚～俚；
以游以咏乐情多。下～俚。

明代人说“自古相传”，这表明下俚歌的源头非常古老，可追溯到明代以前的某个朝代。

史料2是明代李法现与罗清所作的《青山庙迎神唱下俚原叙》：“余闻之，诗以道性，文以格神。稽古圣朝，尧有华封之祝，舜有景

① 罗来国：《“下里巴人”之“下里”方位考》，《湖北方志》1988年第6期。
② 饶学则：《楚地田歌“下里巴人”源流考》，《民间文学论坛》1998年第2期。
③ 金道行：《论下里巴人》，《三峡大学学报》（人文社会科学版）2002年第5期。
④ （明）邝露：《赤雅》，《广州大典》“第三十四辑 · 第十二册”，广州出版社2015年版，第745—786页。
⑤ （清）屈大均：《广东新语》，中华书局香港分局1974年版，第1—735页。
⑥ 《岭南文化百科全书》编纂委员会主编：《岭南文化百科全书》，中国大百科全书出版社2006年版，第1—836页。
⑦ 于琛、廖明君：《广西西江文化》，广西教育出版社2017年版，第1—391页。

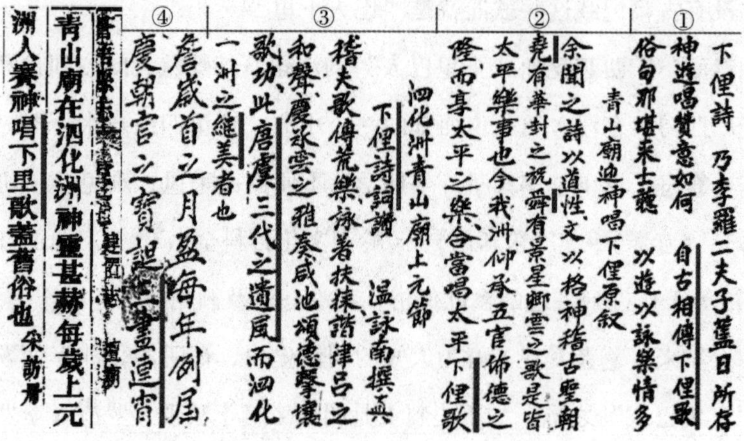
①
下俚詩 乃李羅二夫子舊日所存
神遊唱贊意如何 自古相傳下俚歌
俗句那堪來士聽 以遊以詠樂情多

②
青山廟迎神唱下俚原叙
余聞之詩以道性、文以格神稽古聖朝
堯有華封之祝舜有景星卿雲之歌是皆
太平樂事也今我洲仰承五官佈德之
隆而享太平之樂合當唱太平下俚歌

③
泗化洲青山廟上元節
下俚詩詞贊 温詠南撰
稽夫歌傳荒樂、詠著扶狹、諧律呂之
和聲、慶承雲之雅奏咸池頌德擊壤
歌功、此唐虞三代之遺風而泗化
一洲之繼美者也

④
詹歲首之月每年例屆
慶朝官之寶誕[illegible]

青山廟在泗化洲神靈甚赫每歲上元
洲人賽神唱下里歌蓋舊俗也 采訪冊

记载下俚歌即古楚歌谣“下里巴人”的明清史料汇总①

星卿云之歌，是皆太平之乐事也。今我洲仰五官布德之隆，而享太平之乐，合当唱太平下俚歌。”其中“华封之祝”典出《庄子·天地》②。“卿云歌”是尧舜时代的歌谣，见《古诗源》③。所谓“五官”，即青山庙崇祀的神灵“五位朝官”。这条史料说，泗化洲下俚歌传承尧舜时代的古代歌谣，底蕴非常深厚。

史料 3 是明代温咏南所作的《泗化洲青山庙上元节下俚诗词赞》：“稽夫，歌传荒乐，咏着扶狭。谐律吕之和声，庆承云之雅

① 史料 1：（明）李法现、罗清（李罗二夫子）：所作的下俚歌词（清钞本），苏文龙：《泗化洲古代史》，云南民族出版社 2018 年版，第 57 页。

史料 2：（明）李法现、罗清：《青山庙迎神唱下俚原序》（清钞本），苏文龙：《泗化洲古代史》，云南民族出版社 2018 年版，第 82 页。

史料 3：（明）温咏南：《泗化洲青山庙上元节下俚诗词赞》（清钞本），苏文龙：《泗化洲古代史》，云南民族出版社 2018 年版，第 83 页。

史料 4：（清）蒙建焱：《迎神事序》（清钞本），苏文龙：《泗化洲古代史》，云南民族出版社 2018 年版，第 84—85 页。

史料 5：（清）李百龄：《苍梧县志》卷七“建置志·坛庙”，同治十三年版，第 35 页。

史料 6：转引自苏文龙《下俚歌史话》，梧州日报出版社 2021 年版，第 89 页。

② （战国）庄周：《庄子》，中华书局 2007 年版，第 197 页。

③ （清）沈德潜：《古诗源》，广陵书社 2019 年版，第 2 页。

奏。咸池颂德，击壤歌功。此唐虞三代之遗风，而泗化一洲之继美者也。”这里说泗化洲人自古以来就世代相传古楚歌谣。其中“唐虞三代”即尧舜禹时代；“咸池”“击壤”是唐虞三代的歌谣。康熙字典说：“狭，狸也。”① 因此“扶狭”即狐狸，意指狐狸出没的荒野。所谓“歌传荒乐，咏着扶狭”，即中原地区的古老歌谣流传到岭南蛮荒之地。所谓“泗化一洲之继美”，即泗化洲独存爱唱唐虞三代古老歌谣的遗风。

史料4说：“詹岁首之月盈，每年例届；庆朝官之宝诞，三昼连宵。”古文“詹”通瞻，例如《史记·周本纪》说：“我南望三涂，北望岳鄙，顾詹有河。”② 史料4所说的“朝官”，即青山庙崇祀的神灵“五位朝官”。这条史料说，泗化洲人每年元宵节都举办迎神赛会，人们连续三天三夜唱下俚歌，抒发追求美好生活的感情。

史料5源清代同治版《苍梧县志》卷七：“青山庙在泗化洲，神灵甚赫。每岁上元，洲人赛神唱下里歌，盖旧俗也。”③《康熙字典》说，俚即鄙俗；俚又通里④。因此“下俚歌”就是“下里巴人”之歌，简称“下俚歌”。所谓“旧俗”，是指泗化洲人唱“下里巴人”的风俗。

史料6是乡贤郭维翰抄录的青山庙清代对联：“趁上元佳节踊跃合欢，不过拈花款佛；习下里清腔喁吁和嘱，无非作颂通神。”注明这是泗化洲人罗铭竹撰。罗铭竹即同治版《苍梧县志》的首任主笔罗勋。罗勋（1790—1854）名廷望，字勋，号铭竹，是清代嘉庆二十四

① （清）张玉书、陈廷敬等：《康熙字典》“酉集·中”，中华书局1962年影印版，第13页。

② （汉）司马迁：《史记》卷四“周本纪第四”，中华书局2011年版，第114页。

③ （清）李百龄：《苍梧县志》卷七“建置志·坛庙”，同治十三年版，第35页。

④ （清）张玉书、陈廷敬等：《康熙字典》“酉集·中”，中华书局1962年影印版，第13页。

年（1819年）广西己卯科举人。他治学严谨，熟悉家乡历史，见过很多泗化洲古代史料，因此在县志与庙联中，把下俚歌称为“下里歌”，断言下俚歌就是古楚歌谣“下里巴人”的遗存。

近代学者梁启超说：“孤证不为定说。其无反证者姑存之，得有续证则渐信之，遇有力之反证则弃之。”① 这段话简称“孤证不立”。

综上所述，有主证史料5和6说下俚歌就是“下里巴人”，又有众多明清史料为旁证，符合梁氏所说“得有续证则渐信之”。据此即可断言：下俚歌是古楚文化的遗存，是“下里巴人”的活化石，泗化洲是“下里巴人”的最后家园。人们在演唱古楚歌谣时，都带有衬词“叻～叻”或者“下～俚”，这样的歌谣统称下俚歌。

三　弹歌、击壤歌与康衢谣

下俚歌的源头还有弹歌、击壤歌与康衢谣，它们比“下里巴人”更加古老。数千年前，远古先民由渔猎而农耕，反映他们渔猎生活的歌谣便是《弹歌》。汉代赵晔《吴越春秋》说：

> 范蠡复进善射者陈音……音曰：“古者，人民朴质，饥食鸟兽，渴饮雾露，死则裹以白茅，投于中野。孝子不忍见父母为禽兽所食，故作弹以守之，绝鸟兽之害。故歌曰‘断竹，续竹。飞土，逐肉’之谓也。”②

这是中国最古老的歌谣，用词简朴，仅有四个二言体的短句。其

---

① 梁启超：《梁启超论清学史二种》，朱维铮校注，复旦大学出版社1985年版，第39页。

② （汉）赵晔：《吴越春秋》，中华书局1979年版，第149页。

中“断竹、续竹”即砍下竹子制作成弹射武器，“飞土、逐肉”即弹射泥丸或者石块打击野兽。这首歌谣语句短速，节奏明快，把古代狩猎场面写得非常生动而且有气势。

唐虞三代有《击壤歌》，这是有史可考的最早的一首田园诗：

日出而作，日入而息。

凿井而饮，耕田而食。

帝何力于我哉！[①]

其末句也作“帝力于我何有哉”[②③]。晋代皇甫谧《高士传》说：“壤父者，尧时人也。帝尧之世，天下太和，百姓无事。壤父年八十余，而击壤于道中。观者曰：‘大哉帝之德也。’壤父曰：‘吾日出而作，日入而息，凿井而饮，耕田而食，帝何力于我哉！’”[④] 清代沈德潜《古诗源》说：“康衢击壤，肇开声诗。”[⑤] 他把《击壤歌》列为众多古诗之首。这首歌谣反映了古代农耕生活的淳朴民风。其中“帝何力于我哉”既有蔑视“帝德”之意，也隐含歌颂“帝德”之义，因为只有“天下太和”，才能“百姓无事”。

与《击壤歌》齐名的是《康衢谣》，这是歌颂“帝德”最著名的古老歌谣：

立我蒸民，莫匪尔极。

---

① （宋）郭茂倩：《乐府诗集》，《钦定四库全书荟要·集部·乐府诗集·卷八十三》，第4页。

② （元）左克明：《古乐府》，《钦定四库全书荟要·集部·古乐府卷一》，第2页。

③ （清）沈德潜：《古诗源》卷一，广陵书社2019年版，第1页。

④ （西晋）皇甫谧：《高士传》卷上“壤父”，上海古籍出版社2014年版，第53页。

⑤ （清）沈德潜：《古诗源》卷一“例言”，广陵书社2019年版，第1页。

不识不知，顺帝之则。[1]

这首歌谣可意译为下俚歌：

使我百姓有衣食，全靠您的好领导。

大家不投机取巧，遵纪守法就是好。

据说尧帝治理天下 50 年之后，某日微服私访，听到民众唱歌《康衢谣》，其中“顺帝之则”意谓遵从尧帝制定的法则，“不识不知”即不投机取巧，喻民风淳朴。尧受到歌颂，高兴极了。尧还宫，召舜，因禅以天下[2]。这就是儒家推崇的“尧舜禅让”。

远古时代的击壤游戏与《击壤歌》在泗化洲世代相传，一直流行到 20 世纪 50 年代初，包括笔者在内的泗化洲老翁都玩过这种游戏。所谓“击壤”，俗称“打拐”，是模拟唐虞三代狩猎活动的游戏。所谓“拐”，是用树枝削成两头尖的梭状木制玩具。“打拐”的玩法是首先把“拐”平放在地上，然后手持木棒猛然往下向“拐”的尖端一砸，让“拐”弹跳起来，等它徐徐落下时，准确地向前一击，把“拐”打到前方。几个人轮流“打拐”，把“拐”打得最远者胜，他们一边游戏一边高唱世代相传的击壤歌。泗化洲很小，人们饮用河水，不必“凿井而饮”，民间歌手就把古老的《击壤歌》改为通俗易懂的下俚歌：

日出而作我耕田，日入而息我睡眠。

① （清）沈德潜：《古诗源》，广陵书社 2019 年版，第 1 页。

② 杨伯峻：《列子集释》，中华书局 1979 年版，第 144 页。

若不耕田管饱饭，什么帝德也枉然。

四 越人歌与本土歌谣

下俚歌的源头还有越人歌与本土歌谣。汉代刘向《说苑·卷十一·善说》说：

（鄂君子皙）乘青翰之舟，极芮芘，张翠盖，而检犀尾，班丽桂社①。会钟鼓之音毕，榜枻越人拥楫而歌。歌辞曰："滥兮抃草滥予？昌枑泽予？昌州州𩜱。州焉乎秦胥胥，缦予乎昭澶秦踰渗。惿随河湖。"鄂君子皙曰："吾不知越歌，子试为我楚说之。"于是乃召越译，乃楚说之曰：

今夕何夕兮？搴中洲流。

今日何日兮？得与王子同舟。

蒙羞被好兮，不訾诟耻。

心几顽而不绝兮，得知王子。

山有木兮木有枝，心悦君兮君不知。②

这里有个故事。楚国贵族鄂君子皙乘舟夜游，在国乐的钟鼓之声刚刚停歇时，越人充满激情，用越语唱了这支歌，满座皆惊。这首歌唱出了越女对王子深沉真挚的爱恋之情，歌词声义双关，委婉动听而情意缠绵。鄂君子皙不懂越语，命人翻译成楚语，称为"越人歌"。

越人歌是优美的民间恋歌，歌中起首两句反复追问"今夕何夕"

① "检犀尾，班丽桂社"，商务印书馆作"擒犀尾，班丽袿衽"。见（汉）刘向著，程翔评注《说苑》，商务印书馆2018年版，第504页。

② （汉）刘向：《说苑·仲尼第四》，《钦定四库全书·说苑》卷十一，第9页。

“今日何日”，表明歌手内心激动无比，意绪不复平静，难以控抑，这种句式常为后世诗人取用。“山有木兮木有枝”是一个比兴句，以“山有木”“木有枝”兴起下面一句的“心悦君”“君不知”，又以“枝”谐音“知”，这是借用谐音的比兴手法。越人歌广为流传于战国时期的百越之地（长江以南），其文学水平相当高。

已知苍梧郡最古老的本土歌谣，是沈约《宋书》记载西汉时期的《东光》：

东光乎？仓梧何不乎！

仓梧多腐粟，无益诸军粮。

诸军游荡子，蚤行多悲伤。[①]

这里“仓梧”即苍梧。现代学者多有讨论这首歌谣的由来[②③④]。余冠英《乐府诗选》说：“这诗反映从征南越军人的悲怨之情。武帝征南越，当时臣民多不愿意，朝廷虽以关内侯的高爵来鼓励，也激不起从军的热情。元鼎五年的大出兵，所征发的多半是罪犯。行军所经多是南方卑湿之地，所谓‘瘴乡’，如不是土著，没有不以为苦的。”[⑤]其中“元鼎五年”即公元前 112 年。

同治版《苍梧县志》有喻猛、陈临的传记[⑥]，其中《喻猛歌》与

① （南朝）沈约：《宋书》卷二十一“志第十一·乐三”，中华书局 2019 年版，第 657 页。

② 周坊：《汉乐府相和曲〈东光〉试解》，《云南民族学院学报》1983 年第 1 期。

③ 柯利刚：《〈东光〉本事由来考》，《名作欣赏》2014 年第 20 期。

④ 黎军：《汉乐府民歌相和曲〈东光〉版本变异析疑》，《广西社会科学》2020 年第 4 期。

⑤ 余冠英：《乐府诗选》，人民文学出版社 1959 年版，第 8 页。

⑥ （清）李百龄：《苍梧县志》卷十四“列传·宦绩传上”，同治十三年版，第 5 页。

《陈临歌》是东汉时期苍梧郡的本土歌谣：

喻猛字骄孙，豫章人。汉和帝时为郡守，以清白为治，郡人歌之。歌曰：

于惟苍梧，交阯之域。

禹贡厥人，鸟夷卉服。

大汉唯宗，迪以仁德。

出自中台，镇于外国。

鸠集以礼，南人入服。

简于帝廷，功化毕植。

陈临，字子然，南海人。永建中郡守。推诚而理民，民有报父怨杀人者，为吏所获。临知其无嗣，令其妻侍狱中，后产一男。郡人歌之曰：

苍梧府君惠及死，能令死人不绝嗣。

《粤西诗载》的卷一与卷六也记载了《喻猛歌》与《陈临歌》，其文字稍有不同，喻猛歌只有“于惟苍梧，交阯之域。大汉唯宗，远以仁德”四句，陈临歌还有后面三句：

苍梧陈君恩广大，令死罪囚有后代。

德参古贤天报施。①

五　从“下里巴人”到下俚歌

由于下俚歌被中断了几十年，众多家乡史料被焚毁，人们几乎遗

① （清）汪森：《粤西诗载》，《钦定四库全书·粤西诗载》卷一、卷六，第1页。

忘了世代相传的下俚歌词和曲谱。笔者不忍心家乡历史被湮灭，在2003 年春发表了研究下俚歌的第一篇文章，大声疾呼："今天，世外桃源的泗化洲还有更多养在深闺人未识、急需有关专家研究整理的文化遗产吗？[①] 此后，笔者整理家乡史料，研究家乡历史，发表了超过100 万字的文章和著作，考证得泗化洲在距今 3000 年前的西周初年就有人类定居了。战国时期，远古先民培育出优质荔枝。秦亡汉兴，南越王赵佗归顺汉室，向汉高帝刘邦进贡泗化洲荔枝[②]。

汉代运送贡品荔枝走水路，用船运小棵荔枝树进京，船队经桂江，过灵渠，进湘江，入长江，溯汉水，直到秦岭不通舟楫之处，摘下已成熟的鲜荔枝，快马加鞭一日可达皇宫[③]。在运送过程中，为了保证荔枝树正常生长，必须配备泗化洲果农随船北上。船队来到汉水流域，经过楚国故都都郢、鄢郢、丹阳[④]，泗化洲果农学会多种"下里巴人"之歌，就把众多古楚歌谣的歌词和曲谱带回来，"下里巴人"就成为下俚歌的源头。此外，泗化洲先民世代传唱的弹歌、击壤歌、康衢谣、越人歌、东光歌、喻猛歌、陈临歌等古代歌谣，对下俚歌的形成也有很大影响。

下俚歌与青山庙密切相关。笔者考证得南朝始建青山庙[⑤]，唐代始办青山庙会，人们世代传唱古楚歌谣。唐宋以来，迎神赛会的歌词句式不一，相应的曲谱极多，不易普及。明代先贤规范青山庙会，把"下里巴人"改称下俚歌，统一迎神赛会的歌词句式，规定下俚歌词每首四句，每句七言，然后从众多古楚歌谣"下里巴人"的曲谱之

---

① 苏文龙：《泗洲是我家 · 下俚歌》，《梧州日报》2003 年 3 月 13 日第 3 版。

② 苏文龙：《泗化洲古代史》，云南民族出版社 2018 年版，第 30 页。

③ 苏文龙：《泗化洲古代史》，云南民族出版社 2018 年版，第 35 页。

④ 冯永轩：《说楚都》，《江汉考古》1980 年第 2 期。

⑤ 苏文龙、梁少欢、梁燕娴、郭慈珍等：《青山庙揭秘》，《梧州学院学报》2016 年第 1 期。

中，选定一支适合唱七言歌词的曲谱，称为下俚曲谱，于是“下里巴人”之歌就发展为下俚歌了。

元宵节是泗化洲人的狂欢节。清代蒙建焱著文描述青山庙会“三昼连宵”“习下俚之清腔”“康衢共咏”“遏云衢而彻响”的盛况：

> 然则长蒙惠泽，岂乏恩酬。兹詹岁首之月盈，每年例届；庆朝官之宝诞，三昼连宵……然而庆叶神人，首推诗酒；谐和六律，犹在音调。是故习下俚之清腔，颂五官之绩业。康衢共咏，喧成丝竹之声。以此畅怀，有怀皆雅。藉神庥之惠顾，启万寿之桃筵。玉斝飞觞，碧泛天香之液。于斯云乐，何乐如之。至于七宝座前，款佛者，花撚富贵；繁花径里，迓銮者，筵列珍馐。若说旋兵，则风飞云转，当场处，土辙尘飏，哄哄然，欢声沸地；倘云回驾，则风翥鸾翔，即境中，银花火树，焕焕乎，耀色障天。且也，羽仪肃穆，卤簿森严。龙娇揉兮奔驯，狮鼕振轩兮鼓舞。花衢柳陌，琼楼与彩殿齐妍；月下风前，锦障与星桥并媚。选新声于菊部，施妙舞于梨园。金石千声，遏云衢而彻响；祥光万阵，炫海屿以腾辉。①

洲人在庙会期间唱迎神赛会的下俚歌，但平时人们更爱唱的是世代相传的抒情的“下里巴人”歌。泗化洲读书人众多，历代都有人记录古代歌谣的歌词与曲谱。由于种种原因，前人记录的歌词与曲谱几乎散失殆尽，如今尚存者，仅有明代李法现、罗清合著的下俚歌词，以及清代蒙建焱、民国罗敬穑记录的下俚歌词。今天人们广为传唱

① 苏文龙：《泗化洲古代史》，云南民族出版社 2018 年版，第 84 页。

的，只有迎神赛会的一支下俚曲谱。此外，如今九十岁的老翁尚存古代下俚歌的记忆片段，亟待抢救。

已知乡贤郭维翰、蒙有德、梁新元著作有许多家乡史料。近段时间，笔者著作《下俚歌史话》，从故纸堆里挖掘得若干鲜为人知的古代曲谱，例如郭维翰《乐歌》记录的工尺谱。

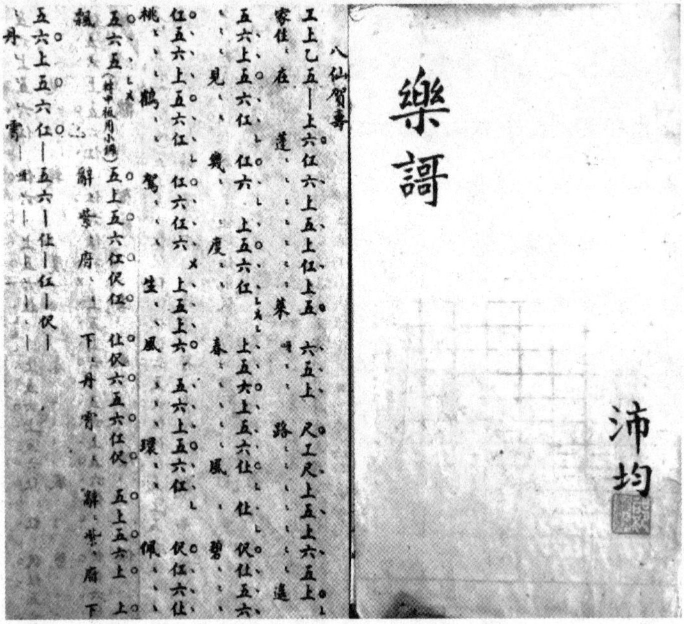

民国时期郭维翰所作《乐歌》与工尺谱

郭维翰（1886—1974），讳景鎏，字广贤，号佩均、沛均，在民国时期曾任梧州市多间小学的校长、苍梧县参议会议员、苍梧县图书馆馆长，著有十多部格律诗和下俚诗，可惜如今仅有少量著作能够保存下来。他精通音乐，曾用工尺谱记录了众多民间歌手演唱的抒情下俚歌。《乐歌》是否保存有抒情下俚歌的曲谱？这就有待音乐家来鉴定了。

下俚歌的歌词如同普通山歌，用“下里巴人”的曲谱来演唱，每句歌词末尾都带有“叻～叻”或“下～俚”的衬音，具有地方特色。优秀的下俚歌词弘扬传统美德，蕴含如下精神内涵：重情，歌颂爱情、亲情和乡情，赞美诚信厚道；尚美，歌颂美丽，赞美自然和女子；尚远，追求理想，赞美幸福生活。经典的下俚歌如“绣球抛给撑船郎”“蚕花姑娘”“渔歌唱晚”等，最能体现下俚歌重情、尚美、尚远的精神内涵。

2012 年，笔者首倡下俚文化节；2014 年，下俚歌成为广西非物质文化遗产。自此，梧州下俚歌广为人知。

（苏文龙：梧州学院研究员）

惠州罗浮山文学景观演变研究*

罗莉莉

罗浮山地处广东东江之滨，山势峻拔奇峭，云雾缭绕，相传为古神山蓬莱山一阜而被道教奉为洞天福地，以“仙山”形象吸引无数修仙道士在此隐逸修道，如古代仙人安期生、东晋道教学家葛洪、朱灵芝等，罗浮山因此名声大盛，成为远近闻名的道教圣地。道士们频繁的道教活动反过来又衍生了无数瑰奇多彩的神话传说，形成独特的仙山文化。罗浮山渐渐活跃在诗词歌赋之中，成为历朝历代无数前来游历的文人墨客笔下的写作题材，或寄托归隐自然的向往，或描绘山间美景、奇闻，或表达得道升仙的渴望，极大推动了罗浮山由自然景观向文学景观的转变，形成了极富盛名的罗浮山文化。本文将通过宗教、神话传说、文人书写等方面梳理罗浮山是如何由自然景观向文化景观演变并成为一个著名的文学景观的。

一　罗浮山名称由来及其历史地位

西汉陆贾在汉高祖、汉文帝时期两度出使南越，写下《南越行

---

* “所谓文学景观，就是具有文学属性和文学功能的自然或人文景观。”见曾大兴《文学地理学概论》，商务印书馆2017年版，第233页。

纪》，是目前已知最早记载岭南风物及罗浮山名字的地方志书，也是中原人士闻知岭南罗浮山之始。原书已佚，仅存两则，收录在西晋嵇含笔记《南方草木状》中，一则记载南越的风土人情，另一则记载罗浮山上“绕其际”的山果。这两则所展示的岭南初始印象是惬意而舒适的，与后世印象中的蛮荒之地、烟瘴之地相差甚远，对罗浮山的描写也仅涉及果类——胡杨梅和山桃，信息量较少。

（一）蓬莱南移

罗浮山之名源自神话传说，相传由本地的罗山与外来浮山合体而成。关于浮山到底从何处来，有两种说法：一说自浙江会稽而来。罗浮山地处惠州博罗县，公元前 214 年，秦始皇征服岭南，设置三郡，博罗隶属南海郡。西晋司马彪所著《续汉书·郡国志》南海郡下“博罗”注：“有罗浮山，自会稽浮往博山，故置博罗县。”① 东晋徐道覆《罗浮山记》：“旧云浮山从会稽流来，今浮山上犹有东方草木。”② 记载了浮山是自会稽而来，与罗山合体，因称罗浮山；另一说法是今较为著名，也是流传最广的说法，浮山来自蓬莱山一阜。蓬莱山乃中国古代传说中的仙山，与方丈、瀛洲并称为海山三神山，位于渤海，自先秦时便已扬名海内外。此说使罗浮山起源传说逐渐与上古民间三神山之一的蓬莱山搭上了关系。晋代裴渊著《广州记》云：“山之阳有一小岭，云蓬莱边山浮来着此，因合号罗浮山。”③ 南朝宋沈怀远所撰《南越志》（原著已佚，宋李昉《太平御览》引）言罗浮山：“此山本名蓬莱山，一峰在海中，与罗山合，因名焉。”④ 唐李吉甫《元和郡

---

① （南朝·宋）范晔撰：《后汉书》，中华书局 1965 年版，第 3530 页。
② （宋）乐史撰：《太平寰宇记》，中华书局 2007 年版，第 3070 页。
③ （宋）李昉等撰：《太平御览》，中华书局 1960 年影印版，第 197 页。
④ （宋）李昉等撰：《太平御览》，中华书局 1960 年影印版，第 197 页。

县图志》云：“罗山之西有浮山，盖蓬莱之一阜，浮海而至，与罗山并体。故曰罗浮。”① 此类记载言罗浮山之浮山源自蓬莱山，因附于罗山，称之罗浮山，与第一种说法“自会稽”不同。

浮山自蓬莱山而来的说法越传越广，后人对此说法亦信之不疑，罗浮山据此衍生出“蓬莱南移”的传说，攀附上三神山之一的蓬莱山，从而有了高贵的出身，成为仙山之一。

（二）岭南道教中心

佛、道、儒三道在罗浮山均有发展，但与其渊源最深的还数道教。道教于东汉末年形成，但战国至东汉末年期间以“神仙家”的形式存在（战国时信仰神仙，出现以求仙为职事的方士，将神仙学说与道家思想、阴阳五行说相结合形成了一家学说——方仙道，但尚未发展为宗教组织，称之“神仙家”）。而罗浮山的道教活动最早可追溯到周代。杜光庭所著《历代崇道记》载有周穆王于罗浮度说的传说；《大清一统志》又记载了浮丘公于罗浮得道的传说，浮丘公为古代神话中的南海仙人，相传周灵王时与王子晋入崇山，后在罗浮得道。

秦代道士安期生，曾经游览罗浮山，因为服食当地的九节菖蒲而羽化登仙，安期生因此被称为罗浮山开山始祖。西汉著名道士李少君曾与安期生“南至罗浮……周流五岳，观看江山”②。《天柱山天柱观记》中引司马迁言：“名山五千，其在中国，有五岳作镇，罗浮、括苍辈十山为之佐命。”③ 罗浮山被司马迁称为五岳外的十大名山之首，可见秦汉时期罗浮山在中原已有名气。

---

① （唐）李吉甫：《元和郡县图志》，中华书局1983年版，第893页。

② （晋）葛洪：《神仙传》，引自胡守为校释《神仙传校释》，中华书局2010年版，第206页。

③ （清）董诰等撰：《全唐文》（第十册），中华书局2001年影印版，第9678页。

汉魏时期，移民浪潮以及道教的南移使罗浮山在这一时期成为岭南道教活动的中心，许多道教信徒会聚于此，进行频繁的道教活动。汉末年间，张角利用太平道聚集势力，发动了黄巾起义，随后军阀割据，中原战火连绵。而岭南地区远离战争与政治中心，“和辑百越”政策的实现又使南方社会稳定，汉末牟子所著《牟子理惑论》言：“独交州（今广东、广西、越南）差安。”[①] 岭南成为移民浪潮的首选。此外，早期道教作为宗教革命的工具产生，常借符水治病等由头在民间传播。曹植《辩道论》提到，曹操因害怕这些道教信徒“接奸诡以欺众，行妖恶以惑民”，因而将他们聚集起来进行限制，魏文帝曹丕承袭旧制更加严格。西晋统一天下后仍承曹魏之旧，将鼓吹革命反叛的道教视为邪教。因此“北方异人咸来在焉，多为神仙辟谷长生之术”[②]，中原大量道教信徒频繁活动在岭南地区，岭南道教因此得到极大发展，其中尤以罗浮山为重镇。

（三）粤岳

罗浮山最开始佐命于东岳泰山之下，《云笈七签》引郑隐：“东岳泰山君，罗浮括苍佐命。”[③] 罗浮山与括苍山、少室山、女几山（花果山）、武当山、地肺山、河逢山、抱犊山被奉为八山神君，可见罗浮山在中国众多名山中占有一定地位。然罗浮山位处南方地区，与东岳泰山相隔甚远，唐代又将罗浮山佐命于南岳衡山之下，见李冲昭《南岳小录》：“潜、庐……罗浮等十山为之佐命。”

罗浮山常作为岭南文化地标。宋代陈尧佐《罗浮图赞》将罗浮山

---

① 周叔迦辑撰，周绍良新编：《牟子丛残新编》，中国书店 2001 年版，第 1 页。
② 周叔迦辑撰，周绍良新编：《牟子丛残新编》，中国书店 2001 年版，第 1 页。
③ （宋）张君房：《云笈七签》，中华书局 2003 年版，第 1808—1809 页。

称为“惠州之望”，余靖《延详寺记》又将罗浮山称为“越之望”，成为岭南地域标志。北宋末年，李南仲在《罗浮山赋》中将罗浮山视为“百粤群山之祖”，认为罗浮可“与南岳齐肩”，清代屈大均更是多次提到罗浮山应该替代衡山南岳的位置，所著《广东新语》言“罗浮在博罗，为天下之极南”，应称为南岳，“以与北岳对”①。然岭南于政治、文化上向来处劣势地位，话语权不大，罗浮山取代南岳衡山显然是不太现实的事情。

为了对罗浮山进行准确的定位，许多热爱罗浮山的文人骚客进行了积极的尝试。明代大戏剧家汤显祖首次将罗浮山中的罗山定位为“粤岳”，他在《游罗浮山赋》中言罗山“直上百粤之精，旁罗赤溟之气，轩辕以降，隆为粤岳矣”②。而浮山乃蓬莱神山，是将罗浮山分开叙述的。清代黄培芳首先提出将整个罗浮山定位为“粤岳”，其作《浮山小志》言“罗浮，粤望也，可称粤岳”。将罗浮山称为“粤岳”，使罗浮山的地位有了很大的提升，从某种程度上来说已成为一方山川形象的代表。

二　葛洪推动罗浮山向文化景观转变

“景观”在生态意义上原指某处或某个区域的风景，而后文学地理学将其细分为自然景观以及文化景观（即人文景观）。自然景观指原生态、未经人类加工和开发的自然综合体，在今天几乎已经很少见了，文化景观则为“人类活动的成果，是人与自然相互作用的地表痕迹，是文化赋予一个地区的特性，它能直观地反映出一个

---

① （清）屈大均撰：《广东新语》卷3，清康熙三十九年（1700）刻本，第36页b。

② （明）汤显祖：《游罗浮山赋》，《汤显祖诗文集》，上海古籍出版社1982年版，第931页。

地区的文化特征”[1]，属于人类活动形态。西汉陆贾出使南越第一次在书中记载罗浮山的果实，并无太多人类活动的痕迹，可知在这个时期罗浮山仍属于“自然景观”的范畴。汉代道士朱灵芝在隐居罗浮山期间建造了朱子庵与朝斗坛，这是最早在罗浮山留下痕迹的人类活动，是罗浮山由“自然景观”向“文化景观”转变之始，而罗浮山真正实现由“自然景观”向文化景观的转变，与葛洪在罗浮山发展道教密切相关。

（一）罗浮山成为葛洪炼丹修道的主要场所

葛洪，字稚川，号抱朴子，丹阳郡句容人（今江苏句容）。出身江南士族，好儒家经典，尤其喜爱“神仙导养之术”。《晋书》中载：“从祖玄，吴时学道得仙，号曰葛仙公，以其炼丹秘术授弟子郑隐。洪就隐学，悉得其法焉。”[2] 宋张君房《云笈七签》言：“抱朴从郑君盟，郑君授抱朴于罗浮山。”[3] 于罗浮山师从郑隐（乃葛洪从祖葛玄之弟子）。受郑隐神仙及遁世思想的影响，葛洪一生游历山川无数。

道教崇仙。受道家“洞天福地”思想的影响，早期道教将对山岳的崇拜纳入自己的信仰中。历史上有许多著名道士皆有深山修炼的经历，如广成子于崆峒山修行，老子隐于终南山，道教创始人张道陵先后在云锦山（龙虎山）、青城山、赤城渠亭山（鹤鸣山）等名山传教修炼。葛洪在《抱朴子・内篇》一书中言：“山林之中非有道也，而为道者必入山林。”[4] 他这一生为修道炼丹著书游历山川

① 周尚意、孔翔等编著：《文化地理学》，高等教育出版社2004年版，第301页。

② （唐）房玄龄等撰：《晋书》，中华书局1974年版，第1911页。

③ （明）张宇初等编：《道藏》第22册，天津出版社1988年版，第15页。

④ （晋）葛洪：《抱朴子・内篇》，引自王明校释《抱朴子・内篇校释》，中华书局1980年版，第187页。

无数，足迹遍布大江南北，许多地方时至今日都还留着许多葛洪的遗迹，如葛洪故乡名山茅山，为道教第八大洞天；江西三清山的道教便是始于葛洪，此地还存有葛洪当时所掘的炼丹炉和丹井；河北青虚山，又名“葛洪山”，山上碑文与当地方志都记载着葛洪夫妇在此行医炼丹的行踪与事迹。除此之外，惠州罗浮山、河南王屋山、陕西终南山、江西上饶灵山、杭州宝石山等诸山都留有葛洪炼丹的遗迹和传说。

虽说万山皆有灵，然炼丹的场所也并非皆山即可。《黄帝九鼎神丹经诀》中提到左慈（东汉末著名道士，葛洪从祖葛玄之师）言小山皆是邪气之物，祸害于人，因此炼丹不可居小山，“以古之道士，合作神药，必入名山无人之地，终不止于小小凡山中，正为此也”①。葛洪在《抱朴子・内篇》一书引《仙经》言：

> 可以精思合作仙药者，有华山、泰山、霍山、恒山、嵩山、少室山、长山、太白山、终南山、女几山、地肺山、王屋山、抱犊山、安丘山、潜山、青城山、峨眉山、绥山、云台山、罗浮山、阳驾山、黄金山、鳖祖山、大小天台山、四望山、盖竹山、括苍山，此皆是正神在其山中，其中或有地仙之人。②

《仙经》中所引为当时名山，皆为葛洪认为有正神以及地仙所在的山岳，有益于修道者炼丹。其范围几乎涵括大江南北，其中就有葛洪故乡名山地肺山（茅山）及位于岭南的罗浮山。从《抱朴子・内篇》可

---

① （明）张宇初等编：《道藏》第 18 册，天津古籍出版社 1998 年版，第 809 页。

② （晋）葛洪：《抱朴子・内篇》，引自王明校释《抱朴子・内篇校释》，中华书局 1980 年版，第 76 页。

以看出，在葛洪的心中，中原地区的名山“土气清和，上国名山，了无此辈”①，南方名山“暑湿郁蒸，虽衡霍正岳，犹多毒螫也”②，显然中原地区的名山更加适合修道炼丹，但葛洪为何选中了远在岭南的罗浮山并在此隐居长达十几年修道炼丹呢?

据记载，葛洪一生曾两入罗浮山，选择罗浮山作为长期隐居的场所，有着许多机缘巧合。

1. 避难岭南，厌倦世务

第一次为晋惠帝光熙元年（306），为避战乱而至岭南。袁宏《罗浮记》有相关记载：“谯国人稽含尝为广州，乃请洪参广州事军事，洪求先行到广州。而含于此遇害，洪还留广州，乃憩于此山。”③ 西晋太安二年（303），石冰、张昌趁乱起义，葛洪在镇压起义中有功而被称为伏波将军。事平之后“投戈释甲”，继续广寻异书。然正值皇族内乱（八王之乱），诸王相互攻伐，北方民不聊生，爆发了大规模的南移浪潮。陈敏由在江东举兵反叛，归途被堵，葛洪进退维谷，只能流落徐州、襄州、广州等诸州。故友稽含于此时举荐葛洪为参军，令其作为先遣兵先至岭南。然而稽含未及赴任便已遇害，这事对葛洪打击很大，从此他对功名利禄心灰意冷，萌生了隐居山林的想法。

然战乱时期，“中国名山多不可得至”，岭南名山变成了“上国名山”的替代品，葛洪就此滞留在岭南，隐居罗浮山，潜心行医、修炼仙道。其间师从南海郡太守鲍靓，因得鲍靓器重，鲍靓遂将其

① （晋）葛洪：《抱朴子·内篇》，引自王明校释《抱朴子·内篇校释》，中华书局1980年版，第280页。

② （晋）葛洪：《抱朴子·内篇》，引自王明校释《抱朴子·内篇校释》，中华书局1980年版，第280页。

③ （宋）乐史撰：《太平寰宇记》，中华书局2007年版，第3070页。

女儿鲍姑许配给葛洪，夫妻二人志同道合，一同隐居罗浮山共同炼丹制药、著书立说长达十多年。晋愍帝建兴二年（314），葛洪、鲍靓和鲍姑一行一同离开罗浮山，返回故里丹阳句容，继续北上寻异书、入山隐居。

2. 罗浮山的自身魅力

当然，罗浮山本身也具备一定的优势，才能够吸引葛洪在此隐居。

岭南盛产丹砂及各种炼丹所需药材。葛洪认为“仙药之上者丹砂”，而《仙经》认为“越砂，即出广州、临漳者，此二处并好”。葛洪二入罗浮山，便是因丹砂之故。

《晋书》载，晋成帝咸和七年（332）“（葛洪）以年老，欲炼丹以祈遐寿，闻交趾（即今越南北部）出丹，求为句漏令（即今广西北流）”①，偕子侄一同南下。到广州后为当地刺史邓岳所留，只好“止罗浮山炼丹”②。罗浮山距离盛产丹砂的广州不远，也能够提供修炼丹药的原材料，同时罗浮山素来有“洞天药市”的美誉。屈大均《广东新语·草语》言“芝生罗浮最多”，单是芝类便多达 24 种。众多中草药材当中又数桂和菖蒲最为修仙道士所追捧，汉代方士桂夫便有在罗浮山采桂服食并成仙的传说，安期生则有在罗浮山服食九节菖蒲而得道的传言，可见罗浮山及邻域一带盛产的炼丹材料一定程度上能够为道士炼丹服药提供理想的物质条件。

此外，葛洪之前已有诸多修道士前往罗浮，葛洪从祖葛玄，师父郑隐、鲍靓皆有至罗浮修道的经历，葛洪循先辈之迹也在情理之中，更何况安期生之后，秦汉年间亦有李少君、郭延、姚俊、任敦等众多在罗浮山修炼得道的玄门高人，声名远扬。

---

① （唐）房玄龄等撰：《晋书》，中华书局 1974 年版，第 1911 页。
② （唐）房玄龄等撰：《晋书》，中华书局 1974 年版，第 1911 页。

（二）自葛洪后罗浮山由自然景观变为文化景观

文化景观的形成与人的社会性活动密切相关，属于“人类活动的成果”①，罗浮山上留有大量葛洪生活及修道的遗迹，自葛洪得道后吸引了历朝历代无数游客。

葛洪隐居罗浮山期间于朱明洞前建造南庵。葛洪得道后人们将其扩建为都虚庵，为了祭祀仙人又增建了“葛仙祠”，北宋时宋哲宗赐匾“冲虚观”，也就是如今的冲虚古观。冲虚观旁还有葛洪清洗药材的洗药池、炼制丹药的丹灶以及取水的长生井。南庵之后葛洪陆陆续续又建造了东庵、西庵、北庵，即后来的白鹤观、黄龙观、酥醪观。作为神仙道士，身上总少不了神仙传说。例如遗履轩和双燕亭相传为葛洪和鲍靓彻夜谈经论道之处，源自鲍靓“遗履化双燕”的传说。又有葛洪衣冠冢，相传葛洪服药得道后道衣化蝶，于峰岩处汇聚，后人称之为“蝴蝶洞天”。再如葛洪休憩纳凉之处，有相传睡一睡便可长命又百岁的仙人床等，许多或天然存在或后天建造的景观，因为葛洪的成名在千百年来被广为流传，而成为著名景观。

葛洪大部分宗教活动、在道教、医学等方面的成就及其宗教理想都是以罗浮山为据点而实践并实现的。罗浮山作为葛洪理论实践的理想之所，自然而然成为岭南道教发展的重镇，吸引了众多追随者。清宋广业《罗浮山志会编》载：“自葛稚川而下成道此山者，数十家，必有以也。”② 自葛洪之后，罗浮山的道教以丹鼎派为主，由葛洪家族成员及徒弟组成教团，以罗浮山为据点继续进行传教活动。如葛洪弟子黄野人，传有“叱石成羊”的能力。《惠州府志》记载，葛洪飞仙

---

① 周尚意、孔翔等编著：《文化地理学》，高等教育出版社2004年版，第301页。

② （清）宋广业：《罗浮山志会编》卷12，清康熙五十六年（1717）刻本，第31页a。

后，曾“留丹于罗浮柱石间”，黄野人服用一颗后成为地行仙，普济众生，深受民众信奉，成为岭南道教文化代表，逐渐成为极富岭南地方特色且影响极大的黄大仙信仰。人们将每年的 4 月 18 日设为黄大仙诞，全国各地以及马来西亚、新加坡等都设有黄大仙庙。此外，《三洞并序》载葛洪将“灵宝及三洞诸经”传授给其弟子“安海君、望、世”。葛望、葛世为葛洪子侄。由葛洪家族成员及其弟子组成的教团在葛洪之后于罗浮山继续传播葛洪思想及道术，为传播岭南道教起到了很大的作用。

葛洪作为丹鼎派的代表人物，影响力大，明代黄佐曾言罗浮山“至晋葛洪居之而后始大有闻矣”，许多丹鼎派道士亦会聚罗浮山。隋唐时期，道教丹鼎派为求发展由外丹术转变为内丹术，其中关键人物苏元朗曾于隋朝开皇年间来到罗浮山，提出内在意念修炼法，称之为内丹术，推动罗浮山道教向内丹派发展。因而李锦全等编著的《岭南思想史》言“内外丹的修炼理论与技巧都与罗浮山密切相关”[①]。另有唐代著名罗浮山道士轩辕集，《吕纯阳祖师传》载吕洞宾曾往罗浮山访轩辕集。五代时期黄励弃官入罗浮山，后修炼得道。宋代仍有大批道士于罗浮山修道炼丹，如著名的丹鼎派南宗四祖陈楠及南宗五祖白玉蟾等。明清时期盛行正一道，康熙年间全真教传入罗浮山。可见在葛洪之后，历朝历代于罗浮山修炼的道教徒仍源源不断，留下了许多活动遗迹，由此衍生了无数瑰丽奇异的神仙传说，产生了丰富多彩的文学作品，成为罗浮山宝贵的物质财富及精神财富。

自然景观与人文景观的相互融合，成为罗浮山名胜古迹的一部分，使之成为典型的文化景观。

---

① 李锦全等编著：《岭南思想史》，广东人民出版社 1993 年版，第 131 页。

三　神仙传说是文学景观演变的重要条件

自古以来，山岳便被人们赋予了浓郁的神话色彩，《山海经》所记载的三百余座海内外诸多名山，其中大多数与传奇的神话故事密切相关，为构建山岳形象提供了更加广阔的发挥空间，许多山岳也借神话传说的传播，通过宗教、文人书写成为民间崇拜与信仰的圣地，形成独特的山岳文化。

自葛洪之后，罗浮山成为远近闻名的文化景观，而一个文化景观能否成为文学景观有许多标准，其中之一便是要有一个以上广为流传的文学掌故，而道教名山罗浮山的神仙传说却不胜枚举：

罗浮山因“蓬莱南移”的传说成为仙山，广为流传，“罗浮家近是蓬莱”（陈恭尹《春感十二首次王础尘》）、“罗浮双岳峙，一半是蓬莱”（屈大均《将从雁代返岭南留别程周量》），在诗句中被广为传唱。仙山的来历使罗浮山历朝历代吸引了无数文人道士，频繁的道教与人类活动又衍生了无数神仙传说，如周代浮丘公于罗浮得道、朱灵芝治洞、稚川炼丹、黄野人（即后来的黄大仙）等。罗浮梦梅也是罗浮山特别有名的传说，一说源自唐代柳宗元传奇小说《龙城录》中的一则《赵师雄醉憩梅花下》：隋代赵师雄在罗浮醉酒，叩开酒家门扉，见一美人，与之共饮，酒醒后不见身影，对着梅花树独自惆怅。这一美丽的邂逅牵动着人们对爱情的憧憬，后人也多用“罗浮梦”“罗浮美人”来指代梅花，有人生如梦的寓意，在诗文中广为引用。但学界对《龙城录》一书出自柳宗元一手存疑，认为罗浮梅花一说或源自苏东坡的一首咏梅诗——《十一月二十六日松风亭下梅花盛开》：“海南仙云娇堕砌，月下缟衣来扣门。酒醒梦觉起绕树，妙意有在终无言。先生独饮勿叹息，幸有落月窥

（清）宋广业《罗浮山志会编》梅花村插图

清樽。”① 月光下海南仙子乘云而至，叩响门扉，醒来后却不见踪影，对着梅花独叹息。作者以拟人的手法，将盛开的梅花枝比作月光下叩门的海南仙子，梦幻般的想象引人遐想，使梅花具有仙境般的艺术效果。另一首《再用“松风亭下梅花盛开”韵》：“罗浮山下梅花村，玉雪为骨冰为魂”，仿佛为梅花注入了人的灵魂，更是成了千古名句，罗浮山借由苏轼的名气得到了很大的推广。对赵师雄梦仙一事，南宋张邦基在《墨庄漫录》中指斥为不经之谈：

① （清）宋广业：《罗浮山志会编》卷16，清康熙五十六年（1717）刻本，第3页a。

近时传一书曰《龙城录》，云柳子厚所作。非也，乃王铚性之伪为之。其梅花鬼事，盖迁就东坡诗“月黑林间逢缟袂”及“月落参横”之句耳。又作《云仙散录》，尤为怪诞，殊误后之学者。又有李歜注杜甫诗及注东坡诗事，皆王性之一手，殊可骇笑，有识者当自知之。①

故而学界大部分认为苏轼咏梅诗的创作在赵师雄梦梅之前，赵师雄梦梅故事乃苏轼诗中所营造的罗浮梅花诗境经由他人加工而成，两者共同塑造了典型的罗浮梅花的意象。这个时间应在南北宋之交。南宋中期，罗浮梅花已经成为诗人咏梅对象，赵师雄梦梅的典故在诗文中也常被引用。如宋代李龙高诗“谩说师雄醉月边，稚川曾隐此山巅。料伊不是丹砂力，只服梅花换得仙。”（《罗浮》）元代赵孟杰诗“师雄何事罗浮梦，不解凌风候鸾凤。”（《寄郭参廖》）明代罗伦诗“罗浮山下梅花屋，梦里逢君恐未真。”（《别廷扬》）徐渭诗“多情错认梅花夜，教进罗浮梦里觞。”（《月下梨花》）潘翩英诗“芳魂东逐罗浮近，一枕梅花入梦仙。”（《怀仙志》），赵师雄梦罗浮梅仙的传说充满了神仙气息，梦中似真似假的梅花仙子引人无限遐想。

罗浮山上的神仙传说数不胜数见表1，或有史书记载，或在民间流传，为无数文人骚客提供了源源不断的写作素材，常常作为典故被引入诗文，通过民间的口口相传、文人的反复书写，使罗浮山的神仙气息更加浓郁，进一步巩固和丰富了其道山、仙山的形象，成为罗浮山文化中的一部分，是罗浮山演变为文学景观的重要条件。

① （宋）张邦基：《墨庄漫录》丛书集成初编，商务印书馆1939年版，第19页。

表 1　　罗浮山相关神仙传说

民间传说	故事梗概	相关记载
罗浮合体	有罗浮山，自会稽浮往博山，故置博罗县①	西晋司马彪《续汉书·郡国志》 东晋徐道覆《罗浮山记》
蓬莱南移	此山本名蓬莱山，一峰在海中，与罗山合，因名焉②	南朝宋沈怀远《南越志》 唐李吉甫《元和郡县图志》
安期会神女	安期生与神女会元邱，酣玄碧之香酒，醉后呼吸水露皆成酥醪。各乘飙车而去。元邱北方山也，酥醪因此得名③	清宋广业《罗浮山志会编》卷三引《集仙传》
朱灵芝治洞	汉代道士朱灵芝师从安期生修金丹之道，得道后治罗浮山朱明洞④	宋代黄煜《题朱明洞》 宋代傅燮《朝斗坛》 明代陈琏《罗浮志·神仙》 《罗浮山志会编·朱灵芝传》
飞龙在天	五代十国时期，南汉后主刘岩（又名刘陟、刘龑、刘䶮）在原葛洪西庵堂建造天华宫，因梦见宫前有“飞龙在天”，因而改名黄龙洞	清代顾祖禹 《读史方舆纪要》
铁桥渡仙	罗山与浮山有一铁桥峰相连，相传有观音堂的尼媪偕同数辈来到罗浮山，遇见悬崖上有一铁桥，众人皆惧，只一人上前，“遂采药不返”	宋代诗人刘克庄《罗浮三首》其三 宋代黄煜《铁桥峰》 清康熙时陈梦雷所编辑《古今图书集成·山川典》中引《舆地志》《旧志》
葛洪遗衣化蝶	东晋葛洪在罗浮山采药济世，并在此尸解成仙，当地百姓为其送行，只见葛洪遗衣化为蝴蝶翩翩起舞，人称“仙蝶”，而葛洪遗衣所化之处也被称为蝴蝶洞	宋代道士邹师正《罗浮指掌图记》 宋代陈欢《遗衣坛》 宋代黄煜《蝴蝶洞》
鲍靓遗履化双燕	葛洪居住在罗浮山时，鲍靓任南海太守，两人交好。鲍靓常常往来罗浮山与葛洪交谈，有时谈论到早晨才离去。有人看见鲍靓来了，但门前无车马，只“独双燕往还”，觉得很奇怪，于是在一旁等候，捕获双燕，才发现是两双鞋。相传罗浮蓬莱阁后的“遗履轩”便是葛洪与鲍靓夜谈之处	《历世真仙体道通鉴·鲍靓传》引宋代王胄《罗浮图志》 宋代蔡元厉《遗履轩》 宋代陈伯陶《双燕亭记》 明代陈琏《罗浮志·神仙》

① （南朝·宋）范晔撰：《后汉书》，中华书局 1965 年版，第 3530 页。

② （宋）李昉等撰：《太平御览》，中华书局影印 1960 年版，第 197 页。

③ （清）宋广业：《罗浮山志会编》卷 3，清康熙五十六年（1717）刻本，第 4 页 b。

④ （清）宋广业：《罗浮山志会编》卷 4，清康熙五十六年（1717）刻本，第 9 页 a。

续表

民间传说	故事梗概	相关记载
何仙姑遗履	唐代开耀年间，增城何泰的女儿何仙姑，居于春冈，东北边与罗浮山相望，曾对其母说“将游罗浮”。父母不肯，私自为其择配，然迎亲之日，仙姑突然不知所踪。第二天早上发现家侧井口有一遗留的鞋子。一来自罗浮的道士，见仙姑坐在麻姑石上谓道士：“尔之增城，嘱吾亲收拾井上履。”道教称其尸解成仙，百姓称其仙姑，“祠于姑居”，也就是今天的会仙观	唐何仙姑《有道士自罗浮之增城口占三绝寄家》三首、《将游罗浮留诗》 元代赵道一修撰《历世真仙体道通鉴后集》 明代孟士颖 《何仙姑井亭记》
八仙会饮	相传八仙自天宫瑶池赴宴而归，后于罗浮山一聚，会饮于朝元洞，其侧有八仙石诗刻：溜流青璋泻溪湾，漱石穿云湍复旋。琥珀林深谁共饮，八仙齐会贺尧年	宋代邹师正《罗浮指掌图记》 清初潘耒《游罗浮记》
吕岩以酒噀目	相传吕洞宾于罗浮游历，在一小庵见一献酒的小童患左目内障，遂以其余酒噀其目，小童痊愈。后又画一山壁，作池三口，隐入山壁，而小童五百岁卒	唐代吕岩《寄罗浮道士》 明代《道书全集》
卢眉娘工巧	永贞元年，南海贡奇女卢眉娘，年十四，眉娘生而眉如线细长也。……幼而慧悟，工巧无比。能于一尺绢上绣《法华经》七卷，字之大小不逾粟粒，而点画分明，细于毛发。……至元和中，宪宗皇帝嘉其聪慧而奇巧，遂赐金凤环以束其腕。知眉娘不愿住禁中，遂度以黄冠，放归南海，仍赐号曰逍遥。及后神迁，香气满室，弟子将葬，举棺觉轻，即彻其盖，惟有藕履而已。后入海人往往见乘紫云游于海上。是时罗浮处士李象先作《卢逍遥传》，而象先之名无闻，故不为世人传焉①	唐代苏鹗《杜阳杂编》
毒龙卫护	罗浮先生轩辕集，年过数百而颜色不老，立于床前则发垂至地，坐于暗室则目光可长数丈。每采药于深岩峻谷，则有毒龙猛兽往来卫护。……南海奏先生归罗浮山矣②	唐代苏鹗《杜阳杂编》 唐代皮日休《寄题罗浮轩辕先生所居》
邝仙骑牛	相传邝仙在罗浮修道隐居，日出而作，日落而息。有一日邝仙耕罢归来，有人见其骑牛隐入石门。邝仙骑牛入石门所遗之洞一说为朱明洞东，一说为明福观后	明代陈琏《罗浮志·神仙》 《博罗县志》

① （唐）苏鹗：《杜阳杂编》，引自陶敏主编《全唐五代笔记》（第三册），三秦出版社 2012 年版，第 2199 页。

② （唐）苏鹗：《杜阳杂编》，引自陶敏主编《全唐五代笔记》（第三册），三秦出版社 2012 年版，第 2209—2210 页。

续表

民间传说	故事梗概	相关记载
慧越捋虎	有一禅宗高僧名曰释慧越，以聚众业禅及其异行而闻名于南越，居于罗浮山。其“性多泛爱，慈救苍生”，所到之处无虎豹之扰。曾经有野兽成群而来，释慧越面无惧色，以其说法令老虎“以头枕膝”，捋虎须面。众人所见都觉得怪异。罗浮山山下有一“伏虎岩”相传便是慧越说法捋虎之处	唐代道宣《续高僧传·慧越》

四　文学景观演变的关键是文人书写

道教的发展与民间传说的流传为文人书写提供了宝贵的文学素材。文人书写是罗浮山由文化景观向文学景观转变的关键环节，它赋予罗浮山独特的人文精神内涵，塑造了意蕴浑厚的文学形象，使原生态的自然景观有了不一样的文化意义，与人文意蕴相互映射。自西汉陆贾两次出使南越写下《南越行纪》，罗浮山便开始为中原之士所知，成为国内高官名士、文人骚客所向往的览胜之地。从传播能力及影响力度来看，外来文人与岭南本土文人的书写对罗浮山的文化传播起着不同的影响与作用。

（一）岭外文人书写

岭外文人对罗浮山的名声宣扬起到了至关重要的作用。宋代之前，书写罗浮山的多为岭外文人，元明清时期则以岭南本土文人书写为主。从数量上看，岭外文人所书写的作品虽不如岭南本土文人的多，但影响力却要大得多。

1. 汉晋至唐时期

岭南一向被视为蛮荒之地，而汉晋时期罗浮山却早已名气初露。西汉陆贾出使南越写下的《南越行纪》是最早记载罗浮山的作品，罗浮山开始进入人们的视线。东晋葛洪的《洗药池》:“洞阴冷冷,风佩清清。仙居永劫,花木长荣。”写出了罗浮清冷、出世的意味,赋予罗浮仙境的文化内涵。葛洪仙逝后,罗浮山进入一段消沉期,至唐代之前,关于罗浮山的文人书写作品不多,如南北朝时期谢灵运所写《罗浮山赋》,将罗浮视为道教第七大洞天,与第八大洞天茅山相通。王叔之的《凤凰谷》《飞云峰》将罗浮山景观描绘得细致入微,徐凌《奉和山池诗》、阴铿《赋咏得神仙诗》,通过仙山迁移、遗履化双燕等神仙传说,描绘了罗浮仙境般的景色。

唐代可谓道教发展的鼎盛期,教徒众多,庙观遍布全国,昔日作为道教圣地的罗浮山也借势重焕生机,吸引许多文人骚客前去览胜。如唐代李群玉《将游罗浮登广陵楞伽台别羽客》:“冥冥人间世,歌笑不足惜。朅来罗浮巅,披云炼琼液。”宋之问《自衡阳至韶州谒能禅师》:“坐禅罗浮中,寻异穷海裔。”另有诗作《自洪府舟行直书其事》:“未尽匡阜游,远欣罗浮美。”

然而由于岭南路途遥远,交通不便,许多岭外文人不能亲临罗浮,更是增添了罗浮自身的神秘感。岭外文人对罗浮山、道教圣地的向往与仰慕之情便一寄于诗词中,通过想象仙山、仙境表达对得道成仙的渴望,罗浮山在文学作品中也成了“修仙”“隐逸”的意象。如唐代诗人文丙《罗浮山》:“罗浮多胜境,梦到固无因。知有长生药,谁为不死人。”杜牧《洛中送冀处士东游》:“自此南走越,寻山入罗浮。愿学不死药,粗知其来由。”未游罗浮的李白、杜甫等著名诗人也在诗作中表达对罗浮仙境的向往以及隐逸山中的情感。李白有多首诗作提及罗浮,“余欲罗浮隐”(《同王昌龄送族弟襄归桂阳》)、“峨眉高出西极天,罗浮直与南溟连”(《当涂赵炎少府粉图山水歌》)。送别友人时亦感叹:“尔去之罗浮,我还憩峨眉。”(《江西送友人之罗浮》）杜甫也写过有关罗浮的诗篇，如《归雁》：“闻道今春雁，南归自广州。见花辞涨海，避雪到罗浮。”《咏怀二首》：“南为祝融客，勉强亲杖屦。结托老人星，罗浮展衰步。”唐代著名诗人陈子昂、王维、韩愈、刘禹锡等都曾在诗作中歌咏罗浮。

2. 宋至清时期

宋代随着对外贸易需求的增加，水运逐渐发达起来，交通不再是阻碍各地交流的障碍，中原与岭南的交流愈益频繁，省内外慕名游罗浮山的人士络绎于途，岭外文人对罗浮山的描写不再局限于虚幻的想象，开始出现对具体实景的描写，如白玉蟾《罗浮山上过铁桥》：“飞云顶下见罗浮，五色珍禽绕石楼。行过铁桥猿啸罢，稚川丹灶冷飕飕。”描绘了罗浮山飞云顶、石楼、铁桥峰、丹灶等具体景观。陆游写道：“罗浮观日出，句曲听松声”，“饱知句曲罗浮路，不访初平即稚川”，足见得对罗浮山的喜爱。文天祥领兵途经罗浮，写下“江南暗香郁不住，霜风吹入罗浮村”；南宋杨万里《惠州丰湖亦名西湖》将罗浮山与天下三处西湖并称，但流传更广的是他那首《舟中望罗浮山》：“罗浮元不是罗浮，自是道家古蓬丘。弱水只知断舟楫，葛仙夜偷来惠州。罗浮山高七万丈，下视日月地上流。黄金为桥接银汉，翠琳作阙横琼楼。不知何人汗脚迹，触忤清虚涴寒碧。天遣山鬼绝凡客，化金为铁琼为石。至今石楼人莫登，铁桥不见空有名。玉匙金龠牢锁扃，但见山高水冷冷。我欲骑麟翳鸾凤，月为环佩星为从。前驱子晋后安期，飞上峰头劚丹汞。”[①] 引用了罗浮传说，提到王子晋、安期生、葛洪众多仙人，又描绘了罗浮山众多景观如石楼、铁桥，写尽了罗浮山的高耸、清冷，铁桥峰的险峻，幽谷险壑，鬼斧神工，罗

① （宋）杨万里撰，辛更儒笺校：《杨万里集笺校》，中华书局 2007 年版，第 917 页。

浮山的神妙玄奇与雄浑险峻，引发人们无数遐想。

在宋代，许多官员被贬岭南，作为岭南著名的文学景观，罗浮成为许多人的必游之地，在他们的诗作中，常常表达意欲归隐此处、隐居避世的想法。其中最为出名的要数大文豪苏轼的《食荔枝》："罗浮山下四时春，卢橘杨梅次第新。日啖荔枝三百颗，不辞长作岭南人。"抒发了对罗浮的憧憬及避世循俗的情感，而罗浮山更是凭借苏轼这一千古名句提高了知名度，流传千古。

相比唐宋，明清时期的诗词成就不高，但书写罗浮的文人及作品数量却是最多的，多数为岭南本土文人书写，岭外文人对罗浮山文学形象的塑造所起的影响减小，但也不乏优秀的作品。例如明代戏剧大家汤显祖在贬官途中曾游罗浮，留下不少歌咏罗浮的诗作及长赋《罗浮山赋》，其著名戏剧《牡丹亭》主角柳梦梅、杜丽娘的名字相传与赵师雄梦梅以及衍生而出的"罗浮梦""罗浮美人"的传说密切相关，柳梦梅的原型之一正是汤显祖挚友、罗浮山人祁衍曾。到了清代，书写罗浮的诗词多为纪游诗，最为著名的当为袁枚、赵翼等。

（二）岭南本土文人书写

宋代前，岭南本土文人对罗浮的书写是缺失的，名气也大不如岭外文人。宋代之后，随着贸易与交通的繁荣发展，岭南地区与中原的交流增多，岭南人士也积极参与当地的文化建设。罗浮山作为岭南重要的文化坐标，许多当地文人投入了相当的书写热情，罗浮山的文学形象通过本土文人的再建构也有了新的转变。

1. 清代以前的文人书写

岭外文人所书写的罗浮山是神秘如仙境的仙山。由于对岭南事物的陌生，他们更多用一种猎奇心理去书写罗浮山，缺乏认同与归属感，与真实的罗浮山相差甚远。而本土诗人在书写过程中尽管仍未剥离仙山、道山的文学表达，但他们笔下的罗浮山不再只是虚无缥缈的仙境与神仙居住之山，而是独具岭南风韵、有着灵动真实的人文胜景的家乡名山。将罗浮山家园化、岭南化，使罗浮山带有熟悉的家园气息，形象变得更加温暖可亲。

元末明初，岭南出现一个自发性的文人群体——南园诗社，其中孙蕡、王佐、赵介、李德、黄哲被后人称为“南园五先生”，长于描写岭南山水、名胜及岭南特色文化物产。罗浮山作为岭南著名的山水胜景，自然也在他们的书写范围之内。如孙蕡就有十余首描绘罗浮山的诗歌，其中《罗浮》：“四百峰峦列海图，飞云绝顶敞玄都。丹砂五色时光焰，紫翠中天半有无。观里松枝常驻鹤，山间竹叶尽成符。铁桥归去寻清赏，烂醉仙人白玉壶。”① 当诗人登临飞云顶，山中的一草一木尽收眼底，山峰如此高耸雄伟，景色如此绚丽多彩，岭南自然山水特色顷刻在笔下呈现，作者愉悦的心情跃然可见，体现了对家乡浓厚的情感。黄哲《分题赋罗浮山赠何景先百户》先是详尽描绘了山中的烟霞景色，如梦如幻，引人入胜，“须公为写观梅兴，寄与江南驿使还”。并盛情邀请江南驿使前来同游。“南园五先生”对罗浮的书写，展现了对罗浮、对岭南地域文化的认同感，从某种程度上来说有了构建地域诗派的意义。

2. 岭南三大家

明末清初，随着明王朝的覆灭，岭南地区出现大批不食周粟的遗民，同样沦为晚清遗民的屈大均（番禺）、陈恭尹（顺德）和梁佩兰（南海）被称为“岭南三大家”。他们对于罗浮山的书写，亦有“仙

① （清）宋广业：《罗浮山志会编》卷 18，清康熙五十六年（1717）刻本，第 13 页 a。

山”“道山”的痕迹，多引神仙传说。如屈大均的“天边罗与浮，合体如夫妇。本是蓬莱峰，尧时乃东走。”（《蓬山篇为顾子丰及其配双寿》）、“罗浮双岳峙，一半是蓬莱。”（《将从雁代返岭南留别程周量》）“蓬莱一岛海浮来”（《广州荔支词》）；陈恭尹的“海上浮蓬岛，遥遥到惠阳。”（《送严止峰归拜双亲寿》）“只为平生志未灰，罗浮家近是蓬莱。”（《春感十二首次王础尘》）；梁佩兰的“况支蓬莱一左股，金陵地肺遥相连。”（《惠州王紫诠太守筑罗浮子日亭落成作歌寄之》），虽然依旧摆脱不了蓬莱仙山的影子，但相较于岭外文人的书写，更具有浓厚的岭南地域特色。他们将罗浮山视为家园情结的化身，使得罗浮山的文学形象更加丰满与真实，对构建罗浮新形象有着极大的作用，主要表现为以下两点。

其一，相较于外来文人，本土文人的诗作更具有浓厚的岭南地域特色。

岭南三大家皆出生于珠江三角洲，对罗浮山胜景相当熟悉。在他们的诗作中，我们能够领会到罗浮山四季不同的景致，如充满生机的春天，“大小麻姑雨过时，白云开处见春姿。”（屈大均《望罗浮》）、“寰中花鸟正春新，四百罗浮日日春。”（陈恭尹《送何左王入罗浮兼答留别之作》）；热情洋溢的夏天，“夏日荷花满湖绮，玉琴三弄鸳鸯起。”（屈大均《赠清霞子》）、“卧闻夜来雨，飞出龙池上”（陈恭尹《登罗浮》）；天高云淡的秋天，“田收晚稻余秋色，寺入溪桥隔竹声。”（陈恭尹《九月晦日同连双河湛天沐慧容上人二儿士皆自增城将登罗浮中路宿资福寺》）、“碧落敛云峰影满，秋溪凋叶瀑流明。”（陈恭尹《甘竹滩上留别何皇图即送之罗浮》）；南方特有温暖的冬日，“冬有芙蓉亦有桃，绝喜岭南霜雪少。”（屈大均《陈丈种花歌》）、“严冬少朔雪，暄景载山櫜。”（梁佩兰《罗浮》）、“南归与客入罗浮，腊尽绵衣寒未觉。”（陈恭尹《闻王惠州紫诠筑子日亭于罗浮绝顶歌以寄之》），一年四季风景各异，风采独有。

对罗浮山特色景观、花草树木、云霞、瀑水的描绘更是详尽。罗浮山飞云顶为罗浮最高峰，于此观日是一大胜景，陈恭尹诗“我曾候日坐峰顶，花开万壑当深冬。群鸡不动夜方半，水面火色烧天红。此时天地顿消释，白日荡荡生胸中。”（《罗浮山水图歌为陈岱清司李》）、“仙山终古少行踪，绝顶良宵不易逢。暗积落花归上界，倒悬明月照西峰。江潮应瀑声千里，海气成霞色万重。一线日轮天已晓，远鸡才报下方钟。”（《宿罗浮飞云峰候日出》）字里行间仿佛能够感受到日光染红天边，天地顿生明亮的宏伟。荡气回肠的“江潮瀑声”、光彩耀人的“海气霞色”，所选用的意象突出，描绘出罗浮山以云霞瀑水著称的胜景。

蝴蝶洞的蝴蝶、梅花村的梅花，苏轼盛赞“日啖荔枝三百颗，不辞长作岭南人”的荔枝，诸多岭南及罗浮山特有物产芭蕉、木棉、槟榔、鹧鸪等在岭南本土文人的诗作中频繁出现，使罗浮山岭南化、地域化，展现了岭南独有的地方特色，变得更加真实可亲。

其二，罗浮山已成为本土文人家园情结的化身。

作为岭南文化坐标之一，罗浮山自然而然成为岭南本土文人眼中家乡的代表，被赋予鲜明的地方气息。他们往往将对乡土的怀恋寄托于罗浮山，使罗浮山在文学流传的过程中逐渐演变为一个岭南地域文化背景的符号。如梁佩兰诗“罗浮吾家山，归去事陇亩。”（《赠浮村和尚》）“罗浮仙山人所晓，罗浮与我情不少。”（《望罗浮》）；屈大均诗“我从罗浮万里来，逢君文采一徘徊。”（《客山阴赠二祁子》）“我有罗浮月”（《寄龚柴丈》）“归我罗浮阿”（《哭内子王华姜》其六）；等等，“我”与罗浮关系的密切，正是罗浮山归属感的体现。

一些身处异乡的文人书写怀念故乡的情感时也常以罗浮山为寄。梁佩兰诗“送我返南海，知我登罗浮。”（《将归南海留别广陵卓子任、张印宣、萧征义诸子》）“他日天涯忆故人，结屋罗浮最深处。”（《赠尚栎山》）陈恭尹诗“使君正醉罗浮酒，不免樽前忆故乡。”（《风干萍果惠州王子千使君席上作二首》其二）；屈大均诗“我忆罗浮暖，难将雨雪违。”（《闻雁》）“他时忆我罗浮顶，可有风云起伏龙。”（《为王璞庵题骑白鹿图》）。于诗人而言，故乡是岭南，是罗浮山，是罗浮山上的酒酿，是罗浮山上的花花草草、各色景观，他们所书写的罗浮不再是无烟火气的仙山、道山，而是充满人情味的家园。

五 结语

罗浮山在漫长的历史进程中几经兴衰沉浮，千百年来吸引了一大批璀璨夺目的能人志士会聚于此，他们在宗教、文学、医学等不同领域大展身手，大放光彩，为罗浮山留下了极其丰厚的文化遗产，形成了独具特色的罗浮山文化，完成了向文学景观的转变，成为岭南著名的文化地标。罗浮山由自然景观向文学景观演变的过程也是罗浮山文化形成的过程，这一转化影响了本地百姓的风俗习惯、道德情操，为岭南文化的长远发展做出了极大的贡献。

（罗莉莉：华南师范大学附属中学汕尾学校）

从十三行首饰艺术管见广府文化品格*

杨晓旗

法国作家阿纳托尔·法朗士说过："假如我死后百年，还能在书林中挑选，你猜我将选什么？我既不选小说，也不选类似小说的史籍，朋友，我将毫不迟疑地只取一本时装杂志，看看我身后一世纪的妇女服饰，她能显示给我的未来的人类文明，比一切哲学家、小说家、预言家和学者们能告诉我的都多。"① 如是，我们也可以同理反向推而言之，如果你想了解百年前乃至更早以前的历史，那就看看当时的首饰艺术吧，它能带给你的历史秘藏或许胜过连篇累牍。

在人类发展史上，首饰艺术可谓特殊的文化现象。虽然其滥觞众说纷纭，无从确切考证，但它蜕变流转的轨迹一直未曾脱离文明发展的主流视野。从远古的贝壳角骨到文明世代的金银珠宝，首饰没有果腹、蔽体的实用价值，但也绝非单纯的装饰品。马克思说："金银不只是消极意义上的剩余的东西即非必要的东西，而且它们的美的属性使它们成为满足奢侈、装饰、华丽、节日需要的天然材料，总之，成

---

* 本文是广州市哲学社会科学"十三五"规划课题（项目号：2019GZYB80）、广州商学院重大课题（项目号：2018XJZD001）的研究成果之一。

① 李当岐编著：《西洋服装史》，高等教育出版社 1995 年版，第 241 页。

为剩余和财富的积极形式。"① 首饰除了装饰价值、经济价值，还承载着更多的意识形态和地域文化信息。古今中外，历朝历代的统治者，除了制定森严的政治制度，同时都有各自烦琐完备的佩饰律令；民间社会的审美意趣和配饰观念则能更多地展现出地域文化的精神风貌。

广州建城两千余年，是中国历史上唯一没有中断过对外贸易的口岸。由于特殊的地理位置，"广州为水国，人多以舟楫为家"②，各种日常生活必需品靠商品交换实现，因此明清时期城市商业化充分，可以说广州是我国最早的消费型城市。但是，广州毕竟地处岭南，远离封建王朝政治统治中心，明季以前，被中原主流文化视为"南蛮之地"，与"南京、西安、北京等文化中心城市有很大差异"③。至清朝，广州作为岭南都会的地位得以确定，特别是在处于盛世的清中期，"一口通商"使广州成为大清帝国对外贸易、外交和文化交流的窗口，吸引着全世界的目光，在中西方文化碰撞交流中，形成了重商务实、开放包容、乐于尝新、自我认同、求财享乐、繁华风流的城市品格。也成就了广府首饰艺术独特的审美特质——既有其自身固有的传统工艺禀赋传承，也有对中原传统工艺文化的采撷光大，还有对西洋文化的吸收融合，更有其独特的审美价值观念，淋漓尽致地彰显了广府文化的多彩内涵。

一 崇尚自然美的造物观念

十三行时期的广府首饰工艺可以用八个字概括：材美工巧，妙造

① 史清竹：《马克思〈政治经济学批判〉研究读本》，中央编译出版社 2017 年版，第 274 页。

② 胡朴安：《中华全国风俗志》（上），岳麓书社 2013 年版，第 229 页。

③ 蒋建国：《广州消费文化与社会变迁（1800—1911）》，广东人民出版社 2006 年版，第 423 页。

自然。

岭南物产丰富，珍奇材料荟萃。《汉书·地理志》称其“处近海，多犀、象、毒冒（即玳瑁）、珠玑、银、铜、果、布之凑，中国（指中原地区）往商贾者多取富焉。番禺，其一都会也。”① 彼时还有从海外输入的琥珀、玛瑙、水晶等珍品。② 因此，岭南自古手工业门类众多，能工巧匠辈出。南越王墓出土的精美玉器，秦汉时期两广地区造型新颖、工艺精巧的漆木器皿③，以及岭南六朝墓中大量金银镯、指环、钗、铜镜、铁器等④，都显示出汉唐间岭南手工艺的高超水平。

明清时期的首饰制作技艺进一步发展，综合材料混搭应用日渐成熟，它有一个传神的名称叫“百宝嵌”。百宝嵌工艺在明代开始流行，清代达到全盛，用各种珍贵材料如珊瑚、玛瑙、琥珀、玳瑁、象牙、犀角、玉石等做成嵌件，镶成绚丽华美的浮雕画面，珠光宝气、令人炫目。材料镶嵌对金属细工工艺要求很高，综合了锤揲、錾刻、镂空、累丝、掐丝、点翠、珐琅等各种工艺，耗时费工，不厌其精。当时，广州工匠的技能与京城、苏杭等地齐名，誉满天下。⑤

图 1 是一款乾隆年间出口英国的 18K 金累丝龙凤纹镶象牙雕花卉纹手链（局部），今东莞博物馆有收藏。⑥ 这条手链为典型的广式风

① 中华文化通志编委会编：《中华文化通志 岭南文化志》，上海人民出版社 1998 年版，第 9 页。

② 中华文化通志编委会编：《中华文化通志 岭南文化志》，上海人民出版社 1998 年版，第 9 页。

③ 朱宏斌：《秦汉时期区域农业开发研究》，中国农业出版社 2010 年版，第 183 页。

④ 陈长琦：《汉唐间岭南地区的民族融合与社会发展》，《华南师范大学学报》（社会科学版）1996 年第 5 期。

⑤ 王朝闻主编：《中国美术史：清代卷》（下），齐鲁书社 2000 年版，第 242—243 页。

⑥ 东莞市博物馆编：《两端——海上丝路的广州与伦敦》，文物出版社 2018 年版，第 170 页。

图 1　金累丝龙凤纹镶象牙雕花卉纹手链

格，以花丝工艺与饰金镶嵌牙雕工艺组合制作。象牙以高浮雕工艺雕刻花卉，花瓣枝叶布局疏密有致，层次铺排穿插有序，雕刻刀工精准灵利，造型写实逼真，玲珑绮丽；18K 金高累丝龙凤，将纤细如发的金丝搓捻成花丝，再将花丝按照龙凤的部位掐成各种花式，经过编织、堆垒、平填、攒焊等工艺精细制成，呈现奢华典雅、纤秀丰盈的视觉效果。

牙雕在乾隆年间最为兴盛，形成南北两个流派。北派指北京牙雕，主要为宫廷制品，雕刻工艺细腻，纹饰多仿绘画笔意，着色填彩讲究章法，具有华丽富贵、纤细典雅的风格；南派指广州牙雕，侧重雕工，讲究雕刻和漂白的结合，以质白莹润、精镂细刻、玲珑剔透见长，最为著名的多层象牙球可以代表广州牙雕的最高水平。

图 2 是象牙雕茜色花果草虫纹香囊。茜色指象牙雕的染色工艺，一般为北京牙雕特色。此香囊为故宫博物院于 1973 年调拨东莞市博

物馆①，为典型的北京牙雕工艺。香囊通体雕刻镂空菱花格锦地，再以浅浮雕雕饰茜色石榴、蝴蝶、盆景等纹，寓意“多福”“多寿”。器内可盛香料，器盖旋转即开，盖与器身锦绳串连，结绳处串有珊瑚珠、象牙珠。香囊可悬挂，造型别致，色彩华丽。

图2　象牙雕茜色花果草虫纹香囊

对比图1与图2，就能看出鲜明的地域特征。

广府地区的工艺擅长对自然界各种物象以写实逼真的手法加以塑造，这在有清一代是很出挑的。这里当然有“十三行时期”中西文化交流的背景因素，但是本质上是粤人崇尚自然的造物观念使然。工艺美术的美感是材质美与技艺美的高度统一，这就是中国人自古以来追求的“材美工巧”。而另一方面，从艺术审美的角度来看，形式美也是不可或缺的视点。装饰工艺的形式美一般遵循形式美法则，比例、

① 杨晓东主编：《东莞市博物馆丛书：东莞市博物馆藏故宫调拨文物》，文物出版社2013年版，第202—203页。

对称、均衡、调和、节奏、多样统一等，中国优秀的传统工艺作品充分展示了这种审美风貌。但在明末清初西风东渐之前，中原主流工艺表现并不追求对物象的写实、写真，更多采用的是抽象写意与概括象征的技法。因而，在清中期广府工艺的写真性表现就显得别具一格。

不少学者在论及岭南文化特色时提出了“远儒”之说[①]，此说源自梁启超的南北派文化观：中国传统文化“实以南北中分天下，北派之魁厥为孔子，南派之魁厥为老子，孔子之见排于南，犹如老子之见排于北也”。[②] 司空图在《二十四诗品》中，精言“妙造自然”，也是源于道家崇尚自然的美学观点[③]。道家美学充分肯定天地自然本身具有的美，并奉之为最高范畴的“ 大美”。天地自然的“大美”是艺术创造的源泉。

广府人因缘独特的生活环境，对大自然怀有极大的亲近之感。这里四季长春，花卉常开，物产丰富，温润的气候使人们在户外活动的时间长于中原，日间充足、多变的光照下对自然景物样貌的观察也更加入微，在长期的生活中，景观的明暗阴影成为自然的视觉感应。英国生物学家弗朗西斯·克里克认为：“看（笔者注：视觉）是一个建构过程。在此过程中，大脑以并行的方式对景物的很多不同‘特征’积极响应，并以以往的经验为指导，把这些特征组合成一个有意义的整体。看涉及大脑中的某些主动过程，它导致景物明晰的、多层次的符号化解释。”[④] 因此，当以透视与明暗技法融合的西方写生性造型表现传入中国时，广府人在视觉上并无违和之感，欣然接受而学习之，

① 李权时主编：《岭南文化》，广东人民出版社 1993 年版，第 27 页。
② 李权时主编：《岭南文化》，广东人民出版社 1993 年版，第 27 页。
③ 朱立元主编：《美学大辞典》（修订本），上海辞书出版社 2014 年版，第 204 页。
④ ［英］弗朗西斯·克里克：《惊人的假说》，汪云九等译，湖南科学技术出版社 2018 年版，第 41 页。

不像康熙帝因看不惯有光影的西洋画法，要求郎世宁在画作中舍弃光影表现技法[①]。广府工匠重视自然环境对视觉的影响，使物象的视觉感应更贴合自然环境状态，但广府工匠的“妙造”又与西方美术观念的“摹真”不完全等同，它有超越自然原样，创造艺术美的含义。这就要求工匠艺人在视觉组织上有取舍、有重组，把大自然的美通过引人入胜的视觉观感表现出来，也就是中国人常说的“独具匠心”。你看那象牙雕花卉纹手链，嫩白的象牙层叠镂雕，方寸之间就能给人以枝繁叶茂、花团锦簇、生机盎然的美感。

尤为值得一提的是，十三行时期的“外销画”一般被评价为艺术性不高，“匠气十足”[②]，但那时的传统工艺却是另一番景象，从中可以看出民间艺人质朴的品格和血脉中的艺术直觉，能更多地体味到自然界中的“大美”。

二　融会中西的变革模式

“变则其久，通则不乏”，刘勰在《文心雕龙》中提出了文学创作的一个基本准则，意思是唯有推陈出新才能永久流传。这个准则对于一切艺术创作的审美都是共通的。美必须在继承与创新的实践中彰显其勃勃的生命力，“美是丰富的生命在和谐的形式中”[③]。

岭南传统文化是农耕文化与海洋文化的融合体，而以海洋文化为主。黑格尔在比较农耕文化与海洋文化时说：“助成民族精神的产生的那种自然的联系，就是地理的基础。”“大海给了我们茫茫无定、浩浩无

① 李宁：《历经三朝的洋画家：郎世宁》，《收藏界》2013年第4期。

② 程存洁：《十九世纪中国外销通草水彩画研究》，上海古籍出版社2008年版，第98页。

③ 宗白华：《美学与意境》，人民出版社1987年版，第113页。

际和渺渺无限的观念；人类在大海的无限里感到他自己底无限的时候，他们就被激起了勇气，要去超越那有限的一切。……平凡的土地，平凡的平原流域把人类束缚在土壤上，把他卷入无穷的依赖性里面。但是大海却挟着人类超越了那思想的有限的圈子。”① 在自然界，大海的观感是变动不居的，潮起潮落，风号雨泣，霁月蓝波，瞬息万变。处于这种生存环境中，“通变”的思维久已融入岭南人的血脉中，所谓“开放、包容、进取”等特征只是“通变”思维的转化输出。因而，粤地工匠一直在自己的创作中追求通变创新，这也正是岭南工艺的魅力所在。

促进通变的动因和表现形式是多种多样的，但都离不开特定的历史背景。

乾隆帝颁诏“一口通商”，正处于清朝的全盛极隆时期。岭南社会安定，经济空前繁荣，海外贸易独占鳌头，彼时，西方人眼中的中国神秘而富有。元朝《马可·波罗游记》中描绘的中国，繁盛昌明，发达的工商业、繁华热闹的市集、华美廉价的丝绸锦缎、宏伟壮观的都城、完善方便的驿道交通，经过四百年的传播，使西方人热望来到这个东方古国。而当时清廷对于来华贸易的西人有着严格的约束管理，例如，禁止外商在广东过冬，外人不得雇用汉人婢仆，外人不得乘轿，外人不得乘船游河，等等②。所有这些都可以看出，十三行时期广府人面对洋人腰杆是直的，怀有一种对本土文化的自信，对洋人的态度是不卑不亢而又平和友善的。美国人威廉·亨特于1825年初到达广州，此后他在广州、澳门、香港一带活动了二十余年。他在《旧中国杂记》一书中，记载了鸦片战争前广州的民俗民情。在他的

① ［德］黑格尔：《历史哲学》，王造时译，上海书店出版社2006年版，第74、83页。

② 李国荣、林伟森主编：《清代广州十三行纪略》，广东人民出版社2006年版，第51页。

笔下，广州是一个充满生活气息的城市：“（珠江）这条江给人一种极好的感觉，毫不停息的活动，低微的噪音，生机勃发和愉快欢畅。”“一百多年来，这块地方曾经是广大的中华帝国唯一给外国人居住的地方。由于这里生活充满情趣，由于彼此间良好的社会感情，和无限友谊的存在……任何一个曾在这里居住过一段较长时间的‘老广州’，在离开商馆时，无不怀有一种依依不舍的惜别心情。”① 这和鸦片战争之后上海开埠时，中国已经沦为半殖民地半封建社会的背景有天壤之别。尽管广府人依照商人的本性，敞开胸怀接受西方的文化、艺术，但是也毫不轻视自己祖宗的文化，而是在通变创新中，走出了融会中西的道路；而海派文化在清末民初经历了一段挣扎之后，终于走上了近乎全盘西化的道路：“随着中西交往的频繁，不知不觉中，上海人对外国的称呼也开始变化，先是‘番’‘鬼’‘夷’，接着是‘西泰’，后是‘洋’。从‘师夷长技’到‘西学中源’，这一从‘技’到‘学’的转变，为上海人学习西学完成了理论证明。”② 海派文化在那一时期走向全盘西化是特定历史时空的必然事实，因为当时中国已经处于“落后就要挨打”的境地，大清帝国的没落是无可避免的。此处无意评判海派文化演进路径的对错，只是从这样的对比中可以看出十三行时期广府人的心理优势，这对广府文化的品格塑造是十分重要的因素。因此也就不难理解，清末民初岭南画派提出“折中中西，融合古今”的艺术主张，并非横空出世，而是有其深厚的文化根系。广府工匠的出色技艺早在明季就享有盛誉，在工匠轮流到京城服役的过程中③，广泛与其他地方的优秀工匠交流学习，博采众长，兼收并蓄，

① ［美］亨特：《广州番鬼录 旧中国杂记》，冯树铁等译，广东人民出版社 2009 年版，第 27、37 页。

② 陈科美主编：《上海近代教育史》，上海教育出版社 2003 年版，第 55 页。

③ 王金华：《中国传统首饰精品》，中国旅游出版社 2014 年版，第 10 页。

形成了独特的岭南工艺美术特质。

图3是广州博物馆收藏的外销金镶嵌象牙雕人物纹胸针①。这枚牙雕胸针呈现的是中国传统书院一角。用深浅浮雕结合的手法，将人物、房舍、树木的层次感表现得活灵活现，空间立体感强，雕刻的人物姿态传神、情态生动，既有中国人造型艺术的线条感，又有西方造型艺术的立体感，作为外销品迎合了西方人的视觉观赏习惯，也传达了中国传统人文题材的儒雅韵致，满足了西方人猎奇“中国趣味”的审美心理。

图3　金镶嵌象牙雕人物纹胸针

图4是广东省博物馆收藏的玳瑁雕双凤穿花发梳。玳瑁是深海中一种乌龟的硬壳，被称为“海中黄金”，玳瑁的背甲常用来制作精美的装饰品，是恒久相传的象征，被视为传世之宝。《孔雀东南飞》中就有“足下蹑丝履，头上玳瑁光”的诗句。这是用一整片玳瑁雕刻而成的发梳，发齿上部为弧形花冠状饰面，采用镂雕、浅浮雕技法，装饰双凤穿花纹样，饰面中部通雕一提梁花篮，内插牡丹、寿桃等花

① 上海中国航海博物馆、广州博物馆、宁波中国港口博物馆编：《海帆流彩万里风 18—19世纪中国外销艺术品》，文物出版社2017年版，第112页。

果，梁柄浅浮雕蝙蝠衔花，四周辅以折枝花卉，饰面底部剔地浅浮雕圆珠纹一列，十三只发齿莹润光滑，素身无纹。用料完整，无拼接，雕工精细，造型华美。①

图 4　玳瑁雕双凤穿花发梳

这件外销首饰，完全采用了中式题材、中式纹样，但是梳背的形制与中国发梳的传统半月形不同，采用了类似西方花冠状的高背形制，符合西方女性佩戴冠饰的习俗。精致繁复的纹样，充满浓郁的洛可可风格，成为典型的中西合璧的首饰艺术品。

三　以我观物的审美情感

佩戴首饰不仅是为了装饰美观，更是一种律制和社会观念的传

① 广东省博物馆编：《异趣同辉清代外销艺术精品集》，岭南美术出版社 2013 年版，第 118 页。

达，富有深层的文化内涵。自人类进入阶级社会起，统治者就逐渐完善了上层阶级的配饰规制，而民间社会的首饰观念成型较晚。戒指和手镯的佩戴成为民间时尚是在宋代，后又与霞帔坠子合起来成为民间聘礼中的“三金”[①]。这就是社会群体首饰观念的体现。北宋邵雍《皇极经世全书解・观物外篇十》：“以物观物，性也；以我观物，情也。性公而明，情偏而暗。”[②] 皇亲贵族佩戴首饰有严格的法度，后妃嫔婢佩戴首饰就是身份的彰显，不能依照个人的审美观感随意佩戴，违规必遭受重罚。首饰在达官显贵的眼中不过是身份等级的符号，因而是“性公而明”的“以物观物”。明清时期“人们的首饰观念已经非常成熟而又丰富”[③]。观瞻时人佩戴首饰的样貌可以透视时代的余韵。

十三行时期广府地区佩戴首饰的观念可以归纳出两个层面。对于上层阶级的官宦人家，佩戴首饰自然也是为了显示身份，其佩戴时尚大体是跟随宫廷的。广州博物馆收藏的通草画《官宦人家》，图中的官家夫人，穿着旗人服饰，烧蓝点翠的头冠上插满珠宝簪钗，下垂流苏，还戴着翠嵌珠宝的耳饰，虽然通体珠光宝气，但毫无生气。

清中期的广州是一个典型的商业化城市，所以在另一个层面，即一般市民阶层的配饰观念更有广泛意义。《大英图书馆特藏中国清代外销画精萃　第2卷　广州街市百业组画》中有多幅画作呈现了十三行时期广州女子佩戴首饰的样貌。如《擂丝线》《解丝线》《整袜》《绣画》等图,[④] 其中的女子看上去虽然年龄各不相同，但都是穿着

① 扬之水：《中国古代金银首饰》，故宫出版社2014年版，第320页。

② 于民主编：《中国美学史资料选编》，复旦大学出版社2008年版，第270页。

③ 唐绪祥、王金华：《中国传统首饰》，中国轻工业出版社2009年版，第1页。

④ 王次澄等编著：《大英图书馆特藏中国清代外销画精萃　第2卷》，广东人民出版社2011年版，第34、35、60、108页。

整齐朴素，佩戴的首饰简约适宜，一般都是盘发上下各插一支金钗，耳饰为金耳环或珊瑚耳环，双手戴有金手镯，单手再追加一串红珊瑚手镯。西人梅森对广东“整袜”妇女的穿着打扮做了较为详细的描写：“能力许可的话，她们会买金耳环和金镯子。……女士们把头发梳起来，梳得很好，把一部分编起来，或盘起来，用一两个金发夹夹住。一般带上自然或人工花卉，随喜好插在各部位。年轻和未婚妇女在习俗上得把头发梳在额头上……”① 这里所讲的金发夹实际上是金钗。在鸦片战争之前，“刺绣作为一项需要较高技术的行业，进入该行业的标准非常高，工资比较高”②。有外国人记述：“听说（广州）有些妇女终年从事刺绣上选的织品，每月可赚二十元，有时甚至二十五元。”③ 较高收入可以支撑较高的消费。因而，以上图画中的女子首饰的材质应该是真金或镀金的，这些女子可以按照自己的喜好选戴首饰。

广东人有将鲜花穿成花串佩戴的民俗。李调元《南海竹枝词》中有诗句“广州夫娘高髻妆，不戴素馨必瑞香”④。关于时人佩戴素馨花的景象，屈大均的《广东新语注》有详细描写：“东莞称素馨为河南花，以其生在珠江南岸之河南村也。儿女子以彩丝贯之，素馨与茉莉相间，以绕云髻，是曰花梳。”“盛平时，花多而价贱，十钱可得素馨升许，家有十余口簪戴皆足。”⑤

可见十三行时期广州市民阶层女子佩戴首饰比较随性、自由，与宫

---

① 王次澄等编著：《大英图书馆特藏中国清代外销画精萃　第2卷》，广东人民出版社2011年版，第60页。

② 蒋建国：《广州消费文化与社会变迁（1800—1911）》，广东人民出版社2006年版，第109页。

③ 蒋建国：《广州消费文化与社会变迁（1800—1911）》，广东人民出版社2006年版，第109页。

④ 罗焕章主编：《李调元诗注》，巴蜀书社1993年版，第334页。

⑤（清）屈大均著：《广东新语注》，李育中等注，广东人民出版社1991年版，第609—610页。

廷贵族的“以物观物”不同，是“以我观物”的审美心态，可以依照个人审美、情感佩戴首饰。因为每个人都有自己的情感世界和审美心理，没有统一的标准，因此“情偏而暗”，自我感觉良好就可以了，美者自美。显示了广府人在心理上自洽从容，在行为上鲜活灵动的一面。

四　广府文化品格的投射

十三行广府首饰艺术是十三行文化研究的重要组成，从中可以投射出广府文化品格。文化品格是一个国家、民族或地域在长期的历史发展中形成的较为稳定的精神特质，可以从社会制度、文化艺术、社会习俗等多个层面体现。长久以来，我国首饰艺术的研究成果多集中于宫墙之内或是族群之间，因为这两大类首饰特色鲜明，实物遗存也非常丰富。而关于某一历史时期、某一局部区域的相应研究并不多见。一方面是因为宫廷首饰艺术太过耀眼，仿佛远离皇城的首饰艺术乏善可陈；另一方面，由于战争、朝代更迭等各种历史原因，一般地区的首饰实物遗存并不多。虽然十三行时期广府首饰艺术品可供研究的材料并不十分丰富，但透过这些有限的历史资料，我们可以管窥到广府文化的精神气度。

今天，有学者用几个关键词来概括广府文化：“珠江文化特色，可用热带、海洋、多元、兼容、开放、重商、务实、创新等文化风格来表示。”① 而外地人则常说粤人比较低调务实，“闷声发大财”。通过首饰艺术微观层面的审视，至少可以从三个方面概括广府文化的内在关系。一是自然主义的哲学观。这里的民众思维灵活，能够客观地看待世界万物，注重对自然的感受、描绘和现实记录，用心去感受大

---

① 司徒尚纪编著：《中国珠江文化简史》，中山大学出版社 2015 年版，第 7 页。

自然的点点滴滴。这种自然主义的哲学观反映在处世方面，就形成了开放的心态、包容的态度和务实的作风；二是对自我文化的高度认同。在清朝政府高度专制统治下，民众奴性十足，但是广州远离政治中心却又是“天子南库”，与其他地域相比，经历过十三行这个特殊历史时空的文化洗礼的广府人对自身文化有极高的认同，广府人即使移居外国，也一样沿习国内的生活习惯与节庆礼俗，如时节拜神、舞狮采青、喝早茶、赏粤剧等①。这种高度的文化认同，使得广府人可以在历史演进的起伏中保持淡定的心态，这大概就是“闷声发大财”的精神本钱吧；三是广府文化的世俗品性，这种世俗品性不仅体现在广府人追求享乐、求财、祈福，也体现在广府人对生活美、工艺美的追求，粤菜、“三雕一彩一绣”、广府首饰等，承载着广府人的精工与巧思，保持传统与追求创新的高度统一。

当今，广府人自有一种奋发而务实，随性而恬淡的精神底蕴。广府人既有国际视野，也保持着对本土文化的珍爱之情。易中天说：“北京的文化是‘大气醇和’，上海的魅力是‘开阔雅致’，广州的特色则是‘生猛鲜活’。”② 虽然这样贴标签式的评论过于平面化，但是广府人重商逐利、乐于创新、大胆尝鲜、重视个人自身价值和情感世界的精神品质也是彰明较著。十三行时期广府首饰艺术中蕴含的美学特质，正是广府文化品格的投射。

（杨晓旗：广州商学院艺术设计学院教授，广州大学广府文化研究中心研究员）

---

① 龚伯洪编著：《广府华侨华人史》，广东高等教育出版社2003年版，第262页。

② 易中天：《城市的文化品格》（2005年10月21日在上海文艺出版总社“海上人文讲坛”讲演），《编辑学刊》2006年第2期。

符号学视角下建筑设计语言探索

——以广西民族博物馆为例

张　波　陶雄军

人的精神、人的社会乃至整个人类世界，浸泡在一种很少有人感觉到其存在却没有一刻能摆脱的东西里，这种东西叫符号[①]。符号学在建筑中的研究开始于20世纪50年代，八九十年代引入国内，至今仍是业界研究的热点[②]。中国关于符号学与建筑方面的研究起步较晚，20世纪90年代，乐民成教授翻译了勃罗德彭特的影响力著作《符号、象征和建筑》一书；2002年，舒波就符号思维与建筑设计展开相应研究；2011年，文一峰教授就符号学下的建筑创作展开反思。近几年来关于符号学与建筑的研究亦不在少数，但是立足少数民族文化传承与创新方面的建筑设计研究却为数不多，因此本文从西南少数民族文化符号、建筑设计、博物馆方面进行研究，探讨当代视角下民族文化在建筑设计中展现的生机与活力。

① 赵毅衡：《符号学原理与推演》，南京大学出版社2011年版，第19页。

② 冯博：《建筑符号学中的"符号"再定义》，《中外建筑》2015年第10期。

一　符号学理论及其在建筑上的应用

符号具有简洁直观的特点，能使我们快速理解其本身所传达的具体信息。皮尔斯关于符号学的定义是一门研究有关各种可能的符号过程（semiosis）之本质特性及其基本种类的学说（doctrine）①。符号不仅是形式视觉的表达，而且也包含深层的内涵特性，按照莫里斯对于符号学的分类，将符号学分为符构学、符义学、符用学三个部分。符构学就是研究符号的结构组成，类似于语言学中词、句、语言的形成，由单体的元素构成完整的结构；符义学是符号所象征的特殊寓意，有“能指”与“所指”之分，具体到建筑应用，简单而言“能指”就是表面形式，“所指”就是深层内涵。大致来说，符号学所涉及的学科有哲学、语言学、文学理论、美学、历史学、社会学、人类学等，它已成为上述学科中十分有用的分析工具②。建筑的所指仅在其不太长和不太复杂时方可用以表现一个信念，就是所谓的空间概念和思想意识，它支配着建筑，是建筑的精神所在③。最后，符用学就是符号的具体运用，具体到建筑领域即是建筑与人的互动关系。符号学应用于建筑始于 20 世纪 50 年代，建筑符号学一直是自现代主义之后以来的热门话题④。

---

① ［美］查尔斯·桑德斯·皮尔斯、詹姆斯·雅各布·李斯卡：《皮尔斯：论符号　李斯卡：皮尔斯符号学导论》，赵星植译，四川大学出版社 2014 年版，第 3 页。

② ［法］罗兰·巴尔特：《符号学原理》，李幼蒸译，生活·读书·新知三联书店 1988 年版，第 1 页。

③ ［美］查尔斯·詹克斯：《建筑符号》，［英］勃罗德彭特等：《符号·象征与建筑》，乐民成等译，中国建筑工业出版社 1991 年版，第 61—62 页。

④ 文一峰：《建筑符号学与原型思考——对当代中国建筑符号创作的反思》，《建筑学报》2012 年第 5 期。

二　广西民族博物馆概述

广西民族博物馆（以下简称民博）坐落于广西壮族自治区南宁市青秀山风景区，民博北邻青秀山，南面邕江，依山傍水，风景秀丽。风景区内的文化建筑应该体现与自然环境的和谐共生，这是民博设计的首要原则①。广西民族博物馆完成于2006年，由广西建筑综合设计院设计，项目负责人为莫海量先生。民博总体分为建筑室内展馆和室外露天场地两部分，室外露天场地部分主要为民族文化园，展示广西少数民族的民居建筑，建筑展馆既是整个民博场地的主体部分，也是本次主要研究的对象；建筑主体造型犹如一只展翅的雄鹰，极富气势，分为四层：一层为游客服务中心与会议室，二层分为七个展区，三层分为八个展区，四层为多功能厅（图1）。民族文化的展示不仅是博物馆的室内陈列，同时也是一个综合的多方位展示，把自然环境、建筑环境、陈列环境进行统一设计，营造整体协调的效果，丰富了南宁市的人文景观，对南宁文化产业的发展起到了积极作用②。民博以建筑载体的形式促进各民族之间的文化交流发展，因此，本文从符号学角度出发分析民族纹样、符号在博物馆设计中的具体运用。

三　广西民族博物馆符号学建筑语言解读

美国符号学家查尔斯·威廉·莫里斯（Charles. W. Morris）穷其毕生精力试图将符号学建设成一项跨学科事业，使符号学成为各门学

---

① 蒋伯宁、莫海量：《对地域文化的认知——记广西民族博物馆方案创作》，《城市建筑》2006年第8期。

② 蔡莛：《广西民族博物馆的建设构想》，《文物世界》2006年第5期。

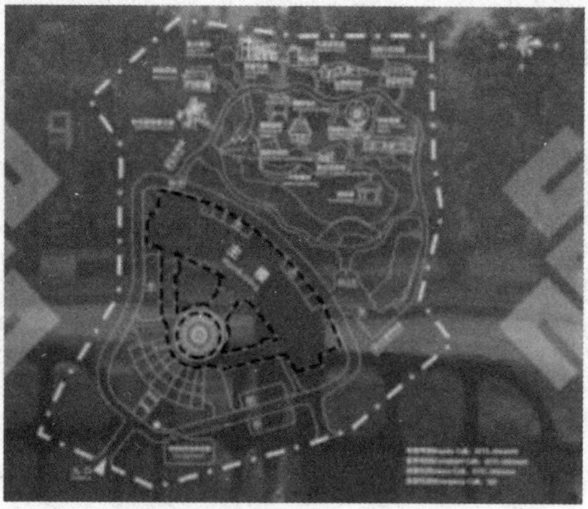

图 1　民博整体布局及主楼位置

资料来源：作者拍摄，自制。

科的工具科学[①]。立足于莫里斯符号学中的符构学、符义学、符用学，从结构、寓意、应用三方面对广西民族博物馆建筑语言进行解读，通过对于符号的分析，具体到功能布局，建筑形象以及文化内涵的表现，等等，解读了背后的独特构成和深层含义（见表 1）。

表 1　　民族符号在建筑上的体现与解读

	民族符号	建筑符号	符号性质
符构	壮锦，铜鼓，几何，鹰造型	建筑点、线、面、体组合	基础构架
符义	内饰，主楼，外型，布局（能指）	民族，文化，地域，腾飞（所指）	意义表现
符用	民族语言，地域文化传达	建筑功能与人的关系	功能互动

（一）符构学——建筑形象的生成

结构之于建筑如同骨骼之于人体，建筑的结构穿插方式构成了建

① 张良林、洪庆福：《莫里斯美学符号学思想探析》，《苏州大学学报》（哲学社会科学版）2015 年第 3 期。

筑的整体形象。建筑符号的结构分为表面结构和内部结构两个方面：表面结构也就是建筑符号的外在形式，从视觉上给予观察者和使用者最直接的信息，内部结构则会受到社会文化、城市历史及人文环境的影响，并且能够反过来支配建筑形式①。广西民族博物馆的设计从表面结构来看，通过民族符号以建筑形式表达，从内部结构来看，受西南地区自然、人文等方面的影响，在设计上展现地域与民族特色，与“民族博物馆”的设计理念相符。城市的博物馆是城市历史与文化的重要载体，是公众了解这座城市过去、现在和未来的重要场所，是这座城市的人民珍惜和自豪的文化客厅②。

1. 从符构学构成要素出发，以最基础的建筑元素组成开始，由建筑的组合方式到整体形象的生成。组成建筑最基本的单位，或者说最原始的细胞就是单个房间，它的形式——包括空间大小、形状、比例关系以及门窗等位置③。民博以铜鼓主楼作为整个园区的门户形象，展厅的流线聚散，会议室与中部展厅的附属分布，圆形大厅先声夺人的艺术效果，建筑外观的纹样装饰等处处展现着符号的构成。建筑符号要素包括传统民族符号，例如铜鼓造型、壮锦纹样、器皿纹样、巫术符号等，通过对这些单一符号的提取，然后进行抽象、变形、融合到建筑之中，将符号元素成功转化为建筑元素。

2. 从符号结构组成来看，民博整体形似雄鹰，主楼为铜鼓的造型，铜鼓与古代劳动人民的生产生活联系紧密，铜鼓既是权力的象征，也作为祭祀、礼乐的器物，承载了丰厚的历史文化（图2）。主

---

① 龚曲艺、王锡琴、叶鑫、路峻：《论建筑符号学对建筑设计的重要性》，《建材与装饰》2018年第43期。

② 何镜堂、郭卫宏、吴中平、郑少鹏、郑炎等：《天津博物馆》，《城市环境设计》2013年第10期。

③ 彭一刚：《建筑空间组合论》（第三版），中国建筑工业出版社2016年版，第1页。

楼分为四层，一楼设有大厅和会议室，中心为圆形大厅，会议室沿大厅左右两侧分布，民博整体布局实际上就是以铜鼓主楼大厅作为开端，沿中轴线左右对称分布（图 3）。铜鼓主楼主要为大厅堂与若干会议室，为前部；弧形建筑为主要的展览部分，为后部；中间为条形展厅连接前后部分，为中部，建筑整体来看划分为三部分。结构上无论是建筑形象还是圆形大厅都处处体现着铜鼓的印记，外观装饰上提取壮锦符号，民族部落纹样融于建筑，使博物馆极具地域性、民族性。

图 2　民博主楼展馆

资料来源：笔者拍摄。

3. 达到博物馆最终建筑形象生成。博物馆设计包括建筑设计和展览设计两方面[①]。广西民族博物馆以铜鼓这一民族符号，通过设计手法运用到建筑当中，使其转变为一种建筑符号，整体的外观形象也就是铜鼓符号，无论是外观展示，还是内部组成都给人留下深刻印象，营造出特殊的场所精神。符号语言的表达应用与建筑，实际上就是从

① ［英］苏珊娜·麦克劳德：《服务于创意生活的博物馆设计》，傅翼译，《东南文化》2017 年第 4 期。

图 3　主楼展馆大厅

资料来源：作者拍摄。

点、线、面、体的顺序来进行生成的，由单一元素最终形成整体建筑（图 4）。最后，达到博物馆建筑形象生成。

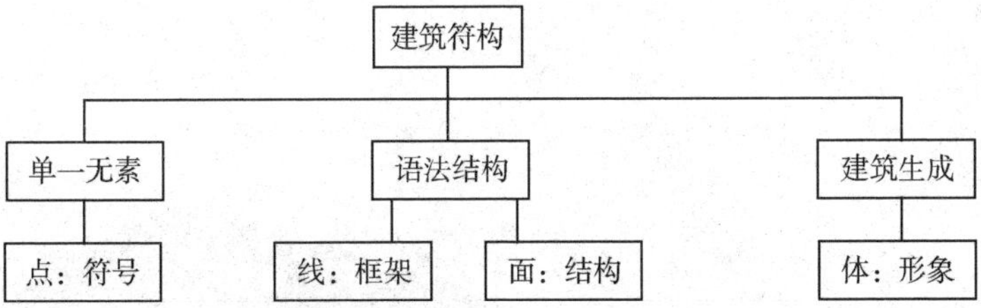

图 4　民博主体建筑符构分析

资料来源：作者自绘。

（二）符义学——民族文化的传达

没有文化的建筑是不成功的，尤其是博物馆建筑，更应该与当地的自然、人文密切结合。从符义学的角度来看，符号要传达出特殊的寓意，否则就失去了自身的价值。接下来从符号学的“能指”与“所指”两个方面对民族博物馆的建筑寓意进行探讨。

1. 从符号的“能指”来看，对其外在形式进行分析。首先是建筑整体形象形似雄鹰，展翅高飞；其次主楼外观造型与铜鼓形象契合；最后在建筑立面上提取鼓面纹样与壮锦等纹样（图 5）；以及雄厚敦实的立柱对于原始干栏式建筑的呼应。建筑符号贯穿于整个博物馆设计的始终，以呼应其“民族”的主题。由此可见，建筑设计的“能指”体现在博物馆的建筑形象、内部空间、建筑装饰、功能分区等方面，进行全面而又细致的表达，从形式层面以视觉的方式向参观者传达信息，进而引发人们关于“所指”方面的思考。

图 5　建筑立面壮锦符号

资料来源：笔者拍摄。

2. 从符号的“所指”来看，由于民博肩负着中国与东盟各国的文化交流，雄鹰的形象代表与各国的友好发展关系，雄鹰的形象代表民族的腾飞与发展；铜鼓主楼的外观造型源于对民族文化认可与回归，铜鼓文化盛行于此两千余年，集权威、祭祀、礼乐等文化于一体，具有举足轻重的地位，代表着西南民族的美好愿望；立面铜鼓纹样等民族纹样的使用同样是对民族符号的纪念（图6）。展现地域文化特色，符合“民族博物馆”的设计主题，对于干栏式建筑的呼应则是对西南传统建筑的文化表达。通过隐喻的方式，在外观形式的基础上引发人们进一步的思考，使符号具有更加深刻的寓意，以民族符号作为载体，运用设计手段对民族文化进行传达。

图6　建筑立面铜鼓符号

资料来源：作者拍摄。

（三）符用学——建筑功能与人的互动

符号与建筑相互结合实际上就是以建筑手法表现符号元素，以符号元素符合建筑功能，符号满足艺术审美上的需要，建筑满足使用功能上的需求，二者相互影响。符用学是起源的符号：符号的使用，并探讨符号的用途以及与用户之间的关系，在展示空间里合理使用符号，显示方法和空间设计①。符号应用与建筑并使人产生思考离不开两个过程：符号语义的传达和受众信息的反馈。

1. 从符号语义传达来看，得到以下几点信息：建筑的基本类型为博物馆；建筑所要传达的是地域民族特色；建筑基本功能以展示为主。首先符号语义传达的是建筑空间类型，在此基础上才能深入传达其他信息，建筑分成前、中、后三大部分，并且中轴对称，主次分明，游线明确，在功能布局上体现出极强的实用性原则。其次是从地域文化特色来看，设计定位为民族博物馆，民族性自然是其表达的核心，建筑主楼的铜鼓造型和建筑外立面，壮锦纹样的装饰极具特色，建筑局部装饰的设计效果通过立体直观的艺术形式表达，以具体的物质媒介表达图形或形态，使图形的更新效果得以具象化、清晰化②。最后是展示功能的体现，博物馆最核心的功能即是展示，外观形式就是最明显的展示，从入口开始，大厅就展示出浓厚的民族氛围，天花玻璃的太阳纹、地面的动植物纹样、室内陈设等都起到了开门见山的作用，二楼的“多彩中华”，“穿越千年的鼓声”，三楼的“五彩八桂”系列展厅等都是通过叙事性的手法，主次有序、大小结合的方式来引导观众参观游览（图 7），类似文章写作，通过开端、发展、高潮、结局的方式，使游览展示深入人心。

2. 从受众信息反馈来看，博物馆的设计最终是要面向社会，面向人群，所以应当遵循以人为本的设计原则。“以人为本”是当今设计发展的趋势，也是现代博物馆展示设计最基本的准绳，“参观者”不

① 郑委：《符号学在博物馆设计中的运用探索》，硕士学位论文，鲁迅美术学院，2015 年，第 5 页。

② 邓世维：《广西民族图形在生态博物馆建筑局部装饰设计中的运用研究》，硕士学位论文，广西师范大学，2012 年，第 5 页。

图 7　展厅空间叙事手法的体现

资料来源：作者拍摄。

仅是展示信息传达的直接接收者，还是实现展示功能的主动建设者和全面参与者①。博物馆通过语义传达确定出空间的类型，展示出民族的主题，营造出特殊的艺术氛围，再将这些具体信息传递给人，人们在参观整个博物馆的过程中，潜移默化地了解到这些背后隐藏的信息，或是展示功能，或是宣传功能，或是教育功能，等等，再经过人的思考，与建筑空间产生互动最终实现信息对于建筑符号的反馈（图 8）。民博在特殊符号的参与下，展示出浓厚的地方色彩，由民族符号到建筑符号，再到特定的符号性质，以符号的形式贯穿于建筑形成的始终，解读了建筑在符构、符义、符用三个方面的相互关系（图 9）。

① 任康丽、黄建军：《博物馆室内外环境艺术设计》，华中科技大学出版社 2015 年版，第 28—29 页。

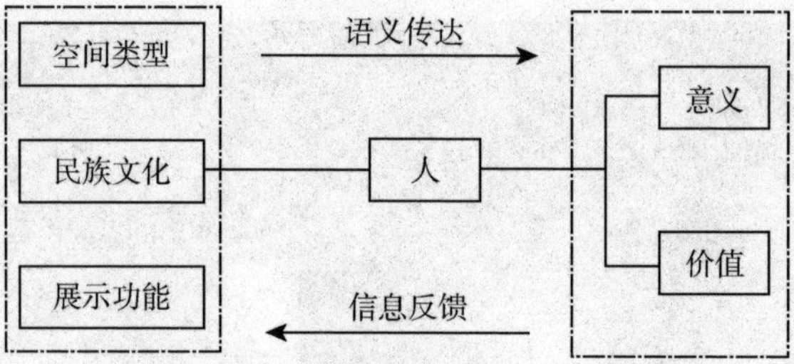

图8　符号语义传达与信息反馈

资料来源：作者自绘。

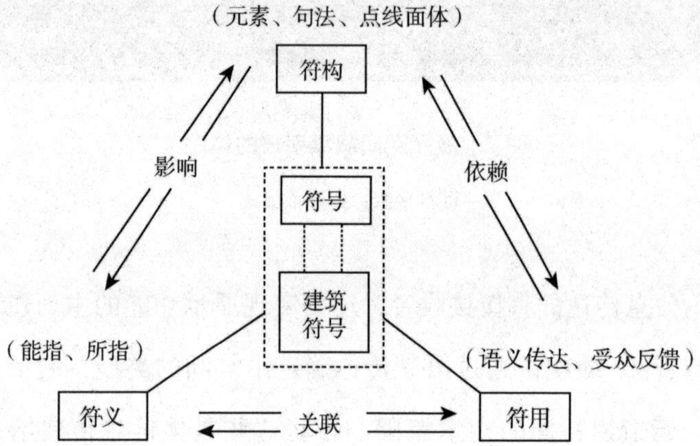

图9　符构、符义、符用分解关系

资料来源：作者自绘。

四　结语

本文以符号学作为基本出发点，以广西民族博物馆为例，从符构学、符义学、符用学三个方面对民博进行具体分析。从符构学方面分析了由单一的符号元素到建筑语法结构，再到建筑形象的生成，通过点线面体的方式进行表达；符义学方面从能指与所指方面对民博进行分析，解读其外在建筑形式与内在文化内涵；符用学方面分析了符号的功能运用与具体影响，通过符号语义传达与受众信息反馈两个渠道来体现建筑与人的互动关系。建筑在利用符号学理论的基础上，可以使建筑形象深入人心，传达文化与精神的内涵，更使得民族符号与地域文化在新的建筑形象之下焕发生机。梁思成先生言：“中国建筑之个性乃即我民族之性格，即我艺术及思想特殊之一部。”广西民族博物馆对于民族符号的提取与运用极具特色，对于挖掘建筑文脉，展示民族特色有着重要的作用，随着社会的发展，建筑的同质化现象严重，如何以现代设计手段展现传统文化、民族性格是我们值得思考的问题。

（张波：广西艺术学院建筑艺术学院、硕士研究生；陶雄军：广西艺术学院科研创作处副处长、教授）

粤剧粤曲中说唱歌谣体的“文人化”与“谐趣化”*

邓海涛

粤调说唱与本土的粤剧粤曲有着非常密切的关系，无论从方言用语、音乐体制还是剧本题材，粤调说唱都对粤剧粤曲产生较大影响。民间说唱曲艺往往是戏剧戏曲形成的桥梁津渡，但说唱与戏曲毕竟不能等同一物，由于体制篇幅、创作目的、形式种类、传播途径等所存在的区别，又使它们各有特色、畛域各殊。粤调说唱与粤剧、粤曲紧密而又复杂的关系，以及三者在音乐唱腔、题材类型、文化意蕴等方面的联系，可做进一步探究。

从已有史料与研究成果看，粤剧从“官腔”到“广腔”、从“外来曲牌”到“本地音乐”、从“提纲戏”到“剧本”的转变，离不开粤调说唱所起的关键性作用；近代粤剧地方化的过程，折射出外来梆黄体系下的舞台语言与音乐体制本地化的逐渐凸显与成熟。粤调说唱融入粤剧粤曲音乐体制后的变化，既是剧种曲种发展的需要，也离不开文人群体在编撰过程中所做出的大胆改良，从而促使粤戏中的“说

* 基金项目：本文为广州市哲学社会科学发展“十四五”规划2021年度共建课题《近代粤调说唱与粤港澳俗文学的建构转型》（课题编号：2021GZGJ245）；广东省哲学社会科学规划项目学科共建项目《近代粤调说唱文学研究》（课题编号：GD20XZW08）的阶段性成果。

唱曲体”扩展其功能，逐渐构成现代粤剧剧本与粤曲曲本说唱体系的模型。此外，粤剧丑生行当与部分粤剧剧目、粤曲曲目谐趣化、世俗化的艺术特征，也受到粤调说唱的沾溉。

一　早期粤戏剧本与班本的歌谣体述略

早期的粤戏剧本、班本并未吸收粤调说唱体系，随着戏曲不断改良，粤戏与粤曲开始吸纳不同的艺术种类，化为己用，形成新的面貌。笔者在翻阅一些民国时期的粤戏班本时，发现部分粤戏已经开始出现粤调说唱歌谣体，如名伶薛觉先、马师曾等人表演的剧本、曲目，都可以看到粤调说唱融入剧本班本的痕迹，兹将含有粤调说唱歌谣体系的部分班本列为表1、表2、表3。

表1　　含粤调说唱歌谣体系的部分粤戏班本

粤戏班本名称	歌谣体名称	备注
《双星祭美》	南音	林元庆首本
《失妻诉情》	南音	唯一丑生新蛇仔秋首本
《快活将军》	南音	唯一花旦肖丽章首本
《快活将军二卷困山寨》	南音	唯一花旦肖丽章首本
《黑妹党哭棺》	南音	唯一小生李瑞清首本
《绿林红粉之军械房自叹》	南音	唯一丑生薛觉先首本
《夜渡芦花之救佳人》	南音	白玉堂、肖丽章首本
《黑妹党之脱险遇救》	南音	花旦肖丽章唱
《绿竹坠楼》	南音	唯一花旦美中辉首本

表2　　含粤调说唱歌谣体系的部分班本

作品名称	歌谣体名称	备注
《子母碑之舒笑颜哭碑》	苦喉南音	“苦喉南音”原本只见于说唱，移诸戏曲中，说明这种唱法的开始盛行

续表

作品名称	歌谣体名称	备注
《卅年苦命女之店房夜怨》	乙反南音	乙反南音即苦喉南音
《义乞存孤之陈兰卿》	二王南音	粤曲曲牌应无“二王南音”，此处或有误
《鸟猿壮士之吕贞娘哭夫》	南音	
《贼王子下卷之被困》	苦喉南音	
《红玫瑰之哭夫》	南音	

表 3　　含粤调说唱歌谣体系的部分粤戏班本

作品名称	歌谣体名称	备注
《孤寒种忏悔》	白榄	唯一丑生马师曾首本
《神经公爵宫闱诉苦》	木鱼	陈非侬、马师曾首本
《祭钟无艳》	南音	丑生朱顶鹤首本

从所举例子可以看到，早期粤戏曲目中歌谣体系并不多见，而且只作为曲牌过渡之用，其地位、特征均不明显。但较之此前以官话以及梆黄体系为主的班本，已然发生较大变化：一是粤语方言的大量使用，尤其是木鱼、白榄这一类歌谣说唱曲牌，不仅频繁采用粤语方言词汇，甚至出现不少粤地民间俗语，令唱词生动形象，富有地方生活气息；二是除白榄、木鱼外，南音的使用较为多见，并有乙反调式，同时适当保留说唱原有的“三杯酒”“五更体”之类的曲体特点，反映了粤调说唱歌谣体在音乐曲牌上的多变与丰富；三是说唱歌谣体开始发挥叙事与抒情并重的功能，逐渐脱离“说书体”的单一模式，转向戏剧戏曲的“代言体”类型。这些特点，均为粤剧粤曲文辞与音乐的发展成熟提供重要前提与必要基础。

二　粤剧粤曲歌谣体系的文人操作

自从吸收“歌谣体系”后，粤剧粤曲在原来梆黄基础上增加了不少地方化元素，丰富了音乐体制，在粤戏剧本与粤曲曲本的撰作上也呈现新形态。以曲坛撰曲家王心帆为例，他为星腔创始人小明星邓曼薇所撰作的曲词，除传统梆黄体系外，还有不少南音与木鱼清歌，甚至个别地方引入了解心腔。除王心帆外，还有吴一啸、胡文森、唐涤生等人为代表的编剧者、撰曲者纷纷汲取说唱歌谣的营养，使之转俗为雅，进而雅俗兼备，拓展说唱歌谣的文体功能与音乐功能，构成了粤剧粤曲“文人化”现象。

王心帆（1896—1992），原籍广西，就读中学时热爱写曲填词，曾结集出版《梨园歌集》，中学毕业后协助编剧家张始鸣从事编剧工作，后担任多份报刊的记者、编辑。在此期间，王心帆为名伶小明星撰写多首粤曲，成为佳话。与其他撰曲家有所不同的是，尽管有过一段时间的红船生涯，但王心帆主要还是以词人身份撰曲，由演唱的伶人根据曲词韵律另行渡曲。在《星韵心曲》一书中，他也表明自己并不会“唱”，也不会“解”，全靠演唱者自己设计音乐唱腔。由此观之，他的作品是撰曲者与演唱者不断雕琢曲词，彼此互相磨合，由词作变为腔调的结果。

在王心帆选定的十八首代表作中，绝大多数曲目除特有的梆黄体系外，都有歌谣体部分。这些原本属于粤调说唱的艺术形式在粤曲中开始有所变化，与梆黄体系以及其他曲牌很好地融合起来。为更好地说明创作特点，兹将王心帆代表作品中的歌谣体部分内容列为表4。

表4　　王心帆所撰曲目的“歌谣体”曲词一览

作品名称	歌谣体名称	备注
《痴云》	（南音）思往事，记惺忪	篇幅较长的南音， 为多位名家演唱并灌录唱片
《梅魂》	（南音）玉树坚牢不病身	

续表

作品名称	歌谣体名称	备注
《凤兮》	（清歌）想你华年碧玉已苗条	该处清歌即为木鱼清歌
《惨绿》	（苦喉清歌）冷暖相依仅五年，不应草草赋游仙	苦喉清歌即为乙反木鱼
《秋坟》	（短序南音）飘残红泪，哭断回肠……（乙反）游仙梦短，好事无希望	该曲南音变化较多，既有正线，也有乙反、流水
《悼鹃红》	（清歌）流不尽眼泪，哭一句我地鹃红	该段为木鱼清歌，篇幅较长，此种情况在粤曲中并不多见
《长恨歌》	（清歌）佢话惟将旧物，表吓相思	
《恻恻吟》	（清歌）幽艳曾怜性格柔。（乙反南音）情热鸳鸯蓦地分	清歌后接乙反南音，该格式并不多见
《垂暮英雄》	（南音）春寒瑟瑟晚来添	
《大江东去》	（清歌）莫翻红袖，过帘栊	
《草檄讨封姨》	（清歌）你就从此后，跋扈得人惊。（南音）摧残花事，落尽红英	清歌南音并存
《痴泪浣秋鞶》	（南音）等闲花事，莫相轻	
《故国梦重归》	（南音）春去也，意阑珊……（苦喉）难望殿前传点，各依班	长段南音，有正线与乙反（苦喉）调式
《恨不相逢未剃时》	（南音）流萤明灭夜悠悠，素女婵娟不耐秋……（乙反）今日空山流水无人迹	长段南音，有正线与乙反调式
《冲冠一怒为红颜》	（清歌）忙按剑，虎腰弯，圆圆叫句，替佢整理吓云鬟……（后接慢板）	长段清歌后接慢板
《玉想琼思过一生》	（合尺慢板）玉阑干畔路，晓梦无寻处，嫩想秾愁，何堪，回首……更瘦（粤讴腔）。（清歌）秋风张翰，计蹉跎，红豆年年，掷逝波。（南音）思锦瑟，怨琵琶	粤讴解心腔在王心帆粤曲作品中较为少见，目前仅此一例
《乞借春阴护海棠》	（南音）笑我微之吟草，断肠多……（后接二黄）	长版南音
《一束绫歌忆蒨桃》	（清歌）密约曾言月影高。……（苦喉清歌）恨断吴烟怨楚云，书阁秋灯宝镜分，映帏残烛留长恨，怕捡当年簇蝶裙	该处同时使用“清歌”与“苦喉清歌”

从表 4 可以看到，在王心帆作品中，粤调说唱歌谣体的痕迹到处

可见，成为粤曲歌谣体系的重要组成部分。虽然王的作品仍以梆黄系统为主，但加入歌谣体系后，曲牌更为丰富，格调也趋向高雅，文体功能亦得到扩展。在曲词中，王心帆较多地运用南音和木鱼清歌形式，这两者都是从粤调说唱转变过来的歌谣体系，构成20世纪三四十年代女伶全盛时期粤曲唱本形态的重要组成部分。如《星韵心曲》的《玉想琼思过一生》一曲，当中运用了粤讴解心腔，虽然仅有一例，但可以说明王氏注重说唱歌谣体系的运用。王心帆作品中的粤调歌谣部分，成为从民间说唱到粤曲曲牌过渡衔接较为成熟的标志之一。

王心帆能根据伶人演唱特点来设计曲词，如为女平喉四大名家之一的小明星撰写《痴云》一曲时，当得知她擅长南音、曾师法瞽师钟德时，王心帆专门撰作一段南音，作为该曲的精华部分：

> （伯伟）又说她擅长南音，有盲德唱风。最好多写几句给她唱出……
>
> 小明星得了《痴云》一曲，日夜研唱，觉得曲词清丽脱俗，句句新颖，唱来如诵诗词。朗诵到南音一段，更感音韵铿锵……
>
> 她唱“南音”，满座叫好。她虽读书少，但曲意深，她亦唱得“如怨如慕，如泣如诉”，充满情绪，所以能令顾曲者陶醉。①

除南音外，粤讴也是小明星喜爱的歌腔。王心帆本拟在《悼娟红》一曲中采用粤讴形式，但鉴于其缓慢节奏与全曲不符，唯有另换为“清歌”形式：

---

① 王心帆：《星韵心曲》，明报杂志有限公司2006年版，第98—99页。

> 《悼娟红》曲，小明星读过后，也感到比《痴云》难唱得多。她喜爱南音又喜爱粤讴，在《悼娟红》曲中，我便改写“粤讴”给她唱。可是“粤讴”七叮一板，慢得可怜，唯有改写“清歌”。“清歌”即是“木鱼”，不用音乐拍和，唱来又与“龙舟”不同。《悼娟红》的“清歌”是“流不尽眼泪，哭一句我哋娟红。……”与“粤讴”唱法，是差不多的。①

作为文人曲代表撰曲家的王心帆，其曲词文辞华丽，善于把中国传统诗词融入粤曲创作中，当时颇受顾曲周郎与歌坛女伶欢迎。这种文人化的撰作主要体现在他凭借较深厚的传统文化根底，以传统诗词入曲，巧用典故，把佳句镶嵌进粤曲句格中。如在《梅魂》中，王心帆套用了龚自珍的大量诗句，只是为叶韵合律而略作增删调换的调整，个别词句更是直接沿用龚自珍的诗词。如“玉树坚牢不病身，耻为娇喘与轻颦”“万一天填恨海平，羽琌安稳贮云英”“多愁公子新来愁”等；或在原句基础上略加衬字（注：衬字为粤曲常用做法），如“九霄一脉银河水，终是流过红墙不见人”；或略作修改，如“仙山楼阁不是寻常境”。

总括而言，王心帆粤曲撰作大量运用说唱歌谣形式，以配合其文人曲的创作，呈现出别具一格的特色。首先，王氏对粤调说唱歌谣予以重视，充分吸收并改造之，使其完全融合到粤曲句格中而不露痕迹，接驳自然。南音、龙舟、木鱼与粤讴本是说唱体形式，以七字句为基本架构，长于叙事抒情，且雅俗兼备；在王氏笔下，则一改俚俗之气，代之以文人雅词，侧重在叙述中抒情，这与他所撰作的文人曲

① 王心帆：《星韵心曲》，明报杂志有限公司2006年版，第100页。

调风格是相一致且贯穿始终的。在粤调南音的运用上，他继承了《今梦曲》《客途秋恨》等南音经典名曲的雅致凄婉传统，突出抒情性与咏叹性，使曲词曲情一唱三咏、回环反复，不断叠加渲染某些意象，大大增强了表现力。在木鱼清歌中，他也沿用这种方式，减少叙述白描的成分，而加强了咏叹诉情的色彩。在句格上，他也大胆突破，诗词的格式互相兼容，既有以七字句为主较齐整的对句，然而更多的是仿词格而作的散句。在曲词上他化用前人诗词中的名句，将之“粤曲化”，令曲调高雅而有熟悉度，可诵读可吟唱。王心帆堪称“以诗词入曲”的代表作家，而他大量吸收粤调说唱歌谣形式，使近代粤曲脱离原来班本形式而呈现新貌，对于20世纪20年代歌坛曲原有模式的冲击与改造，功不可没。

与王心帆享誉粤曲曲坛的撰曲家还有胡文森与吴一啸，他们同样擅于运用说唱歌谣体，使之焕发新姿。相较于王心帆侧重的雅调曲词，胡、吴撰曲则更显多样化，雅俗兼备。

胡文森（1911—1963），顺德大良人，幼承家学，有一定的国学修养，两位姐姐为梨园名伶陈皮梅、陈皮鸭。因为自小得到熏陶，胡文森对于粤乐粤曲表现出浓厚兴趣，并开始自撰曲词，受到欢迎，其短暂一生留下逾200首的粤曲作品。他不爱守旧，主动接受新鲜事物，勇于尝试创新，率先用西洋小曲填词，并不时移植西方电影故事到粤曲中去。他还为电影撰曲制谱，风格多样。

在丽声唱片出版的粤曲唱片《香草美人》中，有胡文森的序言如下：

女娲遗石，日久通灵，自愧遗才，时兴怨艾，警幻仙录为瑛侍者，悯灵河之岸，绛珠仙草之将枯，朝夕临之以灌溉，枯草幸获重生，遂惹下一段尘缘，同谪凡间，清还泪债，香草美人，情感幻石，是幻欤，抑是真欤？①

于此可见胡文森撰作的态度，并不以怪乱低俗取悦他人，而是坚持文人化写作，保留文人风味。同时，他也并非涯岸自高，而是与时俱进，配合电影需求与商业消费，撰作一些适合普罗大众的作品，形成了雅词为主，兼顾通俗的特色。

胡文森在撰写粤曲中多喜运用南音，诸如《红楼抱月眠》《何处是侬家》《怨别离》《杜鹃魂》《夜送寒衣》《花开待郎来》《银河会》《因风寄有情》《我忘不了你》《肠断大江东》等曲目中，都有使用这一说唱歌谣体。如《宫花寂寞红》中的一段木鱼：

【木鱼】熏笼斜倚，懒拨炉香，剧怜度日如年长。九重雨露空怀想，何曾一滴润枯干。偶呼羊车辘辘响，疑是君王驾幸（后接【二黄慢板】）

胡文森《宫花寂寞红》②

总体而言，由于所处时代背景以及粤曲发展趋势所需，在胡文森笔下，南音、龙舟、木鱼等说唱歌谣已经打破说唱体原有的局限，侧重顺从曲目的需求，熔交代情节、抒情咏叹、接驳曲牌等功能于一炉；在曲词上也并不只是清雅，还兼顾谐趣通俗，适应曲词的氛围格调。

---

① 黄志华：《曲词双绝：胡文森作品研究》，三联书店（香港）有限公司2008年版，第10页。

② 黄志华：《曲词双绝：胡文森作品研究》，三联书店（香港）有限公司2008年版，附录五。

吴一啸（1906—1964），广东鹤山人，参加过粤剧戏班，后转型为编剧与撰曲人，并为多位曲坛名伶撰写作品，享誉行内，有“曲王”之誉。他还涉足电影、电台等领域，其作品面貌不一、风格多样，既有传统典雅味道，又富有时代生活气息。吴一啸的曲词撰作与王心帆、胡文森相仿，都具有较浓厚的文人风味，在运用歌谣体上也侧重以传统诗词为主体，从中汲取养分，融入粤曲创作中。与王心帆相较，吴一啸撰作的部分曲词较为直露香艳：

【南音】只觉得如兰似麝，暗香浮，我心狂欲试，攀花手。步入蟾宫，把月偷，粉腻肌肤，笼翠袖。（后接【赛龙夺锦中段】）

【清歌】啯阵帘垂香细，只听得风动帘勾，越觉得热情湧处，似奔流。低抱蛮腰，柔若柳，娇呀佢好梦惊回，恨且羞。如怨如嗔，半辞半就，初度相逢如故旧，一阵又盈盈抱怨（后接【二黄慢板】）

吴一啸《胭脂扣》

【南音】女儿娇媚，女儿乖，殷勤肯效，燕投怀。明月涓涓，怜此豸，轻颦浅笑，枕前挨。挨挨倚倚，撩人态，软玉温香（后接【二黄慢板】）

吴一啸《红绫带》

【清歌】姐呀佢朱唇咬紧，更把玉手相招，只恨银河阻隔，鹊未成桥。我乍喜乍惊，心儿跳，点得飞过墙头，去抱玉腰。空痴望时，空痴笑，乜转瞬红颜不见了。

吴一啸《寒夜琴挑》

吴一啸还撰作了部分对唱曲目，并且运用了“连环体流水南音”

“乙反龙舟”“乙反木鱼”等较为少见的说唱歌谣体形式，主要用于叙述情节、抒发情感与发表议论：

（生）人生浪迹萍踪似，怎比多情燕子【转连环体流水南音】共双飞，飞到天涯共生死。

【流水南音】忆否痴郎，夜不眠。十二栏杆，曾倚遍。何时得候，鹊桥边。唉七夕佳期（后接【合尺滚花】）

吴一啸《陋室明娟》

【流水南音】［旦唱］命薄比桃花，难得郎再认。又况男儿轻爱，重功名。更怕君瑞成名，另把鸳鸯订。徒使莺莺怀恨，玉不完贞。［生唱］我不是王魁，又不是潘必正。更不是相如君瑞，佢咁负义忘情。何况又女儿不少，杨花性。几许痴男有恨（后接【二黄慢板】）

吴一啸《入骨恩情》

【乙反龙舟】曩日香闺，同缱绻，看妹你金针红线，绣出凤偕鸾。偶或逐笑抛花，栏杆走遍，娇嗔常下，拷郎鞭。触犯妆前，妹呀你就啼宛转，竟流珠泪，滴我心弦。

莫说赏心乐事，谁家院，玉楼人醉，五更天。此景此情，遂得我平生愿，遂得我平生愿（后接【二黄慢板】）

吴一啸《再折长亭柳》

【龙舟】哭一句玉梨妹妹，又哭一句妹妹玉姬，唉你为情而死，共我中道分离。唉今世无缘，共你谐连理，且待来生再效燕双飞。泪滴紫坭，哩嗻伤心地，唉伤心地（后接【二黄慢板】）

吴一啸《紫坭留恨》

【龙舟】岂料欢娱未久，又遇贼劫云裳，我便乞白马解围，

幸得娇无恙。估道花烛如愿，结成双，谁想夫人佢有心，来赖账。筵前悔约（后接【二黄慢板】）

吴一啸《西厢记》①

与王、胡相较，吴一啸笔下运用“龙舟”曲体较多，属于活用说唱、凸显“说”功用的类型，其撰曲特点主要根据曲词音律需要而充分运用梆黄、小曲与歌谣体系，后者比重不算很大，但在形式上则变化灵活，不拘泥于原有格式与功能。

除上述三位撰曲家外，运用了歌谣体系撰曲的作者难以尽数。以王、胡、吴三位为代表的撰曲家反映了20世纪30年代前后粤曲创作文人化的某种倾向，他们以传统诗词融入梆黄体系，并辅以小曲与歌谣，构成现代粤曲基本架构。文人通过改造粤调说唱歌谣，使粤曲音乐体制与曲牌铺排趋于丰富多彩，腔调也更为多样化，凸显粤剧粤曲本土化的艺术特征，这对于当时的曲坛粤曲以及唱片粤曲风格特点的形成乃至成熟完善都起着关键作用。目前我们所看到的粤剧粤曲唱词，基本为梆黄体系与说唱体系、小曲互相组合的结构，这与当时撰作家大胆运用说唱歌谣体系、使之形成粤曲撰作的惯有手法密不可分。

三　说唱歌谣与粤剧粤曲的“谐俗化”：兼论粤剧“丑生”渊源

在粤剧粤曲逐渐“本土化”的过程中，粤调说唱中特有的“谐趣性”赋予了两者“世俗化”“戏谑化”的特质，使粤剧剧目中的人物个性与行当角色以及粤曲班本的世俗题材得到进一步发展与成熟，凸显粤地独有的民俗特色。

---

① 以上为吴一啸唱片曲词所摘录部分内容，笔者暂未见吴一啸粤曲全集作品。

关于谐趣曲的探讨，早有学者予以关注，如李静在《粤曲——一种文化的生成与记忆》一书中指出，粤曲中的“谐趣曲”“滑稽曲”，“之所以受到欢迎，主要因其浓郁的平民气息和鲜明的喜剧色彩，表现出民间文艺乐观机智、幽默轻松的特质”。而且，这类曲目与文人曲比较，个性尤显鲜明，受到更广泛人群的喜闻乐见：“谐趣曲的立意尽管不像文人曲那样蕴藉深厚，但它却在洞穿世俗生活的本质、表现人生百态上游刃有余；尽管文人曲的细腻幽微宣泄了人们乱世浮生的悲凉感，但在国运动荡的氛围下，洋相百出的世俗生活、尴尬困顿的人生琐屑等都需要认清和接受。谐趣曲以其对民间生活的真实摹写与戏谑帮助人们寻找排解和支撑的方式，大众在轻松一笑中化解了生存的紧张与凄苦，把乱世的困顿生活调节到可以继续忍耐的程度，也在调笑中反观自身的缺陷与局限，发出会心一笑，有则改之，无则加勉。可以说，谐趣曲的文字是中国民众在长久的艰难岁月里养成的一种乐观精神的外化，虽不免流于浅俗，但却相当贴近人情人性，因而得到广泛的认同。”[①] 李静所指出的“广泛的认同”，揭示了近现代以来粤剧粤曲与粤调说唱的接受心理基础。谐趣是粤人的生活方式特征之一，这种生活艺术在戏曲、说唱、说书、电影等随处可见，已经不囿于市井平民的精神寄托范畴，甚至已经延展至文人群体的雅集酬唱和交游方式。在创作时，文人也会通过模仿戏谑语调塑造谐趣人物。

粤调说唱的市井题材与“谐趣化”“戏谑化”，直接影响了粤剧粤曲的题材类型甚至行当角色人物，也令“丑生”与“谐笑对唱”的艺术特征显得特别而丰富。

---

① 李静：《粤曲——一种文化的生成与记忆》，广东人民出版社 2014 年版，第 330 页。

（一）大量市井人物的出现与塑造

在不少戏曲班本与粤曲歌本中，可以发现除了惯常所见的“才子佳人”类型的故事素材之外，还有一些以市井人物为主角的作品。如《戆戆居居》嘲笑了一个色鬼，唱本开场即有自我介绍：

（滚花杂扮伯父上唱）：今年五十二岁人，都唔算係老。重係生来咸湿（注：“咸湿”为粤方言俗语，即“贪色”“好色”之意）到极，可惜我满嘴胡须，脂粉有边个唔勾，你咪厄我唔识数。听见话花丛光复，跑到我气嘈嘈。①

曲词以类似“数白榄”的方式，嘲笑一个上了年纪但色心不改的男子丑态，颇具市井生活气息，制造了特殊的喜剧效果。

又如滑稽曲本《趣趣緻緻》叙述了嫖客与妓女床笫对话，也富有谐趣味道：

……今晚夜，你我两人，睡在罗帷帐底，好似係，刘郎有路，步上天梯。你虽然有咁靓，唔忧冇好老契（注：“老契”，粤语，即“相好之人”），总係我，生来貌丑，好似画坏钟馗。讲心事，呢的佬，真係泥尘咁细；讲手段，势唔肯话，第九低威（注：“低威”，粤语，即“认怂”“服输”）。②

① 《诙谐班本·戆戆居居》，《俗文学丛刊》第161册，新文丰出版股份有限公司2002年版，第51页。

② 《滑稽曲本·趣趣緻緻》，《俗文学丛刊》第161册，新文丰出版股份有限公司2002年版，第51页。

这一类市井人物，通常会淡化道德评判，集中表现他们身上的“本真”：思想言行与生活实况，剧目班本对此也不作过多的“修饰”，而是自然而然地呈现人物的性格特点，配合戏剧角色应有的行当本色。市井人物的塑造，令读者（或观众）印象深刻，收到喜剧效果。类似这样的人物不胜枚举。

（二）谐趣故事段落的渲染与夸饰

市井人物的塑造，无疑会附带世俗生活与社会百态的片段呈现。对于含有商品属性的粤戏及班本来说，以夸张、谐笑、世俗的故事题材来吸引观众，是吸引观众、制造效果和扩大宣传的有效手段。在这一点上，粤调说唱与粤戏班本中的“谐趣故事”，除了在故事情节方面相仿外，其显露的谐趣手段和技巧基本相通。

该类曲本对于市井题材或段落的“渲染”一仍唱本风格，通过大段文字描写反复衬托故事的主题或内蕴。如唱本《大闹老举》刻画唯利是图、寡情薄义的鸨母时有如是表述：

> 老举叫我打牙签兼共戒指，何曾退却诈作唔知？岂知今佢无恩义，情薄过纸丢人全不记。但见我荷包干净就要把我分离。①

鸨母一看到对方钱财耗尽（“荷包干净”），便马上抛弃客人（“把我分离”），贪钱好利的鸨母形象被塑造得惟妙惟肖。

班本《新串大闹老举》也有着类似的手法，以铺陈形式描写青楼女子的情状：

---

① 《艳情碎锦·大闹老举》，《俗文学丛刊》第161册，新文丰出版股份有限公司2002年版，第71页。

个衰神以为瘟，自作多情，魂不附体，发局楷出西纸，十元八块，阔佬手段当作便宜，请番去打水围，不过是金钱主义；借房笑口吟吟，两情默会。估话桃源有路得会仙姬，点知佢揾亚庚，果真是周身机器。①

作为班本，其叙述方式并不凸显人物的动作，反而通过大段唱词交代情节、反映人物角色的言行与心理，且唱词较多渲染、夸饰的色彩，这一特点应是受到粤调唱本的影响。

（三）丑生行当特色的成熟与升华

丑生作为粤剧行当之一，在戏曲舞台上有着特殊的地位，发挥出奇妙的效果无论从早期的十大行当还是后来演变的“六柱制”，丑生均列席其中，可见其重要性。一般来说，男丑分为文丑与武丑，多饰演滑稽诙谐、行为趣怪的小人物，如盲公、师爷等；女丑则多演怪里怪气、幽默风趣的中老年妇女，如媒婆、鸨母、家姑等。

梁俨然在介绍“丑生腔”时指出：

丑生演主角戏不多，但缺之则舞台气氛薄，故在要角地位（至薛马当丑角站占主位）。唱腔方面，无绝对类型，除廖侠怀属丑生腔外，李海泉属丑腔而带平喉，陆云非、文觉非二人则属怪腔，新蛇仔秋（鼻腔）则另具一格，无一致的丑生腔也。如骆锡源、罗家权、王中王、王醒伯等都已成为平喉之腔矣，惟做工方面，各以诙谐不同而异。其实丑生一角以滑稽诙谐逗人发笑，穿

① 《新串大闹老举》，《俗文学丛刊》第155册，新文丰出版股份有限公司2002年版，第399页。

插轻松为主。总之社会经验丰富，三教九流都要熟悉，随机应变、才够吸引观众也。①

一些班本作品的主人公形象滑稽，已经出现丑生行当的倾向。如“趣致（诙谐）班本”系列的《孤寒种》《戆戆居居》《风流梦》《伯父相睇》《陈二叔卖蜡丸》等。这些人物大多在出场时作自我介绍，语言风趣，引人发笑。梁俨然所提及的“社会经验丰富”“三教九流都要熟悉”，正由于粤调唱本、班本对于现实生活的反映较为深入细致，活灵活现地重现世俗百态，通过丑生的举止言行来讽刺生活现象。在塑造并促使丑生行当成熟方面，粤调唱本、班本的题材以及大量使用的粤语方言谐话，无疑起着极为重要的作用。

作为丑生行当的名伶，在麦啸霞的《广东戏剧史略》中已有提及，但没有详述，个中表演程式及特色更无从得知。从 20 世纪 20 至 30 年代所出版的班本粤曲唱本来看，当时已经在演唱者名字下面标注“唯一丑生某某”的字样，约略可以推知当时行当分类的渐趋凸显以及演唱底本（唱本）的盛行；不少有名的小生，随着年岁渐增，也加入老生、丑生等行当中且颇有建树。如香港名伶、一代“粤剧丑生王”梁醒波便是一例。

梁醒波（1908—1981），原名梁侍海，广东南海人，出生于新加坡戏剧世家，其父为星洲著名武生声架悦，其姊是粤剧红伶花旗金。梁醒波十七岁始开始学戏，跟随丑生鬼马流习艺，曾担纲正印小武、文武生等行当，饰演过无数舞台人物，在 1952 年《娱乐之音》主办的“梨园三王”选举中获“丑生王”称誉，行内外皆对其出神入化

① 梁俨然编著：《粤剧梨园旧典》，国际炎黄文化出版社 2007 年版，第 133 页。

的表演赞不绝口。梁醒波对于粤剧表演尤其是丑生行当的贡献甚大，除了他自己刻苦努力钻研外，粤调说唱的唱本题材与腔调特点均是他学习借鉴、融会贯通的重要资源。

梁醒波不只在粤剧舞台上展现风采，且在电影银幕上也屡有上佳表现，如吴回导演的粤剧电影《呆佬拜寿》即为人所称颂。梁醒波在该剧饰演主角呆佬阿茂，活灵活现，笑料频现，给人留下深刻印象。早在梁醒波之前，《呆佬拜寿》中的“呆佬”即为粤剧界前辈、同被誉为“丑生王”的马师曾所饰演，称誉一时。两种艺术形式（粤剧、电影）的底本，均来自粤调唱本《呆佬拜寿》，改编时虽各有特点，但均保留了其中的戏谑幽默成分，如容世诚曾以马师曾、梁醒波的《呆佬拜寿》作为丑生角与丑生戏关系的说明：

马师曾的粤剧《呆佬拜寿》也没有拍成电影，是以今天无从观赏。但是，通过一张一九三六年“太平戏院”戏桥（现藏香港中央图书馆），可以窥看马师曾《呆佬拜寿》的人物角色和情节内容：由马师曾主演“呆佬”刘球（梁醒波在电影叫刘茂），剧中贤良淑德、聪慧孝义的戴三小姐，则由剧团两位当家花旦谭兰卿（1908—1981）和上海妹（1909—1954）分别饰演。下面抄录戏桥的一段文字，帮助说明马、梁《呆佬拜寿》的情节异同：

是剧桥段，由呆佬误入丧门，以凶为吉，误踏婚家，以吉为凶，气煞三小姐。安分教呆夫。刘球遇仙赐丹，脱了呆气。过府与岳拜寿，堂前写大字，气煞襟兄。捧金归家，三小姐云开见月。苦尽甘来，呆佬得志。回家气岳戴员外……

梁醒波在《呆佬》电影里面，于拜寿途中误挂“蓝灯笼”家，以白事为喜庆弄出笑话连篇；到了岳父家里祝寿时，又反过来说尽不吉利的说话。这种利用处境颠倒，言谈错位的调笑手法，早见于上世纪三十年代（甚至更早）的粤剧《呆佬拜寿》版本。①

首先，无论是刘球还是刘茂，都脱胎于说唱本《呆佬拜寿》中的呆子。虽然舞台表演不同于剧本文字，但是在戏曲戏剧中，“底本”“剧本”都是演员表演的重要依据，即便有对角色剧情的自我理解、发挥乃至重塑等环节的存在，仍然改变不了“剧本剧情”以及“故事主旨”两大关键前提存在的事实。容世诚上面所举例子的情节，究其实在唱本叙述中已经存在，只是在剧本中略作修改而已。唱本的基调无形中影响了改编剧目的诙谐性，也在某种程度上决定了演员的表演维度，甚至促使其在更大空间上予以发挥，这些特点正好与粤剧丑生行当艺术特征相吻合。

其次，唱本中原有的市井俚俗之言，在改编后的剧中也有所反映，虽然内容已有不同，但戏谑的内核仍在。梁醒波在粤剧表演与粤剧电影中经常会有一些“爆肚”演出（指临时即兴发挥的片段），亦多采用“押韵式的口语”，颇切合表演需要，也收到较好的艺术效果。

最后，梁醒波擅于运用富有地方色彩的歌谣体系，展现其独特的地域情调。梆黄体系下的粤剧粤曲唱词虽然也有粤语方言，但不及歌谣体系的句式整饬、韵脚阴阳平声相间来得更有特点，尤其在一些故事情节转折、人物情感复杂的具体环境中，这些歌谣体唱词则更能凸显角色性格以及剧情主旨。在某些讲究文辞雅丽的剧目中，运用生活口语来转述事情、表达态度，也正是丑生（甚或其他行当角色）从侧

① 容世诚：《梁醒波与马师曾：谈粤剧丑戏〈呆佬拜寿〉》，收入余少华主编《中国戏曲节2011研讨会论文集——香港粤剧巨星梁醒波的表演艺术》，利高印刷有限公司2012年版，第87—88页。

面向观众传递潜台词、点明思想主题的关键所在。如梁醒波在《帝女花》中饰演周钟一角，就多处运用歌谣腔调：

昨夜月华高挂灯千盏，太仆儿郎把凤攀。凤台设有鸳鸯盏，御阶砌满凤凰栏。弄玉恃才未把青睐盼，好在萧史传神应对间。博得宫主玉手轻轻把那才郎挽，互递相思东，但两个就在含樟树下设诗坛。

选自唐涤生编撰《帝女花》之《树盟》

自古话因风驶至能摇橹，逆水撑船费功夫，若果话青磬空红鱼能终老，试问世间谁个不把禅……逃？有斟有酌至成夫妇，驸马系可以搓圆撳扁既好丈夫，宫娥你地快些退入花间路，瑞兰（行番入去）不用都你再参扶…

选自唐涤生编撰《帝女花》之《迎凤》

这些歌谣文辞，传神之处在于雅俗相间，在文人化案头文学的基础上加插市井俗语，诸如“搓圆撳扁”“逆水行船”等词均通俗易懂，富有生活气息。

粤剧粤曲的谐俗化以及丑生行当的形成、成熟与发展有多种原因，但无可否认，粤调唱本从市井题材、人物形象、俚俗口语以及说唱腔调等方面都为之提供了重要的资源，成为近现代粤剧剧本题材“谐俗化”以及丑生行当“成熟化”的关键因素。

四　结语

说唱与戏曲向来有着紧密的关系，粤调说唱与粤剧粤曲也不例外。从历史发展来看，粤调说唱本土化特征的形成与成熟较之粤剧粤曲更早，也影响了后两者的音乐体制、剧目曲词甚至行当特点，使粤剧粤曲具有浓厚的生活气息以及鲜明的高雅与谐俗并存的趣味。在音乐体制上，粤调说唱的四种主要类型木鱼、龙舟、南音、粤讴均被吸收到粤剧粤曲中，成为其曲牌中的“歌谣体系”，为现代粤剧粤曲的“本地化”提供了充分而必要的关键要素，文人的参与使粤剧粤曲撰作具备了雅致特质；在丑生行当的成熟上，粤调说唱（尤其是木鱼清歌与龙舟歌）的谐趣特征也发挥了重要作用，在粤语俚俗谐趣方言与人物角色性格特点紧密结合方面功不可没，很好地呈现了粤剧粤曲庄谐兼擅、雅俗共赏的审美取向。

（邓海涛：广州大学人文学院）

粤西木偶戏白戏的内涵及价值探析

吴舜华

粤西木偶戏，亦称为“白戏”“木鱼戏”“鬼戏”“鬼子戏”等。关于粤西木偶戏的渊源，湛江地方典籍均有记载①，笔者也曾撰写《粤西木偶戏略论》稍作梳理，但对其内涵、价值、在新时期的生存状态等方面研究甚少，这对木偶戏的保护与传承很不利。目前，粤西很多地方的木偶戏已成功申请非遗文化保护项目，专设传习所或由文化馆承担传承任务，有指定的法定代表人或传承人。但即便如此，这种民间小戏种已然到了生存极艰难、濒临危急的关头。笔者曾去高州、廉江、遂溪、湛江市区的赤坎区调研（高州、廉江、赤坎区已成功申请木偶戏的非遗项目，遂溪的振兴木偶戏艺术研究会正在申请），发现有价值的资料甚少。譬如：原本木偶戏剧本稀少；制作的视频光盘或音频优盘比较粗糙，皆不是最有价值的、可传承的版本；木偶戏的音乐伴奏及版式有著名的“江湖十八套”，几近失传。调研中曾遇到一些老艺人，见他们满腔痴情和声声叹息：如今木偶戏是剧种传承、艺术不传承了！为木偶戏老艺人心愿所触动，为了更好地整理、

① 参见湛江市地方志编纂委员会编《湛江市志》，中华书局2004年版，第1771—1773页。

研究和传承木偶戏艺术，笔者欲以粤西白戏为例，对其内涵及价值略作探析，聊备一格，亦就教于方家。

粤西白戏，专指流行于粤西白话方言地区的木偶戏，亦称“白戏仔”或“安铺白戏”（民间有一种说法：粤西白戏源于廉江的安铺，故名之），演出者皆用粤语中的广府话即白话作为表演语言，与粤西雷州话方言区的黎话木偶戏及艾话方言区的艾话木偶戏等区分开来。主要流行于粤西南、粤西北和广西博白等地区，北以千年古城高州白戏为著，亦有阳江白戏等，南以湛江地区的吴川、廉江、遂溪、市区的赤坎区等地白戏为著。

粤西白戏内涵及价值的形成，与下面几点相关：一是粤西白戏盛行的区域，以其成熟、固定的白话方言作为主要标志，应属广府文化范畴，广府文化的特征与粤西白戏的文化内涵特征存在可以互证的关系；二是据史料显示，源于巫鬼文化习俗①的粤西白戏，于明万历年间（1573—1620）由闽南商人传入吴川，再向粤西周边地区传播和演变②。白戏一直浸染在岭南文化的氛围里，民国时期（特别是抗日时期），广东省西部的“下四府”：高州府、雷州府、廉州府、琼州府和广西玉林、博白、陆川各属的商贸与各种文化艺术进出和荟萃湛江（当时称广州湾，是法国租借地，用其租界之便利），粤西白戏受避祸此地的省港澳粤剧名伶之演出风格影响很大，至 20 世纪五六十年代及 80 年代呈繁荣发展之势；三是粤西白戏之祭神祭祖、娱人先娱神、人与仙鬼共存的文化内涵与岭南以北的荆楚巫觋文化几乎是同宗同源，白戏演唱过程中某些拉腔、说白穿插官话，又保留了古老中原文化的底蕴。下面试论之。

---

① 参见孙楷第撰《傀儡戏考原》，上杂出版社 1952 年版，第 8—14 页。

② 参见湛江市地方志编纂委员会编《湛江市志》，中华书局 2004 年版，第 1771 页。

一　鲜明的广府文化、中原文化特征

广府文化有开放、多元、包容、务实等特征，其中尤以务实为首要特征，正如曾大兴教授所言：

> 在广府文化的“重商、重德、开放、务实、多元、包容”这六个品质中，最基本的品质是什么？是务实。因为务实，所以重商，所以重德；因为务实，所以开放，所以多元；因为务实，所以包容。谈广府文化，如果撇开务实这一点，那是没法谈下去的。①

笔者深以为然。粤西白戏的戏文皆有求真务实之倾向。譬如英雄演义的戏文，大多有临阵招亲内容：《穆桂英大破天门阵》里，杨宗保被穆桂英三擒三放，穆桂英逼他成亲，他不肯，但后来为了得到山寨上的降龙木和穆桂英破天门阵的仙家本领，他还是从了；他的父帅责子甚严，下令将他拖至辕门斩首示众，但也是不成的，有八贤王等对元帅晓之以国家利益、战事大局。其他如《五虎平西》中的狄青，一场战争，就临阵招亲两次（八宝公主和双阳公主），他要借助两位公主的法术、武艺和国家的兵力及师父的鼎力相助，才顺利完成平西重任；《回龙国》中的薛平贵临阵招了番女，才脱离奸人所设绝境，全身而退，保家卫国。诸如此类，举不胜举。这些情节显示白戏对多元文化的接纳与包容，实现务实之目的。又譬如《海瑞二进京》中纸

---

① 曾大兴：《岭南文化的真相：岭南文化与文学地理之考察》，社会科学文献出版社 2017 年版，第 61 页。

扎铺商人对海瑞回京路费的资助、店老板林清不收海瑞主仆三人的住宿费等，兵部孙成为扳倒张居正，舍弃全家八十三口人命法场过刀(后来获救)，向棺材铺老板买棺材，这老板有大义，全部免费送到法场去。这是商人的重德与务实。

白戏使用比较规范的粤语（白话）方言，彰显其古老粤地文化的精神气韵。比如，用贴近生活的白话："你呢个反骨仔""你个白鼻仔""哎呀，你个奸党、卖国贼"，这是粤语（白话）中古老百越人流传下来的特殊的方言词汇。唱词里也会用白话方言词，如下文《背解红罗》引文里的"唔""佢""过手"等。白戏语言也类似于粤方言，带有更多当年百越人语言的特点，比如修饰词后置、副词后置("知死未""知未曾""食得咁狼胎"等)。戏中用方言描写，通常简明扼要，就简约，去繁杂、细腻。如2018年编创的现代木偶剧《村官面试》的语言：

……

"咦，唔系白晰晰，系黑遢遢嘅！"

"既然来佐，就坐！"

"多谢了！"

……

"老板娘，上热菜了！"

"慢！"

"李强，我最后问你一句：是不是村民富了，你就要回城市呢？"

"诶，伯母，我住在村委宿舍，每当早上我推开门窗，我听到嘅系声声鸟语，闻到嘅系阵阵花香，所谓绿水青山就系金山银山，我留在此处可守住这里嘅金山银山，又可守住我嘅可可，伯母，我又点舍得离开这个美丽山村呢!”

……①

粤西白戏的古老戏本常是通篇典故，内涵特别深厚；语言是文白相间，亦雅亦俗，多是古时读书人之手笔。这些戏本非读书人不能抄、不能读、不能模仿演绎，学识兼具之人成为早期白戏传人②，是白戏精髓得以传世的保证。现在的白戏艺人也用古典章回小说回目及内容，也用话本或评书，直接就着演。在唱词上改为七字句式，上下句体；每句可分为上下两顿，也可以不分，顿句字数可多可少，有时可以插入称呼语，比如“儿啊”“娘亲啊”“夫哦”“恩师啊”“门生啊”等；上句不限韵，下句尾要押韵，加上后台音乐的适当套路即可。这样一来，几乎是什么书都可以做白戏的剧本，如评书里的《薛家将》《杨家将》《隋唐演义》《五虎将平西珍珠旗演义》等，一晚演一回；有时也可不要书或详细剧本，仅列一个简单的提纲也可演出。故其内容、内涵已不限南北，无所不包，中原文化内涵能被容纳其中，便是自然之事。譬如，保存完好的古白戏剧本《背解红罗》，开篇即写：

四壁萧萧亦自如，平生无力学樵鱼。红尘野马三更歇，白眼看花万象虚。樵外却闻人失鹿，池边宁识我非鱼。秋云非涌皆轻尽，吟苦寒书和有余。沽酒无钱空我醒，且来抄卷木鱼书。名为

① 据演出现场录音整理。

② 参见廉江县地方志编纂委员会编《廉江县志》，广东人民出版社1995年版，第834—836页。

背解红罗袱，身居王位有典宣。开卷我唱听言因，识者何须论假真。若问此书何处出，正是刘朝汉代君。再问汉朝何世代，听我从头说知闻。盘古初开新宇宙，一朝天子一朝臣。三皇五帝都唔唱，夏汤桀纣不须陈。文王升赫武皇位，朝朝都是圣朝君。自是幽王烽火战，东迁周室道寰沉。春秋战国刀兵乱，七雄五霸共交争。虎斗龙争三百载，过手兴亡几十君。嬴秦氏出始兼并，鲸吞六国得安宁。应是始皇伍无道，焚书玩士乱纷纷。……①

白戏《金钗记》（又名《田贯都》），小生出场便唱：

自从盘古开天地，一朝天子一朝臣。家出孝子亲安乐，国有忠良皇欢心。未唱三皇共五帝，开声就唱有名人。家住西京凤凰府，州安县内姓田人。不幸爹娘早亡故，父母单生小生身。姓田贯都我名字，娶妻罗氏枕边人。产落一男和一女，夫妻携带京都临。来到京城多时日，等候科场考试文。……②

这些白戏剧目基本上把中华文明体系中的母体——中原文化都囊括进来。还有《二十四孝》的典故，只要有父母教子或者贤妻相夫教子，便是要唱的；孔子之言，周公之礼，戏中也是常讲的。诸如此类，都是中原文化的血脉与精髓，只是换成白话言语，改成白戏腔调。另外，白戏中一些拉腔、说白直接用古代的官话，例如文官上殿请主临朝或殿上奏完本章后，会说“请主廉察”（后两字念 lian 上声调 cha 上声调，用白话），武将上马赶路时，会大喊一声“催”（cui

① 白戏剧本《背解红罗》，民间手抄本。
② 白戏剧本《金钗记》，民间手抄本。

阴平）马（ma 上声）也（ye 阴平），都用普通话；其他的如“不好了”“哦嚯嚯”（皆用普通话，加重音），也是官腔，很有味道。有时皇上祭天，大臣拜神或者悼亡，也偶有官话，保存了古老中原文化的底蕴，显示了古代文化人的风采。

二　人与仙鬼神灵共存的真实世界

在粤西白戏里，有个人与仙鬼神灵共存的真实世界。例如《五虎平西》：狄青被安排去平西辽，不是皇帝要求（皇帝说狄青刚平三关，正镇守三关，劳苦功高，不用再去征伐了），更不是狄青所愿（家中有老母亲），是奸贼庞洪与狄青有仇，要设计杀他（借口说西辽进贡太少，又私藏宝物烈火珍珠旗，要平西），故五虎平西危机重重。于是，戏中各路鬼神相助狄青。先有火叉岗的土地公掐指点算狄青与八宝公主有缘，命她出山助狄青；过五关后，庐山圣母算出徒儿——西辽狼主女儿双阳公主与狄青有缘，下凡做媒而来；助狄青，杨宗保鬼魂大战西辽大将黑利鬼魂；五禅老祖得知狄青有百日大难，带着仙丹下凡救狄青，又引他去天王庙收妖，得开阳镜备日后破迷魂阵之用；为破花山老祖（蛇精）阵法，五禅老祖去庐山圣母处借宝，大战花山怪。步步险情，人与神鬼合力，化险为夷。又如《背解红罗》一出，故事的起因是西番大王鬼骨，有一军师茅山道人，曾被汉王指责，便于八月中秋赏月之时，劝番王去汉朝搞事。适逢天上月老掐指得知汉朝左丞相苏文举之女苏金定与汉王有缘，特送番国红罗宝，命他进贡汉朝（苏金定解红罗成亲）。后有汉朝国师卜卦曰：红罗大宝天上赐，深知奥秘在其中；谁能解开此大宝，定产太子做正宫。于是汉朝下令征集宫中、民间女子解红罗。随后有九天玄女托梦苏金定背解红罗……诸如此类，俯拾皆是。另外，粤西白戏中多有拜神祭祖、祈愿还福的内容。如

《西河会妻》中，有平阳知府王水龙，到大王庙拜神祈福：

唱：我是平阳知府/王水龙，初一十五/惯把神爷拜，叩谢上苍求神恩嗯啊。今日初一佳期到，传声左右/把大王庙行。

白：引路啊！

（到大王庙前，下马）唱：滴水檐前忙下马，人傍神灵草傍春；上为国家下为民，求拜苍生有灵神。

白：大王庙堂，列位神圣，受本官求拜啊！

唱：深下拜，众神灵，平阳知府求神恩嗯啊！千家有求千家应，万家有求万家灵。又求神爷显威灵，神光普照/平阳地面民乐官清/夜不闭户/路不拾遗，家家顺畅太平方啊！夫妻恩爱好情分/永无分；庇佑我夫人，早把贵子来产下，为我王家传香灯啊！庇佑我水龙忠心来为国，上为君来下为民，年年高升人上人。若得神爷来响应，日后必多/重重酬还众神恩嗯啊！拜罢神灵抽身起，理该归衙料理公文。①

这种“人与仙鬼神灵共存的真实世界”的书写，显示白戏之内涵，有一种类似于宗教信仰的美好追求：善待生命，高扬人性美好。而且，白戏艺人在演绎这戏文时，那种尽心尽情的精神，很是容易沟通人心，让人性与人性照面，渗入人的骨髓。这是中国古老文化的一个基石，是中国文化千年的一个梦。“国之大事，在祀与戎”（《左传》），“礼有五经，莫重于祭”（《礼记·祭统》），“鬼神者，二气之良能也”（张载《张子正蒙》），“思之思之，鬼神通之”（《管子》）。

① 据白戏《西河会妻》录音整理。

白戏，突出表现中国传统文化中人与神鬼共存、神鬼为人服务的世俗性，具有原生、原始的文化特质。这与荆楚文化、中原文化同宗同源，殊途同归。

三　“江湖十八套”与“金鸡口白”等建构的艺术世界①

探讨粤西白戏的内涵，不可忽略其独具魅力的艺术建构。如果把白戏比作有生命的个体，那演绎故事是骨架，戏文唱白为血肉，艺术套路为魂魄。其艺术套路以“江湖十八套”“金鸡口白”等为著。

江湖十八套是粤西白戏舞台上表演的十八种艺术，每一套艺术有规定的锣鼓、牌子、唱腔口白、身份动作。具体有：五更（又名摸宫），搜宫，打庙，闹府，追夫，谏夫，谏君，谏兄，诉冤，逼退婚，杀忠妻，杀奸妻，水战，上高台，逞雄威，红门关，表忠，大审。十八套艺术在十八本戏里充分展示出来，如《五龙会》《驸马出家》《回龙国》《三气周瑜》《西河会妻》《烈女报夫仇》《张文秀试妻》《李书云》《董永与七仙姬》《六月飞霜》《周氏反嫁》《张亦鹏》等。

譬如《回龙国》中第四场“追夫”：大赞王女（番女）追汉将薛平贵，为“追夫”的典型范式。具体的表演程序如下：

> 宫女走圆台，请娘娘上（宫女告知平贵留下书信，欲逃回汉邦；番女看书信，又惊又怒：“冤家私逃，追得上么?”“追得上”“带马来，追!”）——内场起号“催马也”（念 ye 阴平）“七棰头”排子锣鼓与快钹，平贵上（平贵听得番女追来，越走越急）——内叫“慢走”——追上。两人交马鞭，平贵走圆台，

---

① 据廉江黄冠良师傅、遂溪司徒卫新班主口述及演出录音整理。

番女拉马尾，两人一句催马过位又退回来（两次），晕鸡子，抹开眼（白，唱，互相质问对方，一个要走，一个不放）——来回五次，一二三批走水波浪（一种特定的舞台动作）——两人马上大战，一二三打，架枪（平贵战败，番女要杀他）——平贵交血书（乃平贵发妻王宝钏写给鸿雁带来的家书，诉说平贵离家十八年杳无音信其生活艰辛及思念之苦）——番女生气，抖抢上来要杀平贵，宫女架住三次（踢开宫女，上前扶起平贵）——两人同时晕倒，宫女叫“所醒”！首板士浅唱翻魂戏——倒板二人同唱——番女用手一拨一指，平贵欲倒番女急扶，见平贵立定速回（互诉缘由，番女谅解，同意平贵回国，又赠回龙宝）——平贵上马走下场——番女与宫娥下。

江湖十八套有较高的艺术要求，也是艺人追求的目标，要有舞蹈功底，又要懂得锣鼓牌子，而且唱腔口白也有一定的规范，现在艺人会者极少。

“金鸡口白”是指白戏中不同人物出场时的口白，符合人物身份、性格，有时也能交代、提示戏的内容。例如《窦娥冤》中蔡婆出场云：“花有重开日，人无再少年；不须长富贵，安乐是神仙”；窦天章出场云：“读尽缥缃万卷书，可怜贫杀马相如；汉庭一日承恩召，不说当垆说《子虚》。”又如《回龙国》中薛平贵出场云：“头戴金盔一点红，身穿铁甲绣玲珑；自从降服红鬃马，征剿西凉再立功。”；王允出场云：“鸦雀枝头叫喳喳，喜事今朝在我家。”再如《海瑞二次进京》中万历天子出场即云：“平观面上一支花，日出照中华；中华良民千万家，君臣和谐是一家。”这些皆属金鸡口白。其他主要还有以下一些。

观音口白（也可唱的）：“甘露杨枝洒众生，隐居南海紫竹林。普度慈航成正果，白莲台上脱凡身。”如果是唱腔，也可加：“观音一年有三诞，二月十八生寿辰，六月十八南海去上任，九月十八探双亲。”

玉皇口白：妙卯神仙坐九重，二十四刻显神通。坤者有生乾有治，坐在天心当掌中。

龙王口白：波浪水滔滔，五湖藏珠宝。龙在深宫坐，四方水来潮。

女山大王口白：头插一枝凤，身穿五爪龙。小袍来遮盖，脚踏小屏风。

神仙口白：“修仙学道，快乐！逍遥！三十三天天上天，昆仑山上有神仙。神仙都是凡人做，不见凡人上九天。”“高高山上一只鹅，口含青草念尼陀。畜生都有修善意，人无修行怎奈何。”

员外口白：春夏秋冬天过天，寒来暑往又一年。人生好比春草木，老来怎能返少年。

媒婆口白：欣当月老牵红线，乐作良媒搭鹊桥。

算命先生口白：袖里乾坤大，壶中日月长。

富二代花花公子口白：牛耕田、马食谷，老豆有权势，仔就得享福。

奸官口白：见高我就拜，见低我就踩。

不良商人口白：不穷又不富，开间棺材铺。有妹来听使，婆妈来洗裤。

白戏中“江湖十八套”与“金鸡口白”的艺术很奇特，是白戏的精髓之一。若能遇见好的艺人演这些套路，那是“讲论处不滞搭、不絮烦；敷衍处有规模、有收拾。冷淡处提掇得有家数，热闹处敷衍得越久长。曰得词，念得诗，说得话，使得砌”①，不是一般的精彩。金鸡口白非文人词，是市井词，在这些本色当行里，的确能显示该剧

① （宋）罗烨：《醉翁谈录》，上海古典文学出版社 1957 年版，第 5 页。

种的与众不同。

粤西白戏的主要价值。

一是传承粤西民间文化文明的载体。

从内容及性质来看，粤西白戏主要以口耳相传的方式，将文史知识、伦理美德、理想信念与现实生活融合起来，以“娱世”求“觉世”，寓教于乐，以自己独特的思路、角度和方法，演绎历史故事、英雄演义、民间传说或者当下火热生活，对人的成长和心理健康具有重要意义。它带有祈福消灾的巫官文化特质，以及全民性、节日性、乌托邦式的怪诞现实主义色彩，既强调家国情怀、民族大义，也侧重管理民间事务或对真善美、假丑恶进行道德审判。既“娱神乐魄”，也有“忠奸”之辨、“是非”之分；能“以小见大”，把人物形象塑造和历史文化结合起来，故可魅力绵长，千载不灭。它特别民间，也很艺术，它的传承有社会基础和行业基础，具有较高的历史价值、现实价值和学术价值。

从其源远流长的发展史来看，它带有民间信仰的特质，有民间艺人痴情于它（即使收入极微薄、行头极简陋、捧场观众极少、传承几乎后继无人，也用力去唱去演）和白戏爱好者为它奔走（田野观摩，案头整理研究等），散发出生生不息的生命力。因它深刻反映粤西人民的生活史和心灵史，在影响粤西人民的生活与心灵方面具有特别的重要性。虽是一种通俗文艺，一种民间小种戏剧，却是熏染粤西人民生命的大舞台、大世界，它曾是这个区域民众文化娱乐与教化的主体。在20世纪80年代以前粤西白戏极繁荣的年代里，很多普通民众一字不识，不知“四书五经”“屈陶李杜”为何物，但通过接触白戏这种通俗戏曲，获得了基本的人性的、文化的教养，构建了自己的人生观、历史观和价值观。它们的篇幅或短小或宏大，皆可包罗万象，绘声绘色，穷形尽相，在反映整个社会的生活现象和精神世界方面，具有不可忽视的丰富性和生动性甚至是全息性。它曾藻洗着我们乡间祖祖辈辈的生活与思想，彰显着我们本国本乡本土的传统精神。它是我们民族文化血脉的一部分，是民众的精神家园。

活在当下的文化遗产粤西白戏，其生命力既在根植于生活，又在作用于时代。我们应致力“活化”粤西白戏，使该项非遗扎根当下，适当复兴白戏古典的完备内容和精彩的艺术范式，找到它新的生存形态，而不至于粗糙地把它定位为“狗肉戏，味道好，但上不了台”。譬如遂溪振兴木偶戏艺术研究会新近创作的《迈坦新村颂》，便是很好的戏文：

李艺白：光阴似箭，新中国诞辰弹指七十周年。放眼过处，神州大地山川毓秀、人杰地灵。深欣我辈躬逢盛世，今日得闲下乡看看——出得门来真是好天时啊。

李艺唱：建国欣逢七十年，神州处处画图妍。中枢惠政民生乐，寰宇良方国祚绵。

李艺白：车赶路，风卷云，一时来到迈坦边。本人当年驻点处，泥途仿佛现眼前。今日既然来到此，何不进村看它一看？

李艺唱：重来旧地意欣然，大道延伸国道连。栋宇新成迎旭日，竹篱不见忆当年。排污有计居家好，除恶无遗敞户眠。亮点纷呈言不尽，风光无限兴无前。

(这时，罗连出场)

罗连白：今天无乜事，难得天气好，到处行下先！

(此刻，李艺边看边走，忽见村民罗连，便上前打招呼)

李艺白：老哥，你是迈坦村人氏吧？可否为我讲下贵村建设新农村之事？

罗连白：正是，你且听啊。

罗连唱：若询迈坦谱新篇，书记德强众口传。擘划宏图劳日夜，破除旧俗换山川。办公桌椅千程觅，逐户商量几度旋。幸得全村成一统，时和世盛好扬鞭。

合白：好扬鞭（乐声伴奏）

（戏中人物：李艺为城里干部，罗连为迈坦村民——引者注）①

二是民俗内容丰富，有独特美感。

除了上文部分所述，粤西白戏的演出还有其他异彩纷呈的说唱形式，常会穿插很多民俗、宗教的仪式，譬如会有结婚、生子、游街、祭亡、解禳等出目，都简明扼要，恰到好处：几个动作，人物上场下场热热闹闹，后台的锣鼓弦乐配奏，鼓乐齐鸣。但不同身份、不同场合、不同内容，其表现形式也有差别，如：

生子：有妇人出场，若是在富贵人家，有丫鬟、使婆、接生婆、老妇人等进进出出，欢天喜地，热闹非凡；若是寒门女子或落难嫔妃产子，那是哀声震天，血泪涟涟，像《刘知远白兔记》中李三娘磨房产子，只听到女子的哭声配有弦乐，几下唢呐声表示孩子已呱呱坠地（然后是再唱天下悲苦事、丈夫刘知远不堪哥嫂白眼去投军，生死未卜，自己受尽虐待等）。

游街：除了说唱中交代相关内容及渲染人声鼎沸之热闹场面的“哦嚯嚯”等声器外，敲几下铜锣，响几下钹；然后是锣鼓喧天，偶人列队巡游。

① 遂溪文联杨贰先生作、司徒卫新班主演出及供稿。

祭亡或祈禳：敲锣、钹和木鱼，有镗镗踏踏之声；主事人物会说已摆下三牲祭礼，对天（或祖宗）求拜；开唱后会有整套的后台弦乐，有虔诚的哀咽诉说祈求之声，拉长调一唱三叹，会令人屏声静气地聆听，沁人肺腑。

戏开场前，例行敲闹场锣鼓，吹几声嘀嗒（唢呐），拉几下二胡，打招呼式的，告诉四下村民，戏快要开始了。逢年节、诞期，有安排开场戏的，即开场演的“吉祥戏”“吉利戏”，地方上也称“拜贺寿”等。主要内容是祝人喜庆连连：农人耕田，五谷丰登；工人产品，上市畅销；出门经商，路路畅通，一本万利；外出工作，加官晋爵；读书人仔，聪明伶俐，寒窗苦读早得功名；老大人身体康健，福禄双全，儿孙满堂；青年后生，身壮力健，大展雄图；青年夫妇，生活美满，早生贵子；等等。这是老百姓需要的心灵鸡汤。

粤西白戏的表演，文武并重，唱念做打俱全。其人物，有穷途书生，有精忠兵部，有贞节烈女，也有俏皮小丑、老童。其剧情，有风趣的，有凄凉的，更有悲壮的。其角色劳逸均衡、各显其能，文武搭配和悲欢复沓的形式与节奏，很具观赏价值；有普通观众直接欣赏到的显性美，也有经表演者创造性发挥、观众细心体会后才获得的隐性美。有时戏中悲泣的场面，会给观众一种痛感，这也如亚里士多德所说的：能使观众通过“哀怜”和“恐惧”产生“疏泄”而达到“净化”。

（吴舜华：湛江幼儿师范专科学校，岭南师范学院基础教育学院副教授）

广府文化的海外交流传播研究

“两广汇兑”语境下的银信文化

蒙启宙

广东与广西地域相连、文化相通，历史上有“两粤”或“两广”之称。近代以来，广西“本省侨居南洋者约百万人”，由于广西“省内尚无承办外汇之银行，华侨汇款回省者，几经辗转”①，在广东的广州、广州湾、四邑以及潮梅汕等地区与广西的梧州、桂林和玉林等地区之间流动，形成了非常独特的“两广汇兑”。

两广汇兑是以华侨银信为载体，通过两广水客、批信局以及银行、邮局等侨汇汇兑机构和商号的接驳与沟通，所形成的“特殊的汇兑方法”②。两广汇兑的网络相当完善，其中的“东兴汇路”在抗日战争时期是国内接驳南洋和美洲③银信的唯一安全的路线，大量的华侨银信从东兴这个边境小镇源源不断地汇入中国内地。另外一个侨汇接驳口岸是连接两广的广州湾（今湛江市）。此外，两广境内的西江流域是同一时期南洋水客出洋谋生的主要通道。

---

① 《本省境内应设承办侨汇银行》，《西江日报》1947 年 9 月 8 日第 3 版。

② 刘佐人：《金融与侨汇综论》，《批信局侨汇业务的研究》，广东省银行经济研究室 1947 年 12 月编印，第 54 页。

③ 本文沿用民国时期的划分，将近代海外移民分为南洋与美洲两个区域。“南洋”主要指现在的东南亚地区，“美洲”是南洋以外的区域，包括美、欧、非和大洋洲等区域。

“银信”是粤语对华侨银信的称谓，是华侨接济国内侨眷的“银”和“信”综合体。银信不仅在广府方言区广泛流传，在粤东的潮梅汕地区、闽省的闽南地区以及世界各地也广泛流传。只要有华侨和侨眷的地方，就有银信的交收与传递。中华人民共和国成立以后，“银信”统称为“侨批”（银信），并于2013 年以中国侨批档案的形式成为世界记忆遗产。

一　银信文化的地域特征

近代两广“华侨的出海口有三个地方：第一个是汕头，第二个是香港，第三个是北海。还有一个非直接的出海口是海南岛的海口”[①]，大量的华侨通过这些出海口移居海外。

“我国人移殖南洋虽渊源甚古，然实盛于十九世纪初期”[②]，“我侨南来的动机”“除求其个人之生活以外，还需要寄银信到家里去”，“若不汇款归国者，同乡皆讪笑之”[③]。因此，华侨“稍有余积，对于家人的怀念、眷属的给养就要通信息，寄银钱回去”[④]。这些饱含辛酸、眷恋和思念的华侨银信或委托回国返乡的亲友同乡；或通过从事海上国际贸易的商号、轮船公司；或通过批信局、水客等民间渠道捎带回乡。新式银行和邮政金融业出现后，华侨银信的传递与汇兑方式更加多元化。一条以血缘与地缘为基础，以精神与物质为纽带，以华侨的“银”和“信”的传递与汇兑为主要对象的海上金融丝绸之路

① 刘征明：《南洋华侨问题》，国立中山大学社会研究所编辑，金门出版社 1944 年版，第 40 页。

② 《星洲十年》（《星洲日报》十周年纪念特刊），星洲日报社编纂 1940 年版，第 636 页。

③ 郑觉生：《展望汇业联谊社》，《新加坡汇业联谊社特刊》，新加坡汇业联谊社 1947 年版，第 69 页。

④ 曾一鸣：《民信局与侨汇由来》，《新加坡汇业联谊社特刊》，新加坡汇业联谊社 1947 年版，第 78—79 页。

逐渐形成，在传统金融与近代金融相交错、民间金融与官办金融相依托、金融与邮政相融合的过程，海洋文明与农耕文明相互碰撞，广府文化与世界文化相互融合，最终形成了一项世界记忆遗产。

“银信”是海外华人华侨给国内侨眷汇钱和寄递家信的综合体，具有“银”和“信”两大经济特征，“沟通”与“接济”两大社会功能。在历史上，这种由“银”和“信”共同组成的“特殊的汇兑方法”① 有多种称谓。

明嘉靖年间（1522—1566）菲律宾华侨称之为“润”②。1742 年，印度尼西亚的吧城华人公馆成立后，主要从事对当地华人事务的处理。该公馆于 1772 年开始将所处理的华人事务记录抄正存档，形成了《公案簿》。《公案簿》中记载了多宗华人银信案件，例如，“晚有胞弟善长，于 1786 年有交应浩带回银信 20 余圆，被吞没”；“去年（1788）交汤润章代寄唐山银信，共去化边银 75 圆”；等等③。由此可见，18 世纪 80 年代，印度尼西亚华侨普遍称之为“银信”。道光二十年（1840），潮州前溪陈村沟头人陈少林因家贫“过番”来到暹罗，一年后便有“番批”寄回家乡④。因此，1840 年的潮州人称之为番批。光绪三十年元月，香港的同益延筹火烛燕梳按揭汇兑积聚有限公司，在汕头设立分局“兼办小吕宋上海新加坡汕头及省港澳汇兑银两”⑤，光绪年间，“汇兑银两”为汕头人对华侨银信的一种称谓。

---

① 刘佐人：《金融与侨汇综论》，《批信局侨汇业务的研究》，广东省银行经济研究室 1947 年 12 月编印，第 54 页。

② 焦建华：《福建侨批业研究》，厦门大学出版社 2017 年版，第 60 页。

③ 吴凤斌等：《吧城华人档案〈公案簿〉中记载的唐人银信案》，福建省档案馆：《中国侨批与世界记忆遗产》，鹭江出版社 2014 年版，第 271、273 页。

④ 黄晓坚：《中泰民间关系的演进：以隆都镇为视域的研究》，袁丁主编：《北美华工与近代广东侨乡社会》，广东人民出版社 2016 年版，第 94 页。

⑤ 《香港同益延筹火烛燕梳按揭汇兑积聚有限公司》，《岭东日报》光绪三十年七月十四日第 1 版。

民国时期，各地华侨及侨眷对华侨银信的称谓更是五花八门。中山人称之为“金信”①；四邑人称之为“外洋银书”；“广州人呼之为通天仄纸”②。“潮梅民众”“到南洋的辛勤工作，每年换回了大批‘番银’”③。而福建人一直以“银信”为称谓。出于礼貌，福建华侨“即使探问最普通的朋友，起码也在信封外写上‘外附龙洋 2 元’”④。1951 年 12 月，厦门市中国银行要求侨眷在接收华侨银信时，“信差如果有不法行为，可随时将‘汇款通知书’提供中行查究”⑤。

华侨银信的称谓虽然众多，但以“银信”称谓最为普遍。银信是广府方言区最流行的侨汇文化符号。大量的“银信”通过南洋批信局、香港金山庄等汇入广府各地。例如，菲律宾的益兴号“接理省港澳佛广东内地银信”业务；道生堂叁药行“接汇四邑内地各埠银信”业务⑥；香港的福和隆金山庄“接驳中山各县汇兑”；“代理梓友附寄银信及委托金山业务”⑦；等等。

受广府文化的影响，世界各地也广泛采用“银信”的称谓。美洲的私营侨汇业一直以“银信”为称谓。例如，美国旧金山的和记公司“接汇中山全属及港澳银信”⑧。

南洋批信局将“银信”细分为银信、保家汇兑银信、侨汇银信、银信汇兑、汇兑银信、保家银信、祖国银信、祖国汇兑银信等。例如，新加坡的联合公司“专收潮梅各属银信汇款，代理处遍设潮梅各

① 《省行石岐办事处改善侨属领款手续》，《中山月刊》（创刊号），广州市中山同乡会 1946 年 7 月出版。

② 《侨汇逃避恶化》，《中山民国日报》1946 年 12 月 16 日第 2 版。

③ 克功：《谈本省东区移民垦殖》，《汕报》（梅箓版）1943 年 8 月 27 日第 1 版。

④ 《民信局的今昔观》，《江声日报》1948 年 7 月 15 日第 3 版。

⑤ 《分送侨汇应附通知书》，《江声日报》1951 年 12 月 13 日第 2 版。

⑥ 《菲律宾粤侨民锋社成立三周年纪念特刊》，1948 年，第 10 页。

⑦ 《香港中山侨商会特刊》，1946 年，第 8 页。

⑧ 《香港中山侨商会特刊》，1946 年，第 14 页。

地”；和记汇兑“专收琼崖全属保家汇兑银信”；荣盛公司“专收祖国各地侨汇银信，为侨众服务”；茂兴汇兑信局“专营祖国各地银信汇兑，并受理本外埠同业委托转驳”；再和成伟记汇兑信局“接收国内汇兑银信”；利华兴汇兑信局“专收潮州诏安各属保家银信”；南顺汇兑信局“接收祖国银信回唐，汇水公平，回文快捷”；琼盛信局“在海南岛的海口市、文昌县、嘉积市设立联号”“经营祖国汇兑银信”。

图 1　新加坡的普通庄汇兑信局广告（局部）①

潮梅汕地区和闽南地区也普遍采用“银信”称谓。在南洋侨领致国民政府的信函、当地侨汇行业公会的章程以及侨汇业致官方的公函中，都有“银信”称谓。1929 年 10 月，陈嘉庚、林义顺代表新加坡中华总商会就“汕（头）邮局近忽不准荷属银信附英属银信总付邮

① 《普通庄汇兑信局》，《新加坡汇业联谊社特刊》，新加坡汇业联谊社 1947 年版，第 84 页。

事”，致电国民政府“查零碎银信之寄多属劳动工人，计件征费损失匪浅，逐封付邮尤虞失落”①。1931年，汕头市侨批业同业公会在公会章程中申明：“本公会以联络同业感情，保障公会侨胞银信及增进同业之公共利益，矫正营业之弊为宗旨。”② 1937年4月，福建省厦门市银信业同业公会致函市商会，呼吁声援取消中国银行泉州支行附设民信部时称：“本会所属各批信局，其经营银信不过为便利侨胞，服务国内外起见。”③ 1940年11月，福建晋江县银信业公会下属的27家银业局联名称：“窃商等均有呈蒙交通部发给执照，专营银信局，办理海外华侨汇寄银信分发送达事宜，实为闽南特种金融机关，与社会经济、地方金融发生绝大关系。”④ 银信还被国民政府用于解释华侨侨汇业的特征。1933年，交通部邮政总局将“专营国外侨民银信及收寄侨民家属回批者，定名为批信局”。⑤

经过漫长的历史演变，“银信”超越了时间和地域上的限制，而成为一种世界文化符号。只要有华侨和侨眷的地方就有“银信”交收与传递。

二　“银信”在两广汇兑的主要载体

华侨移民海外之初，侨居地既没有邮局，也没有银行，只有信托乡亲之靠得住者。趁其回乡之便，报告平安并资家用，有些人专门替人传递银信，而成为半职业化了，这些代人传递银信的人被称为“水客”。水客“把人们信托的款项办些土产，视唐山所缺少而需要的赚

① 袁丁等：《民国政府对侨汇的管制》，广东人民出版社2014年版，第53页。
② 王炜中等：《潮汕侨批论稿》，香港：天马出版有限公司2013年版，第117页。
③ 《厦门市银信业同业公会昨致函市商会》，《星光报》1937年4月20日第2版。
④ 《四区专署通令，保护侨信差》，《泉州日报》1940年11月24日第3版。
⑤ 袁丁等：《民国政府对侨汇的管制》，广东人民出版社2014年版，第55页。

些贸易之利。规模大一些的便自造船只，用‘航船’来往办货，挂起招牌兼收银信。批业的生意从此而生，形成民信局的雏形”①。至此，由水客和批信局共同组成的两广侨汇业基本形成。随着银行汇票（仄纸）的广泛应用，为两广汇兑融入了近现代色彩，官办银行和邮政金融等的进入使两广汇兑的传播渠道和形式非常丰富。

（一）漂洋过海的金融行商

近代水客是华侨中的特殊群体，他们常年漂泊于南洋、美、欧、非等世界各地与祖国之间，“专以携带各埠侨胞接济家属信款为业务”②。他们没有固定的营业场所，没有取得合法的营业牌照，甚至没有统一的称谓。他们以旅店、商店甚至书局等作为通信处，巧妙地利用各国货物之间的市场差价，各国货币之间的汇率差价，利用受托侨款在支付上的时间差谋取利润，成为漂洋过海的金融商人。

“华侨移殖南洋初期，所有信件款项从南洋寄回祖国的都只有托‘水客’带回国”③，水客在谋生过程中逐步形成的各种经营方式，被随后形成的规模更大、组织力更强的国际金融兑换组织批信局所继承，成为“批业之源”④。

1. 水客的称谓及其经营模式

国内水客主要分布在广东、福建、广西以及海南各地。水客的形成时间没有确切的史料记载，目前所能见到的最早广州水客的记录是同治元年（1861）“刘亚女”的卖身契，刘亚女以三两银从广

---

① 曾一鸣：《民信局与侨汇由来》，《新加坡汇业联谊社特刊》，新加坡汇业联谊社 1947 年版，第 78—79 页。

② 《往来南洋各埠水客统计》，《中山日报》（梅县版）1940 年 4 月 12 日第 2 版。

③ 刘征明：《南洋华侨问题》，国立中山大学社会研究所编辑，金门出版社 1944 年版，第 188 页。

④ 饶宗颐总纂：《潮州志·实业志·商业》，汕头潮州修志馆 1949 年版，第 73 页。

州卖到了美国旧金山，卖身契约定“到了金山，有银即交于邓友懋亲收”[①]。根据同期从西江流域经过珠江口前往美国旧金山的华侨回忆：“余家无担石[②]，非外出谋生，必难生存。盖饿死家园，无宁出外求生。”“因村有（水）客复美国”，于是“结婚未及旬月，便（随水客）来美洲”[③]。由此可以推断，两广水客的商业运作最迟在 19 世纪中期已经相当成熟，并成为引导“新客”出洋和传递华侨银信的主体。

水客没有统一的称谓，行走于南洋与两广之间的水客被称为南洋水客，或直接称为南洋客[④]；行走于美洲与两广之间的水客被称为美洲水客；单独行走在两广之间的水客被称为“巡城马”[⑤] 或直接称为巡马。

“水客外洋原无住所，则联合设置行馆以居停，名为批馆。”[⑥] 水客在其行商的城镇中设有固定的通信处，同一个水客可能有多个通信处，同一个通信处也可能有多个水客的服务点，甚至以轮船为经营场所的水客。例如，暹罗（今泰国）的田慰朋、廖演群、刘光史等水客均以暹京（曼谷）的“东成旅店”为通信处。

南洋巡马胡益“一向来往南洋‘马来西亚’各埠，专为侨胞服务，接交各方亲朋银两书信，沟通消息，迅速确实”，抗战胜利后“仍本以往精神，在和丰公司和丰号轮船服务。川常航行仰光、庇能、星洲各埠，照常接交银两书信，及带客带货”。胡益水客以南洋石叻

① 金叶：《文献收藏不总“高大上”》，《广州日报》2016 年 5 月 1 日第 A8 版。

② “担石”表示一担一石，比喻微少。

③ 司徒献：《少小离乡老大回》，《纽约华侨餐馆工商会游河特刊》，纽约华侨餐馆工商会 1922 年版，第 14 页。

④ 陈达：《南洋华侨与闽粤社会》，商务印书馆 1938 年版，第 88 页。

⑤ 刘佐人：《批信局侨汇业务的研究》，《金融与侨汇综论》，广东省银行经济研究室 1947 年 12 月 6 日编印，第 54 页。

⑥ 饶宗颐总纂：《潮州志·实业志·商业》，汕头潮州修志馆 1949 年版，第 73 页。

的富生栈，香港的粤南旅店，开平的韶兴隆、信行、胜利隆为代理处接驳两广银信①。

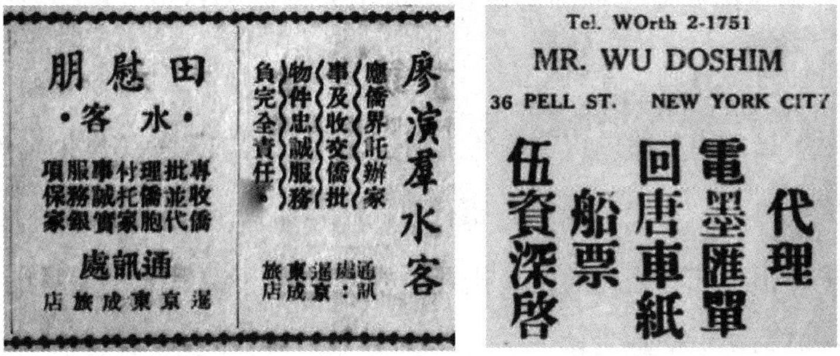

图 2　南洋水客广告②和美洲水客广告③

水客的收费因人、因时、因地而不同，非常灵活多变。有时候华侨向水客“馈赠礼物，以为‘情义’”，水客就不收手续费了④。在南洋，水客可以提供上门服务，华侨如有银信汇兑“可预先来电”⑤，水客则按约“来访领教”⑥。在广西，除了正式水客以外，还有兼职水客。兼职水客在出洋务工返乡时，顺便为华侨携带银信。例如在与越南接壤的边境地区，“农民在农忙时节前往安南农场做散工。六月去九月返。回来时顺带侨款回来。熟人托带，尽义务。生人托带稍收带工费。但比正式水客较为便宜”⑦。正式水客的收费也因人而异，1933 年，加拿大温哥华华侨托水客携回台山的银信封面注明：“信银

---

① 刘进：《五邑银信》，广东人民出版社 2009 年版，第 61 页。

② 《旅暹大埔公会成立二周年纪念特刊》，1948 年，第 36 页。

③ 《纽约华侨餐馆工商会游河特刊》，纽约华侨餐馆工商会 1922 年版，第 45 页。

④ 《广东各县金融情况》，《广东省银行季刊》第 1 卷第 1 期，广东省银行经济研究室 1941 年 3 月编印。

⑤ 《菲律宾粤侨各团体联合会复兴纪念》，1946 年，第 16 页。

⑥ 刘佐人：《批信局侨汇综论》，《广东省银行月刊》（第 3 卷第 8 期），广东省银行经济研究室 1947 年 8 月版编印。

⑦ 刘佐人：《批信局侨汇业务的研究》，《金融与侨汇综论》，广东省银行经济研究室 1947 年 12 月 6 日编印，第 54 页。

为港币50元，折双毫银71.5元，扣去带工0.5元，实得双毫银71元。”不过，也有部分国家和地区的水客制定了行业收费标准，例如，1919年由美国水客带回四邑的银信上盖有“本行公议，车脚船脚太贵，每佰带工壹圆”字样。

巡城马的出现给两广侨眷的生活带来了极大的方便。例如，侨眷出售仄纸时不一定交（当地）银行或钱庄，而直接将仄纸“带到经常行走于广州与新会之间的船上找寻‘水客’”，“将仄纸（及手续费）交与该船的账房汇收，托‘水客’带去（广州）。水客有该船的账房记账担保，所收各款全靠信用，并无收据发还”①。在香港，金山庄一般委托巡城马将美洲银信携带回广府各地。1927年1月，香港均裕源金山庄收到从古巴哈瓦那寄往台山横塘的银信（付银仄30元）后，交巡城马带回台山，再将巡城马带回的回批寄回古巴哈瓦那。②

2. 引导新客出洋

近代中国“华人在本国谋生艰难，每岁所得工资不及外洋一月”③。水客在兑换银信时往往会顺便将南洋群岛易于致富之机会，如产糖及橡皮之区需用大批廉价工人，以及西印度（指古巴）烟草厂、糖厂招收契约工人④等信息告诉乡里。“华人在国内既无工作，自乐于应募也”⑤，于是亲朋好友“遂乃携兄弟，率亲友于于而来”⑥。在客观上，“当同乡中有新客需到南洋定居或谋生时，由于人生地不熟，

---

① 刘征明：《南洋华侨问题》，国立中山大学社会研究所编辑，金门出版社印行1944年版，第188页。

② 李柏达：《世界记忆遗产——台山银信档案及研究》，暨南大学出版社2017年版，第244页。

③ 陈汝舟：《美国华侨年鉴》，中国国民外交协会驻美办事处1946年版，第341页。

④ 丹徒、李长傅：《华侨》，中华书局1927年版，第145—146页。

⑤ 《南洋庇能华侨人口激增，以广东福建籍为最多》，《广州民国日报》1926年11月16日第9版。

⑥ 陈汝舟：《美国华侨年鉴》，中国国民外交协会驻美办事处1946年版，第341页。

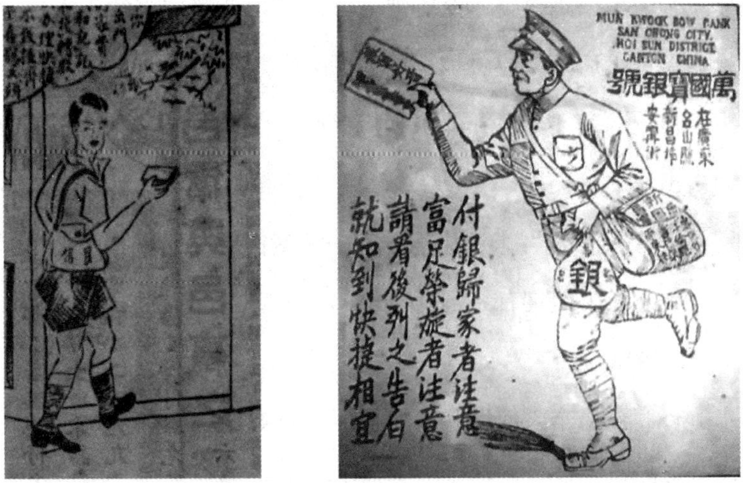

图 3　美洲水客在派发华侨银信和巡城马在派发华侨银信

一般会委托水客沿途照顾，水客收取一定手续费后，与沿途旅馆联络食宿，将新客带往目的地”①。

水客引导新客出洋的历史相当悠久。19 世纪初期“欧人初至南洋，令人开垦，乃广招华工南来垦植”，招募者以中国出海口岸的客栈为基地，“分遣水客深入乡村，以甘言诱饵失业农民，为之垫给旅费，大批运载南来”。为了获得更高的利润，水客到达后都会“浮开旅途费用”，并向华工索取高额介绍费及利息，甚至将华工转贩他埠图利。因此，当时南洋的华侨旅馆实际上是猪仔馆兼客栈，一些水客实际上就是贩卖猪仔的客头②。“1830 年代，每年由中国到达马来西亚槟榔屿的‘新客’约二千至三千人。”③ 在美洲，“道光二十六年，

① 星洲日报社编纂：《星洲十年》（《星洲日报》十周年纪念特刊），1940 年，第 585—586 页。

② 星洲日报社编纂：《星洲十年》（《星洲日报》十周年纪念特刊），1940 年，第 636 页。

③ 郭威白：《马来西亚中国人在发展当地经济中的作用》，《中山大学学报》（社会科学版）1959 年第 4 期。

西班牙人师贩黑奴之故技，至香港、澳门等地托言招契约工人，定期八年，运至古巴后，发往各烟草厂糖厂工作”①。

出于传统的商业习惯和追求利润的需求，“水客出国时一定皆有若干初次出洋的‘新客’。一些旅馆主人为招揽生意，对过往水客给予特别的优待”，“水客来往旅途中有一件最占便宜的事”就是引导新客出洋“住旅馆和搭船都不要给钱”②。

3. 水客的商业信誉

水客行商全靠个人信用和人格担保，正如暹罗水客郭盛诺在广告中承诺的那样：“当闻郭君年少老诚，受人之委，忠人之事，川带侨批历历确据，佳予广告俾我乡友周知。”③“受人之委，忠人之事”是水客行商最基本的承诺。而根据国际经济局势的变动适时调整服务方式，却是水客行商最基本的技巧。

为了生存，水客行商时“没有‘打沉船’的勾当”。对于华侨或侨眷所托之钱物以及口信等，不管数额大小、报酬高低、路途远近，只要答应了就要带到。如果所托带钱物不幸被盗抢或不慎丢失，则要照价赔偿。一旦做出不甚妥当的事，该水客就永远不取信于人，业务便一蹶不振，自然就被淘汰了。因此华侨托水客携带信款时“不论是三五百元，二三千元或数万元的巨款都一律不用（水客）给回收据”④。由于水客人数众多而且“水客返（回故）里多有定期，各侨民家属皆能预知何时往取（信款）”⑤。

水客对侨乡社会经济发展以及侨眷生活接济关系重大。因此，水

① 丹徒、李长傅：《华侨》，中华书局1927年版，第145—146页。
② 《梅县的南洋水客》，《中山日报》（梅县版）1940年2月25日第3版。
③ 《旅暹大埔公会成立二周年纪念特刊》，1948年，第18页。
④ 《梅县的南洋水客》，《中山日报》（梅县版）1940年2月25日第3版。
⑤ 姚曾荫：《广东省的华侨汇款》，商务印书馆1943年版，第29页。

客在两广侨乡是一种体面的职业并受到尊重和各种礼遇。在四邑地区，巡城马搭乘新宁铁路的火车时，可凭票享受车票半价的优惠。在粤东地区，大帮水客出洋时，当地政府官员、侨团组织以及社会各界人士会举行各种欢送形式。1941 年 3 月，梅县 60 多名水客华侨分成三路出国。第一路由水客翁绍南、官文源等 20 多人组成，从海陆丰某港出国；第二路由水客胡绍成、胡南开等 37 人组成，从滇缅路线出国；第三路由水客陈宏新等 3 人组成，从韶关乘坐飞机赴港出国。消息传出后，梅城内外一片欢腾，水客乘坐的汽车被洗刷一新，“梅县华侨互助社欢迎首批由新路线出国华侨”的白色洋布横额悬挂在汽车的两侧，汽车所到之处各马路均鸣放炮竹，沿途观者如堵①。

抗日战争时期，特别是太平洋战争爆发后，水客原有的固定出洋路线大部分已不复存在，但水客仍然多方寻找出洋路线并冒险前行，西江水域成为两广水客主要的出洋通道。1941 年，粤省政府确认滇缅、广州湾和温州为水客华侨出国的三个口岸，并将广州湾定为首选的出国口岸，水客从韶关、经过衡阳、柳州、桂林到达赤坎（广州湾）后出洋，当香港局势紧张轮船停航时则由滇缅路线出国②。

水客经过西江流域出洋的费用要比从韩江或东江流域出洋高出很多。1945 年底，南洋水客从梅县绕道广州至南宁出洋的“最低限度每人须旅费十五万元”。③ 这从一个侧面证明西江流域的侨汇量相当大，

---

① 《昨日华侨首次由新路线出国情形》，《中山日报》（梅县版）1941 年 3 月 5 日第 2 版。

② 《梅县华侨互助社昨商定出国新路线》，《中山日报》（梅县版）1941 年 3 月 3 日第 2 版。

③ 《梅华侨互助社登记出国华侨》，《中山日报》1945 年 12 月 31 日第 2 版。

否则水客是无法维持生计的。

（二）蕉雨椰风的批信局

在中国国家邮政没有出现之前，官民邮政分办，官邮设有驿站，专传递皇室公文及文件。民邮由人民自理，称民信局。民信局“大约创于明代永乐年间，至满清道光年间至为繁盛。首先通行于宁波一带，继而推移至华南重要口岸以至南洋”①，并被海外华侨广泛用于传递银两和家信，成为侨汇业的主要形式。

与银信一样，侨汇业在历史上的名称颇不一致，“在国内多称民信局、信局、信馆或文书馆。在南洋称批信局、批局、汇兑信局、汇兑庄、信局或批郊。外国人大致称他们为汇兑商或汇兑店”②。1928 年，国民政府在南京召开全国交通会议，议决“所有各处民信局应于民国十九年（1930）内一律取消”。但直到 1933 年 12 月，交通部邮政总局才算将民信局与批信局的性质界定清楚：“（一）专营国内普通信件者，定名民信局，不准兼收批信。（二）专营国外侨民银信及收寄侨民家属回批者，定名为批信局，不准收寄普通信件。”中华人民共和国成立后，批信局又统一定名为侨批局。

1. 两广批信局的形成与发展

批信局主要分布于中国的福建、广东、广西、香港和东南亚（即南洋）③。在广东通常称为银号、银庄或钱庄，在广西则称为侨汇庄。两广批信局的形成时间没有确切的史料记载。1849 年前后，在广州经

---

① 刘佐人：《批信局侨汇业务的研究》，《金融与侨汇纵论》，广东省银行经济研究室编印 1947 年 12 月出版，第 54 页。

② 刘佐人：《批信局侨汇业务的研究》，《金融与侨汇纵论》，广东省银行经济研究室编印 1947 年 12 月出版，第 54 页。

③ 焦建华：《福建侨批业研究》，厦门大学出版社 2017 年版，第 47 页。

营生烟丝出口的朱广兰熟烟庄，在南洋一带开设广州朱广兰熟烟庄，并从1869年开始兼营华侨银信业务。在银信业务的支撑下，加上熟烟质优价廉，朱广兰熟烟深受各地华侨的喜爱，直到抗日战争期间，旅美侨农“仍用老式之竹烟筒吸朱广兰熟烟庄，或廖芸生生切（广东土制便宜烟丝）”①。

因此，广州侨汇业的史载时间比福建的晋江（1871）②、广东的汕头（1875）③ 以及海南的海口（1882）④ 还早，是中国最早有侨汇业记载的地区之一。光绪元年（1875），鸿雁记、逢生隆等5家批信局在广州开业。光绪十五年（1889），在广州经营纱绸出口的岑兴记商号开始兼营安南（今越南）银信，汇安庄等批信局则专营美洲银信⑤。

同治十二年（1873），台山水步的“燎记”开始经营华侨银信业务⑥。光绪十六年（1890），台山的仁安药房兼营侨汇业务，其经营规模很大，资本金达100万元。1925年，江门“银业店约有数十家。此种银业资本极少，除铺底外所余资本不过一二千元。盖彼等非欲借此为正常营业，实借此为私运烟土机关”⑦。由此可见，私运烟土是广府华侨银信形成的基础之一。抗战胜利后，台山的慎信银业药行是四邑

① 区琮华：《美洲华侨与侨汇》，《广东省银行季刊》（第1卷第1期），广东省银行经济研究室1941年3月编印。

② 王付兵：《侨批档案文献的价值》，丁志隆：《中国侨批与世界记忆遗产》，鹭江出版社2014年版，第58页。

③ 陈春声：《近代华侨汇款与侨批业的经营——以潮汕地区的研究为中心》，《中国社会经济史研究》2000年第4期。

④ 刘佐人：《批信局侨汇业务的研究》，《金融与侨汇纵论》，广东省银行经济研究室编印1947年12月出版，第57页。

⑤ 陆青晓：《解放前广州的侨批业》，《广州金融》1994年第5期。

⑥ 李柏达：《世界记忆遗产：台山银信档案及研究》，暨南大学出版社2017年版，第160页。

⑦ 《江门商业情形之概况》，《广州市商会报》1925年2月23日第5版。

地区规模最大的兑换商号之一，每月经营的侨汇高达30万元，1947年全年所经营的侨款达460万港元，佣金收入达4.5万元①。四邑地区经营或代理美洲银信的机构和行业非常多。除了银行和邮局以外，银号、药房、五金店、火油店等商号，学校、报纸等机构，甚至猪栏、鸡场等都可以经营华侨银信业务。

佛山为南海经济中心，全国四大镇之一，佛山的工商业又赖以金融之活动调剂，故银业历来称盛。佛山银业远在前清时代既已创立，历史极其深远，得人信仰，所以能获持久。佛山银业除了对工商农业之短期贷放及国内各埠商业贷款之通汇外，还从事侨汇之内地转送，侨款之存入，储蓄及信托等业务。佛山银业接驳侨汇的历史悠久，但由于其构成复杂而难以细分，“银号找换店每被混为一名”②，加上“佛山银铺与广州银业界因有交收之关系”，因而佛山“多数股户将所存现金移运省城（广州）”③储存以求资金的及时周转和安全可靠。可见，佛山与广州在侨汇汇兑业务上的互补性非常明显。

在广西，玉林容县的南益隆于1916年开业后，专门经营侨汇汇兑业务，兼营洋纱布等商品的批发与销售。每年接驳的华侨银信的数量约为二三百万元。南益隆侨汇庄在梧州、北流和玉林等地开设分庄经营华侨银信业务。除了南益隆外，容县还有宏昌、善和、成兴等专营侨汇业务的侨汇庄，兼营的侨汇庄则有意华、夏广胜、祥荣和朱德栈等。这些侨汇庄通过接驳广州等地的银信业务以获取佣金。由于两广银信的数量庞大，这些侨汇庄每年所获得的佣金收入相当可观。例如，夏广胜号“代广州汇庄分解侨汇所获的佣金，可维持全店几个工

---

① 广东省地方史志编纂委员会编：《广东省志·金融志》，广东人民出版社1992年版，第290页。

② 人丁：《战后佛山银钱业之厄运》，《商业道报》（创刊号）1948年1月出版。

③ 《佛山商业与金融之现状》，《广州民国日报》1929年1月24日。

友的生活、工资和铺租”[①]。

2. 两广批信局的业务接驳

两广境内的韩江、东江、西江以及北江等流域，为华侨银信的传递和汇兑形成提供条件，使银信成为闽、粤、琼、桂等侨乡在特定历史条件下的特殊文化产物。大量的南洋和美洲银信通过两广汇兑流入中国西部，不仅对中国的社会经济发展起到积极的推动作用，而且促进了南洋侨汇汇兑业的发展。

民国时期，南洋和中国香港有不少批信局经营两广汇兑业务。例如，新加坡的余仁生在国内设有广州和香港分行，在马来西亚设有吉隆坡、芙蓉、怡保、金宝、务边、槟城分行，“选办中国生熟药材丸散膏丹，自制各种丸散药品”，“办理中国汇兑两粤银信”[②]；菲律宾的利安金铺汇庄有限公司经营两粤汇兑业务[③]；南洋的利昌汇兑庄“汇兑两粤港澳银信。补水便宜非常快捷”[④]；均源汇兑庄在香港设立分行，办理两广汇兑业务[⑤]；香港的永盛隆金铺“找换金饰金砂金钱，接理南洋两粤汇兑”[⑥]；大朋银号“驳汇上海、广州、佛山”“江门、梧州、潮汕”，“各大城市乡镇均可通汇，外埠各国侨托信汇快捷妥当”[⑦]。

南洋一些报刊也从事两广汇兑业务。例如，《台山月报》在菲律宾设立的总代理处兼理华侨银信业务，接驳广东、广西、福建各县市镇乡村，对于华侨提交的“国币港币银单十足兑现，凭票到支，随到

① 封祖暹：《容县侨汇庄简况》，《八桂侨史》1987 年第 2 期。
② 《新加坡汇业联谊社特刊》，新加坡汇业联谊社 1947 年版，第 5 页。
③ 《菲律宾粤侨各团体联合会复兴纪念》，1946 年，第 16 页。
④ 《利昌汇兑》，《南侨月报》，1931 年，第 30 页。
⑤ 《均源汇兑庄》，《香港邮工》1948 年第 5 期，香港邮务职工会 1948 年 7 月出版。
⑥ 《邮政月刊》（创刊第一号），港九邮政职工咏同社宣传部 1947 年 1 月出版。
⑦ 《香港海员》（新 2 期），香港印刷工业合作社 1946 年 11 月。

图 4　新加坡余仁生的广告（局部）和南洋的利昌汇兑庄的实物

随取，任凭君便”[①]。经营两广银信业务的批信局在南洋生意特别红火，“侨胞以其（信局）手续简易，取费公允，回批迅速而趋之若鹜。（新加坡）华侨银行有鉴于此，不甘落后，乃与全国各邮局联络，委为代理，而有民信部之设立。在初通汇之处，仅及粤桂闽三省”[②]。经过不断的发展，到抗日战争前夕，华侨银行的侨汇通汇处“则遍及其他各省份矣”。

在西江流域，经营两广银信业务的银号通过多方的业务合作，不断降低经营成本，提高服务质量。1923 年，广州的合德银行在江门、香港、上海和梧州开设分行，接驳华侨银信业务[③]。1932 年 3 月，广州裕国银号对“汇往广西各埠（的侨汇汇兑业务）仅酌收些少手续费外，汇水一概免收”[④]。1941 年，台城实信银号为打通与广州

① 《台山月报总代理处广告》，《菲律宾粤侨各团体联合会复兴纪念》，1946 年，封 4。
② 星洲日报社编纂：《星洲十年》（星洲日报十周年纪念特刊），1940 年，第 502 页。
③ 《广州合德银行广告》，《广州民国日报》1923 年 8 月 1 日第 2 版。
④ 《裕国银号免收汇水广告》，《国华报》1932 年 3 月 2 日第 4 版。

湾（今湛江市）的侨汇汇兑业务，“特集巨资开设胜昌银号于广州湾”，使广州湾各属及广西一带与四邑各埠之间的侨汇“快捷妥当，汇佣相宜”①。

在韩江流域也有不少经营两广银信业务的银庄。例如，汕头的商业银庄创设后，在梅县设立分庄专营银业及国内外汇兑业务，并在英、荷各属处均有联络（点）。1930 年 9 月，该银庄分别与孟加锡的中原庄、泗水的元茂庄、吧城的李义丰、勿里洞的万春堂、毛里寺的嘉隆庄等 21 家南洋批信局互为联号，并在广州、江门、东莞、广西等各属“均有殷实字号（银号）代理送交”南洋银信。对南洋各埠华侨汇往两广的银信，可以采用电汇、汇票以及信汇等不同传递方式，并对不同的传递方式给予不同的服务承诺：“用电汇者即日兑交，买汇票者见票即兑，由信汇驳者无论各属（市）区乡村远近一律送交，担保（保证）无失。无论多少一体欢迎，随到随交，决无延误。”

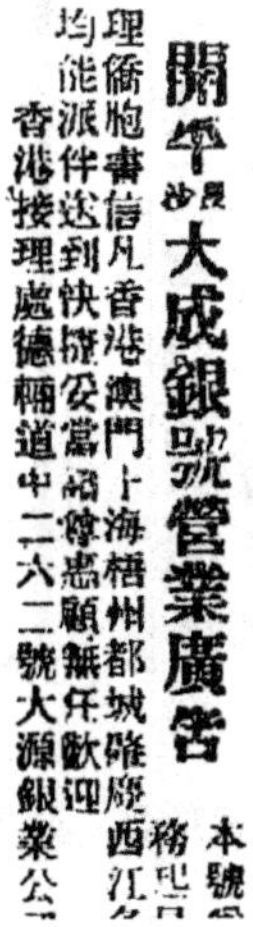

图 5　《开平长沙大成银号营业广告》（局部）②

① 《台城实信银号汇通广州湾广告》，《大同日报》1940 年 3 月 27 日第 1 版。

② 《大成银号营业广告》，《开平日报》1941 年 12 月 18 日第 2 版。

南洋华侨“赐汇时，请注明（广西各属侨眷的）地址，当即汇交。限日换取收款人回单”。①

在广西，洪有记侨汇庄 1937 年在容县开业后，即与泰国、马来西亚和中国香港等地的侨汇汇兑信局联系，成为其分庄或联号。宏昌侨汇庄开业后，华侨银信均由商人从香港、梧州等地转拨过来。

一些官办的侨汇汇兑机构也经营两广银信业务。例如，中国信托有限公司厚集资金在上海、香港、重庆、昆明、台山等地设立分支机构，专营银行信托一切事业，“找换上海香港国币仄票，收费特廉”，并“找换港纸杂币各国货币”。该公司的委托业务主要包括“代理外洋书信银两，负责送达”，“通汇地域包括江浙川滇黔桂闽粤港澳，国内外商埠本省乡镇市”。②

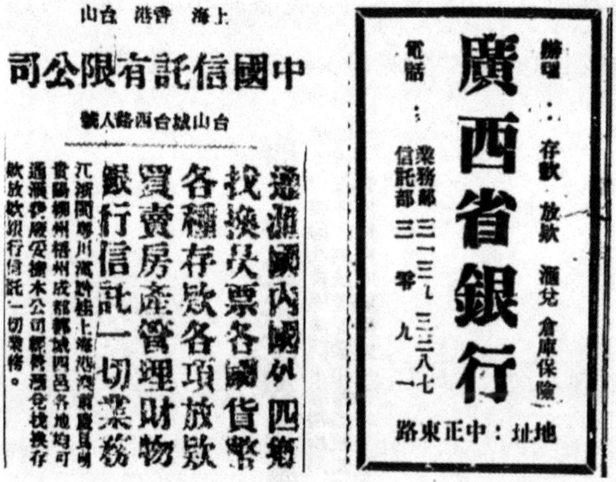

图 6　中国信托有限公司广告③和《广西省银行广告》④

① 《商业银庄汇兑广告》，《梅县日日新闻》1930 年 9 月 12 日第 1 版。

② 《中国信托有限公司》，《大同日报》1940 年 1 月 27 日第 1 版。

③ 《大同日报》1945 年 4 月 2 日第 1 版。

④ 《广西省银行》，《南风报》1948 年 5 月 16 日第 2 版。

3. 两广批信局合作的道德基础

两广汇兑之所以历经数百年而长盛不衰，其主要原因在于，两广批信局的银信业务是建立在“汇水公平，回文快捷”“派送敏捷，取费从廉”“汇率公平，回文敏捷。保家银信交款迅速，取费廉宜”“补水便宜，非常快捷”① 等道德基础上。

广西玉林容县的善和号于1946年开业后，以北流县的裕和号代交点解付北流县的侨汇，善和号根据裕和号代交的侨汇金额支付5%的代理费。善和号还派店伴到广州、梧州等地接收华侨银信，并通知侨眷或代收点到店领取银信，收取2%的手续费。善和号侨汇庄的前身是善和号棉布庄，在柳州设有转运站，并与广东信宜东镇圩的正和堂有业务往来。转运站迁往梧州后又与当地的建丰汇兑庄有业务往来，而建丰汇兑庄的经理是广东的罗定福批信局的股东，在“建丰汇兑庄”的撮合下，“善和号”与广州的翰鸿福批信局开展了业务联系，并成为其在广西的代理商号。除了“翰鸿福”外，善和侨汇庄还先后成为广州的正和堂、和安庄、永昌吻庄、北记庄、森昌庄以及德昌行，香港的均源汇兑庄、德昌行、南生号、新记号、公和庄、大安庄、荣益庄、安昌行以及容北栈，马来西亚的广联兴、和发号、永和堂、德昌号以及信南栈，泰国的东昌金铺等南洋和粤省侨汇汇兑信局在广西的代理商号。其业务接驳链条通过中国广州和中国香港连接到南洋各地。

永昌吻庄是广州历史最为悠久、经营规模最大的侨汇汇兑信局之一，经营范围涉及南洋和美洲各地。1946年4月，吉隆坡的利昌金铺向广州永昌吻庄汇入1.4万元，通过永昌吻庄汇往四会的元昌米铺转黄文燊收。2008年12月，永昌吻庄被命名为“和平路侨批局”，成

① 《利昌汇兑》，《南侨月报》，1931年，第30页。

为广州市文物保护单位。

建丰汇兑庄的总部设在广东的梅县，“专营粤港汕沪及南洋各属电汇票汇信汇信托一切银业生理（生意），交款迅速，汇价公平，办理维妥”，并在广州、佛山、梧州、南宁等处均设代理商号，接驳南洋汇往广西的华侨银信①。

而中国香港的均源汇兑庄的总部设在新加坡，主要办理“两广汇兑”业务，并承办同业委托代理两广华侨银信业务。其实，“在‘善和’棉布庄代理广州‘翰鸿福’侨汇庄解汇初期，容县曾有‘李有记’侨汇庄代解广州、香港各侨汇庄侨汇，但是其经营作风不好，派解慢，而‘善和’解付较快。因此，‘善和’经营不久，香港的‘均源侨汇庄从间接关系中了解了‘善和’，于是来信委托代理’”。②

图 7　《均源汇兑庄》（广告局部）③

因此可见，两广银信的汇兑网络相当复杂，一环扣一环，每一环

① 《建丰汇兑庄营业广告》，《梅县日日新闻》1930 年 11 月 11 日第 2 版。

② 郑一省：《广西容县侨汇庄的经营模式及网络初探》，《中国侨批与世界记忆遗产》，鹭江出版社 2014 年版，第 327 页。

③ 《均源汇兑庄》，《香港邮工》1948 年第 5 期，香港邮务职工会 1948 年 7 月出版。

都有相应的经营道德的约束，而这也正是两广汇兑延续数百年而不衰的重要因素。

三　著名的“两广汇兑”通道

抗日战争时期，特别是太平洋战事爆发后，海外交通遮断，除了“毗邻昆明及东兴两地之越侨仍源源汇款归国”以及孤悬海隅的澳门中资银行机构“仍旧继续奋斗，侨汇赖以沟通”以外[①]，“（中国侨汇）汇款中绝”[②]。一时间，广西防城东兴这个中越边境上的小镇成为世界关注的焦点。为了接驳华侨银信，各路水客、批信局，以及银行、邮政金融等云集东兴，所形成的“东兴汇路”是当时中国唯一安全的侨汇通道。

当时云集东兴的侨汇汇兑机构有中国农民银行、广东省银行、华侨银行、广东省邮政储金汇业局，以及光裕银行、福建华侨建设公司、泰国进步银信局、金边老奇香等私营侨汇商号。在众多的侨汇汇兑商号和机构中，广东省银行的经营规模最为完善。该银行先后以中国银行、商办广东银行、华侨银行和广西汇兑公司为特约代理行，“在星加坡、仰光、马六甲等十五个外埠均与各该行通汇”[③]。东兴办事处侨汇接驳能力相当强劲。1942 年，东兴办事处每月经解的侨汇为 400 万—500 万元；1943 年吸纳“华侨汇入款达三千九百余万元”。

东兴汇路在南洋主要有四条线路：一是越南的西（贡）堤（岸）线，二是越南的金边线，三是老挝线，四是曼谷线；在两广主要有两

---

① 《广东省银行史略》，广东省银行编印 1946 年 12 月出版，第 17 页。

② 《广东省之侨眷贷款》，《金融导报》（创刊号），（马）坝省地方银行联络通讯处 1944 年 5 月编印。

③ 云照坤：《抗战四年来之广东省银行》，《金融知识》（第 1 卷第 6 期），邮政储金汇业局 1942 年 11 月发行。

条线路：一条从东兴经钦州、合浦、遂溪、湛江、高州、信宜至云浮、四会、清远、从化、河源、紫金、揭阳转入汕头；另一条从东兴往钦州、南宁、韶关、兴宁、揭阳转入汕头。东兴汇路以海防与河内两座城市为转接侨汇的中转站。南洋和两广各线路的侨汇汇兑信局、银信馆等先将所持有的货币在当地换算成贡纸（越南货币），然后派专人带到河内或海防并与收汇商号进行结汇，由各收汇商号将侨款委托开往岳山的各轮船上的买办带到芒街，由各买办带到东兴交给驻东兴的各个代理商号，由代理商号交各线路侨汇汇兑信局。

除了东兴汇路以外，抗日战争时期，两广汇兑还有一条主要通道是“广州湾邮汇汇路”。广州湾（今湛江市）是近代法国在华的唯一借地，因此对“广州湾”的汇兑一直被国内银行视为国外汇兑。例如，1941 年，畲坑广东省银行将广州湾与伦敦、新加坡、纽约、泰国等地的汇兑视为“国外汇兑”，而将桂林、梧州等地的汇兑则被视为“国内汇兑”①。

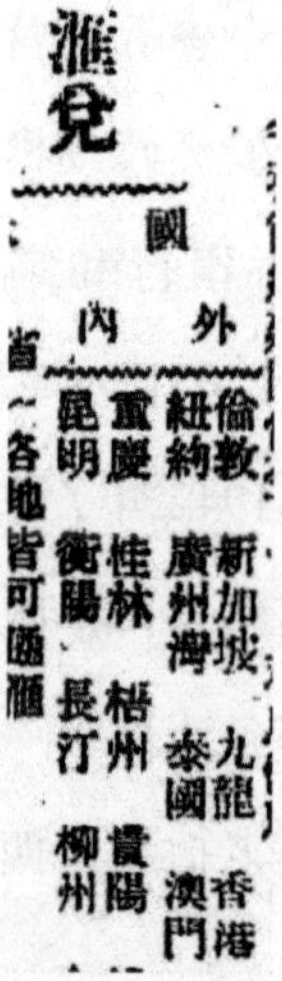

图 8　畲坑广东省银行广告（局部）

---

① 《畲坑广东省银行》，《中山日报》（梅县版）1941 年 4 月 21 日第 2 版。

广州沦陷后，广州湾成为粤西的侨汇中心，由于广州湾的麻章有公路经过广西、贵州而到达重庆。在抗日战争时期，麻章是中国大后方出海要道之一，战略地位十分显著。遂溪邮局就设在麻章，为了充分发挥广州湾邮路在侨汇接驳上的作用，广东省邮政管理局将遂溪邮局由原来的三等邮局升格为二等邮局，并在遂溪邮局“设侨汇转汇局承转由香港发来的全国华侨汇款”①，大量的两广银信通过麻章汇入中国的西部。

四　结论

银信在两广的汇兑是广府文化与潮汕文化和客家文化相互融合、相互影响的结果，是广府文化融入世界文化的表现。作为一项世界记忆遗产，银信在两广的汇兑不但记录了近代两广华侨及其侨眷在海外移民过程中的悲欢离合，而且留下了以东兴汇路、广州湾邮汇汇路、西江流域水客通道为代表的两广汇兑。由于缺乏研究，这种跨省的特殊侨汇汇兑方式并不为人们所熟识，东兴汇路等的历史价值也没有被很好地利用。

最近，习近平总书记参观广东省汕头市侨批文物馆后强调：“‘侨批’记载了老一辈海外侨胞艰难的创业史和浓厚的家国情怀，也是中华民族讲信誉、守承诺的重要体现，要保护好这些‘侨批’文物，加强研究。”两广同是中国著名的侨乡，加快对两广汇兑史料进行挖掘与整理，有利于增加两广的历史文化厚度，丰富广府文化的内涵，推动广东、广西的文化旅游建设。

（蒙启宙：中国建设银行高级经济师）

① 陆能柱：《广东旧邮政见闻》，广东省政协文化和文史资料委员会编：《广东文史资料精编》（第3卷），中国文史出版社2008年版，第136页。

从《南海百咏》到《澳门杂诗》*

——汪兆镛之广府文化传承与乡土认知新变

雷淑叶

汪兆镛（1861—1939），祖籍浙江，后随亲落籍番禺。辛亥革命后，多次避居澳门长达 13 年，其间留下许多吟咏澳门的诗词，如《微尚斋诗》《澳门杂诗》《雨屋深镫词》等，对了解澳门彼时风土人情及文化特色皆非常珍贵。尤其是《澳门杂诗》，以宋方信孺《南海百咏》为例，或咏先贤，或叙风土，或歌异域情调，内容丰富，笔力雄健，兼具文学文化与文献价值。

现有汪兆镛诗词研究，主要集中在文献整理与其诗词中的澳门文化痕迹及其遗民情怀。澳门学者邓骏捷近年来对汪兆镛作品整理贡献尤大，整理出版了《汪兆镛诗词集》《汪兆镛文集》等，其《寓澳名贤汪兆镛诗词探论》等文章对汪氏生平与诗词内容多有阐述，对《澳门杂诗》涉略有限。章文钦《澳门诗词笺注》《从诗词见证明清时代澳门的历史文化》，诗史互证，着重关注汪兆镛的遗民情怀及澳门历

* 基金项目：广州市“十三五”社会科学规划项目“粤港澳大湾区视野下的澳门文学书写研究”（项目号：2018GZYB131）；广东省教育厅特色创新类项目“回归廿年汉语文学中的澳门书写”（项目号：2018WTSCX121）。

史文化在诗词中的展衍，但是对汪兆镛为什么如此偏爱澳门及澳门的文化物色少有论及。本文以汪兆镛《澳门杂诗》为原点，溯源其对广府文化传承的自觉，归根到底是对中华传统文化及其传承的关注；《澳门杂诗》在风土人情的描叙中蕴含深切的忧患意识，也不无乡土认知的微妙变化。另外，在当前粤港澳大湾区语境下，汪兆镛《澳门杂诗》及他在澳门写作的诗词有什么价值，这也是本文主要关注的问题。

一 对广府文化的自觉传承

《澳门杂诗》共七十余首，包括历史文化建筑、历史文化名人与风土人情三个方面。其中咏历史文化建筑《澳门杂咏》二十六首；咏历史文化名人《澳门寓公咏》八首；咏岭南风俗与异域风情之《竹枝词》四十首。汪氏在《澳门杂诗》序言中自道写作初衷："澳门自乾隆宝山印氏、宣城张氏撰《澳门纪略》一书之后，又百余年矣。其中日异月新，今昔不同。而编纂阙如，靡资考镜。辛亥之变，避地于此，暇日登眺，慨然兴怀，拉杂得数十首。征引故实，分注于下，仿宋方孚若《南海百咏》例也。"①

汪氏仿《南海百咏》所作之《澳门杂咏》主要有三层内涵：对广府文化的自觉传承；遗民情怀的叙述与共情；遗民身份的自我建构。之所以认为《澳门杂咏》是对广府文化的自觉传承，主要有三方面的原因。

首先，澳门地处岭南一隅，与广府文化有着天然的一襟带水之关系。澳门自明代开埠以来，形成华洋杂处、中西融合的文化土壤。因

① 汪兆镛著，邓骏捷、陈业东编校：《汪兆镛诗词集》，广东人民出版社 2013 年版，第 161 页。

缘际会，也成为明以来时代更迭不仕新朝者的避世桃源。汪兆镛创作《澳门杂咏》仿南宋方信孺《南海百咏》之例，可以说是某种程度上将广府文化带到了澳门，虽然汪兆镛绝不是第一个广府人往来澳门者，也不会是最后一个，但是近代旅居澳门的广府人，汪兆镛无疑是浓墨重彩的一个。

其次，之所以说汪氏借《澳门杂咏》而将广府文化带到澳门，或者做了一个很好的广府文化与澳门文化的交融，主要是因为《澳门杂诗》咏澳门，其效仿者《南海百咏》不仅歌咏广州，而且在近代广府文化或岭南文化中具有重要的地位。方信孺《南海百咏》中的“南海”大体指古代的“南海郡”，主体是南宋时期广东南路之广州。史书记载，南宋绍兴后，广州置八县，即南海、番禺、增城、清远、怀集、东莞、新会、香山。[①]《南海百咏》作于南宋，刻行于元，晚清民初在岭南地区得到广泛传播。有学者认为除了地缘因素，与晚清岭南学术阵地学海堂的推动不无关系。当时学海堂以《南海百咏》为课士的题目，追和续和之作频出，尤以学海堂学长樊封《南海百咏续编》突出[②]。汪兆镛自幼颖异，五岁入塾，十岁能诗，十二岁开笔作时文，后举学海堂专课生，成为近代岭南大儒陈澧的高足[③]。可以断言，汪兆镛在学海堂受到《南海百咏》及其续编之熏陶自无异议。

最后，汪兆镛自先祖迁居番禺以来落籍为粤人，其所从师及交游皆以粤人为主。汪兆镛作《山阴汪氏谱》《广州城残砖录》《元广东遗民录》等，皆可见他对地方历史与文化的追溯与重视。其创作《澳

① 《宋史·地理六·广南东路》，影印文渊阁《四库全书》第 281 册，上海古籍出版社 1987 年版，第 228 页。

② 参看翁筱曼《晚清岭南文化传承的自觉与乡土认知的新变——以〈南海百咏〉的晚清流播为论述中心》，《中山大学学报》（社会科学版）2016 年第 4 期。

③ 参看汪兆镛著，邓骏捷、陈业东编校《汪兆镛诗词集》，广东人民出版社 2012 年版，前言第 1 页。

门杂咏》，便是使用在学海堂所习得的文学风土志的风尚与个人对风土志的爱好双重作用下的产物。

汪氏辛亥革命后避地澳门，面对时世风云，时代更迭，颇多感慨。正如序言所讲，《澳门杂诗》乃诗人“辛亥之变，避地于此，暇日登眺，慨然兴怀”有感而作。这其中，既有对方信孺记载传播一地文化之行为的致敬与继承，同时也实质上达到或实现了对广府文化或岭南文化的一种自觉传承，在对广府文化或岭南文化自觉传承的同时，也饱含着诗人浓浓的遗民情怀。

二　遗民情怀的叙述与自我建构

汪兆镛是学海堂大儒陈澧的高足，所接受的是传统儒学教育，看重忠义出处之大节，清亡后以遗民自居。其对遗民情怀的叙述、肯定和遗民身份的建构主要在《澳门寓公咏》及《元广东遗民录》中得以呈现。

1.《澳门寓公咏》所呈现的遗民情怀叙述与自我建构

《澳门寓公咏》分咏八位寓澳先贤，即迹删和尚、何绛、屈大均、吴墨井、汪后来、汤贻汾、钟凤石、赵均，身份兼有和尚、布衣、文人、画家等。汪氏在篇首自叙写作缘由：“海壖僻区，市尘坌集，然浏览群籍，不乏寓贤。虽遗迹多湮，而流风可溯。爰考梗概，纪以短章，怀古茫茫，聊志向往。”[①] 这可溯之流风恐怕也是支持汪兆镛避世抑或不仕新政的精神装备，寄寓了诗人怀念旧文化与朝代及不与新政和解的志向。

---

① 汪兆镛著，邓骏捷、陈业东编校：《汪兆镛诗词集》，广东人民出版社2013年版，第176页。

这八位的共同特点是：品格高尚，恪守儒法，不仕新政，乱时避居澳门，以遗民身份自处，不仕新政，这与辛亥革命后寄寓澳门的汪兆镛身份与心境相契。借他人之酒杯抒自己之块垒，在所歌咏的对象身上寄寓诗人的志向与感慨，便是汪氏创作《澳门寓公咏》之初衷。如第一所咏，为迹删和尚，诗曰：

咸陟遗堂莫可寻，宗风衰歇怅而今。山河悟彻微尘耳，但得安居便死心。

由“咸陟遗堂莫可寻，宗风衰歇怅而今”可见汪氏的心绪黯然，为古风衰歇无处可寻而惆怅莫名。他在诗的最后借迹删原句“但得安居便死心”表达顿悟人生虚无但得安居，以求乱世之时能“独善其身”。汪氏在诗后注“‘但得安居便死心’，迹删和尚寓澳时诗句也。”又引《番禺志》注曰：“方颛恺，字趾麐，隆武时补诸生。平、靖二王入广州，督学使者檄诸生，不到试者以叛逆论。颛恺誓死不赴，削发为僧，名光鹫，字迹删。后易名成鹫，躬耕罗浮。母殁奔丧，饘粥苫块，一遵儒礼，葬日负土筑坟，痛哭而后别。俗僧笑之，弗顾也。晚掩关大通寺。”①

“但得安居便死心”是迹删和尚寓居澳门弘法时所作《寓普济禅院寄东林诸子》中的诗句，亦可见其复明志向。澳门地处岭南一隅，明以来成为葡萄牙人租住地，也因缘际会成为士僧避世盛地。蔡鸿生说：“清初的岭南佛门，是遗民逃禅的渊薮。”“遗民僧构成高僧群的

① 汪兆镛著，邓骏捷、陈业东编校：《汪兆镛诗词集》，广东人民出版社 2013 年版，第 176 页。

主体。”[1] 佛门如此，士人亦不例外，寓澳先贤多因避世而居此小岛。“但得安居便死心”是迹删心声，也代表了汪氏心声。由汪氏所引《番禺志》之迹删事迹可知，面对清人入粤对诸儒生发布“不到试者以叛逆论”，而迹删“誓死不赴，削发为僧”即可见其志。这首诗放在八贤之首并非偶然，可以说是咏贤诗之主脑。了解这一点可以说是掌握了解读汪氏诗词的钥匙，即借咏志向高洁不仕新朝之寓澳先贤以抒自己托古明志之意。

第二首咏何绛。何绛亦为明代遗民，汪氏在诗后注云：“何绛，字不偕，顺德人。布衣，好读书，淹通群籍。明亡，乃自放废，与同里陈恭尹为澳门之游。复同渡铜鼓洋，访逃避诸遗臣于海外。”[2] 诗云：

> 北田高士记陈何，放废佯狂自啸歌。为访遗臣游海外，漫天风雨泣铜驼。

陈指陈恭尹，何即何绛，皆为“北田五子”主要成员。北田五子以反清复明遗民自居，选择“隐于乡野、绝迹于城门、不妄通宾客的生活方式”，信仰的是“眷恋故国、抗拒新朝的遗民情怀”。[3] 汪氏咏何绛之诗一方面赞其为“高士”，一方面又为其“放废佯狂自啸歌”的自放与漂泊不无同情。结句“漫天风雨泣铜驼”，则饱含深情与凄凉，而深情与凄凉怕也不无汪氏自己的辛酸。

---

① 蔡鸿生：《清初岭南佛门事略》，广东高等教育出版社 1997 年版，第 39、40 页。

② 汪兆镛著，邓骏捷、陈业东编校：《汪兆镛诗词集》，广东人民出版社 2013 年版，第 177 页。

③ 李婵娟：《北田五子与清初典范遗民文人集团之建构》，《中山大学学报》（社会科学版）2015 年第 3 期。

第三首咏岭南大家屈大均，原诗为：

世乱纷然道释儒，翁山痛哭泪将枯。双湾孤客凄凉甚，未是鸱夷泛五湖。

屈大均（1630—1696），字翁山，广东番禺人，有《翁山诗外》《翁山文外》《广东新语》《四朝成仁录》等，岭南三大家之一。明亡不仕，削发为僧，一直从事反清复明的秘密活动。清兵入关、明朝溃亡之际，屈大均曾一度避居澳门，留下许多歌咏澳门风情的诗篇。在这样的“世乱纷然”中，歌咏前代遗民，满溢的却是汪氏自身在历史文化名人身上寻求文化与人格认同的“凄凉”与无奈。“翁山痛哭泪将枯”，汪氏又何尝不是。

第四首咏吴墨井，则直指其遗民身份曰：“画苑人推吴墨井，生当明季是遗民。”此外，尚有汪后来、汤贻汾、石孝廉等，或矜其名节，或崇其才华，如“斯人怀抱亦嵚奇”“况论风节更谁同”等。最后咏赵均，归结为“百年寓公足怀想，闲披诗札汇丛残”，正与第一首“宗风衰歇怅而今”相呼应，组成完整的遗民情怀的叙述，同时也借叙述、歌咏前贤建构了自己的遗民身份与文化认同。

钟嵘《诗品》言：“气之动物，物之感人，故摇荡性情，形诸舞咏。”[①] 强调自然对诗人情感的作用。同样，情感诱发与激荡不只自然，亦可起于同人或先贤。这种精神的感召，甚至早于歌咏之前，迟于歌咏之后，潜移默化中成为歌咏者自身气质与禀性中的一环。正如《毛诗序》所言“诗者，志之所之也。在心为志，发言为诗。言之不

① （南朝梁）钟嵘著：《〈诗品〉注》，陈延杰注，人民文学出版社1961年版，第1页。

足故嗟叹之，嗟叹之不足故咏歌之”。汪氏的《澳门寓公咏》便是其心志的嗟叹与咏歌。

2. 《元广东遗民录》的遗民情怀叙述与共情

《元广东遗民录》的编纂也承载了汪氏殷殷遗民之情怀，并在叙述中达到共情。这从其“凡例”及“序言”中皆可见出。

《元广东遗民录·凡例》曰：“此编仿程氏篁墩《宋遗民录》体例”，“宋、明遗民多志图恢复，恒千回百折，备历艰苦。元人无之。然坚辞征辟，不履新朝，忆为归洁其身。此编采录，惟以不仕、不试为断”①。由此可见其遗民对象的选择标准：洁身自好不履新朝，以不在新朝做官，不参加新朝的科举考试为判断标准。这也正是汪兆镛在辛亥革命之后，面对新政所采取的态度与抉择。

其《元广东遗民录·序》又曰：

> 九龙真逸辑《宋东莞遗民录》《明粤东遗民录》二书，已刊行矣。说者谓宋明二代主辱臣死，或躬采薇之节，大义觥觥，照耀史策。元顺帝国亡北奔，其时宜少忠节之士。蒙窃以为不然。夫君臣之义，万古常昭，若时移世易，辄蹑迹新朝，腼颜而知耻，甚至持谬说以自解，此何异倚门市倡、朝秦暮楚之为耶！……当时特立独行，岂有觊名后代之心，而百折不回者，诚以改柯易叶之深可耻也。俯仰古今，慨然兴怀，先录此编，表章粤哲。……诸贤忍尤含垢，皭然之志，始终如一。固不必尽效宋、明人所为，而乾坤正气常存于岭海间，足以后先辉映，岂持谬说所能淆惑天下后世哉！丁巳冬十二月，清溪渔隐记于澳门蕉园寓楼。

① 汪兆镛著，邓骏捷、刘心明编校：《汪兆镛文集》，广东人民出版社2015年版，第9页。

如果说《澳门杂诗》还是对遗民节士诗意的表达，那么《元广东遗民录》的编纂则如遗民宣言一般铿锵不折：首先肯定元遗民不乏“忠节之士”；其次表明编纂此录即为了“表章粤哲”；最后则毅然声明，其“表章先哲”更重要的是为了在岭海间传扬一股正气，以“后先辉映”。由此可见，其传承广府文化的自觉与深心。

而且，依照共情（empathy）原则，作者在“表章粤哲”的同时，自己也会受到共情对象的感染，模仿其行为，达到同感共鸣，这是最圆满的共情。这是因为“共情对象富有表现力，从而迫使（impute）共情者感受到注视共情对象时所发生的体验；外在物体或人将活动强加给了共情者，使共情者被动地、直觉地模仿，在模仿中获得感受；当共情者获得外在客体的内在活动时，会与外在客体相联合，产生与之一体感（oneness），Lipps 称其为最圆满的共情，也称为同感共鸣的（sympathetic）共情”①，而且“共情的唤醒既可以通过自下而上的自动模拟机制，也可以通过自上而下的观点采择机制”。②

可以这样认为，汪兆镛在选择创作《澳门寓公咏》及编纂《元广东遗民录》之时，已自觉选择了共情对象，作品的完成标志即其共情的实现。汪氏所共情的内容，主要是遗民身份的认同与自我建构，还有关于乡土认知的一些新变。乡土认知的新变主要体现在清末民初“世乱纷然”的情况下，更多的是由地方认同趋向于文化认同。

三　乡土认知之新变与澳门文化之个性

中国是一个农业社会，生活在这片大地上的无论士人抑或老百姓

---

① 参看陈晶、史占彪、张建新《共情概念的演变》，《中医临床心理学杂志》2007 年第 6 期。

② Decety J, Jackson PL, “A Social-Neuroscience Perspective on Empathy”, *Current directions in psychological science*, 2006, 15 (2): 54－58.

大都安土重迁，诗歌中充斥着“日暮乡关何处是”的思乡之愁与“独有宦游人，偏惊物候新”的宦游之思。人们通常用魏征《隋书·文学传序》所言“南北好尚，互有异同。江左宫商发越，贵于清绮。河朔词义贞刚，重乎气质”佐证说明地理气候与文学的互动，但实际上，这也从另一个侧面说明，地域文学或地域文化，甚或地域认同存在的客观合理性。

如陈兰芝编辑刊刻之《岭南风雅》，即为对岭南一地艺文特色之保存。其编辑以“吾粤古迹名胜，鸟兽草木”为主干，附以地理方位、历史人物、风俗民情的注释，将诗歌与自然、历史、文化融为一体，成为地方志的文学再现，成为后人游历和思咏的所在，成为超越时空的历史情感与记忆的承载，并进而深化人对地域的情感，产生地域的共鸣。[①] 方信孺《南海百咏》与汪兆镛《澳门杂诗》皆承载着如此功用。

汪兆镛《澳门杂咏》亦颇多呈现澳门文化个性，除适合安放遗民情怀外，还包括历史文化建筑与风土人情上的特异。如《澳门杂咏》第一篇咏关闸，诗曰：

> 互市濠镜澳，聿自嘉靖始。设关官守之，启闭候符使。如何百年来，彼族顿增垒。旁行斜上书，突兀闸前峙。我来长太息，畴为志强理。

“关闸”是澳门的出入口，自明代设关以来，一直是澳门的标志性建筑。汪氏题下引《广东通志》《广东新语》《明史》《澳门纪略》

① 参看翁筱曼《晚清岭南文化传承的自觉与乡土认知的新变——以〈南海百咏〉的晚清流播为论述中心》，《中山大学学报》（社会科学版）2016年第4期。

等，说明澳门关闸的位置、地理特性、通商之重要性与建关历史等，颇具文献价值。如引《广东通志》曰："濠镜澳在香山县东南一百二十里，突出海中。"引《澳门纪略》曰："澳之有蕃市，自黄庆始。嘉靖三十二年，蕃舶托言舟触风涛，愿借濠镜地暴诸水渍贡物，海道副使汪柏许之。初仅芰舍，商人牟利，渐运瓴甓榱桷为屋，佛郎机遂得混入……久之遂专为所据。蕃人之居澳，自汪柏始。"①

关闸之后，又咏莲花迳、妈阁、东西望洋、十字门、白鸽巢、西湾、议事亭、大三巴门、小三巴寺等共二十六首，囊括澳门几乎所有重要的历史文化建筑，对了解彼时澳门建筑等留下跨越时空的历史记忆。

再现澳门风俗之《竹枝词》亦颇具地方特色。其在小序中写道："余为《澳门杂诗》，于此间风土，粗志其略。尚有委巷琐闻，足资谭柄者，复得诗若干首。旅窗无俚，弄笔自遣而已。"② 如：

笑煞江郎论徙戎，种多白黑与棕红。中华民气休轻视，三百年来守土风。（其一）

汪氏自注："澳中诸蕃麇集，种族不一，大抵西籍共六七千人，华人无虑五六十万矣。居人多沿旧俗，葡官不加禁制。"这里用通俗轻松的语气描述了华洋杂处、融合的情景。

华洋融合的澳门生活与风俗还体现在婚丧嫁娶等仪式中，如：

女郎齐送七香车，新妇巾纱曳地斜。签约讽经腼挚甚，岂容

① 汪兆镛著，邓骏捷、陈业东编校：《汪兆镛诗词集》，广东人民出版社2013年版，第162—164页。

② 汪兆镛著，邓骏捷、陈业东编校：《汪兆镛诗词集》，广东人民出版社2013年版，第180页。

浪说自由花。（其十五）

汪氏自注：“澳蕃结婚，郎君与亲族先候于礼拜堂。新妇乘藤轿，鲜花四垂，头罩与裙皆用白纱，长曳地数尺。送嫁女郎数十人，乘人力车随之。新妇入堂，伏地持经默诵，新郎脱帽正立，牧师为之祈祷。新郎以指环授妇，妇脱手套受之，戴指上。入牧师室，读证书，郎、妇、媒妁均亲笔签字。乃出，诸客男女分别握手接吻为礼。送嫁诸女郎赠新妇以花球，各拍掌而散。”① 在自注中汪氏记录了在澳葡人的婚礼过程：教堂、着白纱、诵经、祈祷、授戒、签字、接吻等皆为西方仪式。彭海铃在《汪兆镛澳门诗歌中反映之社会风情》一文中讲道：“西方传统婚礼以宁静、简约为主，但在澳门一地，西式婚礼又免不了受中式婚礼的热闹气氛感染……在澳门居住的葡人，对于中式婚礼的热闹，极为接受，故加添于西式婚礼中。”② 郑海铃认为“送嫁女郎多，并且乘人力车随之”等所体现的即是中式婚礼热闹的元素。而据乾隆《香山县志》记载有些葡人在婚礼上互摆宴席，这就是更加明显的中国元素了。

再如：

威容最是法王尊，衢路人知驾驷辕。一旦迁神歌薤露，黑纱素烛集诸蕃。（其十六）

成佛生天事渺茫，可怜迷信自彷徨。但听蕃寺钟声闹，知有豪门上北邙。（其十八）

---

① 汪兆镛著，邓骏捷、陈业东编校：《汪兆镛诗词集》，广东人民出版社 2013 年版，第 184 页。

② 彭海铃：《汪兆镛澳门诗歌中反映之社会风情》，载《澳门文学研讨集》，澳门日报出版社 1998 年版，第 136 页。

《薤露》是中国古代送葬的乐歌：“薤上露，何易晞。露晞明朝更复落，人死一去何时归。”汪氏诗中所记录的葡人送葬与纪念亡人的方式，颇具异域风情。1913年，主教若安在西望洋山教堂即大主教教堂去世，汪氏自注云：“诸僧环立念咒，医士开剖脏腑，以药水腌洗之，用金漆木箱盛尸，舁之以行。送殡者华洋教徒盈万，皆以黑纱缠臂，手捧白烛，或持念珠花圈随之。寺楼击大钟，声不绝。教中行辈较长者执绋高歌，音甚哀，响震山谷。掘冢约二尺余，谓异时将函骨返西洋也。”[①]这里的僧即牧师，寺即教堂，由这一声势浩大的送葬队伍及仪式，可见其主人的身份尊贵，由念经、医士开胸、放入棺材；黑纱缠臂；手捧白烛以及手持念珠花圈、击钟唱歌等一系列环节组成，威严庄重。

再如描写赌博、飙车、住房、衣着、雅集等皆颇具风情，更有端午、重阳、中元、中秋等节日庆祝等亦不失壮丽热闹，但却难掩不时涌上心头笔端的感时伤世的忧愁。如：

种菊名称三月黄，黄花满插过端阳。无聊对此炎蒸景，何忍犹吟晚节香。（其三十）

中元节届谒先祠，冥楮家家尚孝思。愧我飘零未亲祭，邻翁翻为馈得粢。（其三十四）

尤其是第四十首：

世局沧桑一刹那，当年遗老渺山河。风流文采无人问，搔首斜阳感慨多。

---

① 汪兆镛著，邓骏捷、陈业东编校：《汪兆镛诗词集》，广东人民出版社2013年版，第184页。

更是将以遗老自居的汪氏在时世动荡中无所适从，斜阳伤感之情抒写得沉痛又无可奈何。澳门学者邓骏捷指出，汪兆镛生活的最大转变就是逃避战乱，寓居澳门，“这一时期，汪兆镛的诗词有了明显的变化。首先，诗词的题材有所扩展，其中一个重要内容是多方面所表现出的感时伤世情怀更为浓烈”①。情感的沉郁，与题材与时世与心境及身份地位皆密切相关。“诗言志，歌永言”，汪氏的诗歌中，处处可见对人生对世事变化的伤感。如前引“无聊对此炎蒸景，何忍犹吟晚节香”与“愧我飘零未亲祭，邻翁翻为馈得粢”等，皆充满彻头彻尾的悲伤与无奈，而这悲伤与无奈不是“闲挂小银钩”的离情，是“剪不断，理还乱”内忧外困的家国之思。

回溯历史，不难发现，作于宋刻于元的《南海百咏》之所以在清末得以广泛流传，或许与历史的巧合不无关系。两宋以前，“没有太多的乡土指向，而到了宋代，人们对地方的理解已经有了边界意识，对不同地方的文化传统也有了更深刻的区别和认知”②。时至清末民初，这种他乡与故乡、他者与我方的概念在纷纭世变中更加由外而内，由地界区分趋向文化内省，尤其是西方文化的输入，更加冲击以士人儒者自居的传统学人，促进其对自我与自我文化认同的思考，也即“地方认同”。汪兆镛创作《澳门杂咏》，积极着手《山阴汪氏谱》《元广东遗民录》等的编纂，均不无存史意识，其目的不仅仅是着眼地方认同，更多的是文化认同与传承，而且这种文化认同是在世乱事变、华洋共处背景下的文化反刍与认同，也可以说是乡土认知的一种新变。

（雷淑叶：广州大学人文学院讲师）

---

① 汪兆镛著，邓骏捷、陈业东编校：《汪兆镛诗词集》，广东人民出版社2013年版，前言第10页。

② 叶晔：《拐点在宋：从地志的文学化到文学的地志化》，《文学遗产》2013年第4期。

“南交学祖”：士燮在越南的影响探析*

严　艳

士燮在越南享有极高声誉，不仅受称“士王仙”被建庙奉祀，还被称为“南交学祖”，被视为越南文化的开山鼻祖。士燮（137—226），字威彦，苍梧广信（今广西梧州）人，中平四年（187）被任命为交趾太守。至士燮时，其家族已从中原地区迁徙至交趾历经数代，至士燮之父时其家族才在仕途上有所发展，“其先本鲁国汶阳人，至王莽之乱，避地交州。六世至燮父赐，桓帝时为日南太守”①。士燮主政交趾后，将其家族成员分散于交州各地区，“燮乃表壹领合浦太守，次弟徐闻令䵋领九真太守，䵋弟武，领南海太守”②。由此，士燮家族成为东汉后期地方实力派崛起的典型代表，在岭南地区具有重要影响，《三国志》中称：“当时贵重，震服百蛮，尉他（佗）不

---

* 国家社会科学一般项目“越南北使汉文文学整理与研究”（项目编号：18BZW094）阶段性成果。现越南地区在历史上称号有多次变动，如在968年越南独立政权建立之前所称交趾、安南，而之后的统治者以大瞿越、大越、大南等自称。本文“越南”指为越南建立独立政权后的统称，而中国郡县时期仍保持交趾、交阯、交州、安南之称，在具体行文中将加以区分。

① （晋）陈寿撰，（南朝·宋）裴松之注：《三国志》卷49，中华书局1959年版，第1191页。

② （晋）陈寿撰，（南朝·宋）裴松之注：《三国志》卷49，中华书局1959年版，第1191页。

足逾也。”[1]

近年来，中国学者关注到士燮及其家族，如谈及士燮家族在交州的统治[2]及士燮及其家族在三国时期与各政权的政治关系[3]等，也有研究者关注士燮统治期间的文化交流，如考察士燮在交趾传播儒学[4]，但国内关于士燮及其家族的研究常被纳入岭南人物与政权关系中，对士燮的地位与影响力讨论有限。而国外研究者却对士燮的评价很高，如美国学者认为士燮是“中国文明统治的地方社会中第一个强有力的地方领导人”“一位法国学者甚至把士燮比作阿尔金。阿尔金的领导中建立了查理曼大帝宫廷学校，并在北欧传播拉丁文化”。士燮身上越文化的因子也是他们强调的重点，甚至直称为“越人”，如称“士燮混杂了汉、越两种身份，扮演了一个混合的角色，在某种程度上，更明确的是越南早期历史中越南人的角色”[5] “至士燮时，越文化成为他的主要部分……可以说士燮是越人，但他是华裔越人”[6]。本文基于中外不同的评价，拟具体探讨士燮在越南的影响及其原因。

一　政治上庇附交趾

士燮作为偏远地区的地方官吏，在中国历史上的影响微乎其微，甚至于中国文人对士燮的评价都褒贬各异，如屈大均称其助纣为虐：“燮不能始终于汉。权乃国贼，与昭烈力争交州。而燮兄弟乃助权为

---

① （晋）陈寿撰，（南朝·宋）裴松之注：《三国志》卷49，中华书局1959年版，第1192页。

② 胡守为：《士燮家族及其在交州的统治》，《学术研究》1996年第11期。

③ 廖浩佑：《地方势力与东汉末年政局》，硕士学位论文，广西师范大学，2016年。

④ 邱普艳、李新平：《士燮与儒学在交趾的传播》，《平顶山学院学报》2005年第6期。

⑤ ［美］泰勒：《越南的诞生》，加利福尼亚大学出版社1983年版，第71页。

⑥ ［越］阮才书：《越南历史》，河内科学出版社1993年版，第111页。

逆，岂诚识春秋之义也者。”[①] 但士燮在地方上却有很大影响，“宋绍圣间，梧州守李亨塑燮父子并陈元等六人像，创为六贤堂。苍梧县西北四里有燮冢（均见《永乐大典》卷二千三百四十二），盖衣冠冢也”。[②] 在越南，士燮的地位与影响力更大，他不仅被视为帝王，还被奉为“南交学祖”，这与其他郡县时期的交趾官吏在越南多被视为“寇”的状况形成鲜明对比。

越南自丁部领于 968 年建立独立政权后国家意识强化，虽然一直与中国保持宗藩关系，例行遣使上贡，但在国内却一直推行“内帝外王”政策[③]，自称与中国“南帝北帝各帝一方”，以此强调两国之间的平等关系。与此同时，越南还实行“去中国化”影响，如李陈时期记录岭南地区早期传说故事的《岭南摭怪》中《鸿庬氏传》《董天王传》关于文郎国以及雄王与殷王之战的记述[④]，“他们把中国诬蔑成‘人类的大敌’，把越南反抗中国‘侵略’的时间上溯到荒诞不经的传说时代”[⑤]。由于中国郡县时期被视为“侵略”，这一时期的官员形象也常会被视为“侵略者”，如称任嚣“秦将任嚣南寇，境上干戈屡起，扰攘草莽，争战相寻于其间”[⑥]；称高骈（821—887）任职时常

① （清）屈大均：《广东新语》，中华书局 1985 年版，第 222 页。

② 张秀民：《中越关系史论文集》，文史哲出版社 1992 年版，第 180 页。

③ “内帝外王”在南越国时期就曾实行过，赵佗、赵眜、越婴齐三代君王虽受汉册封为王，但一直实行帝制。现广州南越王墓博物馆藏有赵眜“文帝行玺”印。《太平寰宇记》引《岭志》：“掘婴齐墓，即佗之子，得珠襦玉匣之具，金印三十六，一皇帝信玺，一皇帝行玺，余文天子也。”丁部领平十二使君之乱建立大瞿越国，虽在国内称帝号但因政权初建尚不稳定，担心受责难于宋，并没有以帝示于宋，仍以交趾郡首领身份请封于宋。越南古代“内帝外王”演变请参见叶绍飞《越南古代“内帝外臣”政策与双重国号的演变》（《形象史学研究》2016 年上半年）一文。

④ ［越］陈世法等：《岭南摭怪列传》（甲本），孙逊、郑克孟、陈益源主编：《越南汉文小说集成》第 1 册，上海古籍出版社 2010 年版，第 17 页。

⑤ 戴可来：《关于〈岭南摭怪〉的编者、版本和内容——评介越南的一部古籍》，《郑州大学学报》（哲学社会科学版）1983 年第 4 期。

⑥ ［越］李济川等：《新订较评越甸幽灵集》，《越南汉文小说集成》第 2 册，上海古籍出版社 2010 年版，第 286 页。

以符术魇压南国天子之气：“唐高骈在安南时，欲压胜灵迹，剖十七岁未嫁女，去肠以恶草充其腹，被以衣裳，坐以登椅，禁以牲牢，伺能举动，挥剑斩之。”① 在这些记载中，中国官吏多是凶残成性，贪婪暴虐，如“时交州苏定贪暴，州人苦之”② “都护李琢为政贪暴，强市蛮中牛马一头，只与盐一斗，又杀蛮酋杜存诚”③。越南历史演义小说《皇越春秋》对明朝将士至安南后烧杀抢掠、无恶不作的描述更是俯拾皆是④。在这类描写中，虽然与有些中国官吏自身的贪暴相关，但其中越南独立政权建立后强化国家意识中的“去中国化”也显而易见，如越南文人所想象高骈被苏沥江神挫败后回国：“骈恃唐兵势……为龙肚神所挫辱。”⑤ 然而在这样的语境之下，越南文人却一直对士燮赞赏有加，并称之为“士王仙”，尊为福神。士燮还受越南统治者正式敕封，如陈朝追封为“善感嘉应灵武大王”。在越南还有多处庙宇祀奉士燮，“今庙在超类县青湘社陇廛村及嘉定县三椏社，墓亦在焉。庙有望祀亭，扁曰：‘南交学祖。’有对联云：‘朔甸文宗洙泗后，南交学祖洛闽先’”。⑥ 20 世纪之后，越南文人仍对士燮有高度评价，如《南风杂志》载《北属时代刺史都护史》称：“燮至郡，器宇宽厚，谦虚下士，国人加敬。”⑦

---

① ［越］陈世法等：《岭南摭怪列传》（甲本），孙逊、郑克孟、陈益源主编：《越南汉文小说集成》第 1 册，上海古籍出版社 2010 年版，第 51 页。

② ［越］陈世法等：《岭南摭怪列传》（甲本），孙逊、郑克孟、陈益源主编：《越南汉文小说集成》第 1 册，上海古籍出版社 2010 年版，第 43 页。

③ ［越］李济川等：《新订较评越甸幽灵集》，孙逊、郑克孟、陈益源主编：《越南汉文小说集成》第 2 册，上海古籍出版社 2010 年版，第 300 页。

④ ［越］佚名：《皇越春秋》，《越南汉文小说集成》第 6 册，上海古籍出版社 2010 年版。

⑤ ［越］李济川等：《新订较评越甸幽灵集》，孙逊、郑克孟、陈益源主编：《越南汉文小说集成》第 2 册，上海古籍出版社 2010 年版，第 296 页。

⑥ ［越］陈世法等：《岭南摭怪列传》（丙本），孙逊、郑克孟、陈益源主编：《越南汉文小说集成》第 1 册，上海古籍出版社 2010 年版，第 201 页。

⑦ 《南风杂志》1926 年第 105 期。

士燮在越南一直受到尊敬，有主、客观双重因素。主观上，越南统治者与文人视士燮为本民族人。秦朝统一岭南地区于公元前214 年建立象郡、桂林郡与南海郡，彼时，象郡辖今两广西部与越南北部。后赵佗并该地建立南越国。而南越国在越南历史被纳入王朝代序中，如吴士连《大越史记全书》即收录为“赵纪”。至西汉元封五年（前 106）置交趾刺史部，治所在苍梧郡广信县（今梧州），辖苍梧、南海、郁大、合浦、交趾、九真、日南 7 郡 56 县。东汉初改为交趾刺史部为交州刺史部，治所在龙编（今越南河内东），辖今两广及越南中北部。在鸿庞氏、雄王时期的传说中，越南版图混沌不清，越南文人停留于传说中“北达洞庭”的想象。至秦汉时期交州之境，越南文人已视其为本国版图的重要依据。士燮家族居于苍梧广信（今梧州），其势力分布于交州各郡，如士壹为合浦太守，士䵋为九真太守，士武为南海太守等，士燮成为交州实际的统治者，“燮兄弟并为州郡，雄长一州，偏在万里，威尊无上。出入鸣钟磬，备具威仪，笳箫鼓吹，车骑满道，胡人夹毂焚烧香者常有数十。妻妾乘辎軿，子弟从兵骑，当时贵重，震服百蛮，尉佗不足逾也”。[①] 因此士燮家族被越南文人视为“越人”，士燮也被尊称为“士王”。士燮在中国历史上虽仅是地方官吏，在越南正史里却被纳入王朝代序中，如吴士连《大越史记全书》收录为“士王纪”。士燮被视为本国民族领袖，在越南民众中自然较容易受到尊崇。客观上，士燮为交趾地区政治、文化等各方面都有贡献。一方面，他在社会动乱中保全一方百姓，维护了当地的和平安定。《大越史记全书》中评价士燮：“王宽厚谦虚，人心爱戴，保全越之地，以当三国之强，既明且智，足

① （晋）陈寿撰，（南朝·宋）裴松之注：《三国志》卷 49，中华书局 1959 年版，第 1192 页。

称贤君。”[①] 东汉末年，各地方势力战争不止，士燮能周旋于各方势力之间，维护了交州地区的地方安定，“处大乱之中，保全一郡，二十余年疆场无事，民不失业，羁旅之徒，皆蒙其庆”[②]。在士燮主政交趾之前，交趾地区屡有地方动荡，先是二征女王起义，“陷交州，以至九真、日南、合浦诸郡，皆应之。遂略定岭外六十五城，自立为王，始称征焉，建都于乌鸢城”[③]，后于东汉光武帝建武十七年至十九年（41—43）被马援率众平息。但交趾地区并不安定，随着东汉时期中央政权力量的削弱，地方叛乱接踵而至，先是汉和帝永元十二年（101），象林、日南二郡起叛乱，“夏四月，日南、象林蛮夷反，郡兵讨破之”[④]；接着“永和二年（139），日南、象林徼外蛮夷区怜等数千人攻象林县，烧城寺，杀长吏。交趾刺史樊演发交趾、九真二郡兵万余人救之”[⑤]；“建康元年（146），日南蛮夷千余人复攻烧县邑，遂扇动九真，与相连结。交趾刺史九江夏方开恩招诱，贼皆降服”[⑥]；永寿三年（158）“夏四月，九真蛮夷叛，太守儿式讨之，战殁”[⑦]；“光和元年（178），交趾、合浦乌浒蛮反叛，招诱九真、日南，合数万人，攻没郡县”[⑧]；

---

① ［越］吴士连撰，陈荆和校：《大越史记全书》，东京大学东洋文化研究所1985年版，第130页。

② （晋）陈寿撰，（南朝·宋）裴松之注：《三国志》卷49，中华书局1959年版，第1191页。

③ ［越］陈世法等：《岭南摭怪列传》（甲本），孙逊、郑克孟、陈益源主编：《越南汉文小说集成》第1册，上海古籍出版社2010年版，第43页。

④ （南朝）范晔：《后汉书》卷4，《四库全书》（第252册），上海古籍出版社1987年版，第102页。

⑤ （南朝）范晔：《后汉书》卷116，《四库全书》（第252册），上海古籍出版社1987年版，第653页。

⑥ （南朝）范晔：《后汉书》卷116，《四库全书》（第252册），上海古籍出版社1987年版，第654页。

⑦ （南朝）范晔：《后汉书》卷7，《四库全书》（第252册），上海古籍出版社1987年版，第143页。

⑧ （南朝）范晔：《后汉书》卷116，《四库全书》（第252册），上海古籍出版社1987年版，第654—655页。

中平元年（184）六月“交趾屯兵，执刺史及合浦太守来达，自称‘柱天将军’，遣交趾刺史贾琮讨平之”①。可谓叛乱频仍，而士燮主政后“治国四十年，境内无事”②。士燮结束地方上的常年动乱，保护了一方生灵，为百姓安居乐业提供了保障。士燮及其家族虽处于东汉各地方势力相继割据的政治局面，但却能调和地方与中央政权的矛盾。《三国志》“士燮传”中记载士燮先是臣服于以曹操统辖的中央政府，“是时天下丧乱，道路断绝，而燮不废贡职”，其后又在三国鼎立之势形成后向东吴陈权势力俯首称臣，“燮每遣使诣权，致杂香细葛，辄以千数，明珠、大贝、流离、翡翠、玳瑁、犀、象之珍，奇物异果，蕉、邪、龙眼之属，无岁不至。壹时贡马凡数百匹”③。现在的研究多认为士燮周旋于各方势力之间是出于自身及家族的利益④，但士燮虽在主观上出于个人及家族私利，在客观上却保持了交州地区安定的局面。另外，士燮在越南的重要影响更在于士燮促使了地方文化的发展，无论在推广文字、推行儒学，还是地方与中原地区的文化交流上，士燮始终不遗余力为地方做贡献，为其后越南文化奠定了基础。

二　推广交趾文字

士燮在越南被称为“文字之祖”，士王庙中现存黎朝碑文载：“士王乃本国文字之祖，纲常道理从斯创始”“圣王兴越治功，尊崇名教，

① （南朝）范晔：《后汉书》卷 8，《四库全书》（第 252 册），上海古籍出版社 1987 年版，第 156 页。

② ［越］范抝谦：《史略撮要》，越南国家图书馆藏抄本，藏书编号 R. 404。

③ （晋）陈寿撰，（宋）裴松之注：《三国志》卷 49，中华书局 1959 年版，第 1192—1193 页。

④ 刘显钊：《夹缝求生：士燮的外交艺术》，《湖北文理学院学报》2018 年第 3 期。

推文字之祖焉。”① 中外学界对士燮所推广的文字持有不同的看法，中国学者认为士燮在交趾地区推广汉字，而外国研究者则认为士燮依汉字发音创作了喃字，所推广的是喃字。

喃字，越南语称 Chữ Nôm（字喃），是越南口语的一种文字记录方式。越南本土语与汉字无论在语序还是在发音上都有差异，如 Chữ Nôm（字喃）一词的词序为越南语名词中心语前置，与汉语名词中心语后置的语序迥异。喃字的产生时间虽然众说纷纭，但“产生于士燮时代”也是一种较为流行的看法。越南现存最早的一部汉喃字典《指南玉音解义》（刊印于黎朝景兴二十二年，1761）的汉文序载：“士王之时，移车就国，四十余年，大行教化，解义南俗，以通章句，集成国语诗集以志名号，韵作《指南品汇》上下二卷，学者难详。”② 至阮朝时，越南文人也认为士燮将汉语音译为喃字，如阮文珊编写《大南国语》中称“士王译以北音”。越南现当代仍有众多学者持此看法，如 1961 年出版的《越南通鉴》上载：士燮因感于越人学习汉音之难，乃将音韵译为越声，并创假借汉字片段，演为越字，是为字喃。越南学者陈文岬亦称士燮“感于越人学习汉音之因难，乃将音韵为越声，平仄具有一定方式，音韵不变，而判别显然，其译法颇为技巧，越人之所以能吟诗作对联，皆得力于此。士燮并创‘喃字’，假借汉字片段，演为越字，此种多半是形声，半是会意燮改良了教育法，使越人的教育，得到更广泛普及，故越人称之”③。究其文献所本，这一说法当依据明代严从简于神宗万历二年（1574）所撰《殊域周咨录》之语推演而来，“时有刺史名仕（士）燮，乃初开学，教取

① 转引自阮春红《士燮时代越南佛教研究》，博士学位论文，福建师范大学，2015 年，第 51 页。

② ［越］佚名：《指南玉音解义》，越南河内汉喃院图书馆藏印本，藏书编号 AB. 372。

③ 张秀民：《中越关系史论文集》，文史哲出版社 1992 年版，第 181 页。

中夏经传。翻訳音义，教本国人，始知习学之业。然中夏则说喉声，本国话舌声。字与中华同，而音不同”。[①] 或由于其中“翻訳音义”字样，越南文人据之以为士燮创立字喃。但自士燮时代至唐朝安南郡县结束，时间长达近八百年，现存史籍却无任何喃字文献留存，现存最早的喃字文献留于13世纪，一是李高宗治平应龙五年（1210）的《报恩禅寺碑文》，一是阮铨壬午四年（1282）所作的《祭鳄鱼文》，《大越史记全书》载：“时有鳄鱼至泸江。帝命刑部尚书阮诠为文投之江中……我国赋诗多用国语，实自此始。”[②] 若云喃字产生于士燮时代，实无法解释为何近千年时间里无任何喃字文献，对此，越南文人有自己一番解释：“宋齐梁陈隋唐九百四十三年。盖其间北人都护收拾我国书籍或焚或将回北国，使我国后世之人，幽幽冥冥，无从稽考。”[③] 称中国郡县时期禁毁政策导致当地文献的灭失，但从士燮时代地方与中原人士开放的文化交流状态看，如若此时有喃字产生，应多少会像其他文献一样散见于此时的文人记述中。虽然越南文人视喃字产生于士燮时代主要源于他们试图将民族文化向前推，以此抗衡汉文化的影响，正如越南当代学者所言：“汉语和汉字也输入我国。但它们并不能消灭越语，其理由很简单，那就是只有少数上层分子才学习它们。各个村社的劳动人民，仍然是按照自己的生活方式来生活。因此，他们保持着祖先的语言”[④]，但从中亦能展现出越南对士燮以及士燮时代的推崇。

士燮主政时期一直致力于汉文化的推广。汉字在越南地区的传播

① （明）严从简撰，余思黎点校：《殊域周咨录》，中华书局2000年版，第236页。

② ［越］吴士连撰，陈荆和校：《大越史记全书》，东京大学东洋文化研究所1985年版，第355页。

③ ［越］佚名：《雄王疆域备考》，越南国家图书馆藏抄本，藏书编号R.989。

④ ［越］越南社会科学委员会编著：《越南历史》，北京大学东语系越南语教研室译，人民出版社1977年版，第93页。

可以追溯至秦代于公元前214年建立象郡。在秦始皇建立象郡之前，交趾地区仍处于青铜文化时期，彼时尚未见有相关文字记载。自秦建立象郡，由于秦始皇在全国范围内实行的“字同文”政策，汉字在彼时已传播至该地区。至赵佗建立南越国，“稍以诗礼化其民”① “以诗书而化训国俗”②，汉字在社会民众中有一定的发展。汉朝时期的地方官也致力于汉文化的推广，如任延、锡光分别在九真和交趾推动文教事业，“岭南华风，始于二守焉”。至士燮时代，交趾地区经过前代官吏及文人的耕耘，汉文化已有一定的发展。士燮又进一步推行汉字教育，越南启蒙书《天南四字经》中称：“三国吴时，士王为牧，教以诗书，熏陶美俗。”③ 至此完成了汉字在越南传播的第一阶段④。自968年丁部领建立独立政权至1936年汉字正式废止，越南一直采用汉字作为官方文字。

三　促进儒学南传交趾

在儒学南传的过程中，士燮一直被视为最为重要的推动力量，如何成轩称其“表现突出，贡献最大，厥功甚伟”⑤。虽然秦时中央政权就在交趾地区建立象郡对当地进行管理，此后赵佗建立南越国时也在交趾地区推行教化，但秦汉时期交趾地区文化仍处于蒙昧时期，“汉武帝诛吕嘉，开九郡，设交趾刺史以镇监之。山川长远，习俗不齐，言语同异，重译乃通，民如禽兽，长幼无别，椎结徒跣，贯头左

---

① ［越］黎崱：《安南志略：海外纪事》，中华书局2000年版，第324页。

② ［越］吴士连撰，陈荆和校：《大越史记全书》，东京大学东洋文化研究所1985年版，第84页。

③ ［越］佚名：《天南四字经》，越南国家图书馆藏抄本，藏书编号R.1661。

④ 梁茂华：《越南文字发展史研究》，博士学位论文，郑州大学，2014年，第53—62页。

⑤ 何成轩：《儒学南传史》，北京大学出版社2000年版，第106页。

祍，长吏之设，虽有若无”[①]。在士燮之前虽有锡光、任延先等促使“华风”南播，但士燮却对交趾地区的儒学传播有更进一步推进。他一方面通过本人的言传身教，另一方面也吸纳了大批中原儒士在交趾传播儒学。

士燮虽长于岭南，却在年轻时就“游学京师”。他在儒学上有较高造诣，《三国志》载其“耽玩《春秋》，为之注解”，并引袁徽言：“交趾士府君既学问优博……辄玩习书传，《春秋左氏传》尤简练精微，吾数以咨问传中诸疑，皆有师说，意思甚密。又《尚书》兼通古今，大义详备。”[②] 士燮的儒学思想也促使他在治理地方时以诗书教化其民。

士燮在交州之时正值汉末动乱之际，大量中原人士迁往该地。这一时期不仅有中央政权直接派往交州为官的官吏，而且民间士人更是主动前往。由于交趾偏居一隅，在汉末至三国时期成为内地文人避祸的首选之地，“孙策东渡江，皆走交州，以避其难”[③]；袁徽“遭天下乱，避难交州”[④]；许靖“与袁沛、邓子孝等浮涉沧海，南至交州”；刘巴“远适交趾”“会先主略有三郡，巴不得反使，遂远适交趾，先主深以为恨”[⑤]；“程秉字德枢，汝南南顿人也。逮事郑玄，后避乱交州”[⑥]；

---

① （晋）陈寿撰，（南朝·宋）裴松之注：《三国志》卷53，中华书局1959年版，第1251页。

② （晋）陈寿撰，（南朝·宋）裴松之注：《三国志》卷49，中华书局1959年版，第1191—1192页。

③ （晋）陈寿撰，（南朝·宋）裴松之注：《三国志》卷38，中华书局1959年版，第964页。

④ （晋）陈寿撰，（南朝·宋）裴松之注：《三国志》卷11，中华书局1959年版，第336页。

⑤ （晋）陈寿撰，（南朝·宋）裴松之注：《三国志》卷11，中华书局1959年版，第980页。

⑥ （晋）陈寿撰，（南朝·宋）裴松之注：《三国志》卷53，中华书局1959年版，第1248页。

“薛综字敬文，沛郡竹邑人也。少依族人避地交州”①；等等。虽然内地文人避乱交趾在于其地理位置偏安一隅，但士燮的“礼贤下士”无疑是最为重要的原因，一些士人举家乃至举族一起前往投奔士燮，“燮体器宽厚，谦虚下士，中国士人往依避难者以百数”②。士燮在交州主政约四十年③，这一时期有众多中原知名士人前往交州。在这些留寓交趾的文人中有很多以儒学著称于世，列举如下：

1. 许靖（？—222），字文休，汝南平舆（今河南省平舆县）人。裴松之评：“许靖夙有名誉，既以笃厚为称，又以人物为意，虽行事举动，未悉允当，蒋济以为‘大较廊庙器’也。”④ 曾被刘翊推举为孝廉，任尚书郎，又被刘备先后任命为汉中王傅、司徒，位列三公。留有文集二卷。

2. 刘巴（？—222），字子初，零陵烝阳人（今湖南省衡阳县、邵东县一带）。其祖父刘曜曾为东汉苍梧郡太守，父亲刘祥亦任江夏郡太守、荡寇将军。刘巴“少知名”，曾被刘表多次征用均不就，后归顺曹操受命招降荆南三郡，却不料先为刘备所得，刘巴不能复命，遂远适交趾。其后受刘备征为左将军西曹掾、尚书令。所著有《刘令君集》。

3. 许慈，生卒年不详，字仁笃，南阳人，“许慈博涉多闻”“师

---

① （晋）陈寿撰，（南朝·宋）裴松之注：《三国志》卷 53，中华书局 1959 年版，第 1250 页。

② （晋）陈寿撰，（南朝·宋）裴松之注：《三国志》卷 49，中华书局 1959 年版，第 1191 页。

③ 《三国志》中称“燮在郡四十余岁”，《三国志》卷 49，中华书局 1959 年版，第 1193 页。《大越史记全书》“士王纪”中则以士燮政权始于东汉中平四年（187）终于吴孙权黄武五年（226），凡四十年。［越］吴士连撰，陈荆和校：《大越史记全书》，东京大学东洋文化研究所 1985 年版，第 130—132 页。

④ （晋）陈寿撰，（南朝·宋）裴松之注：《三国志》卷 38，中华书局 1959 年版，第 976—977 页。

事刘熙，善郑氏学，治《易》《尚书》《三礼》《毛诗》《论语》。建安中，与许靖等俱自交州入蜀”①。

4. 袁徽（153—252），字曜仁，豫州陈郡扶乐（今河南省太康市西北）。三国时效力于曹操，受任丞相长史，魏文帝时受封中尉，魏明帝即位后被升任光禄大夫，“以儒素称”②。

5. 程秉，生卒年不详，字德枢，汝南南顿人（今河南项城西），避乱交趾时受任长史，“逮事郑玄，后避乱交州，与刘熙考论大义，遂博通五经”③。后受吴国孙权所诏被任命为太子太傅。著有《周易摘》《尚书驳》《论语弼》。

6. 虞翻（164—233），字仲翔，会稽余姚（今浙江余姚）人，其父虞歆曾任日南太守，“翻性疏直，数有酒失。权与张昭论及神仙，翻指昭曰：‘彼皆死人，而语神仙，世岂有仙人邪?’权积怒非一，遂徙翻交州。虽处罪放，而讲学不倦，门徒常数百人。又为《老子》《论语》《国语训注》，皆传于世”④。

7. 薛综（176—243），字敬文，沛郡竹邑县（今安徽省濉溪县）人，“少依族人避地交州，从刘熙学。士燮既附孙权，召综为五官中郎将，除合浦、交趾太守”⑤，后为吴国儒臣，著录有《私载》《五宗图述》《二京解》。

---

① （晋）陈寿撰，（南朝·宋）裴松之注：《三国志》卷 42，中华书局 1959 年版，第 1022—1023 页。

② （晋）陈寿撰，（南朝·宋）裴松之注：《三国志》卷 11，中华书局 1959 年版，第 336 页。

③ （晋）陈寿撰，（南朝·宋）裴松之注：《三国志》卷 53，中华书局 1959 年版，第 1248 页。

④ （晋）陈寿撰，（南朝·宋）裴松之注：《三国志》卷 57，中华书局 1959 年版，第 1321—1322 页。

⑤ （晋）陈寿撰，（南朝·宋）裴松之注：《三国志》卷 53，中华书局 1959 年版，第 1250 页。

士燮时期，交趾还成为吴国迁徙罪人的首选地。流放罪人至交趾在秦时就已是寻常事，如“三十三年（前214）发诸尝逋亡人、赘婿、贾人略取陆梁地，为桂林、象郡、南海，以适遣戍”①，“秦时已并天下，略定扬越，置桂林、南海、象郡，以谪徙民，与越杂处十三岁”②。至汉末时，迁徙罪人至交趾更加常见，“颇徙中国罪人，使杂居其间”③，如步骘于“建安十五年（210），出领鄱阳太守。岁中，徙交州刺史、立武中郎将，领武射吏千人，便道南行”④。甚至将有罪之人直接请判徙交州，如孙綝在统治集团内部权利争斗中被捕时“綝叩首曰‘愿徙交州’”⑤。在流放的人员里有众多文人儒士，如虞翻因语直得罪孙权被徙交州。这些因罪流放至交州之地的文人也促进了儒学的南播，如顾谭“坐徙交州，幽而发愤，著《新言》二十篇，其《知难篇》盖以自悼伤也”⑥。

虽然士燮时期大量的中原人士迁往交州是受于当时政治形势所迫，但士燮对前往交趾的士人礼贤下士的姿态无疑是重要的推动因素，如许靖“既至交趾，交趾太守士燮厚加敬待”⑦，被委以重任；程秉避乱交州时“士燮命为长史”⑧。大批南迁的内地文人促进了交

---

① （汉）司马迁：《史记》卷6，中华书局1959年版，第253页。

② （汉）司马迁：《史记》卷113，中华书局1959年版，第2967页。

③ （晋）陈寿撰，（南朝·宋）裴松之注：《三国志》卷53，中华书局1959年版，第1251页。

④ （晋）陈寿撰，（南朝·宋）裴松之注：《三国志》卷52，中华书局1959年版，第1236—1237页。

⑤ （晋）陈寿撰，（南朝·宋）裴松之注：《三国志》卷64，中华书局1959年版，第1451页。

⑥ （晋）陈寿撰，（南朝·宋）裴松之注：《三国志》卷52，中华书局1959年版，第1230—1231页。

⑦ （晋）陈寿撰，（南朝·宋）裴松之注：《三国志》卷38，中华书局1959年版，第964页。

⑧ （晋）陈寿撰，（南朝·宋）裴松之注：《三国志》卷53，中华书局1959年版，第1248页。

州地区文化的繁荣。士燮自身的儒学造诣及虚怀下士的姿态，促进了交趾地区儒学的长足进步，越南史学家对此也有很高评价：“学问博洽，谦虚下士，化国俗于诗书，淑人心以礼乐”①，“我国通诗书，习礼乐，为文献之邦，自士王始。其功德岂特施于当时，而有以远及于后代，岂不盛矣哉！”②

四　推动佛、道二家传播

东汉后期战乱中的人员交流也促进了佛道在交趾地区的传播。当其时，中原各类人士都前往交趾：“是时灵帝崩后，天下扰乱，独交州差安。北方异人咸来在焉，多为神仙辟谷长生之术。时人多有学者。牟子常以五经难之，道家、术士莫敢对焉，比之于孟轲距杨朱、墨翟。”③ 牟子（170—？）亦为苍梧广信人。由于士燮主政时开明的政策，佛、道、术士、阴阳诸家都齐集交趾之地，相互辩难。思想的自由带来学术上的兴盛，因此现在的评论者认为士燮时期“开创交州学术风气，使其成为汉末中国学术史上南方的学术奇葩”④。

东汉时期，交趾成为佛教重要的流传地。学界通常认为佛教传播至越南的途径有海、陆两条路线，如陈文玾认为其海路线由印度经锡兰、爪哇再至越南，陆路线由印度经中亚、蒙古、西藏至中国再传至越南⑤。交趾地处南北交汇处，成为佛教传播最为重要的地方。士燮

---

① ［越］范扮谦：《史略撮要》，越南国家图书馆藏抄本，藏书编号 R. 404。

② ［越］吴士连撰，陈荆和校：《大越史记全书》，东京大学东洋文化研究所 1985 年版，第 133 页。

③ （南朝·梁）僧祐：《弘明集》卷 1，《四库全书》列印本（第 1048 册）1987 年版，第 2 页。

④ 陈玉龙等：《汉文化论纲——兼述中朝中日中越文化交流》，北京大学出版社 1993 年版，第 356 页。

⑤ ［越］陈文玾撰，黄轶球译：《越南佛教史略》，《东南亚研究资料》1985 年第 1—3 期。

时期不仅有牟子这类中原佛教人前往交趾，更有众多的印度僧人在该地弘扬佛法。《三国志》中载士燮出行时“胡人夹毂焚烧香者常有数十”①，其中的胡人即为当时在交趾传道的印度僧人，士燮时期在交趾地区传扬佛法的印度僧人数量可见一斑。《古珠法云佛本行》载士燮曾向丘陀罗学习佛法，并在瀛楼建造了佛教四大寺院：法云寺、法雨寺、法雷寺、法电寺。士燮时期，由于南北佛教人士集聚交趾，交趾地区成为当时东亚、东南亚地区佛教最为发达的地区，为其后越南佛教的发展做出了重大贡献。越南研究者对士燮促进佛教传播的功绩也赞赏有加，认为正是士燮时期形成了越南佛教文化，“士燮虽然接受中国传统的儒、道教育，但他本人在交趾已经佛教化和越南化了，因为这时期交趾的佛教文化与骆越文化结合，形成了越南佛教文化”②。但若据此过度阐发附上“越南化”则显然带有狭隘民族主义偏见。

士燮主政时政策开明，对众家都有接纳。此时，道家也在交趾地区广泛传播。士燮与道家人士关系密切，《岭南摭怪列传》中载：“至晋末，一百六十余年，林邑人入寇，发王冢，见其体貌不坏，面目如生，为之大惧，乃复埋葬之。世传以为王仙道云，遂立庙奉事。”③ 南朝·宋刘敬叔《异苑》卷七中载：苍梧王士燮，汉末死于交趾，遂葬南境，而墓常蒙雾，灵异不恒。屡经离乱，不复发掘。晋兴宁中，太原温放之为刺史，躬乘骑往开之，还即坠马而卒。“葛洪《神仙传》曰：‘燮尝病死，已三日，仙人董奉以一丸药与服，以水含之，捧其头摇（捎）之，食顷，即开目动手，颜色渐复，半日能起坐，四日复

① （晋）陈寿撰，（南朝·宋）裴松之注：《三国志》卷49，中华书局1959年版，第1192页。

② 阮春红：《士燮时代越南佛教研究》，博士学位论文，福建师范大学，2015年，第65页。

③ ［越］陈世法等：《岭南摭怪列传》（丙本），孙逊、郑克孟、陈益源主编：《越南汉文小说集成》第1册，上海古籍出版社2010年版，第201页。

能语，遂复常。'”① 可见，士燮时期也为道教在交趾传播的兴盛期。

综上所述，士燮在越南被尊为“士王”“南交初祖”主要有主客观两方面因素。在客观上，由于士燮周旋于各方势力保护了当地百姓安定，他在汉文化南播的进程中促进了汉字在交趾的发展，带动了儒、释、道在交趾的传播，加强了地方文化与中原文化的交流互动。在主观上，由于苍梧（今广西梧州）与当今越南北部曾共属于交州刺史部，士燮被越南视为“越人”，越南统治者及文人主观上将士燮视为本民族文化的开拓者，以此消减汉文化的影响。士燮主政不仅保护了一方安定，他所采取兼容并包的宽容思想在交趾地区形成了文化上自由开放的风气，也促使交趾地区儒、道、释三教同源发展的社会思想。此外，士燮虽然在当时是越南的实际统治者，但他从未称王称帝，“士燮作守南越，优游终世”②，从而一直备受本土人士的爱戴，正如泰勒所称：“士燮的精神后来在越南民族英雄的万神殿中占据了崇高的地位。他的成功不在于他做了什么，而在于他没有做什么。他没有违背当地人的情感，也没有强制推行政府的外来概念，或者将钱纳入他自己的口袋。士燮容纳了本地的生活方式并使之得以繁荣。”③由于当地民众的尊敬，士燮被奉为“士王”，但在越南独立自治之下，统治者为了弱化中国政权的影响却直接视其为帝，“又祀之于历代帝

---

① （晋）陈寿撰，（南朝·宋）裴松之注：《三国志》卷 49，中华书局 1959 年版，第 1192 页。

② （晋）陈寿撰，（南朝·宋）裴松之注：《三国志》卷 49，中华书局 1959 年版，第 1191 页。

③ ［美］泰勒：《越南的诞生》，加利福尼亚大学出版社 1983 年版，第 79—80 页。原文“Shih Hsieh's spirit later occupied an honored place in the pantheon of Vietnamese national heroes. His success lay not so much in anything he did, but rather in what he did not do. He did not go against the grain of indigenous sensibilities. He did not enforce alien concepts of government or squeeze the economy into his pockets. He allowed the local way of life to prosper.”

王庙及文庙中（皆阮明命时事），诚衷心悦而诚服之也”①。但如果据此作政治化的扭曲，则有违史实，如有越南研究者称“尤其是士燮时代，越南是一个独立的国家”②，或是“混合视角的汉越环境成为越南历史经验中的一个重要元素。来自在中国方面，士燮是边疆的守护者；在越南方面，他是一个地区统治阶级的首领”③。针对这种观念，张秀民指出：士燮只能是中国人而非越南人，“越人每以士王生于越为荣，不知汉时虽尝以广信为交州治所。故燮可称交州人，然非越南人也”。④ 对士燮的探究不仅丰富了岭南地方文化研究，在中越关系、中越文化研究上也不无裨益。士燮作为中越两国共同祭祀的神灵还有更多深入的话题值得探讨，还有待于有识者。

（严艳：佛山科学技术学院特聘青年研究员、广州大学广府文化研究中心研究员）

① 张秀民：《中越关系史论文集》，文史哲出版社 1992 年版，第 180 页。

② ［越］黎强达：《牟子研究》，西贡文化出版社 2008 年版，第 189 页；转引自阮春红《士燮时代越南佛教研究》，博士学位论文，福建师范大学，2015 年，第 46 页。

③ ［美］泰勒：《越南的诞生》，加利福尼亚大学出版社 1983 年版，第 71 页。原文“The mixed perspective of the Han-Viet environment became an important element of the Vietnamese historical experience. From the Chinese side, Shih Hsieh stood as a frontier guardian; from the Vietnamese side, he was the head of a regional ruling-class society.”

④ 张秀民：《中越关系史论文集》，文史哲出版社 1992 年版，第 180 页。

两广历史文化研究

唐岭南县令的世系及官历：以《范奕墓志》《韦行懿墓志》为例*

程　刚

唐岭南包括今中国的广东、海南、广西三省和越南的北部地区，因其地处越城、萌渚、都庞、骑田和大庾五岭①以南而得名。本文以《唐故滕州感义县令韦府君墓志文并序》②（以下简称《韦行懿墓志》）和《唐故桂州临桂县令范府君墓志铭并序》③（以下简称《范奕墓志》）两合墓志为中心，并结合相关史料文献，对唐岭南县令先世渊源、仕宦沉浮以及与当时的政治制度和社会文化的关系，同时对唐中央政权在岭南的政治和社会文化控制及治理做一探讨，以求教于方家。为行文方便，现将《韦行懿墓志》和《范奕墓志》逐录如下：

唐故滕州感义县令韦府君墓志文并序

君讳行懿，字景邈，京兆人也。粤□前志，籯金不□；挺生

* 广西哲学社会科学规划研究课题“汉唐时期岭南地方危机与地方控制研究”（编号：17BZS001）、玉林师范学院重点科研项目“东晋南朝岭南地区政治地理研究”（编号：2015YJZD07）阶段性成果。

① 覃圣敏：《五岭辨正》，《文史》第三十二辑刊，中华书局1990年版，第44页；刘新光：《“五岭”考辨》，《国学学刊》2009年第4期。

② 周绍良主编：《唐代墓志汇编》，上海古籍出版社1992年版，第316页。

③ 周绍良主编：《唐代墓志汇编》，上海古籍出版社1992年版，第1944页。

夫子，黄中通里。初问筮仕，俄畀百里之荣；忽叹阅川，更切九泉之□。夫人贺娄氏。燕山北指，昔燕代之名家；河水东流，今河南之盛族。庶氤氲惠若，而□折丘山。呜呼哀哉！以调露二年二月廿二日迁窆于河南府洛阳县平阴乡张相村。嗣子元顺、次子元俊，悲食钟之不逮，感防墓之未修，龟筮签从，宅兆爰毕，天地万花，河山千古。瞻百日以兴怀，送滕公于此土。其文曰：恭闻旧史，韦平继美，公侯必复，委诸百里。惟兹茂德，内修坤则，班氏典议，自家形国。兰摧玉折，天道若何？狐踪缭绕兮青棘径，牧竖踯躅兮白杨府。开元十八年岁次庚午十一月辛亥朔廿二日壬申。①

唐故桂州临桂县令范府君墓志铭并序

公讳奕，字少炯，南阳人也。曾祖师整，皇（州司户赠相州长史。祖履冰，皇礼部尚书□□□□□。考皇临淮、宣城二郡太守。公即宣城府君第四子也。器宇冲粹，体识贞亮，起家拜寿州霍山尉，次授左武卫兵曹参军，次授循州河源令，寻任桂州临桂令，秩满守本官充安南从事。以贞元十一年五月三日，终于交州龙兴精舍，享年五十又七。公前妻夫人河南独孤氏，一子遥；继室夫人陇西李氏，柔惠有节，亦先公而歿。以贞元十四年权厝于上元县石子岗之原。呜呼！篁竹枫林，磊磊旅榇，山园万里，故国难归。公之继室夫人舅氏通州刺史河间张逊，悼姻族之零落，叹嗣子之未归，乃恻于怀，远令启护。粤以永贞元年岁次乙酉十一月丙朔一日，与李夫人同祔于河南府洛阳县平阴乡之北原礼也。式为铭曰：发迹着能，驰声善价，道光僚友，义睦姻娅。时或推移，

① 周绍良主编：《唐代墓志汇编》，上海古籍出版社1992年版，第1375—1376页。

物有代谢，风烛能昼，泉灯掩夜，荒陇苍苍，白杨之下。①

一　范奕、韦行懿先世渊源及辨析

追溯先世，甚至伪托冒名是中古政治和社会的特征之一，且家族谱系越绵长，越衬托出其血统的高贵。北齐高欢冒认汉魏旧门的渤海高氏，中唐时期渤海高氏又追认其先世至春秋齐国的高氏②，鲜卑莫仁氏自认扶风马氏为其祖先，并上溯至黄帝之子伯益处③，其目的都是攀附望姓，伪冒高贵的血统。故《史通·邑里》云："且自世重高门，人轻寒族，竞以姓望所出，邑里相矜。若仲远之寻郑玄，先云汝南应劭；文举之对曹操，自谓鲁国孔融是也。爰及近古，其言多伪。至于碑颂所勒，茅土定名，虚引他邦，冒为己邑。若乃称袁则饰之陈郡，言杜则系之京邑，姓卯金者咸曰彭城，氏禾女者皆云钜鹿。"④ 唐朝官修撰姓氏书和南北朝修撰姓氏书定门户高卑所起作用完全不同，后者为了甄别士庶分门品。唐朝虽仍注重谱学，但在很大程度上是一种传统学科的继承，有时只是自炫博学，当时的姓氏书与门户的婚姻和社会地位尚有较大关系，却与选举极少关涉⑤，在此情况下的郡望只剩下文化上的象征意义，其内涵已日益虚化⑥。《韦行懿墓志》《范奕墓志》亦不例外。只是由于范奕官品不高，韦行懿的品级则更加低微，故在此方面仅能轻描淡写，然而《韦行懿墓志》仍云其籍贯为京

① 周绍良主编：《唐代墓志汇编》，上海古籍出版社1992年版，第1944页。

② 仇鹿鸣：《"攀附先世"与"伪冒士籍"》，《历史研究》2008年第2期。

③ 程刚：《北魏初至北周中莫仁氏家族之兴替》，《内蒙古社会科学》（汉文版）2015年第5期。

④ （唐）刘知几著，（清）浦起龙通释：《史通通释》卷五，上海古籍出版社2009年版，第134页。

⑤ 唐长孺：《魏晋南北朝隋唐史三论》，武汉大学出版社1993年版，第385—386页。

⑥ 仇鹿鸣：《"攀附先世"与"伪冒士籍"》，《历史研究》2008年第2期。

兆人，京兆是韦氏郡望。据《元和姓纂》载："颛顼氏之后。大彭为夏诸侯，彭子受封豕韦，周赧王灭之，以国为姓，因家彭城，至孟，又迁鲁。孟元孙贤，徙京兆杜陵。"[①]《韦行懿墓志》没有追溯其先世婚宦的情况。也许如赖瑞和所说："韦行懿墓志没有提到其父亲、祖父和祖上几代以及他们的官历。看来他不是出生在一个官宦之家。"[②]但《韦行懿墓志》提到韦氏家族世居洛阳，韦行懿死后亦葬于洛阳的祖茔，则韦行懿籍贯当为洛阳人。然唐人称属籍。每举郡望，下迄五代，其风未泯。[③] 另外，《韦行懿墓志》云：韦行懿的夫人贺娄氏源于燕代之名家。即《元和姓纂》所说："贺娄氏，代人，本居漠北，以国为氏。北魏孝文帝改为楼氏。"[④] 无疑，《韦行懿墓志》仍较注重对郡望的追溯。

同样，《范奕墓志》云范奕为南阳人。据《元和姓纂》载："范氏，帝尧刘累之后，在周为唐杜氏。周宣王灭杜，杜伯之子叔奔晋，为士师。曾孙士会，食采于范，遂为范氏。且认南阳为范氏郡望之一。"[⑤] 范奕当攀附之。有意思的是范奕和祖父范履冰追溯的郡望却大不相同。如《旧唐书·文苑传》说范履冰是怀州河内人。《元和姓纂》也认为：范履冰为河内人，是东汉范滂的后人。[⑥] 此更使人明晰范奕家族攀附、伪冒的痕迹。《范奕墓志》提到范奕前妻为河南独孤

---

① （唐）林宝撰，岑仲勉校记：《元和姓纂（附四校记）》卷二，中华书局 1994 年版，第 126 页。

② 赖瑞和：《唐代中层文官》，联经出版事业股份有限公司 2008 年版，第 310 页。

③ 岑仲勉：《唐史余沈》，中华书局 2004 年版，第 229—233 页。

④ （唐）林宝撰，岑仲勉校记：《元和姓纂（附四校记）》卷九，中华书局 1994 年版，第 1319 页。

⑤ （唐）林宝撰，岑仲勉校记：《元和姓纂（附四校记）》卷七，中华书局 1994 年版，第 1151—1152 页。按《元和姓纂》原文认为顺阳是南郡的属县，岑仲勉依《汉书·地理志》以为此南郡当作南阳郡。

⑥ （唐）林宝撰，岑仲勉校记：《元和姓纂（附四校记）》卷七，中华书局 1994 年版，第 1154 页。

氏。关于独孤氏，姚薇元引《魏书·官氏志》认为：“独孤氏是屠各的异译，原是匈奴单于贵种。自刘渊入居中原遂改姓刘氏。入魏后为三十六部之一，号独孤氏，以部为氏。北魏孝文帝南迁，依旧例改为刘氏。魏末，又复旧姓，而亦有未复者；故匈奴刘氏与独孤氏，并见史册，为北朝盛族。”① 又《魏书·高祖纪下》载太和十九年（495）六月“丙辰，诏迁洛之民，死葬河南，不得还北。于是代北南迁者，悉为河南洛阳人”②，因此，独孤氏遂以洛阳为其郡望。如前文所及，范奕前妻自称河南人，此不过是唐人矜夸郡望之风习。范奕继室李氏，即以陇西为其郡望。据《元和姓纂》云：“颛顼高阳之裔。颛顼生大业。其后人为咎繇，为尧理官，子孙因姓理氏云云。后理政得罪于纣，其子利贞食木子得全，因变姓李氏。利贞十一代孙老君。其曾孙昙，生二子。其中李崇的子孙居于陇西。”③ 毋庸赘叙，其中多有穿凿附会之处。因此，范奕继室李氏家族也有伪托冒名的嫌疑。

二　范、韦二家族仕官历程及与唐政治制度的关系

范弈的曾祖范师整曾任某州司户，司户即司户参军事。唐司户参军事掌户口、籍账、婚姻、田宅、杂徭等，事物比较繁剧。范师整死后赠相州长史，相州为望州④，长史是从五品上⑤。推测范师整生前任司户的州，当与相州平级。果如此，其所任司户应是从七品下⑥。范奕祖父范履冰任礼部尚书，是正三品的高官。礼部在唐高宗、武后

① 姚薇元：《北朝胡姓考》（修订本），中华书局2007年版，第43—52页。

② （北齐）魏收：《魏书》卷七下，中华书局1974年版，第178页。

③ （唐）林宝撰，岑仲勉校记：《元和姓纂（附四校记）》卷一，中华书局1994年版，第1页。

④ （宋）欧阳修、宋祁撰：《新唐书》卷三十九，中华书局1975年版，第1012页。

⑤ （唐）李林甫等撰，陈仲夫点校：《唐六典》卷三十，中华书局2014年版，第745页。

⑥ （唐）李林甫等撰，陈仲夫点校：《唐六典》卷三十，中华书局2014年版，第745页。

时曾改称司礼、春官。有尚书、侍郎各一人，是唐朝文教、外交、礼仪等方面的政务机关[1]。无疑，范师整死赠长史之职，当得益于其子范履冰。《新唐书·宰相世系表》认为范奕之父名冬芬，但周绍良依《元和姓纂》卷七范氏条考证后，认为：范冬芬乃是范履冰的侄子。[2]今从周氏。则范奕父亲的名字无从得知。据《范奕墓志》载：范奕的父亲做过临淮和宣城的太守。临淮郡，本隋下邳郡。武德二年（619），归王世充，并改下邳郡为泗州，武德四年（621），为唐所有。天宝元年（742），改为临淮郡，乾元元年（759），复为泗州[3]，临淮郡为上州[4]。太守（刺史）是从三品[5]。宣城郡，本隋旧郡。隋末，汪华改宣城郡为宣州。武德三年（620），杜伏威以州献唐。天宝元年复为宣城郡。乾元元年，又改为宣州[6]，宣城郡为望州[7]。太守（刺史）也是从三品[8]。临淮、宣城二郡太守（刺史）虽同为从三品，但宣城郡为望州，依府级、地望和户口，其地位要高于临淮郡[9]。故宣城郡长官的政治地位要高于临淮郡。总之，范奕的父亲最终是以从三品的高官致仕。

《范奕墓志》无载其以何种途径入仕，笔者推测范奕当以资荫入仕[10]，

---

① 唐德刚：《唐代官制》，三秦出版社 1987 年版，第 68 页。

② 周绍良：《唐志从考》（续），《文献》2007 年第 1 期。

③ 郭声波：《中国行政区划通史·唐代卷》，复旦大学出版社 2017 年版，第 381—382 页。

④ （宋）欧阳修、宋祁撰：《新唐书》卷 38，中华书局 2014 年版，第 990 页。

⑤ （唐）李林甫等撰，陈仲夫点校：《唐六典》卷三十，中华书局 2014 年版，第 745 页。

⑥ 郭声波：《中国行政区划通史·唐代卷》，复旦大学出版社 2017 年版，第 566 页。

⑦ （宋）欧阳修、宋祁撰：《新唐书》卷四十一，中华书局 1975 年版，第 1066 页。

⑧ （唐）李林甫等撰，陈仲夫点校：《唐六典》卷三十，中华书局 2014 年版，第 745 页。

⑨ 赖瑞和：《唐代高级文官》，中华书局 2017 年版，第 363—369 页。

⑩ 见毛汉光《唐代荫任之研究》，《“中央研究院”历史语言研究所集刊》第 55 本第 3 分，1984 年版，第 459—542 页；［日］爱宕元《唐代的官荫入仕——以卫官之路为中心》，宋金文、马雷译，收入刘俊文主编《日本青年学者论中国史·六朝隋唐卷》，上海古籍出版社 1995 年版，第 244—275 页；刘琴丽《唐代武官选任制度初探》，社会科学文献出版社 2006 年版，第 78—105 页。

如刘后滨认为："资荫指五品以上官员可以享受的荫及子孙的特权，三品以上荫及曾孙，五品以上荫子孙，二品勋官荫子。凡有封爵者和皇室的亲戚，以及五品以上官子孙以荫入仕，根据父祖身品的高低，叙以不同的品阶。而以门荫入仕的具体途径，主要有两个，即通过学馆和担任千牛、三卫等。"① 范奕符合上述条件。此外，《范奕墓志》载其担任过左武卫兵曹参军一职。故范奕的入仕途径极有可能是从千牛、三卫等始。范奕释褐即出为寿州霍山尉。霍山县在唐朝为上县②，其县尉是从九品上③。赖瑞和认为："所谓'初任官'，即唐史料常说的'释褐'职官"，"不但上县和紧县为可用作初任官，甚至望县尉、畿县尉和赤县尉，都同样可用作初任官"。④ 而且唐望、紧和上县的县尉多由进士和明经出身刚释褐者担任。总之，范奕释褐即为上县的县尉，其仕途前景还是不错的。如上所及，范奕任满后回京，被授予左武卫兵曹参军。左武卫兵曹参军是正八品下⑤。

然造化弄人，最终范奕赴千里之遥的循州任河源县令。河源县为中下县⑥，县令为从七品上⑦。范奕后任桂州临桂县令。临桂县为上县⑧，县令是从六品上⑨。唐县令任期一般为三年至四年。范奕任期

---

① 吴宗国主编：《盛唐政治制度研究》，上海辞书出版社2003年版，第337页。
② （宋）欧阳修、宋祁撰：《新唐书》卷四十一，中华书局1975年版，第1053页。
③ （唐）李林甫等撰，陈仲夫点校：《唐六典》卷三十，中华书局2014年版，第752页。
④ 赖瑞和：《唐代高级文官》，中华书局2017年版，第126—155页。
⑤ （唐）李林甫等撰，陈仲夫点校：《唐六典》卷二十四，中华书局2014年版，第620页。
⑥ （宋）欧阳修、宋祁撰：《新唐书》卷四十二上，中华书局1975年版，第1097页。
⑦ （唐）李林甫等撰，陈仲夫点校：《唐六典》卷三十，中华书局2014年版，第752页。
⑧ （宋）欧阳修、宋祁撰：《新唐书》卷四十三上，中华书局1975年版，第1105页。
⑨ （唐）李林甫等撰，陈仲夫点校：《唐六典》卷三十，中华书局2014年版，第752页。

满后，没有选择回家等候吏部的铨选，即所谓的守选[①]，而是赴行安南都护府的幕府[②]任从事。行安南都护府设置于至德二年（757）到咸通四年（863）[③]。显然范奕是以县令为阶官，去做幕府从事一职。换言之，即以县令作阶官，在幕府领取国家俸禄。如赖瑞和认为："幕职本身因无品秩，所以任幕职者，照例带有朝衔（京官衔）或宪衔（御史台官衔）以秩品。"[④] 范奕即是以县令作为秩品。此外，赖氏以为："没有科名则需有高尚品德、名声或文词才华。平庸之辈入幕，大约只能担任衙推、孔目官之类的低下末职。"[⑤] 此论甚是。然范奕既然以上县县令作为秩品，笔者推测他当在幕府担任中级职务。

如上所及，韦行懿同范奕相比，世系十分平淡，其入仕途径应是流外出身，这和当时高宗朝的选人制度相关。如王德权认为："待选源自官多员少现象的发生，唐初其弊未显。至高宗朝，入流人数渐增，显庆三年（658），黄门侍郎刘祥道上书力陈其弊，指出：每年诸色入流人数超过1400人，且选择不精，伤多且滥，和诸色入流相比，经学、时务等途不到三分之一。官职员额有限，入流人数无穷，导致以有数供无限的官多员少之弊。"又，"唐前期主要入仕途径包括荫任、流外出身与科举三项，荫任与流外入流为其大宗，科举出身比例甚微。所谓'杂色'入流指荫任与流外出身两途"[⑥]。如文中所及，韦行懿当是在上述选人的历史背景下，得以赴岭

① 见王勋成《唐代铨选与文学》，中华书局2001年版，第46—80页。

② 见石云涛《唐代幕府制度研究》，中国社会科学出版社2003年版；戴伟华《唐方镇文职僚佐考》（修订本），广西师范大学出版社2007年版。

③ 郭声波：《中国行政区划通史·唐代卷》，复旦大学出版社2017年版，第1232页。

④ 赖瑞和：《唐代基层官员》，中华书局2008年版，第224页。

⑤ 赖瑞和：《唐代基层官员》，中华书局2008年版，第265页。

⑥ 王德权：《为士之道——中唐士人的自省风气》（增订版），台湾正大出版社2019年版，第70页。

南就任县令一职。然观其一生，尤其与范奕相比，他的仕途显得更为平谈无奇。据《韦行懿墓志》所载，他应该只做过一任地方官，即藤州感义县令。“（感义县）本淳民，武德中更名”，是一个下县①，其县令是从七品下②。

三　唐社会文化的变迁及对范、韦二家族仕宦兴替的影响

如上所述，范奕曾祖范师整致仕于从七品下的低层官员。因子贵父荣的原因，死后被赠予相州长史③。范奕的祖父范履冰正史有记载，据《旧唐书·文苑传》载：“范履冰者，怀州河内人。自周王府户曹参军召入禁中，凡二十余年。垂拱中，历鸾台、天官二侍郎。寻迁春官尚书、同凤阁鸾台平章事，兼修国史。”④ 范履冰既不是关陇贵族集团成员，也非山东贵族，值逢机遇，竟升至宰相。关于此点，学界大致有两种看法：第一，陈寅恪认为隋唐存在东、西两个集团，即关陇贵族集团和山东贵族及“山东豪杰”集团，唐太宗时欲平衡关陇、山东两大武力集团之力量，以巩固其皇祚永长⑤。汪篯进一步探讨了隋文帝、唐高祖时偏重任用关陇人士的政策，至唐太宗时有了变化，即开始起拔山东士族和微族⑥。唐太宗以后的继任者，包括唐高宗和武后，皆延续了李世民起拔山东士族和微族的政策。王大华也以为：“唐初以隋为戒，重视协调东西关系，不仅由关东人物参预奠定唐室

---

① （宋）欧阳修、宋祁：《新唐书》卷四十三上，中华书局1975年版，第1104页。

② （唐）李林甫等撰，陈仲夫点校：《唐六典》卷三十，中华书局2014年版，第752页。

③ 见张琛《唐代赠官流变研究》，硕士学位论文，陕西师范大学，2010年。

④ （后晋）刘昫：《旧唐书》卷一百九十中，中华书局1975年版，第5011页。

⑤ 陈寅恪：《论隋末唐初所谓“山东豪杰”》，收入《金明馆丛稿初编》，生活·读书·新知三联书店2001年版，第243—265页。

⑥ 汪篯：《隋唐史论稿》，中国社会科学出版社1981年版，第132—149页。

始基，且逐步形成关中人称帝，关东人为相的政治格局，进而出现了治世。”[①] 后范履冰出任礼部尚书，也证明了王大华的观点。第二，唐朝皇帝为加强集权，突破种种限制，始提拔微族。如“（皇帝）通过调整中央机构的职能，设置各类学士，作为自己的贴身机要秘书”，例如“唐高宗将弘文馆学士刘祎之、著作郎元万顷、史官范履冰多人召入禁中”，并让他们“密令参决，以分宰相之权”，时人谓之“北门学士”，从而与称为外朝的南衙中央机构并立，成为内朝。[②] 在上述观点基础上，秦川进一步认为以周思茂、范履冰等为代表的“北门学士”是武则天组织的另一个权力中心，武则天利用这批人干预朝政，削弱宰相之权。这是武则天在同唐高宗的斗争中，能够不失时机，最终登上权力顶峰的原因之一。[③] 总之，在以上政治、社会、文化背景下，范履冰终得以脱颖而出，成其宰相之尊。惜载初元年（689），范履冰因尝荐举犯逆之人，被杀害。范履冰死于唐、周交替之际，其死因不排除武则天为顺利登基，大肆杀害政治上异己的嫌疑。《旧唐书·文苑中》载：“（元）万顷素与徐敬业兄弟友善，永昌元年（689）为酷吏所陷，配流岭南而死。时神客、楚宾已卒，（范）履冰、思茂相次为酷吏所杀。”[④] 范履冰是元万顷身前好友，均为“北门学士”重要成员，元万顷死于猜疑，范履冰当亦不免之。

唐中宗时范履冰当得以平反昭雪。《旧唐书·中宗本纪》曰：神龙元年（705）正月乙巳，“大赦天下，唯（张）易之党与不在原限。为周兴、来俊臣所枉陷者，咸令雪免。……（三月）甲申，制

① 王大华：《论隋唐时期东西地主集团之关系》，《陕西师范大学》（哲学社会科学版）1991年第4期。

② 郭绍林：《论唐代社会对皇权的制约机制》，《中国史研究》1995年第3期。

③ 秦川：《论唐高宗与武则天的矛盾和斗争》，《甘肃社会科学》1993年第2期。

④ （后晋）刘昫：《旧唐书》卷一百九十中，中华书局1975年版，第5010页。

文明（684）以来破家臣僚所有子孙，并还资荫”①。则范履冰之子，即范奕的父亲因之以资荫入仕，并终以从三品的高官致仕。但范奕的父亲从没有在京任过高官，他的政治和社会地位不会太高。唐初至开元、天宝之时，朝廷独重京官而轻视地方官的社会风气还很盛行②，因此，范奕的父亲在仕宦上应不是很得志。范奕当同其父一样，亦以资荫入仕。范奕仕宦的前景，在初期比较理想。其释褐即为上州县尉，入京又为左武卫兵曹参军。然随后，范奕的仕途开始不畅，并终沦下僚。其中的社会文化因素，当如陈寅恪所说："自武曌主持中央政权之后，逐渐破坏传统之'关中本位政策'，以遂其创业垂统之野心。故'关中本位政策'最主要之府兵制，即于此时开始崩溃，而社会阶级亦在此际一升降之变动。盖进士之科虽创于隋代，然当日人民致身通显之途径并不必由此。及武后柄政，大崇文章之选，破格用人，于是进士之科举为全国干进者竞趋之鹄的。"③《通典·选举三》也载："开元（713—741）以后，四海晏清，士无贤不肖，耻不以文章达。"④ 因此，从唐玄宗开元时期始，科举制度迅速发展，而门荫制度则逐渐萎缩、衰微。导致门荫制度越来越受到当世人的轻视和排斥。以至于在唐后期那些有资荫可借的贵胄子弟经常舍此而循他途入仕。⑤ 从上述可知，范奕以资荫的身份入仕，相对于以进士之科举入仕者，优劣之势显见。在这种社会文化背景下，范奕在京任期虽已满，但如要再任官职，恐要经过漫长的守选。所谓守选，就是在家守候吏部的铨选期限。在唐朝，凡属吏部、兵部的选人都得守

① （后晋）刘昫：《旧唐书》卷七，中华书局 1975 年版，第 136—138 页。
② （清）赵翼：《陔余丛考》，商务印书馆 1957 年版，第 329 页。
③ 陈寅恪：《唐代政治史述论稿》，中华书局 2001 年版，第 202 页。
④ （唐）杜佑：《通典》卷十五，中华书局 1984 年版，第 84 页。
⑤ 张兆凯：《汉—唐门荫制度研究》，岳麓书社 1995 年版，第 184 页。

选，对吏部而言，主要是指及第举子和文职六品以下考满罢秩的前资官[①]。这其中也不乏守选终身，而没有官做的情况。因此，谋职于边远地区也不失是继续仕宦的一个捷径。据《唐会要·选部下》载："（开元）十七年（729）三月敕；'边远判官，多有老弱，宜令吏部每年于选人内，简择强干堪边任者，随缺补授。秩满，量减三两选与留，仍加优奖'。"[②] 如文中所述，边远地区的判官在考满罢秩后，可提前两三年参加铨选。同理，边远县令也应享受这种待遇。然而唐朝重京官，轻外任，尤其对偏远的州县，铨选注拟时一般的选人都不愿去，愿去的是铨试不及格者，有时也用当地或附近人去假摄。于是民困地荒，日益严重。吏部就奏请用减选方法鼓励选人去这些地方任职。即应守选四、五、六年者，减选一年；守选七、八、九年者，减选两年；守选十、十一、十二年者，减选三年[③]。范奕为了缩短守选时限和获取减选的资格，主动请求去边远地区任职。范奕到岭南后，先任循州河源县令，寻任桂州临桂县令。但命运多舛、造化弄人，范奕在临桂县令任期考满后，没有选择等待守选，而是赴行安南都护府任幕职从事。唐从事不是具体的幕职名称，也不"单指不参政的幕客，而是所有使府幕职的泛称"[④]。唐朝的幕府从事是罢职的前资官将此作为仕进的跳板：进可以举荐入朝，退可以幕僚终生。[⑤] 据郁贤皓考证，贞元七年至十八年（791—802），赵昌时任安南都护[⑥]。据《太平广记》引《前定录》亦载："薛少殷秩满。遇赵昌为安南节度。

① 王勋成：《唐代铨选与文学》，中华书局 2001 年版，第 46—63 页。
② （宋）王溥：《唐会要》卷七十五，上海古籍出版社 2006 年版，第 1612 页。
③ 王勋成：《唐代铨选与文学》，中华书局 2001 年版，第 134 页。
④ 方建春：《唐代"从事"考论》，《固原师专学报》（社会科学版）2005 年第 5 期。
⑤ 王勋成：《唐代铨选与文学》，中华书局 2001 年版，第 80 页。
⑥ 郁贤皓：《唐刺史考全编》，安徽大学出版社 2000 年版，第 3345 页。

少殷与之有旧。求为从事。欲厌极南之官。”① 推测赵昌当与薛少殷境况相似，他亦欲通过故旧关系谋得一席之地，再图仕进。这也是唐朝社会文化的特征之一。总之，范奕本欲再入仕途，不幸竟客死他乡。

与范奕相比，韦行懿的仕途更加不顺和平庸。首先，二人虽同在岭南任县令一职，但韦行懿所任县的地望远不如范奕。如《唐会要·选部下》载：“大足三年（703）七月二十九日敕：‘桂、广、泉、建、贺、福、韶等州县，既是好处，所有缺官，宜依选例省补。’”② 这段史料证明，范奕所任桂州临桂县是个好缺，不在南选③之列。与之相比，韦行懿所任滕州感义县是岭南下州中的边远下县。其次，由于二人出身不同，仕途差异较大。范奕出身官宦家庭，父祖皆为高官。范奕释褐即任上州县尉，一生共任过五个官职。韦行懿如赖瑞和所说：其墓志非常简略，完全没有提到他的父亲、祖父和祖上几代以及他们的官历，看来他不是出生在一个官宦之家。“他跑到那么遥远的南方去做一个下县的县令，极可能是因为他的仕宦条件不佳，没有选择的余地。”④ 事实上，如上所述，韦行懿仅得以流外出身而入仕，并且他除出任过感义县县令外，其余时间当居于故宅，即河南府洛阳县。

但无论是范奕还是韦行懿，他们在去世后都归葬故土，即河南府洛阳县平阴乡。不过，范奕的归葬历程颇费周折。先是因无资归葬，

---

① （宋）李昉：《太平广记》卷一百五十二，中华书局1961年版，第1094页。

② （宋）王溥：《唐会要》卷七十五，上海古籍出版社2006年版，第1621—1622页。

③ 见［日］中村裕一《唐代の南选制と岭南地方に就いて》，《武库川女子大学纪要·教育学科编》30，1982年，第1—32页；张泽咸《唐代“南选”及其产生的社会前提》，《文史》第22辑，中华书局1984年版；王承文《唐代“南选”与岭南溪洞豪族》，《中国史研究》1998年第1期；戴显群《唐代的南选制度》，《福建师范大学》1998年第3期；王承文《唐代环南海开发与地域社会变迁研究》，中华书局2018年版，第104—221页。

④ 赖瑞和：《唐代中层文官》，（中国台湾）联经出版事业股份有限公司2008年版，第310页。

他和继室李氏的棺椁只能权厝于上元县的石子岗。后在李氏舅舅张逊的帮助之下，才得以归葬故土。范、韦二人归葬故土的原因，如谭凯所说：唐占主导权的政治精英多集中于长安、洛阳二都及两京走廊地区。虽然他们游历于帝国其他地方，有时也被任命到远地任职，但是他们通常归葬居住地附近，即他们家族生活时间最长的地方①。他们死后归故土，一个合理的理由就是一旦他们失去与在朝为官的亲戚们的联系，他们自己的后代要想重返政治生活，将会非常困难②。此外，范、韦二人墓志也凸显出唐代郡望仍是家族认同最重要的标志，对于四处宦游的范奕、韦行懿来说，团聚家族的空间场域似乎只剩下家族墓地；家乡作为家族基盘所在，从生前转变为死后③。

四　结语

《范奕墓志》《韦行懿墓志》体现出唐时仍盛行攀附望姓、伪冒高贵血统的社会风习。此外，韦行懿本无可资炫耀和依托的家世背景，他仅能仕宦于岭南远州偏僻的下县。另外，韦行懿在唐高宗时期任职于岭南，反映出唐初期中央政权为加强对岭南地方的政治控制，也会选拔一些没有煊赫婚宦背景的中原寒士去岭南任职，且通过他们控制、治理较为边远的地区。另，唐中后期，某些出身较好的中原士族为取得较为平坦的仕途，也会选择去边远的上州上县任职。如范奕的父祖辈虽皆是唐的高官，但因政治制度和社会文化的变迁，范奕为

① ［美］谭凯：《中古中国门阀大族的消亡》，胡耀飞、谢宇荣译，社会科学出版社2017年版，第86—95页。

② ［美］谭凯：《中古中国门阀大族的消亡》，胡耀飞、谢宇荣译，社会科学出版社2017年版，第111页。

③ 郑雅茹：《中央化之后——唐代范阳卢氏大房宝素系的居住形态与迁移》，《早期中国史研究》2010年第2期。

求取较为顺畅的仕途和获得优先的政治机遇，主动选择远离帝京赴岭南做官，竟客死于异乡。

始于唐贞观十八年（644），不久即中断，后又于唐高宗上元年间（674—676）恢复的南选制，对唐王朝控制和治理岭南作用重大。关于此点，前辈今贤多有高论，此不再赘述。但范奕、韦行懿两合墓志也说明，南选制绝非唐选任岭南官员的唯一途径。中央吏部直接选拔、任免岭南地方官员应仍是重要方式之一，如韦行懿任职的滕州感义县，此县虽为岭南的偏州下县，但该县县令仍要经过中央吏部的直接铨选，并且官员考满罢秩后，依旧会严格遵循守选的任官原则。总之，无论是南选制还是由吏部直接铨选的任人制度，均体现出唐中央政权对岭南地方政治和社会文化控制的日益加强。

（程刚：玉林师范学院副教授、历史学博士）

清代县域书院官、师的文化倾向与价值选择

——以广西贺县临江书院为中心

方丽萍

元鼎六年汉武帝平南越，“以邑内临水、贺水为县名”[①]，设临贺县。三国时属吴，为临贺郡，统临贺、建兴、富川等6县。隋开皇中为贺州，唐天宝元年复为临贺郡，乾元元年复为贺州。宋时贺县属广南西路，元时属湖广行省。明洪武二年贺县入州，十年复为贺县。清名贺县，属平乐府。县治“东西相距二百九十里，南北相距二百五十里”，“幅员辽阔，村落幽邃，有莅官数载犹未能遍历四乡者”。“境内山浮于土，土浮于人，地据一隅，壤接七邑。”[②] 处湘、桂、粤交界，“三省往来，水陆孔道，幅员辽阔，五方杂处”，“商贾云集，田庐栉比，居然繁庶之区”。[③] 民国《贺县志》记载唐时贺县有20570人，乾隆四十八年达111743人，至光绪十五年已至131157人。

“吾邑文士，专习科举。其间领乡荐登甲科者代有其人，亦足见

---

① （宋）乐史：《太平寰宇记》卷一百六十一，中华书局2007年版，第3099页。

② 民国《贺县志》卷一，成文出版社据1927年《贺县志》影印1967年版，第8页上。

③ 民国《贺县志》张联桂序，成文出版社据1927年《贺县志》影印1967年版，第5页下。

文风之盛。"① 清代贺县只有一所书院，曰"临江"，属考课型书院。下面我们就以它为中心，了解一下清代西南地区中等规模县域的文化倾向及主要特征。

一　从崇祀看地方文化倾向与价值选择

一个地方在修建坛庙时所选择的入祀人物代表着一地的价值追求。贺县祭祀周敦颐和林勋。"宋周濂溪发祥于桂岭之地，桂岭古属贺州，其父周辅成为桂岭令，生濂溪。"② 莲塘旧址前建有周子祠，"祠在桂岭大会圩西里许，周辅成为桂岭令时，莲塘甚茂，遂生茂叔。里人建茂叔祠于上"③。林勋《宋史》有传，政和五年进士，为广州教授。建炎三年献《本政书》十三篇，主张以井田解决农贫、兵骄的问题。林勋为桂州节度掌书记时上《比校书》两篇，得到宋徽宗的肯定，"朱熹甚爱其书"，吕祖谦、陈亮、张栻等也曾表示过对他的赞许。光绪《贺县志·艺文》首篇收《本政书》。民国《贺县志》称"其思虑周密，上可裕国，下可足民，法诚善矣"。二人均是有理学思想背景，品行高尚、脚踏实地、积极有为的地方官，"矧都人士道学有宗，必能大启文明"④。

"一州一郡，一乡一邑，莫不有神灵呵护。"⑤ 贺县人选择陈王为保护神。在贺县，陈王信仰者甚众，"童时闻父老称王至灵即知敬"⑥。

---

① 民国《贺县志》卷3《选举》，成文出版社据1927年《贺县志》影印1967年版，第150页上。

② 民国《贺县志》卷6《哲学》，成文出版社据1927年《贺县志》影印1967年版，第283页上。

③ 光绪《贺县志》卷2《古迹》，国家图书馆数字方志，无页码。

④ 周端：《重建桂岭周子祠序》，民国《贺县志》卷6《著述》，第299页上。

⑤ 范周：《重修陈侯祠记》，民国《贺县志》卷6《著述》，第291页下。

⑥ 龙皓乾：《重修陈王祠记》，民国《贺县志》卷6《著述》，第293页下。

“御大灾，捍大患，祷之立应，贺赖以庇。”[①] 宋乾道年间始立庙血食，名陈王庙或中佑庙。清代贺县至少有三处专祀陈王：县东南水东街尾的陈王祠，城外的陈王行祠以及浮山的陈王祠。城内的陈王庙规制宏阔，清时曾三次重修（扩建）。县令范周、龙皓乾及邑人钟铎世均作文记其事。光绪《贺县志》介绍陈王生平如下：

陈秀才，江平村人……又云世居九洲城，盖村堡也。生于隋末，入唐初为诸生，倜傥不凡。尝举秀才科，不就职。归隐乡间，抱道蕴志，啸歌自适，当时重之。及其殁也，岁方壮，微有神道，渐灵爽，奕奕拯人疾苦，乡里遂斯祀焉。自宋讫明，功德日懋。御大灾、捍大患，上纾国忧，下除民害，屡闻于朝。敕赐庙额，前后膺封爵者六，自侯而王，春秋报祀，于今为烈。夫聪明正直而壹者神也，神而盛大昭彰若此，则其生前之聪明正直卓然人望，固无忝太上不朽之称矣。

“太上不朽”是“立德”。有着读书人的才华、风度，清高自持的陈秀才，可称“青衿翘楚”[②]，运用神力护佑苍生社稷，勉强可算“其次立功”。不朽之“德”何在？

范周文除列举陈王默默护佑乡人的具体事件外，更多的笔墨在对陈秀才人品、行为的评价：“孤介自矢，乐道隐居，不苟于仕”，“落落负正气，不偶侪俗”。[③] 与“立德”距离甚远。龙皓乾的文章说：

---

① 范周：《重修陈侯祠记》，民国《贺县志》卷6《著述》，第292页上。

② 黄炜章：《重修陈王祠序碑》，杜海军辑校：《广西石刻总集辑校》（中），社会科学文献出版社2014年版，第998页。本文所用此书材料中文字及标点明显错误者，径改。

③ 范周：《重修陈侯祠记》，民国《贺县志》卷6《著述》，第291页下。

士君子之生不得有位于当时，伤自已殁，则秉聪明正直之诚，神其默运，御大灾，捍大患，流惠于苍生社稷。此盖生本读书求志，无由达用，以是一泄其郁积之奇，俾后之仰望休风者，得以想见其为人，不良足以慨耶？隋唐之间大乱未定，王幽潜吟笑，明哲保身，南渡而后国忧民困，王振厥声，灵宏济艰，大辑宁境，膏泽蒸黎，怀德畏威，于今为烈。岂非不遇之遇，不幸中之大幸哉！[①]

陈秀才聪明正直无由达用，满怀郁积，但死后实现了士人大济天下苍生的理想，这是“不遇之遇”“不幸中之大幸”。他的入祀，显示了贺县读书人的价值观与志向——立功，立德、大济天下社稷苍生，死后“褒封宠赐五朝恩”[②]，实现不朽。这可能即是贺县人所理解的“德”。

除林勋、陈秀才外，贺县本地还出现过一些地方名人，宋有欧阳陟、毛镗、毛迈、翁宏，明有周冕、张煜、张淮、龙升、罗经、黎兆、毛鹓、王化永、刘学伦、严遵试、钟爵嵩、钟彦纲等。他们或在科场获捷，或宦场得意，均青史留名。历史上谪宦或流寓贺县的人，唐有赵思彦、杨凭、韦陟、韦保衡、李鹏年，宋有种谔、范祖禹、曾布、石普、吕本中、陈与义。贺县有忠孝祠，“祀古今四人”：本籍的毛迈、刘学伦，流寓吕本中、陈与义。本籍二位正史无传，资料极少，只能存而不论。谪宦为什么选择吕、陈二人呢？曾布曾官至宰相，官位最显；范祖禹参与了《资治通鉴》的撰写，文化贡献最大；种谔曾为北宋收复遂州、洮州，武功最著。与他们相比，吕、陈二人

① 龙皓乾：《重修陈王祠记》，民国《贺县志》卷6《著述》，第293页下。
② 何熠：《浮山谒陈王祠诗》，民国《贺县志》卷9《名胜》，第413页下。

均显逊色，但贺县却偏偏选择他们二人作为崇祀对象，为什么？《贺县志》称二公“皆以孝悌祀于贺”，似乎是很契合忠孝祠的主题。但遍寻二人资料，看不到他们特别突出的孝悌事迹。他们最为后人所知的，当是与江西诗派的关系，或为成员，或是概念的提出者，文学史地位最高，且品德无疵。《贺县志》总结说：“他邦贤哲与地着之民毛公迈、刘公学伦同牢受福，则亦俨然乡先生。孝悌大伦莫先也，此可树人物之标准矣。”① 表现了贺县对文学史贡献和地位的推重。

综上，从入祀贺县祠庙者中我们可总结出贺县的文化倾向：第一是尚德，要求品行无疵，符合理学规范；第二是尚文，注重文化、文才，看重文名；第三是尚用，能用其所学，尽其所能，造福一方。德、文、用并重，这就是贺县祠庙文化的趋向，也是贺县文化的核心价值所在。

二　地方官的兴学举措及其文化导向

光绪《贺县志·祀典》中有“名宦祠祝文”，曰：“卓哉群公，懿修厥职。泽被生灵，功垂社稷。”可见成为“名宦”的条件有二：利于百姓，有功国家。学校是通向“名宦”的途径，“学校者，国家所以教育英才者也。上可以黼黻皇猷，下可以倡导风俗”②。在清代，地方官对教育的精力、财力的投入都比较大。地方官本身的文化素养，与当地士绅的关系、对教育的态度、行为等直接影响甚至可以说是决定了地方的文风、学风以及一定时期内此地士人的价值观、文化

① 民国《贺县志》卷 7《流寓》，成文出版社据 1927 年《贺县志》影印 1967 年版，第 322 页上。

② 康熙《上思州志》，广西人民出版社 2016 年版，第 195 页。

氛围及人才产出等。在广西，“士虽向学，官未兴学”[①] 的情况很少出现，基本是地方官创建学校，创造各种条件支持、鼓励士子“向学”。雍正十三年，贺县知县马世焕在原义学的基础上创立了临江书院，乾隆二十八年知县徐大夏倡捐，增建泉西学舍，书院规模初备。

清代广西书院大都官办，各类经费的来源基本由地方官提供，主要有三种方式。第一，县财政拨付。如光绪八年，县令黄玉柱从县义仓谷项内提银200余两给书院，从县衙所收罚款中抽出402两交商生息作书院资金；光绪十三年，“裁去春秋丁祭绅士胙肉”200两归书院使用。“维庠序之士，寒畯居多。大比之年，宾兴有费。而车马逆旅与夫考员文具，颇形繁耗。”贺县还为他们提供盘费，“银十二两，地丁银内动支”。还给新中举者“建坊银人给二十两，地丁银内动支”[②]。第二，在书院创立、重修或增修等重大事项中，地方官“首捐清俸”，带动捐款。第三，书院的一些零星支出，如购买书籍、试卷、礼器等，往往是官员自掏腰包。如光绪十五年平乐知县全文炳就说“文炳忝为邑宰，每逢乡场，分俸代购试卷，谊所当从”，“非敢曰恤寒士，聊尽其力所能及尽，并抒区区不尽之心云尔”。[③]

“按月而课，捐俸而饩，举善而教。”[④] 地方官对书院的关怀与支持是全方位的。他们为书院选聘山长，亲自到书院授课（官课），对书院生徒进行考核，与书院山长雅集唱和，与本地乡绅及外出为宦的官员们保持密切的联系，并以儒家知识分子的道德坚持、高雅的文化

---

① （清）郑献甫：《新建德胜书院记》，《广西石刻总集辑校》（中），第929页。

② 民国《贺县志》卷3《选举》，成文出版社据1927年《贺县志》影印1967年版，第151页上。

③ （清）全文炳：《购诗卷碑记》，杜海军辑校：《广西石刻总集辑校》（下），社会科学文献出版社2014年版，第1082—1083页。

④ （清）郑献甫：《新建德胜书院记》，杜海军辑校：《广西石刻总集辑校》（下），社会科学文献出版社2014年版，第928—929页。

趣味和卓越的才学等引领一方风气。他们认为教育是立国大计，人的思想素质会影响到王朝的兴废。如知府同知，临贺榷盐使范周说：

> 天下之治乱在朝廷，人才之盛衰视气运。往者胜国不造，群逆作难，山林强悍之徒接竿拥众；《诗》《书》泯缺，子衿放废，泽宫俎豆鞠为茂草。……兴朝定鼎，雅意崇文，投戈讲道，海内更始。……以扶进人材，广励风俗，甚盛典也！吾贺虽僻处天末，诸士子之被服仁义，诵法圣贤即与中州何异？……方今圣天子崇尚古学，取士复仿汉制，王氏经义暨置弗录。临贺诸生当必有好学深思、明体达用之才出而应之者。即于学宫之修举肇之也。①

范周公务之余主要做两件事：怡情山水，考课诸生。前者是文士的风雅，后者属官员的本分。他认为群逆作乱、教育缺失与明朝灭亡互为因果。假如一个人未受儒家教化，没有道德、伦理的约束，很可能成为作乱的“群逆”。地方官也当尽职尽能，努力养育“诵法圣贤”之人才。唯其如此，偏陬蛮徼才能实现与“中州”的真正融合。基于这样的思想认识，清代的地方官大都不惮在书院上投入大量的物力、财力，也乐于与书院有更多的交集，参与书院活动，指导书院工作，交往书院山长，等等，为地方留下了“吏治诗才两不违，福星到处有光辉”② 的印象。

闽县人黄玉柱主持了光绪二年的广西乡试，曾在广西多地为知

---

① （清）范周：《重修学宫记》，光绪《贺县志》卷8《艺文》。

② （清）苏煜坡：《投姚子蕃邑侯，即次其〈感怀〉韵》，李寅生、周生杰校注：《萃益斋诗集校注》，上海古籍出版社2017年版，第195页。

县。他为贺县县令时，“倡文教，崇礼治，有政绩”，深受百姓爱戴。光绪十六年，他邀请苏煜坡修纂《贺县志》，后又聘其为临江书院山长。黄玉柱组织当地士绅雅集时，都会邀请苏煜坡出席。二人留下了十余首交往诗，从苏煜坡的诗中可见地方官在当地士绅心中的形象。

苏煜坡将黄玉柱比作汉武帝时的贤良循吏黄霸，“何幸卿云覆此方”，表现出在其治下为民的幸运与幸福感（《投邑令黄笏山司马》）。他还记录了这样一个细节：“邑侯往连山踏勘，山路崎岖，撤去轿篷，在舆中戴笠看书。一卒向昭州话及，遂达郡伯。”① “别调何妨自我开，惹他传说到舆台”（《即事赠笏山邑侯》其二）。黄玉柱途中读书的举动在当地传为佳话，苏煜坡也为他的风流折服，赞叹道“如此风流应入画”（《即事赠笏山邑侯》其一）。黄玉柱即将离任时，苏煜坡为赋《送笏山司马移篆桂平》五首。诗中有大量夹注，记载了黄玉柱勤政为民，不慕名利的诸多事迹，如“有送德政牌匾，公悉却之”之类。组诗前有一序，为即将离任的县令黄玉柱作了总结：

> 司马令吾邑，以静治民而不忧②。三年中抚字教诲，所全实多，且乐与士绅亲，无宦场习气。余连岁安砚讲院，诗酒往还，相得甚欢，不能如澹台之民非公不至也。今春量移桂平，行有日矣。云山花鸟未免有情，矧为部民哉！

“澹台之民”典出《论语》。子游任武城邑长时，“有澹台灭明者，行不由径，非公事，未尝至于偃之室也”。苏煜坡反用其意，说

① （清）苏煜坡：《即事赠笏山邑侯》，李寅生、周生杰校注：《萃益斋诗集校注》，上海古籍出版社 2017 年版，第 175 页。

② 原为“忧”，疑为“扰”。

自己总登门叨扰黄玉柱。黄玉柱谦和热情，养民而不扰民，“抚字教诲”百姓，亲善士绅，将贺县的读书人团结在一起，为地方文化的传承与当地生徒的未来发展尽到了最大努力，因此深受百姓爱戴，舍不得他离任，“盖德泽之入人心久而弗忘，非第与职官志大小表等也”①。

下面这段文字可见地方官在地方教育中所担任的关键性角色及所起到的重要作用：

> 吾谓今书院颇似古之家塾，其地不必城邑而里巷，其长不必官司而乡人，其士不必选举而考课，故成教较易而成材较多。然使无良有主之，则虽擅山水之奇，极人文之盛亦未有创非常而起者。②

这是有“两粤宗师”之誉的郑献甫文章中的一段话。郑献甫长期在两广多地书院为山长。仅广西，就曾主教德胜书院、庆江书院、榕湖书院、秀峰书院、象台书院、柳江书院等。他认为书院培养生徒，要不问出处，不计贫富，不拘形式，这样才能有更多的优秀人才产生。同时，书院也需要有力的“主之”者。清代正是有了大批这样正直有才气，重视教育，能尽其所能支持广西书院教育，注重地方人才培养的地方官，才使得“两广叠出三元，会元、状元，科名鼎盛”③。临江书院的衰败也是一个证明，“自咸丰兵燹以后，老成凋谢，碑碣无存，产业既无可稽，膏火遂无从出。月课一事久如告朔饩羊矣”④。

---

① 光绪《贺县志》卷四《官师志》。

② （清）郑献甫：《新建德胜书院记》，《广西石刻总集辑校》（中），社会科学文献出版社2014年版，第929页。

③ （清）阮元：《平乐府重建至圣庙碑记》，杜海军辑校：《广西石刻总集辑校》（中），社会科学文献出版社2014年版，第791页。

④ 民国《贺县志》卷6《书院》，第270页上。

三　山长的目标："所造就者无不出于科举一途"

民国《贺县志》列举了临江书院的几任山长，并有评价，如龙克家是"行谊敦笃，德性纯懿，为士林所矜式"；龙绍仪是"学问渊博，词章斐然，学者宗之"；李熙俊"尤工于吟诗"；苏煜坡"其讲学以经史为根底，其课诸生艺文，以独抒见解为主旨，不落时派。故门下士掇巍科、登翰苑、膺士籍者踵相接，声誉重一时焉"；钟毓奇"谈经论史，别有心得。教授生徒以古文为门径，不屑沾沾时艺，故从游者多俊秀。应贡举者不乏其人，实为一邑之泰斗"。

上列五位外，充任过临江书院山长的还有龙皓乾、李孝先。综合而言，临江书院山长共有四个特点。

第一，德。书院教育中以经学教育为内容，注重"德性关怀"①，以德为成人的先决条件。山长本人亦正直正派、品德超群，安贫乐道，足为士林规范。这一点，恰好印证本文前所论崇祀、地方官特征之一。如钟毓奇所写那样"汲古论真性，沽名羞自媒"（《园居遣兴》其五）、"谋生取给无余物，遇变能安是幸民……短檠一尺书千卷，从此衡茅自养真"（《清明后五日》其四）。

第二，学问与词章本领及文人文化品味。几位山长，或古文功底深厚，或经学见解独到，或诗才出众。他们往往以此赞颂对方，如："许燕手笔竟翻新，屈宋衙官尽拜尘……兴高文有千篇富，律老诗无一字贫。"（苏煜坡《奉和沈仲复中丞〈移抚皖讲留别〉诗八首》）。也以此自珍、自傲，如："一样功名麒麟阁，此中声价艺林尊。"

① 胡发贵：《中国古代书院的德性关切》，《南通大学学报》（社会科学版）2012 年第 4 期。

（《校刊〈修拙斋〉再赋二首》）。他们题咏“诗”“酒”“琴”“棋”“风”“花”“雪”“月”（《八咏诗和媚川》卷一）欣然于诗书为伴的风雅生活，“流芬究是旃檀远，一卷诗轻万户侯”（《夜雨感作》卷四）。还借来《文选》下酒：“良宵下酒宜何物？大白当浮击节时。”（《柬罗晓垣孝廉借文选》）学问、辞章是他们谋生的本领，是照亮他们拮据、枯寂岁月，点亮生徒心智的光芒。

第三，人才的簇生与杂生。七位山长中，有父子相继的，如龙克家与龙绍仪；有师生相传的，如苏煜坡与李孝先；还有一起编撰志书的苏煜坡与李熙俊。家学传承、师生接续，官师合作。贺县书院是贺县地方人才的培养中心，也是地方风雅之士的集合之所。山长非但不垄断文化资源，反而最大限度地开放书院，使普通百姓家的孩子有机会接受教育，获得向上发展的条件。如菜农出身、早年丧父的刘有科；如贺县城南的龙家三代六口①；如钟氏父子②；等等。他们在贺县形成了相互砥砺、切磋、督促、培育的文化中心，贺县文脉在此得以不断传续。

第四，最重要的，是科举、仕宦导向，亦可称为书院的实用主义精神。“贺之仕宦，载稽省郡各志，不从科贡而起者盖鲜。”③ 生徒入书院，目标在登科。刘有科因“有科”含“有科无举”之嫌而改名“忠标”（宗标）。钦点翰林后，他袒露心声曰：“原从寒士出身，昔耕田学圃，不忘读书，四十年陷在泥途，谁识英雄落魄；本是秀才底

① 龙克家道光间拔贡，朝考一等，授湖南兴宁县知县，署龙阳县事，解职归主临江书院讲习。二子龙绍衡、龙绍仪皆考中举人。龙绍衡工书法，在北京、上海等地颇有名气。龙绍仪署广东遂溪、镇平、平远、连平、阳山各州县事，主临江书院。龙绍仪三子均为贡生，第三子龙先珪以小三元获秀才，升优贡，与梁培煐一起编撰了民国《贺县志》。

② 钟毓奇之父钟衡鉴早岁贡明经，授阳朔县训导，历任西隆州、怀集县学。“所在训士有方，士林仰之。”

③ 民国 26 年《信都县志》卷 3《选举》，第 363 页。

子，由拔贡举人，渐登词翰，五十载磨穿铁砚，也教吾辈扬眉。”今昔对比中，成功上岸的欣喜与得意溢于言表。成名后，他为培育他的临江书院手书一联，曰：“读书难，耕田难，作文尤难。能从难处立功夫，方觉先难后易；耕田苦，学圃苦，习艺更苦。要在苦中受折磨，始知由苦得甘。”鼓励生徒不畏困难，努力向学，积极向上。黄玉柱曾为临江书院撰写的对联“五六月天无暑气，二三更里有书声”没有刘宗标的这么直白，但意味近似，亦是鼓励书院生徒超脱现实困难，努力苦学，成为人才。也有一部分书院山长通过乡试，有举人之名，但折戟会试，进士之梦不圆。所以，他们有一份科举的执念，迫切期待着培育出更多登科入仕的人才来。而对书院及教师教学效果的评价，也是科举导向。如是，以科举为核心目标的书院教学势在必然。

下面我们就通过书院任期最长的山长苏煜坡的诗歌来大致体味一下科举在书院的分量。

苏煜坡早有才学，十九岁中举，但此后三次会试皆铩羽而归。同治六年举孝廉，为临桂县学教谕。光绪七年至十八年主临江书院讲习，最终病逝于书院。苏煜坡造士者众，李孝先、梁培煐皆出其门下。他有诗才，生前即刊刻有《萃益斋诗集》。其中写得最多、最动人的是科举诗。如描述自己考场情状的：

> 弹指韶光一纪终，又看风月到南宫。重衾未具惊寒夜，结习难除愧热中。必曾文章关福命，无哗战士隔西东。十载青毡原耐冷，宁期司业绍家风。（《内阁大挑》）
>
> 凝神且复披衣坐，喜对灯花照眼红。（《三月初八夜闱中作》其一）

如送人应试的：

命达自成名世贵，才高不信赏音难。祝君搏虎全狮力，莫负千门走马看。（《送区云泉回粤北乡试》）

一行露布初挥笔，万里云程已得梯。唐代秀才科最贵，今通尤要古能稽。（《吴生恭群入谒赋此勖之》）

如贺人高中的：

从此飞黄腾达去，神山有路到蓬莱。（《寄贺龙品多拔萃》其一）

名姓居然到榜头，才华岂易动昭州。少年英气初腾剑，良友多情早卜瓯。好藉微荣娱老景，莫矜小捷怠前修。品题尚有宗工在，雕鹗盘空盼晓秋。（《沅儿府试冠军寄诗勖之》）

如鼓励士子专心向学的，修炼品德的：

一勤能补何嫌拙，业到精时莫更荒。（《馆见在书斋示诸生》戊寅）

功名自是儒生事，况有文章翼圣贤。（《酬刘彩楼二律次癸亥洋旋见赠韵》）

喜怒哀乐一系于科场，无论是对弟子还是家人，为他们取得的成就而高兴，鼓励他们不断向上、进步的拳拳之心表达得明白而急切。

苏煜坡科举诗中写得最好的还是与其弟苏煜光有关的诗。我们先看《送星衢弟应县试》:“读书非求自试，出身当由秀才。一帆风送君去，庭外紫荆正开。剑自炉中铸成，金从沙里捡得。记取寸铁莫持，白战书生本色。”这是苏煜坡现存诗作中唯一的一首六言诗，很好地发挥了六言诗音声响亮干脆，感情爽朗明丽的特征。弟弟的首战告捷令蹉跎科场多年的苏煜坡也精神抖擞起来，但很快，星衢生病，去世。“惠连既逝，康乐何堪？长歌当哭，聊以志哀，不知其是泪是墨也。”此后苏煜坡为他写了很多首诗，几乎每首诗都会提到苏煜光出众的才华、学问，“西堂得句疑神助，南国谈经似影随”（《哭星衢弟八首》其三）。惋惜他本该拥有的灿烂未来，“绝好充闾佳子弟，芹宫一注了前程”（《哭星衢弟八首》其一）。“典册高文寿艺林。”（《花朝展星衢墓》）从中可知，科举高第，对于作为临江书院山长和普通家庭一员的苏煜坡，都是生命中最重要的期待。

这一点，已有学者意识到，并从书院的历史变迁中进行了辨析：

> 宋元独尚讲学，明代间兼会文，清则讲学者鲜，后且以考课为主，而与科举之关系特深。①
>
> 统论清代二百余年，书院遍于天下……名目繁多，难以列举……但其性质，均与宋、元、明之讲学者迥别，而所造就者无不出于科举之一途，其关于教学之重要也大矣。②

因此，科举，是清代书院的灵魂。尽管传统文化推重婉转含蓄的表达，士人喜示人以散淡和清高，但矜持与掩饰中还是显露出他们对科举一途的急切。

---

① 商衍鎏:《清代科举考试述录及有关著作》，百花文艺出版社 2004 年版，第 234 页。
② 商衍鎏:《清代科举考试述录及有关著作》，百花文艺出版社 2004 年版，第 240 页。

四 结语

综上可知，清代广西地区的地域文化呈现出以下几个特征。

第一，儒家文化居主流。崇尚仁德、重视事功，追求不朽是官绅的共同愿望。这其中最重要的是注重品德与修养。名宦的“懿修厥职。泽被生灵，功垂社稷”，乡贤的“毓秀兹邦，懿德卓行，奕世流芳”，都以“德”为底，官、师纷纷以身作则，显示出高超的品德。书院教育中亦以儒家经典为基础，鼓励生员努力修成圣贤。

第二，实用主义。尽管同名为书院，但清代书院的性质与前代已大不同。清代书院以科举为目的、为追求，其他都是科举文化的副产品。于是，我们便能看到县令全力支持书院的各项事务，亲自到书院讲学，与山长往来密切，为考试士子提供各种的便利。中国古代的实用主义文化是人人践行而不言说的公开秘密，于是，士人言说中的科举为目的掺杂了很多其他的因素，拨开这些“云”方能见日。

第三，鲜明的士人文化的特征。生活方式上，是诗、菊、酒、琴、山水，雅集、奉赠、唱和和留别；感情基调上，是深情绵缈、是细腻散淡，是拥有文化的自矜，是安贫乐道的自傲；是对文采、文才的偏好与骄矜；是编文集、品评诗文，是文人间的惺惺相惜与相怜，是相互的提举与称颂。他们热烈歌颂读到的身边人写作的每一首诗，用很有些夸张的赞誉肯定对方的才华，甚至还有预设势将比肩李杜之类的夸张。读这些文字，下层知识分子的生活状态、思想境界、精神追求昭然若揭。

类似广西贺县（今属贺州）这样居于边省，与政治、文化中心都有不小的距离，又处于“权力的毛细血管”① 最末端性质地区的文化一直未得到足够的重视与充分的研究，故本文以贺县这样一个经济中等县域、以临江书院这样一个中等规模的书院为样本进行考察，期待能以此类推，看出在中华大地上曾存在过的数千所县域书院、成千上万基层士人的思想、精神状态。

（方丽萍：玉林师范学院文传学院教授）

① 见王汎森《权力的毛细管作用：清代的思想、学术与心态》，北京大学出版社2015年版。

民间参与式文化保育：老城更新的第三条道路*

——以广州新河浦历史文化街区为例

袁　瑾　林梓萍

当城市土地开发渐趋饱和，城市空间步入存量时代后，城市更新成为完善城市结构功能、推动城市继续发展的必然选择。中国老城更新肇始于20世纪70年代，由于各种历史和社会原因，其更新主要有政府主导和开发商主导的两种模式，而数量多、热情高的普通民众被屏蔽在更新主体之外，老城更新缺乏“自下而上”的多元化更新渠道，不仅难以调动根植于本土的社会力量，同时由于没有兼顾协调好政、企、民之间的利益关系，反而会引发各种新的社会矛盾。尤其是历史文化街区的更新会涉及历史建筑和文化遗产的保护活化内容，其更新过程异常复杂，需要多元主体的互补从而实现文化保育的目的。然而，在已有的历史文化街区更新过程中，最为欠缺的就是文化保育，这使得更新往往流于形式和表面，无法从街区内部创生出发展活

* 广东省社会科学规划岭南文化项目“文化保育视野中的广州历史文化街区研究——以新河浦为例”（项目编号：GD19LN18）阶段性成果，广州城市舆情治理与国际形象传播研究中心课题“国际化传播视野中的广州‘东山’文化形象研究”编号成果之一。

力。从这个意义上说，推进文化保育是目前历史文化街区更新的当务之急。

“文化保育”（culture conservation）概念源自1999年国际古迹遗址理事会（ICOMO）澳大利亚国家委员会颁布的《巴拉宪章》，主要指一切与文化遗产的物质性及精神性保护有关的行为，包括修复、翻新、改建及活化再利用等。目前在国内使用“文化保育”一词的地区主要集中于粤港澳大湾区，因得益于民间保育组织的倡导使这一概念被广泛流传。《巴拉宪章》第十二条明确规定：“在遗产地保护、诠释和管理中，应当纳入那些与遗产地有特殊关联或对其有特殊意义的公众，或是对遗产地富有社会、精神或其他文化责任的人士的参与。”① 可见公众参与是文化保育的重要前提和基础，因为“文化保育不单是保存历史建筑，更需联结社区文化与本土历史”②，它不仅关注文化遗产物质特征的历史保存，更强调附着于其上的文化与精神内容能否唤醒民众的文化保护意识和认同感。因此，尽管政府和企业在一定程度上可以对社区进行保育，如对建筑实体的修复和翻新，但从深层次的文化培育和再生功能来讲，其作用远远不够，必须引入民间参与式文化保育才符合老城更新对文化遗产的整体性保护原则和意义再生的诉求，为当代历史街区复兴探索新的发展思路。

2019年，广州新河浦历史文化街区复兴工程荣膺“亚洲都市景观奖”，这主要得益于该街区采取了一种自下而上，以民间参与式文化保育为主的微更新模式，在激活街区经济、社会与文化生活等方面取得显著成效。本文将以新河浦为例，具体探讨这种民间参与式文化保

---

① 国家文物局编:《文化遗产保护管理相关法规文件汇编》（中英文对照），文物出版社2009年版，第35页。

② 龙子维:《香港文化保育运动的迷思》,《南风窗》2011年第3期。

育如何促进历史文化街区的活化，以及活化过程中存在的困境和问题，为当代老城更新提供借鉴与思考。

一　私人承租型古建活化与文创业态的自然集聚

新河浦历史文化街区位于广州市越秀区，总规划面积约为 62.9 公顷，区域内共有 493 栋历史建筑。该文化街区现存洋房 600 多座，是广州现存最大规模的中西合璧式低层院落式传统民居群，也是广州市侨房最集中的区域。其中，东山花园洋房是最具代表性的建筑类型，它多为二层至三层仿西洋古典式小楼，综合了清水红砖墙、民国水刷石、西洋式廊柱的建筑元素，形成了中西合璧的建筑特色，保持了完整独特的历史风貌，与西关大屋并称广州两大典型传统民居。

2012 年，文物建筑“逵园”经承租人黄先生的精心修复与活化后变身为当代艺术馆，为人们展现了历史建筑的再生方式，也为街区的文化保育工作提供了创意。随后几年，民间承租者陆续进驻街区，他们本着“保护先行”的原则将街区的老建筑活化为咖啡馆、展览馆等文化艺术空间，以艺术集聚的方式推动了街区整体功能的复苏并逐渐形成了多样化的文化保育模式。笔者经过调研并根据保育主体的不同，将其文化保育分为政府管理式、私人业主维护式和民间承租式三种类型。三大主体相互配合，彼此合作，在赋予老建筑新活力的同时，也推动了街区商业和人文的繁荣发展。

政府管理式保育是以政府为主体、通过政策支持、资金投入、产权管理等对建筑本体进行修缮及活化利用。在街区内部，春园 24 号和简园都是政府管理式保育模式实践的成果。春园（22、24、26 号）原是中共三大期间中共领导人居住和草拟大会文件之所在，政府于 2006 年买下春园 24 号并接手其保育工作。为还原旧时场景，政府通过照片、文字等记录对建筑外部饰面与内部结构进行了修葺与复原，最终将其活化为中共三大纪念馆。简园始建于20世纪20年代初，是爱国侨商、书法篆刻家简琴石的私产。2015年，广东省文物考古研究所接手了简园的保育工作，在调研勘查的基础上对简园开展了长达3年的建筑修缮工作。2018年，简园结束了长期封闭的状态，成为考古所在新河浦的办公地，也开始向社会开放有限度的参观访问。

私人业主维护式保育主体通常为该建筑的产权所有者，为避免随意性、破坏性的建筑改造行为，业主须遵循《新河浦历史文化保护区保护规划》的相关规定与要求，同时受民间人士和政府的监督。目前，大部分私人洋楼的外形风格保存相对完整，但亦有部分洋楼遭遇破坏性改造。由于东山洋楼主要为20世纪初华侨产业，时间久远，大部分洋楼已是几易其主，部分业主不了解洋楼的历史和价值，未必能很好地对其进行保护与继承。如隅园原为民国时期留学英美的船舶设计师伍景英所有，建筑设计兼具岭南与英伦风格，是街区内重要的建筑遗产之一。2016年，隅园在两度易主之后遭到第三任主人的破坏性改建，昔日侨园风光不再，历史韵味大为缩减。

民间承租式保育是指以民间承租者（个人或团体）为主体，通过对古建筑进行修复翻新，恢复其空间的使用功能，实现一种保护性的利用。新河浦承租人往往兼具经营者与保育者双重身份，他们主要从事建筑设计、文创、艺术等职业，具有较高的文化素养和精神追求，因此在实现其空间商业运营和盈利的同时也注重建筑遗产的文化保护和传承。这些民间承租者之间相互扶持，自发成为新河浦文化保育的中坚力量，经过他们的更新实践，新河浦的文化保育取得了相当成绩。如承租人刘女士领导团队于2017年和2018年完成了“馨园改造”项目的第一、第二期内容，分别将两栋百年老楼活化为独具岭南风味的古建酒店（馨园）和复合型文化艺术空间（喜遇·东山），上述两个项目都较为完好地保留了历史建筑原有格局和其承载的文化意义，前者还成为全国文物活化利用优秀项目。可以说大部分承租者都认可新河浦建筑的文化价值，遵守文物保护规则，不断更新经营理念，甚至主动承担起街区整体文化保育的责任。除此之外，艺术空间 ART11 的承租人冯先生还推出了“东山艺术市集”“东山周末市集”，觉园 1984 的承租人李女士也推出“麻花墟”“肆说东方”等市集活动，对推广本地文化和街区影响力产生了积极作用。

由于民间参与文化保育的兴起，新河浦逐渐从一个衰败的街区逐渐转型为融居住、消费、文化艺术交流等多功能于一体的新型社区，带动了经济发展并提升了本地空间的生活品质。笔者对街区的古建筑活化情况进行摸查发现，在走访的 186 栋建筑中，共有 52 栋已实现活化利用，建筑活化率约占 28%。调研结果显示，新河浦街区古建筑活化的多元利用效果突出。就经营业态而言，已活化的建筑大多被用于与文化艺术相关的行业，如机构会所、美学空间、咖啡餐饮店、民宿等。为优化空间使用率，建筑实体多采用复合经营的方式，大大丰富了商铺的经营内容。在建筑风格上，由于承租者主要是“70 后”到“90 后”的非原住民，大多拥有大专以上学历，善于将各自的兴趣专长应用于空间设计与经营上，因此活化后的建筑空间也呈现出多元的美化效果，有助于拉动街区文旅产业的发展。

二 制度建设缺失下民间参与式文化保育的发展之殇

新河浦近十年的发展主要得益于民间参与式文化保育，尽管就街区更新的速度和规模而言并不突出，但整个过程循序渐进，依循街区内部自然生长的需要，使民间承租人与街区之间得以慢慢建立感情、不断磨合并积蓄力量，从而激活了街区文化发展的内驱力和活力，有可能实现一种精神性的社区生活培育与文化创新。

首先，民间承租者有能力从事优质的古建筑修缮与活化利用工作，应充分发挥他们的保育专长和热情。东山花园洋楼是民国时期广州侨房的代表性建筑，始终与“东山新河浦”这一特定的地理空间关联在一起，它们的存在为新河浦历史文化街区赋予了特殊的文化意义。这些红砖洋楼大都建于20世纪上半叶，部分建筑距今已逾百年，建筑的年代性决定了其所具有的历史价值。然而，由于内部设施老化或破损、业主搬迁或侨居海外等原因，街区内建筑的空置率比较高，人流量也比较少。2015年前后，艺术家群体被街区舒适惬意的空间环境与包容开放的文化心态所吸引，他们纷纷租下这些闲置的洋楼，在尽量保持建筑原貌的基础上对其进行修缮与活化，并最终改造成为职住一体的空间或一系列私人文化空间，如咖啡馆、艺术体验馆、文化概念店等。因此，承租人是街区建筑遗产保护与活化的促进者，他们的修复与创意利用是老建筑得以重焕生机的重要条件。

其次，创意人群和艺术业态的引入有助于社区营造，通过各种商业及技术手段实现本地经济和文化的转型。在推动艺术集聚和培养社会公众的艺术消费习惯上，承租人亦发挥着举足轻重的作用。作为广州城市聚落的重要组成部分，新河浦历史文化街区囊括了“空间性、时间性、文化性三个维度的内涵”①，是一个活态的多元文化综合体。独特的历史文化价值使街区自带文化磁场，吸引了创意人才集聚，逐

① 齐骥：《历史文化街区的空间重构与更新发展》，《广西民族大学学报》（哲学社会科学版）2017年第6期。

渐形成艺术生活社区。民间承租人培育了新河浦艺术消费市场，引导民众参与各类文化项目，尤其是各种市集活动极大地丰富了居民生活，扩大了公共交往，有可能成为新河浦的“新民俗”。如2019年东山艺术市集曾加入广府庙会，此次庙会为游客了解东山百年历史文化提供了契机。除此之外，部分艺术空间如逵园、灯塔 Lighthouse、云上咖啡等也会不定期举办各种展览和沙龙，以期将文化艺术活动融入民众日常生活，这些都促进并提升了街区整体的文化艺术氛围。

尽管新河浦民间承租人对街区复兴做出了积极贡献，但民间参与式保育也遭遇重重困境。由于民间承租式保育是自发形成，主体构成多样并且分散，因此往往势单力薄，缺乏集体话事的能力，且承租者进行的活化工作和保育行为往往不在政府规划之内，当文创业态发展壮大之后，有可能出现一些在现有处境下难以解决的新问题，尤其是由制度建设滞后所导致的诸多不便严重困扰着民间保育的发展，主要体现在以下三个方面。

第一，缺乏统一的街区更新管理制度和明晰的文化保育政策。以民宿为例，此种业态曾是不少承租人的主营业务，它是一种交互性强且符合可持续发展理念的体验经济业态，也是许多承租者从事建筑保育的理想。然而，自2019年开始，民宿业在街区的发展愈加艰难，原本支持民宿店上线“爱彼迎”平台的政府部门转而严管民宿的运营，消防部门、工商管理部门等轮番进行安全卫生检查，由于相关监管部门的职能较为分散，其管理标准甚至互相冲突，许多民宿最终因质量不过检而惨遭“倒闭”。分割式的行政管理模式无形中与街区的整体业态发展布局相冲突，各种政策的暧昧不清也使承租者感到无所适从，极大打击了他们文化保育的积极性和热情。

第二，缺乏相应的文化保育扶持或资金补贴政策。尽管目前政府开始重视街区的文化保育，也开展了部分街区提升改造计划，但尚未建立起一套针对承租者的扶持政策。由于街区内洋楼修建的历史久远，承租者进行保育时往往需要投入大量的资金、人力和物力，其成本不亚于修建新房，有的甚至更高。如民国花砖、水刷石、杉木门窗等建筑元素必须请专人进行修复。为使外墙达到防晒、防水的效果，个别承租者还使用了价格高昂的进口材料。除此之外，承租者还独自承担着高昂的运营成本，尤其是近年来街区的租金逐年增长，一栋约300平方米的独栋洋楼每月租金已高达8万元，一旦经营不善，承租者将损失惨重。

第三，缺乏系统性的建筑遗产保护措施和长远的文化保育规划。目前新河浦历史建筑的产权归属既有私人也有国家，即使是同一栋楼的每一层产权性质都有可能不同。由于产权构成错综复杂且经常变更，使承租人难以进行较为稳定而持久的文化保育。因为受制于租约和业主的牵制，承租人往往也要屈从于短期效益，毕竟有资金和投入上的巨大风险。因此，建筑遗产的保护与活化并不能完全依赖于民间保育的形式，在这种情况下，政府尤其需要发挥政策导向作用，制定具体的保护细则和活化方案，尤其是对公有产权的老建筑尽快实行抢救性保护，对街区整体的文化保育起到示范作用，并制定详细的长远发展目标，形成街区保育的良好氛围和环境，防止因商业资本不断注入街区而导致的原生文化发展危机。

三　构建社会共享型的文化保育模式与可持续发展机制

尽管政府已在2016年出台了新河浦历史文化街区的保护规划，但迄今为止相关管理部门在制定具体的保护措施和采取具体行动方面仍有不足。民间参与式保育对于街区更新而言无疑有诸多优点，但这并不意味着可以完全替代政府在文化保育方面的工作。老城更新是一个系统工程，涉及的问题极为庞杂烦琐，尤其需要不同社会阶层和主体共同参与其中，新河浦的复兴其实就很好地说明了民间参与可以为政府分忧，优势互补形成发展的合力。

在保育路径上，新河浦自下而上的民间参与模式和文创产业的发展顺应了世界文化遗产保护与活化的潮流。在英国，民间参与历史文化遗产保护的传统由来已久，英国最早的文化保护法案《古迹保护法》即是在民众的推动下制定和颁布实施的。自1877年威廉·莫里斯创建“古建筑保护协会”（Society for the Protection of Ancient Building）至今，英国民间组织的数量、规模已十分庞大，他们积极介入古建筑遗产的保护与修复工作，也特别注重对群众进行文化遗产的教育宣传，以加深民众对古建筑及历史传统的理解，唤醒他们的历史记忆，形成文化保育的意识与观念。如今，“英国在动员社会力量共同参与、鼓励民间团体介入历史文化遗产保护方面，已经形成了比较成熟的观念和体系”①。英国古建筑保护与活化的成功经验就在于引入民间力量充当主体，并在实践保护工作中充分尊重他们的主体地位，促使其形成自下而上的古建筑保护力量，共同推动国家和地方历史文化遗产的保护。

就保育模式而言，新河浦历史文化街区的更新也充分体现了广东特色，具体表现为吸纳民间力量作为城市更新的主体。这种做法不仅对其他地区的老城更新具有示范作用，也为中国的老城更新提供了一种新思路。新河浦的民间承租者大多为文艺从业者，他们具有相似的

① 焦怡雪：《英国历史文化遗产保护中的民间团体》，《规划师》2002年第5期。

文化偏好与审美需求，在价值取向上也表现出高度的默契，其集聚不仅为东山文化注入了艺术基因，也为街区的文化保育带来了新思路。承租人大都认可、尊重老建筑的历史文化价值，具有文化保育的热情，他们自觉投身建筑修缮、保存与创意利用的实践中，促进了街区文化保育的成效。除此之外，由于承租者对街区文化的认同，他们在传播和延续东山精神文化的过程中，不断将新的艺术文化基因注入街区的传统文化以实现融合统一，促使东山文化更大程度地发挥了内容创新的潜能与优势。

长久以来，我国城市更新深受过去计划经济思想的影响，形成过分依赖政府的主导模式，以至于忽视了民间力量的存在，即使到了今天，民间参与文化保育的队伍虽然逐渐壮大，但“大部分城市的更新策略中还是缺少有效的民主参与”①，民间组织难以取得合法地位，民间参与式文化保育也无法得到应有的保障。纵观文化保育起步早、发展成熟的西方发达国家，其文化保育的成功大都离不开民众的广泛参与。例如法国“大大小小的社团组织共有 18000 个，组成了一支庞大的文化遗产保护的民间力量”，在文化遗产的保护行动中发挥着巨大的作用。② 从这个意义上说，鼓励民间参与文化保育的热情，探索并建构社会共享型的文化保育模式是我国文化遗产保护发展的必然选择。

从新河浦目前民间参与式文化保育发展的现状而言，虽然民间承租人在文化保育中发挥着引领作用，但这种保育模式本身存在不稳定、势单力薄、后劲不足、发展迟滞等棘手问题，无法从整体上实现

---

① 袁媛、陈金城：《近十年英国城市规划研究——以〈城镇规划评论〉期刊为例》，《国际城市规划》2015 年第 1 期。

② 张顺杰：《国外文化遗产保护公众参与及对中国的启示》，《法制与社会》2009 年第 32 期。

街区更新。况且“我国尚未形成全社会关注文化、建设文化的大环境，民众保护和传承传统文化的意识相对缺失，对于传统文化的战略意义也缺乏认识”①。这意味着在现阶段，老城更新依然需要依靠政府的引导和统筹，政府必须承担更多文化保育的职责和功能。要在已有的资金和财政能力有限的范围内，唯有进行制度上的创新和突破才有可能有效整合社会资源和力量，实现经济效益和社会效应的最大化。老城更新最终的目的是要实现可持续性发展，若要达到这一理想状态，对于现有的历史文化街区的管理者和规划者而言至少要做好以下三个方面的工作。

首先，合理开发文化遗产资源。文化遗产能否转化为文化资源，关键在于其能否满足人们的精神需求，这主要表现在两个方面，一是能否唤起消费者内心的认同和共鸣，二是能否转化为当下生活的文化元素和符号象征。例如新河浦历史文化街区的花园洋楼承载了东山文化的精神内容与历史记忆，它的存留状态既关系到建筑的活化开发，更关乎精神文化的延续、传承与发展。因此，在建筑遗产保育的过程中，既要在实物形态上做到科学修复与完整保存，又要在文化内涵上深入挖掘提炼，力求实现遗产的物质载体和精神内容的整体性保护，提升街区文化遗产的多元价值和资源转化率，为文化遗产的活态保护与发展提供坚实的基础，从而实现厚积薄发的效果。

其次，健全文化保育制度体系。欧洲不少国家在文化遗产保护方面表现优秀，如“严谨完善的法律法规和细致入微的监督管理为英国的文化遗产保护提供了强有力的制度保障”，为激励民众持续进行文化遗产保育，英国政府还通过补贴或优惠等给予支持。借鉴英国的成

① 黎昕：《论城镇化进程中传统文化的保护与传承——以英国和意大利为参照》，《东南学术》2016年第1期。

功经验，我国也可通过先支持后鼓励的方式推动民间参与式文化保育，包括对自愿进行建筑保育的承租人给予一定额度的资金补贴；根据活化效果的等级，为承租者提供不同期限的免租或减税等政策优惠等；设立专项保育项目基金，公开招募优秀团队进行遗产活化等。在此基础上，政府、企业和民间逐渐构建和谐平等的多元对话机制，搭建“上下一体”的资源共享和情感交流平台，尽量在街区挂牌、文物申报、建筑修缮等细节上形成共识，提高民众文化保育的自觉性和主动性。

最后，转变文化遗产保护观念。在全球化的背景下，由于人们对文化认同的诉求越来越强烈，古建筑保育与传统文化的存续问题也将引起越来越多民众的关注和参与。据悉，广州地方文化保育组织在2010年呈现“井喷式”发展，如今已逐渐转入“组织机制建设与完善阶段”①。民间组织及个人，尤其是新时代的年轻人纷纷加入文化保育的浪潮，文化保育成为整合社会力量的重要途径。为此，在实际的文化遗产保护工作中，政府应注重创新遗产保护的思路，打破化石化、标本式的保护方式，坚持原真性、完整性和多样性的原则对文化遗产资源进行有限度的合理利用，通过文化创意产业激活传统文化再生能力，培养社区居民的文化自信与归属感，扩大在地文化知识的生产和传播，最终在经济和文化的相互促进中推动街区的可持续发展。

综上所述，新河浦历史文化街区是国内少有的同时囊括西方文化、华侨文化、革命红色文化及广府文化等多种文化遗产于一体的街区，在“老城市新活力”建设的背景下，广州市越秀区政府也在探索

① 袁奇峰、蔡天抒：《以社会参与完善历史文化遗产保护体系——来自广东的实践》，《城市规划》2018 年第 1 期。

“活态保护、有机更新、街区共享”的新型社会治理模式，创建优质人居生活场所，打造粤港澳大湾区“宜居宜业宜游的优质生活圈”样板区。政府若能在配合“东山印象”品牌项目建设的基础上加大对新河浦的宣传力度，持续推进民间参与式文化保育的发展，新河浦有望发展为粤港澳大湾区知名城市街区，甚或成为继上海田子坊之后向世界推广的富有岭南特色的历史街区活化案例。

（袁瑾：广东外语外贸大学中国语言文化学院教授；林梓萍：广东外语外贸大学中国语言文化学院 2019 级硕士研究生）